鲁西银行货币

LUXI YINHANG HUOBI

山东省钱币学会 ◎ 编

中国金融出版社

责任编辑：亓　霞
责任校对：孙　蕊
责任印制：张也男

图书在版编目(CIP)数据

鲁西银行货币 / 山东省钱币学会编. —北京：中国金融出版社，2020.7
ISBN 978-7-5220-0646-8

Ⅰ.①鲁… Ⅱ.①山… Ⅲ.①银行史—研究—中国—近代 Ⅳ.①F832.95

中国版本图书馆CIP数据核字 (2020) 第100132号

鲁西银行货币
LUXI YINHANG HUOBI

出版
发行　中国金融出版社

社址　北京市丰台区益泽路2号
市场开发部　　(010) 66024766，63805472，63439533 (传真)
网 上 书 店　　http://www.chinafph.com
　　　　　　　(010) 66024766，63372837 (传真)
读者服务部　　(010) 66070833，62568380
邮编　100071
经销　新华书店
印刷　天津市银博印刷集团有限公司
尺寸　210毫米×285毫米
印张　20.75
字数　549千
版次　2020年7月第1版
印次　2020年7月第1次印刷
定价　300.00元
ISBN 978-7-5220-0646-8
如出现印装错误本社负责调换　联系电话 (010) 63263947

2016年11月，第一次编撰工作会议在济南召开（中为中国人民银行济南分行党委委员、副行长陈好孟）

2017年2月，第二次编撰工作会议在济南召开

2017年10月，第三次编撰工作会议在聊城召开（前排中为时任中国人民银行济南分行党委委员、副行长刘健）

2018年5月，第四次编撰工作会议在济南召开

2018年10月,第五次编撰工作会议在烟台召开

2019年3月,第六次编撰工作会议在济南召开
(中为中国人民银行济南分行巡视员、山东省钱币学会理事长贾广军)

2019年5月，第七次编撰工作会议在济南召开

2019年7月，《鲁西银行货币》定稿会在曲阜召开

2019年10月,《鲁西银行货币》终稿会在临沂召开
(前排中为中国人民银行济南分行党委委员、工会主任王珏琰)

《鲁西银行货币》编委会

顾　问：周逢民

主　任：贾广军

副主任：贺传芬

编　委（按姓氏笔画排序）：

　　　　王　蓉　　王瑞东　　伊美华　　李　银　　李庆锁

　　　　李岱嵩　　杨锦昌　　宋文胜　　张建华　　周传芳

　　　　宫延辉　　徐建磊　　潘晓芬

总　纂：贺传芬

序

鲁西银行，这个在抗日战争的烽火硝烟中创立于泰山西麓、东平湖畔的红色金融机构，自诞生的那一刻起，就在中国共产党的领导下，在广大人民群众的支持下，勇敢地承担起自己的历史使命，为粉碎日寇通过货币战争实施以战养战的罪恶阴谋，为鲁西及冀鲁豫抗日根据地的巩固、发展及抗战的胜利作出了巨大贡献。

1940—1945年，鲁西银行走过了一段充满着荆棘坎坷而又洋溢着激越战斗意志的光辉历程。

——从原先隶属于鲁西区抗日民主政权的银行，发展为冀鲁豫区抗日民主政权的银行；从先后合并冀南银行冀鲁豫办事处、冀南区行，到并入冀南银行，改称冀南银行冀鲁豫区行；从冀南银行总行与晋察冀边区银行总行合并为华北银行，再到华北银行与北海银行、西北农民银行合并创建中国人民银行。

——在从创建到发展壮大的过程中战胜了重重艰难困苦，从无到有、从小到大、从弱到强，从最初的涓涓细流，变身为滔滔江河，最终汇入了汪洋大海。

纵观鲁西银行发展史，较之众多的革命根据地银行，突出呈现出以下几个特点：

一是创建较晚，曲折坎坷。 1939年3月，八路军一一五师直属单位和六八六团2 000余人，在代师长陈光、政委罗荣桓率领下由晋西越过平汉铁路，渡过黄河，开辟鲁西抗日根据地。为筹措抗日经费和发展根据地经济，1939年鲁西抗日根据地筹建泰西银行，并在肥城县李家溃村建立了泰西银行印刷所，印制一角、二角、五角泰西银行币。年底，该印刷所转移到东平县戴庙的土山村。同年7月，山东省鱼台县抗日民主政府成立，建立后方办事处印刷所，开始印制鱼台县地方流通券。1940年3月，鲁西抗日根据地创建鲁西银行，印制鲁西币。这个过程堪称几经周折。

二是生存期短，有分有合。 鲁西银行自1940年3月成立至1946年1月1日并入冀南银行，仅仅存在5年零10个月。在此期间，鲁西银行于1941年9月1日晋冀鲁豫边区政府成立时兼并冀南银行冀鲁豫办事处印刷所。1942年10月，从1939年秋一直都在印鱼台县地方流通券的湖西印刷所并入鲁西银行。1943年3月，鲁西银行与工商局联合办公，统一监委，统一伙食，共同行动。1945年5月，冀南银行冀南区行与鲁西银行合并，继续沿用"鲁西银行"名称；10月，两行又恢复原建制。1946年1月1日，鲁西银行正式并入冀南银行。鲁西银行在短短5年多的时间里，几度分合，面对战争形势发展的需要，表现出高度的适应性和灵活性，深刻体现了中国共产党领导下的红色金融事业在残酷的战争环境中不断成长壮大、百炼成钢的历史进程。

三是存在感强，春秋四度。 鲁西银行并入冀南银行以后，仍然保持名义上的存在，冀南银行冀鲁豫区行各机构同时挂冀南银行和鲁西银行两块牌子，目的是维护仍在市场上流通的鲁西币的信誉；鲁西币虽然停止印刷，但是已经发行的部分却仍然在市面上与冀南币等值流通。1947年7月，冀南银行发出通知，决定收回全部鲁西币，此后又多次下发回收通知，直到1949年底才结束了鲁西币的兑换工作。至此，鲁西银行已经并入冀南银行达4年时间，这说明鲁西币当时在人民群众中享有较高的信誉，取得了市场的认可。截至1949年，共计回收鲁西银行发行的本币31种，本票1种，临时流通券5种，共有17种面额。

四是活跃于平原，环境险恶。 鲁西银行的活动范围主要位于冀、鲁、豫、皖、苏接合部的平原地区，与建立在其他抗日民主根据地，活跃于崇山峻岭、河湖港汊地区，并以此为依托和掩护的其他红色金融机构不同；这里既是五省交界的边缘地区，同时又处于津浦铁路、平汉铁路和陇海铁路的三角地带，平原千里、交通便利、视野辽阔、缺乏地理条件的天然屏障，非常有利于敌寇大型机械化部队的迅速机动和全线展开，故而经常受到来自济南、石家庄、开封、徐州等大中城市敌寇发起的大规模的"清剿"、"扫荡"和夹击。鲁西银行在强敌环伺、险情四伏、条件艰苦、斗争残酷的情况下，涌现出许多可歌可泣的英雄人物和事迹，与山河常在，与日月同辉。

五是影响力大，区域广阔。 鲁西币作为鲁西银行印发的钞票，自1940年3月开始发行至1949年底回收结束，共流通了9年多的时间，其流通区域也由最初的鲁西抗日根据地，扩大至1941年的冀鲁豫抗日根据地；至1945年抗战胜利时，鲁西币的流通范围又随着抗日根据地的不断扩大逐步扩展到冀、鲁、豫、皖、苏五省的接合部。

以上五个特点，既体现了鲁西银行当年面临斗争形势的残酷性和复杂性，也体现了革命先辈们在艰苦环境下不怕牺牲、前赴后继、艰苦奋斗的崇高品质和优良作风。

编撰此书，填补了鲁西银行货币研究的空白，旨在通过挖掘梳理鲁西银行现存历史档案资料，为全国红色金融研究者、红色货币收藏爱好者提供一部内容翔实、资料丰富的参考书，希望人们能够从中全面了解鲁西银行那段浸满革命血汗、艰难而曲折的光辉历史，以及为全国抗日战争胜利和红色金融体系发展壮大所发挥的巨大作用；激励人们以史为鉴，学习继承红色金融先辈们不屈不挠、不畏艰险的革命精神和求真务实、勇于探索的优良作风，为推进新时代金融事业发展，为实现中华民族伟大复兴的中国梦而努力奋斗。

中国人民银行济南分行党委书记、行长

2020年6月

凡 例

一、本书文字资料部分主要涉及鲁西银行及其印刷所的成立及发展，各个时期发行的鲁西币、反假斗争、泰西银行印刷所的创建、冀南银行冀鲁豫办事处印刷所的创建与冀南农民合作社兑换券的印发，鱼台县抗日民主政府后方办事处印刷所的创建，以及与鱼台县地方流通券的印刷有关的大事记、历史文献、回忆文章、人物简介等。

二、鲁西银行发行的货币，时称鲁钞、鲁西票，今多称鲁西币。本书在表述中不做严格统一。

三、图片资料的取材范围包括鲁西银行发行的鲁西币、鲁西币票样、鲁西银行临时流通券、鲁西银行本票，冀南农民合作社兑换券，鱼台县地方流通券，与鲁西银行或印刷所有一定关联的实物资料和人物照片，与鲁西银行货币研究有关的一些活动照片。

四、关于图片的安排：鲁西银行发行的鲁西币、本票及鲁西银行临时流通券图片安排在"鲁西银行的发展"一章之后，冀南农民合作社兑换券、鱼台县地方流通券等图片，安排在相应章节之后。

五、本书纸币图片颜色、尺寸与原纸币相同，均在纸币图片下标明。如有图片颜色与其下说明不一致者，以说明为准。纸币尺寸以票幅为主，个别品种注明图幅。票幅为整个票面的尺寸，图幅为图案部分尺寸。所有纸币尺寸均以毫米（mm）为单位。编委提供的纸币图片不署名。

六、书中所列纸币的发行时间，为首次发行时间；回收时间，指首次回收时间。

七、依据纸币的稀有程度分为五等，用星的个数表示等级，星越多珍稀程度越高，最高为五星★★★★★。

八、"鲁西银行货币索引表"的编排顺序是：按面额由小到大排列；同一面额，按票面时间先后顺序排列。

九、本书编委对一些史料的注解，标明"编委注"。

十、本书采用公元纪年，民国纪年只在史料中出现。

十一、同一事件，若不同史料表述不同，编纂人员依据采集的史料综合判断后采用可信度较高的表述。

十二、本书史料的文字来源，除了民国时期的报刊、中华人民共和国成立后出版的书籍外，主要来自中央档案馆、山东省档案馆、河南博物院、河北博物院、菏泽市档案馆、部分市县档案馆馆藏资料，当事人、知情人的回忆，以及编纂人员实地考察所得，一般不注明出处。纸币图片主要来源于私人藏家、中国钱币博物馆、齐鲁钱币博物馆、河南博物院、菏泽市牡丹区档案局，并于各图片下方注明图片来源（编委藏品除外）。

目　录

综　述 1

　　一、1940 年鲁西银行的创建 1
　　二、1941 年的鲁西银行 2
　　三、1942 年的鲁西银行 2
　　四、1943 年的鲁西银行 3
　　五、1944 年的鲁西银行 4
　　六、1945 年的鲁西银行 5

第一章　鲁西银行的创建 6

　　第一节　冀鲁豫根据地的创建 6
　　第二节　冀鲁豫区的演变 10
　　第三节　鲁西银行的创建 14

第二章　鲁西银行的发展 16

　　第一节　1940 年至 1941 年的鲁西银行 16
　　第二节　1942 年的鲁西银行 22
　　第三节　1943 年的鲁西银行 26
　　第四节　1944 年的鲁西银行 31
　　第五节　1945 年的鲁西银行 33
　　第六节　1946 年鲁西银行并入冀南银行后 37

第三章　鲁西银行印刷所的建立及发展 126

　　第一节　第一印刷所 128
　　第二节　第二印刷所 132
　　第三节　第三印刷所 137
　　第四节　第四印刷所 140
　　第五节　湖西印刷所 147
　　第六节　鲁西北印刷所 151

第四章　地方流通券 155

　　第一节　泰西银行券 155
　　第二节　冀南农民合作社兑换券 157
　　第三节　鱼台县地方流通券 159

第五章　冀鲁豫根据地的货币斗争 ... 171

第一节　1940年的货币斗争 ... 171
第二节　1941年的货币斗争 ... 172
第三节　1942年的货币斗争 ... 173
第四节　1943年的货币斗争 ... 174
第五节　1944年的货币斗争 ... 178
第六节　1945年的货币斗争 ... 179

第六章　鲁西银行大事记 ... 190

附　录 ... 205

附录一　历史文献选编 ... 205
1. 中央档案馆资料 ... 205
晋冀鲁豫边区政府关于未合并前鲁西、冀鲁豫财政工作发展概况的调查笔记 ... 205
鲁西财政审查团方皋关于运东财政工作的视察报告（部分） ... 207
2. 历史文献 ... 207
1940年 ... 207
中共中央北方局对山东工作的意见（摘录） ... 207
中共中央山东分局关于统战、政权、战略、财经工作的指示（摘录） ... 207
信锡华关于金融问题的讲话 ... 207
中共中央北方局给鲁西区党委的指示信（摘录） ... 208
山东省战工会秘书长陈明在行政会议上的报告提纲（摘录） ... 208
中共鲁西区党委书记张霖之在泰西地委的报告（摘录） ... 208
鲁西军政委员会决议（摘录） ... 209
冀鲁豫边区半年来财经工作的报告与总结（冀鲁豫边区财委给中共北方局的报告） ... 209
朱瑞同志关于山东工作报告（摘录） ... 210
肖华同志谈鲁西根据地的建设 ... 211
1941年 ... 211
鲁西政权工作报告（摘录） ... 211
中共山东分局对鲁西根据地工作的指示（摘录） ... 211
积极建设鲁西根据地（摘录） ... 212
冀鲁豫边区全面工作报告（摘录） ... 212
冀鲁豫、鲁西财经工作材料（摘录） ... 212
1942年 ... 212
冀鲁豫行署八个月财政建设计划大纲（摘录） ... 212
晋冀鲁豫边区禁止敌伪钞票暂行办法 ... 213
晋冀鲁豫边区保护法币暂行办法 ... 214
冀鲁豫边区统一市场货币暂行实施办法 ... 214
中共冀鲁豫区党委关于鲁钞发行问题致中共中央北方局的电报 ... 216
冀南行署关于鲁钞停止流通的指示 ... 216
鲁西银行与冀南银行汇兑办法 ... 217

条目	页码
冀鲁豫工商办事处关于游击区工商工作的指示（摘录）	217
冀鲁豫工商办事处、鲁西银行关于统一市场货币工作的补充指示	217
中共冀鲁豫区党委研究财经工作的会议记录	218

1943年

条目	页码
冀鲁豫行署关于修订颁发《冀鲁豫区统一市场货币暂行实施办法》的通令	220
冀鲁豫区统一市场货币暂行实施办法	220
冀鲁豫行署关于颁布《统一市场货币工作组组织办法》的训令	221
晋冀鲁豫边区政府第二厅关于各种钞票兑收价格的通知	222
冀鲁豫行署关于建立工商局及银行联合办公制的指示信	222
冀鲁豫行署关于禁止其他抗日根据地抗日政府发行之钞票在本地区流通的通令	223
晋冀鲁豫边区保护现银禁使银币暂行办法	223
冀鲁豫行署关于颁发《查禁假鲁钞暂行办法》的通令	224
冀鲁豫行署查禁假鲁钞暂行办法	225
华夫谈冀鲁豫边区金融情形	226
冀鲁豫行署关于发行临时流通券的指示	227
财经工作报告	228
鲁西银行货币发行及业务情况统计资料	231

1944年

条目	页码
晋冀鲁豫边区政府——冀鲁豫行署指示	232
冀鲁豫行署关于鲁西银行今春各种贷款办法的决定	232
鲁西银行对流亡抗属生产贷款暂行办法	233
冀鲁豫、冀南工商管理局关于冀鲁钞相互流通后加强通货管理工作的指示信（摘录）	234

1945年

条目	页码
冀鲁豫工商局、银行关于货币斗争与贸易斗争的意见	235
冀鲁豫工商管理第八分局　冀鲁豫银行第八分行通知	237

1946年

条目	页码
冀南银行第一次区行经理联席会议记录（摘录）	237
冀南银行总行关于重行规定收兑各种流通券及本票办法的通令	240

1947年

条目	页码
晋冀鲁豫边区查获假票处理暂行办法	240
印刷厂八年来发展概况（摘录）	241

1948年

条目	页码
冀南银行、边区银行关于各级银行继续收兑鲁钞的指示	243

1949年

条目	页码
中国人民银行冀鲁豫分行关于全部收回旧币的指示	243

条目	页码
附录二　鲁西银行行员手册（节选）	246
附录三　统计表	261
鲁西银行历年发行券别金额统计表	261
鲁西银行钞发行券别统计表	264
附录四　回忆文章	265
在鲁西银行总行工作情况的回忆	265

冀鲁豫边区的印钞工作 267
　　冀鲁豫边区铅印厂的创建和发展 271
　　鲁西银行第一印刷所 273
　　对抗战时期"鲁西银行"和"冀南银行"的回忆 274
　　鲁西银行印刷所房东王相菊的回忆 274
　　我参加印钞工作的回忆 275
　　鲁西银行印刷所的一部分历史情况 277
　　鲁西银行印刷所是怎样坚持平原游击战争的 279
　　忆战火中鲁西银行 282
　　鲁西北三所和鲁西南四所印钞工作的回忆 283
　　鲁西银行第四印刷所的简单情况 285
　　鲁西银行鲁西北四所简介 288
　　冀鲁豫边区湖西地区抗战期间建立印刷厂的概况 290
　　冀南银行冀鲁豫办事处的建立及"冀南农民合作社兑换券"的发行 291
　　泰西银行印刷所 294
　　回忆鲁西银行的地洞印钞厂 295
　　回忆鲁西银行的印钞工作 296
　　抗日战争时期的鲁西银行 297
　　忆鲁西银行印钞厂的创建与发展 300
　　在鲁西银行商店 305
　　战斗的"穷财神" 306
　　战斗中的鲁西银行 308
　附录五　人物简介 310
　　吕麟 310
　　张廉方 310
　　华夫 310
　　方皋 311
　　张子重 311
　　翟诚 312
　　魏仁斋 312
　　麻佩三 312
　　仪华 313
　　察贯一 313
　　李贞乾 313
　　张耀南 314
　　白化岭 314

参考文献 315

后　记 316

综 述

鲁西银行始建于1940年3月，原是鲁西区抗日民主政权的银行，随着根据地的扩大，发展为冀鲁豫区抗日民主政权的银行，其间先后兼并了冀南银行冀鲁豫办事处印刷所、湖西专署印刷所。1946年1月1日，鲁西银行并入冀南银行，改称冀南银行冀鲁豫区行。1948年10月1日，冀南银行总行与晋察冀边区银行总行合并成立华北银行。同年12月1日，华北银行、北海银行、西北农民银行合并创建中国人民银行。

鲁西银行成立后即开始印发鲁西币。截至1945年，鲁西银行累计发行纸币24.4亿元，累计发放贷款12.4亿元，为冀鲁豫根据地的巩固、发展和抗战的胜利作出了巨大贡献。下面逐年概述鲁西银行及印刷所的建设、货币发行和货币斗争等情况。

一、1940年鲁西银行的创建

1939年3月，陈光、罗荣桓率一一五师进入泰西，开辟泰西根据地。6月至10月，泰西区先后建立了长清、东平、肥城、宁阳、泰（安）西、平阴等县抗日民主政府。为帮助抗日力量筹措经费和发展根据地经济，泰西区筹建泰西银行，并在肥城县李家溃村建立泰西银行印刷所，印制了一角、二角、五角泰西银行币。年底，该印刷所转移到东平县戴庙的土山村。

1940年1月，鲁西军政委员会决定筹建鲁西银行。3月，鲁西银行在泰安东平县建立。泰西银行印刷所变更为鲁西银行印刷所；印刷所业务归鲁西军区供给部领导，行政归鲁西军区政治部领导。5月，鲁西银行建立了第二印刷所，原鲁西银行印刷所改称第一印刷所，下设有石印股、铅印股两个生产组织。秋季大"扫荡"以后，鲁西银行第一印刷所和第二印刷所在昆山县小许村合并，称第一印刷所，下设石印股、铅印股、裁切股。

鲁西银行成立之初基本没有其他业务，主要是印鲁西币供部队使用。鲁西行政主任公署成立后，银行归鲁西行政主任公署领导。成立当年，鲁西银行即印发了民国二十九年山房壹角券（竖版）、民国二十九年天坛贰角券和民国二十九年浇园伍角券。

1939年7月，鱼台县抗日民主政府成立。为筹集经费，鱼台县抗日民主政府建立了后方办事处印刷所，印发了壹角、贰角、伍角、壹圆四种面额的鱼台县地方流通券。后因"肃托事件"，印制工作停顿。不久重新制版，印制了壹角、贰角、贰圆三种鱼台县地方流通券。1940年7月，湖西专署成立。此后，鱼台县地方流通券流通于整个湖西区。鱼台县地方流通券印刷单位改称湖西专署印刷所。

冀南六县专员公署成立之后，为了开展金融工作，于1940年6月在内黄县和清丰县交界处前胡土文村成立了冀南银行冀鲁豫办事处。秋季，冀鲁豫办事处开始印发伍分、壹角、贰角、伍角冀南农民合作社兑换券。

本年，鲁西区发行了鲁西银行纸币，冀鲁豫区发行了冀南农民合作社兑换券，湖西区发行了鱼台县地方流通券。但是，本年根据地印发的纸币较少，流通的货币仍以法币为主，土杂钞也是禁而不绝。

二、1941年的鲁西银行

1月15日，冀鲁豫行政主任公署在沙区内黄县崔张堌村成立。冀南银行冀鲁豫办事处归行政公署领导。冀南农民合作社兑换券流通于冀鲁豫区（又称小冀鲁豫）。

本年，冀鲁豫根据地财政经济遇到严重困难，但是鲁西银行及印刷所却得到较大的发展。年初，第一印刷所又拆分为两个印刷所：石印、裁切为第一印刷所，铅印为第二印刷所。8月，随着鲁西、冀鲁豫两公署合并，鲁西银行与冀南银行冀鲁豫办事处合并，仍称鲁西银行。同时部队将印刷所及出纳工作移交给银行。9月，冀南银行冀鲁豫办事处印刷所与鲁西北抗敌日报社印刷所合并为鲁西银行第三印刷所。

随着银行机构的扩张，银行人员逐步增加，并增加了出纳科。银行的业务范围逐渐扩大，除了印发纸币，还开展了贷款、收兑金银等业务，代理政府金库业务也逐步展开。制度方面也开始完善，制定了简易的会计制度。

本年，鲁西银行发行的纸币有民国三十年车船肆分券（1月发行），民国三十年船、汽车伍分券（7月发行），民国三十年马拉犁贰角伍分券，民国二十九年浇园伍角券（春季续发），民国二十九年割稻壹圆券。

合并前的冀鲁豫区除了流通冀钞（冀南银行纸币）、冀南农民合作社兑换券外，还大量流通法币及土杂钞。小冀鲁豫区除继续肃清土杂钞外，同时限制法币在市面上流通。鲁西区除了流通鲁钞、法币外，土杂钞依然充斥市面。

冀鲁豫区与鲁西区合并为冀鲁豫区后，鲁钞为整个冀鲁豫区的本位币，冀钞为允许流通的货币。但是，整个冀鲁豫区除流通鲁钞、冀钞外，法币仍然在市面上流通，土杂钞、日伪币也未能完全肃清。

为防止日伪吸收法币，7月5日，晋冀鲁豫边区公布了《保护法币暂行条例》。之后，冀鲁豫区下达命令，交易中一律不用法币，法币由政府收购。但是，在实际工作中，此项命令执行得尚不彻底，法币仍然在市面上流通。

在禁止伪币流通方面也不尽如人意，不仅日伪币大量流入根据地，比价方面也是节节失利，鲁钞由上年对伪币的接近1∶1降到当年的1∶0.5（在敌占区）。

银行积极开展反假票斗争，针对大量出现的鲁西币、冀南农民合作社兑换券假票，积极宣传、布置反假工作，取得了一定的成效。

冬季，由于日伪对昆山地区频繁"扫荡"，12月，鲁西银行由昆山县（今梁山）向黄河以西濮、范、观地区转移。

三、1942年的鲁西银行

年初，印刷所转移到河南省南乐县王落村，两个印刷所在这里再次合并为第一印刷所。本年，冀鲁豫区遭到干旱和蝗虫等严重的自然灾害，同时，对敌斗争形势愈加严峻，根据地辖区面积大幅度减少，被分割为6块，步入空前的困难时期。而鲁西银行却在逆境中发展，货币发行额成倍增加，银行机构进一步发展，并于春季在鲁西北三分区建立了鲁西银行第三分行，8月在中心区二分区郓城县建立了鲁西银行第二分行。分行建立后，鲁西银行改称鲁西银行总行。本年夏，筹建第四印刷所（鲁西南印刷所），年底正式成立。为了便于开展统一货币工作，本年鲁西银行在全区各大集镇建立了由3名左右干部组成的货币兑换所。制度方面更趋完善，制定了多项贷款办法。

本年新发行的鲁西币有民国三十年锄地贰角券（竖版）、民国三十一年鲁西南山景伍角券、民国三十年前门火车贰圆券、民国三十一年花心伍圆券。

货币斗争方面，冀鲁豫行署要求十七、十八、二十、二十一专区和基本区自8月1日起停止法币流通，9月底完全肃清市场上流通的土票辅币。十六、十九、二十二专区五县联办昆山等基本区，自8月1日起开始进行市场土票辅币整肃，争取在年底前肃清。

9月1日，晋冀鲁豫边区公布了《禁止敌伪钞票暂行办法》，禁止日伪币在根据地流通。为防止日伪向根据地倾销法币套购大宗物资、扰乱金融秩序，9月15日，冀鲁豫区公布了《统一市场货币暂行实施办法》。该办法规定，"凡本区内一切公私交易各款，一律以鲁西银行钞票（以下简称鲁钞）为本位币，所有法币其他杂钞，一律停止流通"。11月20日，冀鲁豫工商办事处与鲁西银行联合发布了《关于统一市场货币工作的补充指示》，将强制兑换法币期展至11月底，12月1日起禁止使用。

本年在取缔土票方面成绩较大，根据地大部分土钞被肃清，仅有少部分仍在流通。对伪币和法币的斗争则不尽如人意。虽然9月以后，鲁钞在市场流通中的比重开始增加，但是，总体来看，伪币及法币不仅没有被驱离根据地，而且还在源源不断地涌入，许多地方，日伪币或法币占据了主要地位。即便在中心区，鲁钞对其他钞票在数量上不占优势，到禁用法币后，也不过仅占二分之一。随着地盘的缩小，鲁钞的流通范围也在缩小，鲁钞对伪币的比价继续下滑，有低至二折的。

反假斗争也趋于激烈，冀鲁豫区流通的假票数量开始上升，鲁西银行印发的贰圆券、伍圆券均发现假票。

日伪"四三大扫荡"期间，第一印刷所由南乐地区转移到范县、濮县，驻扎马口、冯庄。年底，鲁西银行总行决定将印刷所重新分设，将范县地区的一部分石印、铅印迁移到内黄县"沙区"，组建为第一印刷所；以活动于濮县、鄄北地区的人员和设备为主组建第二印刷所。冬季，银行移驻鲁西北的小寺上村。

四、1943年的鲁西银行

本年，根据地的形势开始逆转。为了加强对敌经济斗争，3月29日，鲁西银行与工商局合署办公，各成系统，共同行动。之后将合署办公改为合并办公，实行工商管理税务、贸易、银行三位一体的体制。此举促进了金融工作的开展，在鲁西银行未设分行的地区，工商局设立外汇科，后称信用科，各县局设立外汇股，后称信用股，负责办理鲁西银行业务。

春季，湖西印刷所开始印制带有"湖西"地名的鲁西银行纸币。10月，鲁西银行与泰运专署共同筹建了鲁西银行鲁西北印刷所。至此，鲁西银行先后共建立了6个印刷所。

本年新发行的鲁西币有湖西版贰角伍分券、湖西版伍角券、鲁西南壹圆券，民国三十一年亭阁拾圆券、民国三十一年天坛版贰拾圆券、民国三十二年车船伍圆券、民国三十二年铜牛版伍拾圆券等；续发民国三十年前门火车贰圆券、民国三十一年花心伍圆券。另外，为了补充流通货币的不足，鲁西银行发行本票贰佰圆券和临时流通券民国三十二年伍佰圆券。鲁西银行共发行各种券

112 833 775元；焚烧破旧币694 228.95元，流通总量为134 125 704.20元。

1943年是鲁西银行纸币发行量大幅度扩张的一年。此举虽然有力地支持了对敌斗争和生产救灾运动的开展，但也引发了根据地严重的通货膨胀，阻碍了根据地经济的发展，严重影响了根据地人民的日常生活。

本年各种贷款也迅速增加。年底，农业贷款增加到2 500万元，有力地支持了灾民进行抗旱春耕、秋收秋种、纺织和运输等生产，使他们战胜了灾荒。此外，为了进口粮食和发展军工生产，还增加了工商业贷款。工业贷款达到7 100万元，商业贷款增加到1 900万元。

2月1日，冀鲁豫行署修订颁发了《冀鲁豫区统一市场货币暂行实施办法》。该办法规定，凡公私交易款项，均以鲁西银行钞票（以下简称鲁钞）为本位币，法币无论数目多少，一律禁止行使。4月15日，冀鲁豫行署发布了《关于禁止其他抗日根据地抗日政府发行之钞票在本地区流通的通令》，规定冀南银行、晋察冀边区银行、北海银行等发行的纸币一律禁止在冀鲁豫区流通。

随着鲁钞流通量的大幅度增加，假币案也激增，出现了大批假伍圆、拾圆鲁钞。为遏制假币，冀鲁豫行署于5月26日颁发了《查禁假鲁钞暂行办法的通令》和《查禁假鲁钞暂行办法》。这是冀鲁豫区首次颁发的反假文件。《查禁假鲁钞暂行办法的通令》指出反假斗争是工商局和银行的责任，这一斗争的胜利需全体军政民的共同努力，反假斗争胜利的关键在于群众性反假。《查禁假鲁钞暂行办法》规定：凡制造假票者处死刑，并得按其情节之轻重，没收财产之一部或全部；贩卖假票或明知其为假而行使者，千元以上者，处死刑、无期徒刑或十年以上有期徒刑；等等。

经过多年努力，市面上的土杂钞已基本肃清，仅有极少数角票还在流通。对法币的斗争也颇有成绩。根据地大部分地区实行了统一市场货币，法币大部分被排挤出去了。但是对伪币的斗争仍不容乐观。伪币在某些地区的市场上仍占主要地位。鲁钞对伪币的比价一度达到1∶0.18。

五、1944年的鲁西银行

1944年，根据地军民开始对敌发起反攻，冀南区和冀鲁豫区逐渐连成一片。6月，冀南银行冀南区行与鲁西银行合并为鲁西银行。两区货币按牌价互相流通。11月1日，冀鲁豫行署布告，冀钞、鲁钞在全区相互流通。为了统一各印刷所财务和业务管理，加强领导，鲁西银行建立了印刷厂厂部。7月以后，泰运版纸币在东阿县朱旺山村印制成功。

由于根据地快速扩大，货币需求量急剧膨胀，鲁西银行大幅度扩大货币发行量。新发行的鲁西币有民国三十一年湖西蓝色伍圆券、凉亭版拾圆券、民国二十九年蓝色贰拾圆券、民国三十三年湖西版黑色贰拾圆券、民国三十二年红色壹佰圆券。本年还发行了临时流通券民国三十三年叁佰圆券、民国三十三年火车轮船伍佰圆券。本年合计总发行量638 269 460元，焚毁20 412 397.20元，流通数751 982 767元。另外，本年湖西及第三印刷所为冀南银行代印冀钞3亿多元。

为刺激农业、工业和家庭副业的生产，活跃金融市场，进一步发展根据地经济，以及限制商业暴利，把资金尽力投放到工农业生产中去，自3月1日起，全边区统一实行修改各种存款、放款利率的办法。本年，仅3个专区8个月的统计，政府贷款扶持生产即达本币83 739 081元。4月17日，冀鲁豫行署颁发了鲁西银行关于当年春季各种贷款办法的决定。9月25日，鲁西银行颁发了《对流亡抗属生产贷款暂行办法》。

日伪在战场上的节节失利，从根本上动摇了大众对持有伪币的信心，伪币呈逐波下滑之势。本年货币斗争的重点是新解放区。新解放区仍为法币或伪币占优势的混合市场。抗币流通范围很小，群众对其还持怀疑态度，不敢持有。抗币在市场上只起辅币作用。伪币、法币虽是非法的，但是却有市场物资的支持。广大群众对伪币、法币还存有很多幻想。

六、1945年的鲁西银行

5月，冀南银行冀南区行与鲁西银行正式合并，继续沿用"鲁西银行"名称。10月，两行又恢复建制。11月初，鲁西银行随区党委、行署、军区机关一起迁驻菏泽。12月1日，晋冀鲁豫边区政府发出指示，决定将鲁西银行并入冀南银行。冀鲁豫行署12月30日发出通知，决定1946年1月1日建立冀南银行冀鲁豫区行，并与工商局分开；接着充实与建立各级银行组织，建立健全了全区金融网络。从此，冀鲁豫区的金融机构纳入了冀南银行系统，但对外仍然保留鲁西银行名义，各级金融机构悬挂冀南银行和鲁西银行两块牌子，目的是维护仍然在市场上流通的鲁西银行币在群众中的信誉。

本年发行的鲁西币有民国三十三年湖西红色火车轮船拾圆券、民国三十三年湖西绿版拾圆券、民国三十二年红色栽稻拾圆券、民国三十二年泰运拾圆券、民国三十四年凉亭拾圆券，另外还发行了临时流通券贰佰圆券。

发行总额1 697 175 000元，焚毁623 715.47元，流通总数2 448 534 051.53元。

截至年底，鲁钞流通数达244 853万元，其中财政透支193 400余万元，占发行总额的79.26%，用于各项投资和贷款51 450万元，占发行总额的21.08%，其中农业贷款5 500万元，商业投资和贷款21 450万元，工业投资和贷款24 500万元，主要用于军工生产。

1946年底，鲁西币开始被回收，经过数次回收，至1949年底，鲁西币终于退出了流通领域。

第一章　鲁西银行的创建

第一节　冀鲁豫根据地的创建

1937年"七七事变"后，日军大举进攻，相继攻陷北平、天津后，又分兵四路向各地进攻。其中一路沿津浦铁路进攻山东省，10月3日占领德县，继占平原、禹城、高唐县城；一路沿平汉铁路进攻河北、河南两省，10月10日攻陷石家庄，继占邢台、邯郸，11月4日攻占安阳。冀鲁豫地区的国民党军队和政府官员大部抢渡黄河南撤，各地陷入一片混乱，大片土地相继沦陷。

针对新形势，1937年8月22日，中共中央政治局在陕北洛川召开扩大会议。会议通过了《关于目前形势与党的任务的决定》和《抗日救国十大纲领》，指出在敌人后方放手发动独立自主的游击战争，担负起配合正面战场、建立敌后抗日根据地的战略任务。会上还成立了以毛泽东为主席，朱德、周恩来为副主席的中共中央革命军事委员会。同日，国民党政府公布将红军改编为国民革命军第八路军的命令。25日，中共中央军委发布命令，任命朱德为八路军总指挥，彭德怀为副总指挥，下辖一一五师、一二零师、一二九师及陕北留守处。9月11日，八路军改称第十八集团军（简称集总）。

中央军委的战略部署是一一五师挺进山东，一二零师挺进冀中，一二九师挺进冀南和冀鲁豫，广泛开展游击战争，建立敌后根据地。

1937年9月19日，中共山东省委书记黎玉向鲁西北特委负责人传达了北方局的指示，要求广泛开展游击战争，建立鲁西北抗日根据地。鲁西北特委随即向各地传达这一指示。下旬，冀鲁抗日游击队第七大队在禹城、高唐一带成立。同时，中共临清特支以临清县为中心积极开展抗日救亡运动。冬季，日军进犯鲁西北。10月，赵健民等组建了鲁西北抗日游击队。同月，泰安临时县委决定以抗敌自卫团的番号，分别在津浦铁路以东和以西地区举行抗日武装起义。同时，长清也成立了抗日游击队。11月，鲁西北堂邑县办事处共产党员组建了一支抗日游击队，并从范筑先处取得"第六区第一游击大队"的番号。同期，濮县、范县的共产党人也建立了抗日游击队。年底，泰西山区在省委领导下开展游击战争，打下了创建泰西根据地的基础。

1938年1月1日，泰西举行抗日武装起义，山东西区人民抗敌自卫团成立，冀鲁边抗日游击队建立，濮县抗日游击队于春季改编为第二十七支队。31日，鲁西北特委在冠县组建第六区游击司令部第十支队，并帮助组建了第十三支队。2月5日，汶上县共产党领导建立人民抗日自卫队。2月，该队改编为山东西区人民抗敌自卫团第四大队。7月7日，鲁西北特委组编冀鲁边游击支队。次年1月14日，该支队编入津浦支队。

1938年1月，一二九师孙继先部由冀南向津浦路挺进，在鲁西北地方党的帮助下，发展为津浦支队；2月15日，该部挺进卫东，开辟高唐、恩县地区。5月，一二九师东进纵队进入临清县；6月，一二九师七六九团、一一五师第五支队东渡卫河，到达夏津、平原、高唐县一带。11月中旬，日军以3 000人分三路侵犯鲁西北地区，13日，聊城失陷。

12月，中央军委根据六届六中全会的精神决定：一一五师应向冀鲁边、冀鲁豫、湖西、鲁西、鲁南等地发展；一二九师应向冀南、豫北地区发展，并以一部与一一五师协同冀鲁边、鲁西等地区发展。2日，朱德、彭德怀致电陈光、罗荣桓："一一五师师直及三四三旅之六八五、六八六两团由你们率领开赴新老黄河间苏鲁皖地区开展工作，六八五团拟于本月10日以内由此先行运动。"为了支持鲁西北抗战，9日，北方局和集总决定，李聚奎率八路军一二九师先遣纵队开赴鲁西北；5天后，又派陈赓率一一五师六八八团开赴鲁西北。19日，陈光、罗荣桓率一一五师师部和六八六团以东进支队的名义开始东移。21日，刘伯承、邓小平率一二九师主力进至南宫，以巩固冀南、鲁西北地区的抗日斗争，保障一一五师向冀鲁豫接合部及山东的发展。之后，一二九师在冠县组建以李聚奎为司令员兼政治委员（钟汉华、肖永智先后继任政治委员）的先遣纵队，统一指挥津浦支队、骑兵团和青年纵队第三团等部；并派遣三八六旅第七七一团、补充团、三四四旅第六八八团进至馆陶、冠县、邱县一带，统归14日进至鲁西北朝城地区的三八六旅旅长陈赓统一指挥。26日，毛泽东复电朱德、彭德怀："先以陈、罗率三四三旅的两个团进入冀鲁豫地区活动，求得发展。"

1939年1月10日，陈赓指挥六八八团、津浦支队等武装进攻高唐县。

1月14日，鲁西特委的十支队在馆陶县改编为筑先抗日游击纵队。10月，冠县、临清县抗日武装合编为卫河支队。

2月16日，一一五师三四四旅代旅长杨得志率三四四旅一部挺进直南、豫北等地。3月9日，该部与早已活动在直南地区的三四四旅另一部及八路军游击第二支队等在濮阳县井店整编为冀鲁豫支队。3月中旬，冀鲁豫支队挺进鲁西南地区，先是扫平了地方武装，打开了曹县一带的局面；随后分散在濮阳、内黄、滑县、曹县和单县一带开展活动，为建立直南、豫北和鲁西南抗日根据地打下了基础。

2月，陈、罗部先后进入濮阳、鄄城、郓城。3月4日，在郓城县樊坝全歼伪军保安团刘玉胜部，首战告捷，开辟了运河以西之郓城、鄄城一带根据地。3月上旬，陈光、罗荣桓率师部和六八六团一、二营挺进泰西地区。泰西地区的党、政、军、群各项工作迅速开展，形成了崭新的抗战局面。杨勇率六八六团直属队大部和第三营，张国华、匡斌率一一五师直属队两个连则留在运西地区，配合地方党发动群众，扩充部队，该部于当年7月扩编为一一五师独立旅，杨勇任旅长兼政治委员。5月20日，师部机关和直属部队开始向津浦路以东转移；陈光、罗荣桓率司令部人员暂留泰西地区指挥六八六团的行动。7月6日，集总决定，鲁西黄河以北地区军事斗争归一二九师领导。7月16日，一一五师鲁西军区部队[①]伏击"扫荡"后撤退的日军，大获全胜。此役受到蒋介石的嘉奖。9月4日，东进抗日挺进纵队司令员肖华、参谋长邓克明率直属队、五支队和六支队一部，开始分批由冀鲁边区进入鲁西之运东地区。

---

① 黄瑶. 罗荣桓年谱［M］. 北京：人民出版社，2002：106.

1940年2月9日，冀南、冀中、冀鲁豫、鲁西地区的主力部队在宋任穷、程子华的统一指挥下，发起了对国民党第三十九集团军石友三部的进攻。至3月15日，直南地区被宋任穷部全部控制；至5月，宋任穷部又控制了北起朝城至东明、西起卫河、东至运河，包括清丰、南乐、濮县、濮阳、内黄、观城、朝城、范县、东明、鄄城10个县城在内的广大地区，使冀鲁豫和鲁西两个抗日根据地连成了一片。4月30日，黄克诚率八路军第二纵队主力三四四旅、豫北独立支队、华北抗日民军第一旅，到达冀鲁豫地区，与冀鲁豫支队汇合后统一整编，杨得志任司令员，黄克诚任政委。纵队辖三四四旅、新二旅、新三旅、华北抗日民军第一旅、南进支队。6月10日，三四三旅黄河支队进驻湖西地区，接替南下华中的苏鲁豫支队。就在八路军进军冀鲁豫区前后，该区各地党组织相继建立了地方武装，抵抗日军的侵略。

3月，符竹庭率东进抗日挺进纵队特务营、商河支队一、三大队等部进驻鲁西地区。

在小冀鲁豫、直南，共产党员晁哲甫等人以国民党保定行营政训处长张荫梧的名义，于1937年10月在清丰简易师范学校组建冀南抗日救国十人团，平杰三任总团长。总团在清丰县、南乐县和濮阳县建立了3个分团，迅速发展到300余人。直南临时特委建立后，王从吾、王卓如等回到直南地区，刘晏春不久也从鲁西回到直南，同刘大风等共同领导直南地区的抗日救亡运动，恢复党的组织，建立抗日武装。刘大风与驻直南地区的国民党第一八一师学兵队队长张克威、教员袁也烈（二人均系共产党员）设法取得了"一八一师抗日游击队"的番号，在南乐县留固店村组织起一支五六十人的抗日武装，张克威兼任队长。不久，一八一师调离，河北省保安司令高树勋部进驻清丰县，直南特委通过高树勋部上校参谋唐哲明（共产党员）的关系，又取得"河北省民军第二路第四支队"的番号，唐哲明任支队长。与此同时，王从吾等人在濮阳县井店、千口、化村一带，组建了河南省濮阳专区民军第八大队。

1938年2月14日（农历正月十五日），第八大队保留番号，大部并入第四支队。此时，直南特委与国民党濮阳专员丁树本建立了统战关系，按照独立自主的原则接受丁部番号，河北省民军第四支队改称冀鲁豫八县保安司令部民军第四支队。此后，刘晏春于抗战前在濮县、范县一带建立的一支武装和滑县的一部分抗日武装编入第四支队，第四支队又在井店收编了绿林武装刘相友的300余人（枪）。这支队伍发展到1 000多人，七八百支枪。6月，第四支队奉命调到河北省肥乡县，改编为八路军东进纵队第七支队。7月10日，滑浚淇三县抗日自卫军成立。下旬，直南特委组建黄河支队。10月中旬，八路军黄河支队与汤阴县抗日武装合编为八路军游击第二支队。12月，濮阳县委组建独立大队。博平县组建抗日武装。1939年5月，豫北组建豫北大队。1940年3月，南乐县独立团建立。

在苏鲁豫，1938年6月11日，苏鲁人民抗日义勇队第二总队成立。12月27日，一一五师六八五团到达湖西的丰县、单县边八大庄一带，同当地抗日武装合编，改称苏鲁豫支队。之后，苏鲁豫支队第一大队进至砀山以北、丰县西南地区；第二大队进至鱼台以南、徐州西北敬安集地区，全面开展活动，发展武装，开辟湖西抗日根据地。1939年3月中旬，苏鲁豫支队除第四大队留在陇海路以北的丰县、沛县、砀山、鱼台、单县等地活动外，其余部队南跨陇海路发展。7月，苏鲁豫支队第四大队开辟邹西地区。7月1日，鱼台县建立湖边游击司令部，李贞乾任司令。

到1940年底，冀鲁豫根据地向南发展到陇海路，西面、北面连接晋冀豫根据地，东面与山东根据地相邻。冀鲁豫抗日根据地初步形成。

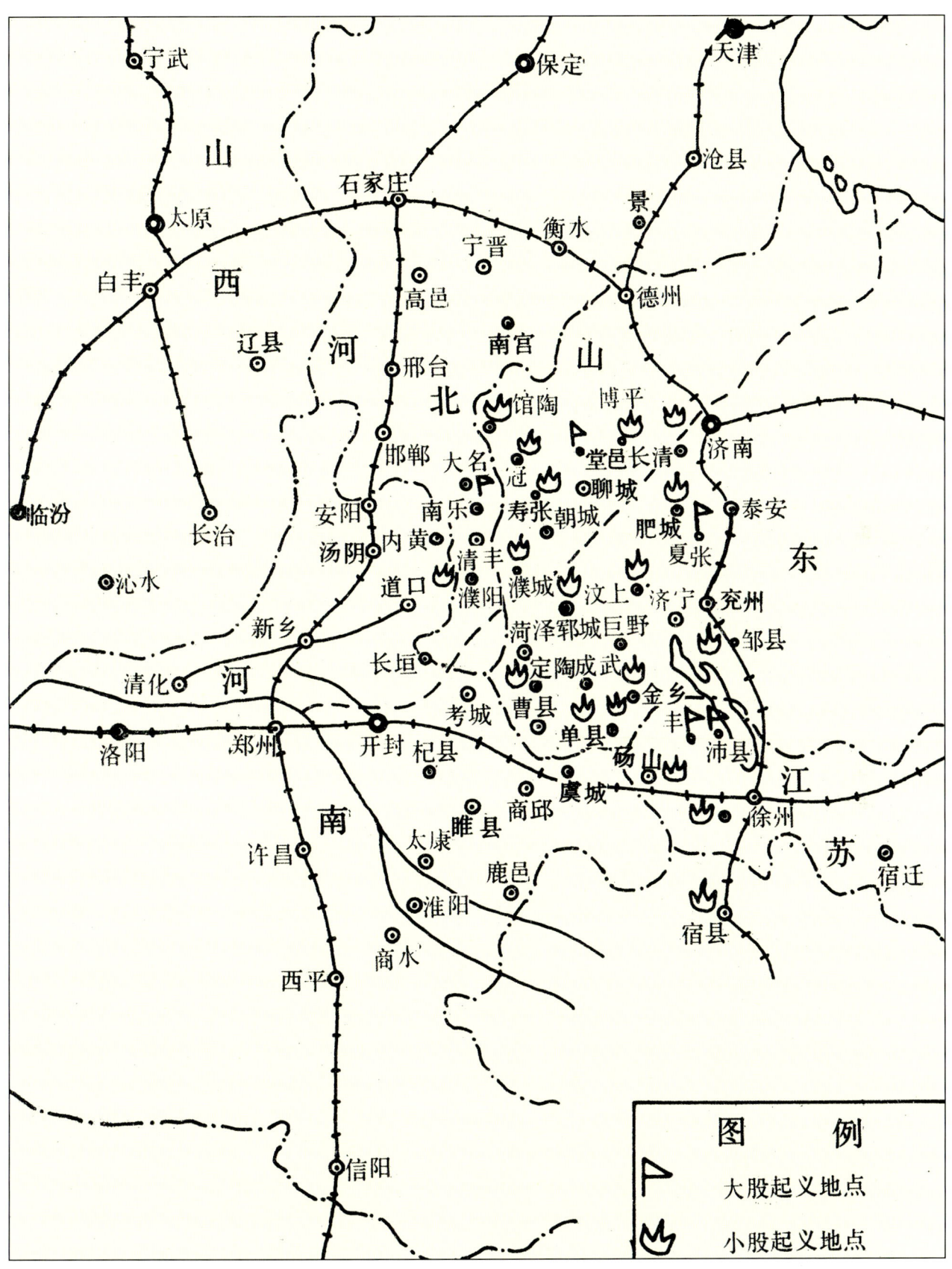

图1-1 直南豫北鲁西湖西人民抗日武装示意图（1937.11—1938.10）

第二节　冀鲁豫区的演变

　　冀鲁豫区，是抗战初期共产党创建的华北敌后抗日根据地之一，处在冀、鲁、豫、皖、苏五省接合部，东临津浦，南跨陇海，西临平汉，北靠卫河，腹地有黄河旧道由西南向东北，有运河从东南向西北，是联系山东、华中、华北和延安的枢纽，战略地位十分重要。冀鲁豫区除泰西的山峦丘陵和湖西的湖泊地形较为复杂外，其余都是一望无际的黄河冲积平原，有4 000余万亩耕地，1 350余万人口。这里经济、文化比较落后，封建势力强大，土匪、会道门很多。这里是日军五十九师团、独立第一混成旅团、骑兵某旅团的接合部，是汪精卫与王克敏两个伪政权的接合部，也是顽方在四省九个专署的接合部。中共冀鲁豫区党委由鲁西、直南、豫北、豫东（水东）、苏北等数个系统组成。部队是由一一五师的三、四、七旅，一二九师的四旅及赵谭支队，回民武装，华北抗日民军，新四军和地方军等建制组织起来的，各武装力量后来统一于军区。

　　根据地所辖范围，是随着斗争形势的发展变化而不断改变的。1940年以前，冀鲁豫、鲁西、苏鲁豫为各自独立的三块抗日根据地。这时的冀鲁豫又称小冀鲁豫。根据北方局、第十八集团军总部的决定，1941年7月1日，鲁西、冀鲁豫两个区党委在观城县红庙村合并为冀鲁豫区党委，张霖之任书记。冀鲁豫、鲁西两个军区于7月7日正式合并为冀鲁豫军区，崔田民任军区司令员。两区所属主力部队统一编为八路军第二纵队，杨得志任司令员。二纵仍兼军区，苏振华任纵队兼军区政治委员。9月初，各界代表开会选出两区合并后新的行署领导成员，晁哲甫任行政公署主任，段君毅、贾心斋任副主任。合并后的区党委受北方局领导，军区、二纵归集总和一一五师指挥，行署隶属于晋冀鲁豫边区政府。

　　根据8月24日晋冀鲁豫边区政府调整行政区划的决定，冀鲁豫区第一至第七专署改称晋冀鲁豫边区第十六至第二十二专署。合并后的原鲁西区第一、第二、第三、第四地委不变，原冀鲁豫区的第一、第二、第三地委分别改为第五、第六、第七地委。区党委领导7个地委、1个工委和1个实验县委，依次为泰西、运西、鲁西北、运东、直南、豫北、鲁西南地委，巨（野）工委，昆山实验县委。1942年，第八地委在昆张地区成立。湖西地委在两区合并时划归山东分局直接领导，领导单县、丰县、沛县、沛铜、沛滕边、金济鱼、金乡7个县。1942年10月20日，湖西划归冀鲁豫区。1943年1月，原豫皖苏边区的睢杞地区（后改称水东地区）划归冀鲁豫区。

　　1943年11月，中共中央决定，将冀南与冀鲁豫合并，成立中共中央冀鲁豫分局（又称平原分局），领导冀南和冀鲁豫两个区党委。1944年5月11日，冀南和冀鲁豫两个区党委正式合并为冀鲁豫中央分局，黄敬任书记，领导11个地委和水东地委（内部称十二地委）。1944年6月15日，两行署合署办公。冀南行署由孟夫唐负责；冀鲁豫行署因晁哲甫在延安学习，工作由徐达本、贾心斋负责。秋，水东专署建立，下辖芝圃、达生、克威、庆华、睢县、宁柘、淮太西等县。1945年5月4日，冀鲁豫、冀南两行署合并为冀鲁豫行署，孟夫唐任主任，徐达本、贾心斋任副主任。1945年10月，冀南、冀鲁豫两区分开，张霖之任冀鲁豫区党委书记兼军区政治委员，杨勇任军区司令员，全区辖6个地委、专署。1945年11月12日，行署发出通令，徐达本代行署主任。1945年11月22日，张玺任区党委书记兼军区政治委员，王秉璋任军区司令员。1946年2月7日，徐达本任行署主任。1946年11月，水东地区划归新成立的豫皖苏解放区。

　　（一）小冀鲁豫区（含直南、豫北、鲁西南一部）

　　直南，大致指河北省邢台以南，黄河以北（但包括黄河以南的东明县），平汉线以东，山东省西至东明县一带。豫北，大致在河南省境内京广线以东、黄河以北地区。豫北和直南，由于地区交错及形势变化诸原因，党的组织曾发生过跨省关系，华北有些地方的党组织，归属过中共直南特委和濮阳中心县委领导。

1937年10月，北方局指示建立直南临时特委。11月，直南特委在清丰县古城梁村正式成立，领导内黄、清丰、大名、南乐、濮阳、滑县、长垣、汤阴、浚县、东明、淇县等县。1938年3月，直南特委划归冀鲁豫区省委领导（同年11月，冀鲁豫区省委改为冀南区党委）。1939年2月，直南特委改为直南、豫北两个地委。直南地委领导南乐、清丰、内黄、濮（阳）北、大名等县。豫北地委领导汲县、封丘、滑县、濮阳、东明、长垣等县。

1940年4月17日，根据北方局的指示，冀南六县专员公署在沙区①成立，公署辖南乐、清丰、濮阳、东明、长垣和大名6个县。为了巩固华北与华中抗日根据地的联系，加强对直南、豫北和鲁西南地区工作的领导，根据北方局的决定，4月18日，冀鲁豫区党委在清丰县王什（属于沙区）正式成立，下辖4个地委，不久二、三地委合并为二地委，四地委改称三地委：一地委（直南地委）、二地委（豫北地委）、三地委（鲁西南地委）。冀鲁豫区党委由王从吾、刘晏春、杨得志、崔田民、信锡华组成，王从吾任书记（未到职）。4月30日，根据集总命令，冀鲁豫军区成立，黄克诚任司令员，崔田民任政委。同日，泰南区党委书记张玺随三四四旅到达冀鲁豫，任区党委副书记，不久接任书记。此时，冀鲁豫全区共辖15个县。4月，为加强冀鲁豫党政军的统一领导，经北方局批准，冀鲁豫军政委员会成立，黄克诚、崔田民先后任书记。1941年1月15日，冀鲁豫区行政主任公署在沙区内黄县崔张堌村成立，晁哲甫为主任；下辖直南（第一专署）、豫北（第二专署）、鲁西南（第三专署）3个专署。行署机关设在内黄县大堤口村。

（二）鲁西区（含鲁西北、泰西、运西、卫东、运东地区）

鲁西区位于山东省境内津浦铁路德州至兖州段以西、济宁至菏泽公路以北一带，涵盖现聊城、菏泽地区大部，德州、泰安、济宁地（市）各一部分及济南市的长清县。鲁西大部分是一望无垠的黄河冲积平原，黄河自西南向东北穿过，将其分为河南、河北两部分；京杭大运河在其腹地南北流过，又把鲁西分为运东②、运西③，东平湖位于其中。这里向东有泰山余脉，沿泰山余脉可以进入鲁中山区，是联系山东、华北与西北解放区的枢纽。

最初，鲁西北地区泛指山东省黄河以北、津浦铁路以西的临清、清平、邱县、馆陶、聊城、博平、茌平、阳谷、寿张、范县、濮县、观城、朝城、莘县、冠县、堂邑和东阿诸县。其中聊城、临清是鲁西北的政治、经济、文化中心。1936年6月，山东省委决定成立鲁西北特委，统一领导濮县、范县、莘县、朝城、临清、冠县、阳谷、东阿各县及寿张省立八乡师、聊城省立三师的党组织。1937年春末夏初，随着工作的开展和形势的需要，中共山东省委决定将鲁西北特委分设两个特委：鲁西北特委领导临清、聊城、冠县、堂邑、莘县、馆陶、邱县、博平、茌平、东阿、清平等县；鲁西（又称鲁西南）特委领导阳谷、寿张、范县、濮县、观城、朝城等县。11月，中共山东省委派组织部部长张霖之重新组建鲁西北特委，原鲁西、鲁西北两个特委合并为鲁西北特委。合并后的鲁西北特委领导临清、高唐、夏津、平原、武城、禹城、恩县、清平、邱县、馆陶、聊城、博平、茌平、阳谷、寿张、范县、濮县、观城、朝城、莘县、冠县、堂邑、东阿共23个县。

1938年春，中共冀鲁豫省委成立，鲁西北特委划归冀鲁豫省委领导。6月，根据鲁西北地区革命斗争、工作发展的需要，鲁西北特委一分为二，成立了以聊城为中心的鲁西特委和以临清为中心

---

① 沙区位于滑县北、浚县东、濮阳县西、清丰县西、南乐县西南、内黄县东南六县接合部的沙漠枣林地带，原系河北、河南接合部，今属河南。
② 运东指京杭运河以东的山东省茌平、博平、聊城、东阿、阳谷等县一带。
③ 运西指京杭运河以西以山东郓城县为中心的鄄城、巨野、菏泽、嘉祥和濮县南部、汶上西部、东平西部、寿张县南部地区。

的鲁西北特委，仍隶属于冀鲁豫省委领导。新组建的鲁西北特委领导临清、邱县、清平、夏津、恩县、平原、高唐、禹城等县。

泰西地区泛指山东境内泰安县津浦铁路以西部分，包括泰安、肥城、长清、东平、平阴、东阿、汶上、宁阳等县的全境或一部分。1938年5月，董君毅（段君毅）、孙光到泰西后，建立泰西特委。

抗日战争爆发后至1938年12月，鲁西地区党组织由鲁西北、鲁西南、泰西三个特委分别领导。1939年1月，中共北方局决定以冀鲁豫省委领导的鲁西、鲁西北特委和山东分局领导的泰西特委组建成中共鲁西区党委，隶属于山东分局领导。15日，鲁西区党委在馆陶县成立，下辖鲁西、鲁西北、泰西3个特委。3月，经北方局同意，一一五师师部和已经移驻泰西的鲁西区党委联合组成鲁西军政委员会，罗荣桓任书记，统一领导整个鲁西地区的工作。

3月至6月，前述3个特委撤销，全区先后建立了7个地委：一地委辖馆陶、冠县、邱县、临清、堂邑、莘县、朝城；二地委辖观城、濮县、聊城、范县、阳谷、寿张、朝（城）南；三地委辖武城、夏津、平原、高唐、恩县；四地委辖清平、茌平、博平、禹城、聊（城）东北、齐河；鲁北地区为五地委（原属冀南区）；六地委辖长清、肥城、平阴、泰安、汶（上）东、滋阳（兖州）、宁阳、东阿、东平；七地委（6月建立）辖郓城、巨野、嘉祥、濮（县）南、汶（上）西、东（平）西、寿（张）南。不久，五地委划归冀鲁豫区；同年11月二地委撤销，其余地委进行调整：原六地委改称泰西地委，后称一地委；原七地委改称运西地委，后称二地委；原一地委与二地委一部合并改称鲁西北地委，后称三地委；原四地委与二地委一部合并改称运东地委，后称四地委；原三地委改称卫东地委，后称五地委。

6月12日，长清县抗日民主政府在长清七区崮头镇成立，县长张耀南。

8月，为加强对地方武装的领导，鲁西军政委员会决定独立旅兼鲁西军区，杨勇兼军区司令员，段君毅任副旅长兼副司令员，军区驻地黑虎庙（当时属寿张，今属梁山县）。军区成立后，对黄河以南的地方武装进行了整顿，统一了编制和指挥，经济上开始实行统筹统支，提高了地方部队的军事政治素质。

1939年9月25日，根据鲁西军政委员会的决定，鲁西北行政委员会成立，张维汉任主任，统一了鲁西黄河以北地区抗日政权的领导。

根据鲁西军政委员会第三次会议决定，10月26日泰西行政委员会成立，段君毅任主任，于会川任副主任（一说张耀南任副主任），吕麟任二科（财政科）科长。泰西行政委员会统一了鲁西黄河以南地区抗日政权的领导。

11月底，山东省泰西行政督察专员公署成立，辖长清县、汶上县、泰西县、宁阳县、东平县、平阴县、肥城县等，张耀南任专员。

12月底，鲁西专署成立，杨勇任专员。

1940年4月15日，泰西、鲁西北行政委员会合并为鲁西行政主任公署（此时公署驻地一说是东平县九区戴庙，一说是东平县九区昆山村），肖华为主任（9月，肖华调他地，段君毅任主任），段君毅为副主任，下辖泰西、运东、运西、鲁西北4个专署。从此，鲁西各县抗日政权的领导得到统一。5月，鲁西北的邱县、馆陶、临清三县划归冀南。12月，卫东地委也划归冀南。1941年2月下旬，鲁西区党委、行署建立了巨南工委和巨野、菏泽、金乡、嘉祥、成武五县联合办事处。

（三）苏鲁豫区（湖西，含徐西北、鲁西南一部）

苏鲁豫区地处苏鲁豫皖四省接合部，东起津浦铁路，西至菏（泽）商（丘）公路，南邻陇海铁路，北靠济（宁）菏（泽）一线，有丰县、沛县、铜北、砀北、沛滕边、金乡、鱼台、单县、成武、嘉祥、巨野、济（宁）南等十余县，人口约350万人；因大部位于南阳、独山、昭阳、微山四湖以

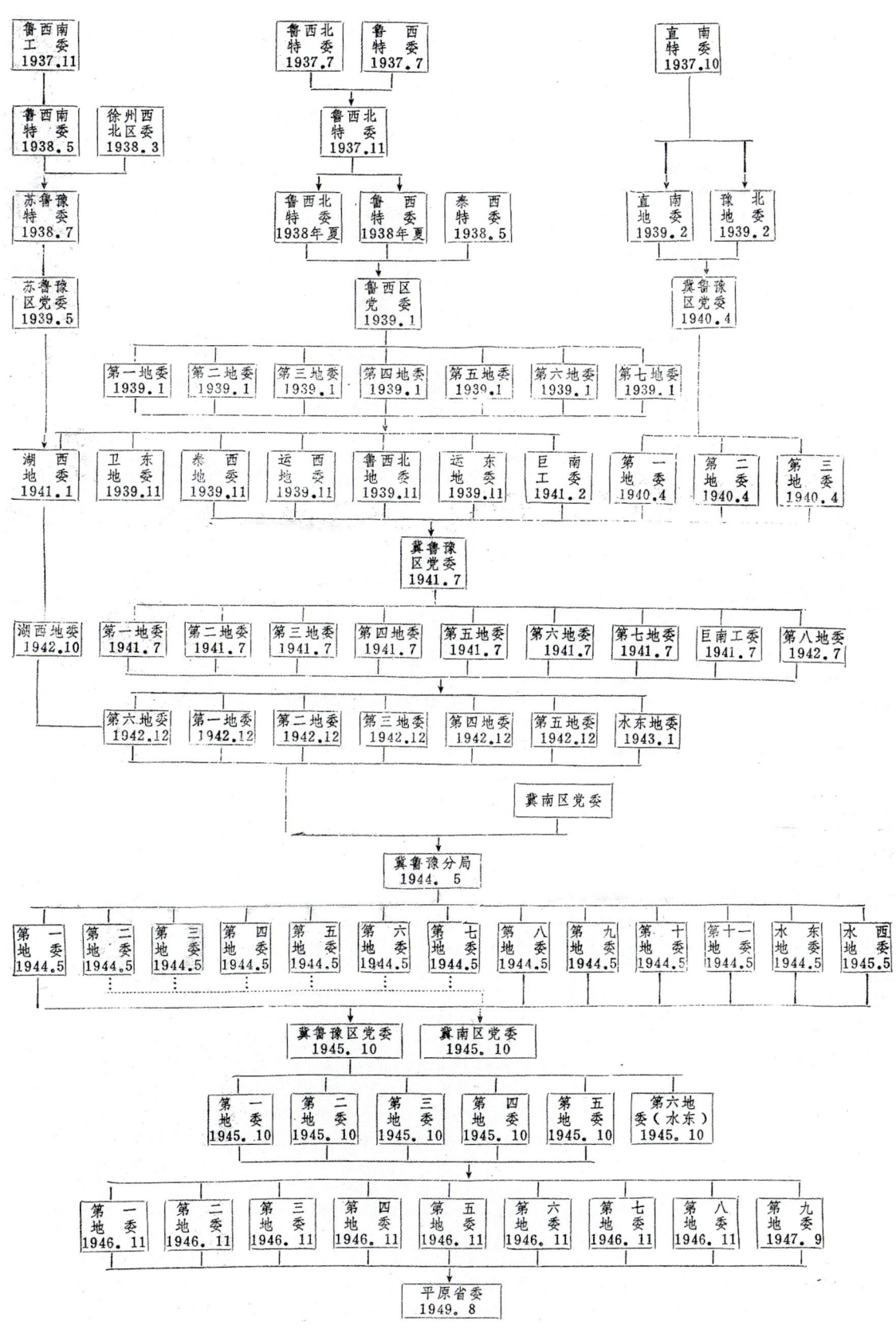

图1-2 中共冀鲁豫边区党组织沿革示意图

西，故又称湖西地区。

抗战前徐州西北地区的党组织隶属徐海蚌特委和苏鲁特委领导。1938年3月，徐西北区委建立，领导铜（山）北、丰县、沛县、砀（山）北、萧（县）北等地党的工作。鲁西南大致指山东省西南部的菏泽、定陶、曹县一带地区。1937年10月上旬，山东省委决定成立鲁西南工委，领导济宁、金乡、鱼台、单县、成武、曹县、定陶、郓城、菏泽、巨野等县党的工作。1938年5月，鲁西南工委改称特委。7月，苏鲁豫皖边区省委决定，鲁西南特委与徐西北区委合并为苏鲁豫特委（也称湖西特委），领导丰县、沛县、萧县、铜北、砀山、铜山、宿县、金乡、嘉祥、鱼台、单县、曹县、东明、考城、沛滕边等22个县。

1939年5月14日，山东分局决定，苏鲁豫特委改为苏鲁豫区党委（也称山东分局第五区党委），白子明任书记，辖湖边地委及其领导的鱼台、邹（县）西、滕（县）西；鲁西南地委及其领导的曹县、定陶、兰封、考城、菏泽（南部）、民权（北部）、东明（东南部）；萧县中心县委领导的萧县、宿县、永（城）东、夏（邑）东、砀（山）南；金（乡）嘉（祥）巨（野）中心县委；沛县中心县委领导的沛县、铜（山）北、沛（县）滕（县）边、萧（县）北；以及丰县、单县、砀山3个直属县委，共22个县。11月，苏鲁豫区所属陇海路以南划归中原局领导。

1940年7月，湖西专署成立，李贞乾任专员。11月3日，山东分局决定将苏鲁豫区党委改为湖西地委，划归鲁西区党委领导。1941年1月上旬，苏鲁豫区党委正式改为湖西地委，潘复生任书记，领导单县、金乡、丰（县）北、鱼台、沛（县）滕（县）边、砀山等县。地委划归鲁西区党委领导。7月，划归山东分局领导。1942年10月，由山东划归冀鲁豫区党委领导。

第三节 鲁西银行的创建

由于一一五师主力部队及鲁西区党委齐集泰西，泰西根据地迅速建立，起初成立泰西银行，后改为鲁西银行。为此，谈鲁西银行的创建，必须先说泰西银行的创设。

一、泰西银行的创设

1939年3月樊坝战斗胜利之后，罗荣桓在东进支队排以上干部会议上作报告，分析了抗战进入相持阶段后的形势，阐述了坚持敌后平原游击战的必要性和可能性后指出，东进支队总的任务是"坚持平原游击战争，创建泰山西端的抗日根据地，依（泰）山伴（东平）湖地发展。向北可连肖华领导的鲁西北区，向南可与（六八）五团、（三四）四旅、苏鲁、鲁豫区联系，东连鲁东区，西连冀鲁豫区"。3月13日，罗荣桓主持召开政治部扩大的部务会议，再次研究创建泰西根据地问题。会议分析了泰西地区的地理、群众条件、敌我顽情况，确定乘敌"扫荡"冀中、冀南、鲁西北，泰西地区情况尚稳定之机，迅速开展工作，建立根据地。为了迎接一一五师的到来，鲁西区党委根据北方局指示，于3月初开始向泰西地区转移。

3月14日，陈光、罗荣桓率师部和六八六团一、二营等部队到达泰西地区的常庄，与泰西地委、第六支队会合，鲁西区党委随之也赶到常庄。5月5日，罗荣桓在泰西地区中共党的活动分子会议上作报告，指出："创造泰西抗日根据地的两个基本问题——武装问题和政权问题。解决了这两个基本问题，泰西根据地的创造才能有相当的基础。"在政权方面，要统一泰西地区行政领导；发展生产，改善民生，开放民主；推行减租减息，统一税收，废除苛捐杂税；奖励发展合作事业；救济抗日军人家属；保护正当经营的商业；奖励手工业；禁止使用伪币；等等。5月19日，中央书记处就山东工作方针，致电山东分局："在政权问题上，应认识无论八路军部队或地方游击队，如无政权则绝不能发展、巩固与建立根据地。因此，已得的政权绝不应放弃，并还应努力争取新的县区政权。"陆房战斗后，泰西工作开展更加顺利，梁山战斗打下郓城一带的工作基础。根据中央书记处的指示，自6月至10月，泰西区先后建立了长清、东平、肥城、宁阳、泰（安）西、平阴等县抗日民主政府。10月26日成立了泰西行政委员会。11月底建立了鲁西区第一个抗日民主专署——泰西专员公署。泰西根据地基本形成。

泰西地委主要领导同志合影（1950年）

民主政权建立前，部队基本上靠捐款和借粮解决给养；民主政权建立后，基本靠征购解决部队给养。随着泰西民主政权的建立，成立泰西银行发行纸币，便被提到日程上来。

1939年7月，经张耀南提议，泰西银行纸币印刷所在李家溃村建立，成员有李维周、李振西、汪化南、李清卧、王殿山五人，负责人李维周。经过两个多月的筹备，印刷所印出了壹角、贰角、伍角三种泰西银行纸币。印出来的纸币转到专署会计科，由陈捷生负责裁切，裁切好的纸币再转到别处打号码，最后由林厚斋点数。存世有泰西银行伍角券。

10月下旬，泰西银行印刷所转移到东平县东平湖内的土山村，在丁继贤家继续生产；1940年3月，改为鲁西银行印刷所。

二、鲁西银行的创建

根据集总的指示，根据地的重心由泰西转向了鲁西。1939年9月25日，根据鲁西军政委员会的决定，鲁西北行政委员会成立。10月下旬，鲁西区党委在肥城县中古城村召开会议，研究建立鲁西区抗日民主政权，决定调段君毅等筹建鲁西行政主任公署。本月，陈光、罗荣桓率一一五师师部，由泰西过津浦路挺进鲁南。

1940年1月20日，《中共北方局对山东的工作意见》指出："鲁南、鲁西应统一发行纸币，纠正不统一的各自为政的办法，例如各发流通券（鱼台、单县、湖西）。"2月29日，中共山东分局发出关于统战、政权、战略、财经工作的指示，指出："筹办鲁西、鲁北、清河三银行。扩大及整理泰莱区流通券，发行曲泗宁自治区流通券。上述银行及流通券一切业务、收支管理，统归分局财委会及财政部。"

根据中共山东分局的意见，3月21日，一一五师决定，独立旅与东进抗日挺进纵队机关合并，仍用三四三旅番号并兼鲁西军区，杨勇任旅长兼军区司令，肖华任政治委员兼军区政治委员，曾思玉任政治部主任。

3月，为了保障军队供给、发展经济和对敌货币斗争，根据地在东平县周楼村（1940年8月以后属昆山县，今属梁山县）建立了鲁西银行，开始印制鲁西币伍角券，5月正式发行鲁西币；行长吕麟，副行长张廉方。鲁西银行印刷所设在东平湖中的土山村，负责人刘导生。首次发行的五角券由郭子贞制版、郑笋（洄）协助并书写行名。印刷所由鲁西军区供给部领导，行政上隶属鲁西军区政治部。周楼位于戴庙西南方，原属于戴庙，直线距离4.6公里。当时鲁西军区供给部驻戴庙的昆山村，离土山村和周楼村均较近。

第二章　鲁西银行的发展

第一节　1940年至1941年的鲁西银行

1940年至1941年为鲁西银行的初创阶段，银行机构不健全，货币发行量不大，且面临着敌人的不断"扫荡"，鲁西银行在不断转移中求生存、谋发展。

一、环境方面

（一）敌我顽斗争方面

1940年6月，日军连续"扫荡"泰西抗日根据地，并在泰肥、平阿两区之间，泰安西南的两块平原及山口要道上，安设了大量据点；不断以百人左右的小股兵力，袭击根据地后方机关，捕杀工作人员和抗日群众。此后敌人继续增兵，部分根据地被蚕食或变成游击区，泰西地区的不利局面更趋严重。

7月，鲁西南顽军乘新三旅八团北去参加反击石友三部之机，分路进攻冀鲁豫三地委的活动区域，最后压缩至以曹县西北之刘岗、曹楼、伊庄为中心的十几个村庄。翌年1月，赵基梅率两个主力团赶赴鲁西南，至8月中旬，基本恢复了鲁西南的抗日局面。

1941年，中国敌后抗战形势日趋恶化，日军回师华北，对抗日根据地疯狂进攻，国民党顽固派也加紧反共活动，1月的"皖南事变"标志着国民党顽固派第二次反共高潮达到了顶点，根据地开始进入严重困难时期。本年共进行大小战斗1 700余次。1月到10月，敌人对昆山（现梁山一带，下同）、寿张、卫河、钜南、太峰、南清、观朝、滑县、钜北、肥城、濮县、范县、观城中心区等"扫荡"共67次。重要的"扫荡"有以下几次：

1月15日起，日军开始了对北至冠县、堂邑、聊城、东阿，南至郓城，西至南乐、清丰、观城边境，东至东平、昆山地区为期20余天的报复性"扫荡"，并在郓城、寿张、阳谷之间和沿东平湖东岸构筑了碉堡线。

4月11日至19日，日军第三十五师团及独立第一混成旅团各一部约万余人，混成一旅团各一部约万余人，伪剿共军第一路、伪新中央军第二十四路及当地伪军、反动会道门武装万余人，配有汽车、坦克百余辆，向清丰以西、内黄以南、濮阳西北、滑县东北、卫河以东的沙区根据地进行"扫荡"。内黄、高陵、顿丘、卫河四县受害村庄达141个，损失惨重。全区用于救济款项达9.29万元。其中，除行署拨款1万元（冀钞）及无息贷款2万元（冀钞）外，各界人民捐助6万余元。"扫荡"时，冀鲁豫区党委、军区、行署等领导机关转移到清丰、南乐东部后，秋季与鲁西合并为冀鲁豫区。

6月5日，日军集结开封、新乡、商丘等地兵力3万余人，汽车、坦克170余辆，分三路向濮阳西南桑村集一带合击。10日，敌又调集兖州、泰安、徐州、邯郸、安阳等地日伪军2万余人，分12路向濮阳、清丰一带合击。二纵队司令员杨得志指挥新二旅四团、新三旅、民一旅等部机动作战，粉碎了敌人消灭主力的企图。敌于18日结束"扫荡"后，占据清丰、濮阳、内黄、东明等县城，并在滑县、浚县等地安设34处据点，初步形成了对冀鲁豫抗日根据地的分割包围。敌此次"扫荡"，使冀鲁豫地区的党政机关和地方武装遭受严重损失。截至11月底，地方武装损失半数以上，控制的地区比反击顽军石友三部作战结束时减少近3/4。"扫荡"结束后，冀鲁豫的党、政、军、民领导机关和军区后方机关，以及直南、豫北两个地委领导机关均转移到沙区中心区。

6月上旬，驻昆山、郓城、东平、东阿日伪军集结兵力对昆山中心区戴庙一带进行"扫荡"，数日后撤走。6月18日，日伪军开始大规模"扫荡"泰西抗日根据地平阿山区、大峰山区、泰肥山区。鲁西第一军分区（泰西军分区）率基干营和泰安、肥城、峰山等县大队，同敌人进行了英勇斗争，先后作战30余次。至8月底，泰西抗日根据地除一小部分游击区外，大部分变为敌占区。为了保存力量，坚持对敌斗争，泰西地委决定将地委、专署机关，大部分县区武装和地方干部暂时撤出，留下少数精干部队和地方干部，依靠群众就地坚持斗争。

为了配合日军进攻，1941年伪华北政务委员会推出了三次治安强化运动。第一次是3月30日至4月3日，主要内容是强化乡村自卫力量，建立反共自卫团和保甲制度，清查户口，发放身份证，扩编伪治安军等；第二次是7月至9月，主要内容是整顿内部，发展伪军，增设据点，封锁交通；第三次是从11月1日至次年3月底，其重心是在占领区和游击区进行经济掠夺，在占领区推行"配给制"，对根据地实行经济封锁。

（二）军政方面

1940年4月15日，泰西、鲁西北行政委员会合并为鲁西行政主任公署，肖华为主任，段君毅为副主任（9月，肖华调他地，段君毅任主任），吕麟为财政处长。鲁西行政主任公署成立后，银行归行署领导，为鲁西地方银行。6月22日，中央军委批准肖华任一一五师政治部主任（未就任），苏振华任三四三旅政委。当月，一一五师公布吕麟为师供给部部长。

6月下旬，二纵队新三旅副旅长赵基梅率八团进至鲁西南地区，帮助鲁西南地委和独立团开展工作，恢复了西至东明集、东至倪集35公里，南至大寨、北至力本屯20公里，共100多个村庄的游击根据地，并建立了曹县、定陶等县地方武装。

7月20日，中共中央北方局给鲁西区党委的指示信指出，鲁西是联系华北与山东根据地的枢纽，是战略上有非常重大意义的地区，我党我军必须经常控制，使之成为巩固的根据地，以打破日军和顽固分子隔断华北与山东、华中联系的企图。为此，鲁西党的任务是，加强军队建设、政权建设和党的建设，巩固和发展鲁西抗日根据地，并向南、北两方面开展工作，使鲁西与冀南、冀鲁豫、山东等地衔接起来。

10月1日，鲁西行署确立战时财经政策：在自力更生的原则下稳固鲁西抗日根据地的经济基础，改善人民生活，粉碎敌人的经济封锁，坚持长期游击战争。鲁西行署在梁山北部戴庙村召开各专署二、四科长联席会议，对鲁西财政税收、生产贸易、民生改善、粮食征发、杜绝贪污浪费等问题，展开热烈讨论与检查，并制定要案多件。

10月，鲁西地区成立财经委员会，委员由张霖之、杨勇、吕麟、段君毅、张维之、苏振华等人担任。

11月上旬，鲁西区的泰西、鲁西北、运东、运西等地建立了许多生产、消费、信用合作社。合作社的建立，扭转了过去单挑独干的局面，它通过把千百万群众组织起来用互助的方式，以集体合资的力量解决群众生产生活中的问题，可以使贷款有保证地发挥效益，在贸易斗争、货币斗争中，可以发挥重要作用。尤其是信用社的建立，促进了当地经济的发展，当地经济的发展又增加了货币的流动和需求，从而带动鲁西银行的发展。

1941年2月7日，为适应游击战争的分散环境，加强集体领导，团结干部，中共中央军委颁发八路军、新四军《军政委员会条例》，规定在军、师、旅、团及纵队、支队、军区、军分区等军队系统成立军政委员会，作为各级集体领导机构；以前军队与地方党政机关主要负责人合组的军政委员会，一律改名为军政党委员会。自此，鲁西、冀鲁豫区军政委员会均改称军政党委员会。

5月23日、24日，中共山东分局、北方局先后发出对鲁西工作的指示：鲁西抗日根据地已经建立起来，但还是一个雏形，鲁西发展的方针，是加强运西中心区，巩固泰西与鲁西北，开展运东工作，打通与鲁西南的联系。财经联系是鲁西根据地工作中最主要也是最薄弱的一环，必须切实执行严格的统一收支制度，必须量入为出，70%以上收入用于经济建设或贸易事业，只以小部分银票加田赋税收和生产等收入为军费。

除了战争的摧残，冀鲁豫区还饱受自然灾害的侵蚀。由于春季缺水，鲁西北、沙区秋粮严重歉收，部分灾民外出逃荒，从此开始了长达两年的严重灾荒。

一年来，卫河、南乐、清丰、朝城、阳谷、昆山、张秋、泰肥山区、平阿山区、大峰山区、东平、汶西等地，由根据地变为游击区。根据地被分割为泰西运东、鲁西北、沙区、鲁西南、运西五大块，面积缩小1/3，生产遭到破坏，财粮税收大为减少。

7月1日，为了加强对敌斗争，鲁西、冀鲁豫两个区党委在观城县红庙村合并为冀鲁豫区党委。冀鲁豫、鲁西两个军区于7日正式合并为冀鲁豫军区，合并后的冀鲁豫区党、政、军、群领导机关都设在濮范观根据地。7月中旬至10月中旬，军区部队开展反蚕食斗争。此时冀鲁豫根据地统辖面积1.8万平方公里，人口595万人。

7月5日，晋冀鲁豫边区政府公布了修正的《保护法币暂行条例》，9月1日，公布了包括努力加强经济建设、在根据地实行自由贸易等在内的施政纲领。

9月13日，就湖西的严峻形势，中共山东分局发出相关指示：我党在湖西还处于劣势，对敌力量对比是1∶2，对顽是1∶4；决定湖西军政党委员会由潘复生、邓克明、张国华、胡芸生、李贞乾5人组成。

10月14日，晋冀鲁豫边区政府财政厅发布的《关于金库组织原则及与银行关系的通令》指出，金库为保管与调度公款的机关，为财政所之组成部分，而银行则具有营业性质，银行与金库在金融活动上发生联系，但在组织与工作上，必须严格分开。总金库受财政所直接领导，分支金库除由总金库直接领导外，并在行政上受专署及县政府监督与指导。今后分支金库存款应尽量解缴总库或报告总库提取，银行如需调用，非经财政厅批准不可。

12月底，在东平、东阿、阳谷、寿张、郓城、济宁、汶上等昆山县周围的县城陆续为日军占领的形势下，鲁西党政军机关及军区后勤部、兵工厂及医院、报社和银行等陆续撤离昆山一带，转移到黄河以西濮范观地区。

冀鲁豫区政府在全面工作报告中指出："鲁西银行应按着分局所指示的原则，投资于生产事业，发展工商业，繁荣根据地的经济，排挤仇货，摆脱经济上的被动。""巩固冀钞和鲁钞，建立银行营业。"

二、银行方面

（一）1940年的情况

1. 鲁西银行方面

从建立根据地之初，上级机关和领导对防范金融风险十分重视。1940年5月，《中央对山东分局财政工作决定的指示》指出："各区银行所发行纸币额，需按各地每年度可能流通额为准，发行的纸币数事实上不能全部作为收入，并须以一部分为改善人民生活用。"7月20日，中共中央北方局在给鲁西区党委的指示信中指出："对于现在已经发出的纸票，应该采取各项办法保障其信用，禁止伪币通行。发行数额应有规定，不能滥发，防止与反对把印刷机看成是解决财政经济困难唯一办法的错误。已经发出去的纸币有多少，你们计划如何，均希电告我们及山东分局。"时隔不久，张霖之在1940年8月中共泰西地委的报告中也强调，鲁西银行的票子应用在救济灾民及繁荣农村经济上，反对眼睛对着石印机。11月，朱瑞在作工作报告时再次强调，反对把新钞看作解决经济困难的唯一办法。

鲁西银行成立初期，本身没有钱，印刷所印制的票子，很多是直接由勤务部支走。组织机构方面，银行工作由副行长张廉方主持，全行仅有3名干部，其中一名曾在山东民生银行工作，熟悉银行业务。在人员少、机构尚不健全的情况下，银行即油印一份办事细则。印刷所由鲁西军区供给部直接领导，全所仅10人。1940年5月建立了第二印刷所。6月"扫荡"中，鲁西银行遗失了经理章，并有一名技术工人被捕。7月间，从陈士榘支队调来方皋，方皋过去对银行工作有经验，到银行后任秘书主任兼业务科长。此时，古采甫任会计科长，王素芝任总务科长，银行机构已初步建成。印刷所领导班子逐步健全，由党支部书记、指导员和所长组成。

货币发行方面，1940年10月，鲁西军政委员会决议，关于银行方面，金额300万元，其中，200万元投资生产，100万元充作军费（至来年6月底）。在朱瑞1940年11月的山东工作报告前，鲁西银行已发行鲁钞40万元。据1941年6月25日的《大众日报》载：为了保护法币，抵制伪钞，鲁西银行发行壹角、贰角和壹圆的票子，其中，40%投资在工业上，30%投资在商业与农村，稳定了鲁西根据地的金融，活跃了市场，打击了敌伪的经济封锁与破坏。

鲁西银行成立当年发行的券别有民国二十九年山房壹角券（竖版）、民国二十九年天坛贰角券、民国二十九年浇园伍角券，其中伍角券为鲁西银行的开门券，壹角券背面有吕麟签名。

"鲁西银行钞发行券别统计表"列了两种贰角券，分别是1941年发行的锄地贰角券和民国二十九年版的天坛贰角券。编者观察到，1942年至1944年间，鲁西银行发行的鲁西币，除了泰运、湖西地名券均有签名外，天坛贰角券没有签名，故天坛贰角券始发于1942年的可能性不大。其次，票面时间和实际发行时间不一致是常有的事。但是，一般情况下，票子的实际发行时间不会早于票面时间。1940年发行的贰角券不可能是民国三十年锄地贰角（竖版），而只可能是民国二十九年天坛贰角（横版）。

信贷方面，据1940年12月22日《大众日报》题为《冀鲁边平原游击战争的坚持与鲁西抗日根据地的建设》的肖华主任访问记："正计划由鲁西银行拨款五十万元作为低利贷款基金救济贫困，以五十万元开发东平湖，使成肥沃的田地，如计划完成，每年可增加收入一百多万元。"

2. 小冀鲁豫区的情况

在冀南六县专员公署成立前，为筹集抗日经费，清丰县抗日民众自治委员会于1938年4月开始筹备印制流通券。四五月间，开始在清丰县发行清丰流通券，面额种类及发行数量不详。

1940年5月15日，冀鲁豫区军政委员会决定成立财政委员会，委员由黄克诚、傅家选、信锡华、宋乃生、华夫5人组成；黄克诚、崔田民先后任书记，华夫任副书记。财政委员会统一领导全区的财政工作。

6月，冀南银行冀鲁豫办事处成立，秋季开始发行纸币。据印刷所干部王真、段周德回忆："冀南六县专员公署成立之后，为了开展党的金融工作，6月间冀南银行冀鲁豫办事处在内黄县和清丰县交界处之前胡士文村（沙区）成立，邓开祥任办事处主任。干部有段周德、施立开、翟波等，工作人员有祁六顺、李万顺、邢书楷等共七八个人。办事处机关设在胡士文村的一个牛棚里。办事处的干部和工作人员，除邓开祥主任是由冀南银行总行高捷成行长委派随部队东进冀鲁豫区者外，其他人员全部是随二纵队从太行山来的，由军队后勤部分配到银行工作的。"

当月，边区政府为了巩固抗日民主政权，加强对敌斗争，决定发行冀南农民合作社兑换券。其券别有贰分、伍分、壹角、贰角、伍角5种，是作为冀南银行钞票的辅币发行的。主币使用冀南银行发行的壹圆券、贰圆券。该券是经军队由太行山区运到冀鲁豫区的。兑换券的发行工作，直接受六县专署财政科（后为行署财政处）华夫领导，印刷工作由银行办事处组织执行。大约从7月开始制作票版，由王继曾制作票版，"先后制作了壹角版、贰角版两种，都是三色版面，正面是底纹一色，花边图案一色，背面一色，贰角券印制时间较长，正面为桔红色，底纹为浅绿色，背面为棕色。经过几次审定后，9月票版就确定了，10月第一批'兑换券'就印制出来了，并开始发行。"开始只有伍分、壹角两种，移到南乐东北后（10月开始转移），才发行贰角券。检封工作部分，以段周德为主，包括翟波、祁六顺、李万顺，共4人。他们跟随军队，任务是将印妥的"兑换券"其中之打号码（手打号码机）、检验、封包等，最后按照华夫的指令正式发行。当时的会计账分两部分，以券别（伍分、壹角、贰角、伍角）记收入账，以支付各县财政科及二纵后勤部财政科为对象记付出账。当时以付给军队军费开支占主要份额。

发行方面，小冀鲁豫区主要使用冀钞（冀南银行纸币，又称冀币）。1940年5月，为了取缔边区的土杂钞，调剂市场需要，便利商业找零，冀南六县专署呈请中共北方局同意发行冀南银行辅币50万元，枚票10万元。因未能及时得到钞版，且边区急需辅币调剂金融，10月，冀南六县专署公布冀南农民合作社兑换券为冀南银行辅币，并由冀南银行办事处以冀南农民合作社名义在清丰县俭庄开始发行兑换券。计划兑换券面额为伍角、贰角、壹角、伍分、贰分共5种，发行总额定为60万元，其中伍角票25万元，贰角票10万元，壹角票15万元，伍分票5万元，贰分票5万元。截至11月15日，共发行辅币24万元，其中伍角辅币共发行18万元，贰角辅币共发行5万余元，伍分辅币已发行1万元。六县专署希望冀南银行总行能在边区建立分行，携带冀币300万元至500万元来边区，以便进行统一边区货币工作，或是批准由边区建立独立的银行与发行壹圆以上货币。

王真、段周德回忆中没谈到贰分券，目前也没有发现贰分券的发行资料和实物。冀南农民合作社兑换券伍分、壹角、贰角、伍角4种券均已面世。

3. 苏鲁豫区（湖西区）的情况

1940年之前，苏鲁豫区根据地内有多个民主政权发行纸币，如萧县地方流通券、永城县流通券、铜北流通券及鱼台县地方流通券。1939年11月，苏鲁豫区所属陇海路以南划归中原局领导，仅鱼台县留在苏鲁豫区。故本小节只介绍鱼台县地方流通券的印发情况。

1939年7月3日，鱼台县抗日民主政府成立，为了筹集经费，决定印发鱼台县地方流通券。两个月后，印出壹角、贰角、伍角、壹元四种面额流通券。8月，因"肃托事件"，印刷所负责人王文连被错杀，印制工作停顿。11月，吴正宪被派到湖边司令部，监管鱼台印刷所的工作，遂重新制版，印制了壹角、贰角、贰元三种鱼台县地方流通券，票版的字由吴正宪书写。

1940年7月，湖西专署成立后，决定新建的三个县不再印钞票，统一使用鱼台县地方流通券。鱼台县地方流通券从此便成为湖西专署的"本位币"。该券的印刷工作一直持续到1943年。鱼台县地方流通券存世量很少，目前仅见到贰角券。

（二）1941年的情况

本年，外有敌人的频繁"扫荡"，根据地范围缩小；内有严重的自然灾害，根据地面临雪上加霜的境地。但是鲁西银行却在逆境中发展起来，不仅机构逐渐壮大，还建立了第三印刷所。

冀鲁豫区与鲁西区合并后，鲁西银行也与冀南银行冀鲁豫办事处合并。其间，吕麟、张震（振）华调山东工作，张廉方升任鲁西银行行长（经理），鲁西军区后勤部政委张子重接替张震（振）华的职务。印刷所及出纳工作同时移交给银行。9月，冀南银行冀鲁豫办事处印刷所与鲁西北抗日报社印刷所合并为鲁西银行第三印刷所。

本年，银行机构进一步健全，增加了出纳科和印刷所，个别专区开始设办事处。此时，银行下设营业科、会计科、总务科及出纳科。营业科长方皋，科员有二三人；会计科长古采甫，科员有二三人；总务科长王素芝；出纳科科长邓开祥（原冀南银行冀鲁豫办事处主任），科员有三人，分别是段周德、祁六顺和李万顺。

此时，鲁西银行尚未遍设分支机构，仅在二专区有个银行办事处，三专区元朝县闫庄村有个营业点，主要收购花生和花生油。专区一级大部分是由财政科或是工商局代理业务。

银行相当于冀鲁豫行署的一个处级单位，随行署活动。所有行政开支、粮食、被服供应、学习、行军、驻防等按行署的一个处对待，行军时的队长是白晶吾。全行算上勤务员、行长警卫员等，大约有10人。

制度方面也开始完善，开始制定简易的会计制度。为了适应货币扩大发行和统一货币工作的需要，1941年冬，鲁西银行举办了银行干部训练班。鲁西银行总行的干部与政治学习主要由行署学委会统一领导。学习的内容主要有整风文件和抗日根据地的各项政策规定，以及新华社的重要社论等。业务方面主要学习马叙伦著的会计学，以及由方皋、古采甫二人共同编写的鲁西银行简易会计制度，由方皋编写的《鲁西银行行员手册》。

《鲁西银行行员手册》内容涉及面较广：鲁西银行成立的意义与性质及其作用、鲁西银行的组织与行务、银行营业事项、银行会计、银行出纳事务等。

不足之处主要是在货币政策方面。1941年的《冀鲁豫边区全面工作报告》指出："货币政策，只注意到出用，未注意到发展工商业及繁荣金融等基本工作。'鲁西银行应按照分局所指示的原则，投资于生产事业，发展工商业，繁荣根据地经济……巩固冀钞和鲁钞，建立银行营业'。"

银行除了印发纸币，还经营以下业务：一是发放包括水利、耕牛、种子、商业等贷款，投放救灾款、进行财政性透支。这些业务大都经过会计科登账，有的是转账，有的是支现。二是收兑金银业务。三是收、付现金工作（出纳工作）。现金除了指鲁西币、冀钞外，还包括相当于根据地外汇的中央银行、中国银行、交通银行、中国农民银行等钞票。四是代理政府金库。五是收兑报废旧币。此项业务主要是收回鲁西银行旧票及冀鲁豫区合并前原小冀鲁豫冀南银行办事处发行的冀南农民合作社兑换券。旧票收回后，由行署财政列支，银行如数烧毁。

纸币发行方面，1941年春的《鲁西政权工作报告》指出，鲁西票应多印发壹角、贰角，甚至伍分的小票。根据1940年至1943年的《鲁西银行货币发行及业务情况统计资料》，截至1941年7月，鲁西银行成立以来共发行鲁钞4 837 422元。7月以后至年底，发行鲁钞3 118 276元。

本年度发行的券别有民国三十年车船肆分券[①]，民国三十年轮船、汽车伍分券（7月发行），民国三十年马拉犁贰角伍分券，民国二十九年浇园伍角券（春季续发），民国二十九年割稻壹圆券。

其中，肆分、伍分、贰角伍分券背面无签名，壹圆券有吕麟和张廉方二人的签名。贰角伍分券背面英文有将"BANK"印成"SANK"的，"TWENTY FIVE CENTS"印成"TWENTY FIYE CEHTS"的。

在小冀鲁豫区，两区合并前，冀南银行冀鲁豫办事处继续发行本位币（冀南银行币）和冀南农民合作社兑换券。两区合并后，停发冀南农民合作社兑换券。根据冀鲁豫区军政委员会1941年1月12日财政经济全年工作安排，财政方面：临时支出项下，收回流通券45万元，纸币发行与支出概算项下，本位币发行150万~200万元，辅币发行30万~70万元；投资生产建设30万元，投资贸易20万元，投资信用贷款20万元（主要投资生产事业）；准备基金150万~200万元，在2月底前，完成20万元，5月底前完成50万元。金融方面：确定冀币为边区本位币，建设冀南分行与各县办事处；成立信用合作社，办理存款工作，投资低利贷款20万元。

根据"鲁西银行历年发行券别金额统计表"，1940年至1941年，发行农民合作社票合计金额405 899.65元。

在湖西区，继续发行鱼台县地方流通券。

支出方面，截至1941年7月，农村贷款17万余元，商业贷款6万余元，水利贷款15万余元，耕牛贷款1.2万元，救济贷款2万元，印刷机关开支65万余元，财政透支为376万余元，财政透支数占总发行数的82%（应为78%）。方皋撰写的《抗日战争时期的鲁西银行》一文，部分数据与此略有差异，其中财政透支为441万余元，农贷18万余元。差异的原因是，方皋一文把印刷机关开支合并到财政透支中，把农村贷款与耕牛贷款合并。当时印刷机关属于部队编制，合并有其道理。1941年8月至1942年底，贷款数目：农业152万余元，商业697万余元（内贸易为600万元），工业152万余元（军事工业150万元），各印刷机关一年开支100万元，财政透支数为283万余元，财政透支占发行数的20%。《晋冀鲁豫边区财政经济史资料选编》披露，1941年冀鲁豫区农业贷款600万元，商业贷款590万元，工业贷款800万元，生产贷款1 400万元。

第二节　1942年的鲁西银行

本年冀鲁豫区继续遭受旱灾和蝗灾的肆虐，对敌斗争形势愈加严峻，根据地不仅面积大幅度减少，还被分割为6块，步入空前的困难时期。而鲁西银行却在艰难的环境中茁壮成长，不仅货币发行额成倍增加，还开始设立分行，建立了第四印刷所。制度方面更趋完善，制定了多项贷款办法。

一、环境方面

（一）敌我斗争方面

1942年2~3月，日军第三十五师团、第三十二师团、骑兵第四旅团及伪军一部对南乐、清丰、卫河等地进行"扫荡"。

3~4月，日军第三十二师团、骑兵第四旅团及伪军共5 000人"扫荡"巨南，巨南根据地大部分变为游击区。

4月3日，日军独立混成旅团3 000余人及伪军一部，分路对五分区的南乐、清丰县以东及观城

[①] 民国三十年车船图景四分券在"鲁西银行钞发行券别统计表"中被定为1941年1月发行。但是，"鲁西银行历年发行券别金额统计表"中，1940年至1941年无发行肆分之记录，1942年肆分券发行数3 960元。肆分券是否发行于1941年有待考证。

北之邵庄屯一带进行"扫荡"。据仪华回忆,"扫荡"期间,军区、行署及银行驻朝城、范县一带。

4月11~23日,日伪军数千人合围微山岛。

5月上旬,日伪军一部"扫荡"南乐、清丰以东地区,安设据点16处,从西面占据根据地濮范观中心区一部分。郓城之敌向北进行蚕食、封锁,安设据点,修筑郓城至鄄城公路和郓(城)北大堤,形成了一条封锁线,切断了濮范观中心区与巨南、湖西的联系。

到6月底,敌人在冀鲁豫境内修建的公路157条,长7 000公里,较上年底增加53条,长2 000公里;封锁沟14条,较上年底增加9条。与上年底相比,根据地缩小1/5。至年底,全区共有日军据点199个,较上年增加53个,兵力6 300人;伪军据点899个,兵力60 000余人。公路173条,长8 800余公里,较上半年增加16条,长1 000公里。封锁沟30余条,长700余公里,较上半年增加17条,长400余公里。公路主要干线24条,南北贯通的15条。封锁墙3道,长210公里。卫河、南乐、清丰、朝城、阳谷、昆山、张秋、泰肥山区、平阿山区、大峰山区、东平、汶(上)西、金(乡)西、单(县)东及单(县)东北等地被敌侵占,由根据地变为游击区。全区被分割为6块,即泰西、运东、鲁西北、濮范观、沙区、鲁西南、湖西,冀鲁豫区步入空前艰难时期。

为了消灭冀鲁豫区领导机关和主力部队,彻底摧毁冀鲁豫抗日根据地,9月26日,日伪军约万余人,秘密集结在根据地外围,计划27日拂晓,分兵八路合围濮范观中心区。主力部队与党政军机关获悉后,于26日夜从西南方向跳出敌合围圈,军区后方机关、南进支队直属队和陆军中学等单位被敌合围。敌在中心区"清剿"3天后,以一部兵力和郓城、汶上、东平、寿张等地伪军转向昆山、张秋地区,对第八军分区进行合围。至10月中旬,敌安设据点26处,昆山、张秋地区全部变为敌占区。敌人"扫荡"后撤回济南时,又向一、四军分区合击,并从11月初开始,安设据点。一、四军分区基本区大幅度缩小。至秋季,沙区中心区只剩100多个村庄未被敌人征服。

12月,日军疯狂"扫荡"湖西抗日根据地。日军从济宁、徐州、陇海线、济南、菏泽、单县等地调集第三十二师团、第十七师团、独立骑兵第四旅团9 000余人及伪军共万余人,从20日开始,对湖西之单县东、金乡县南中心区进行拉网式"扫荡"。敌方集中"扫荡"之后,留下日伪军2 000多人,在中心区挖沟修路,安设碉堡。到1943年3月,敌方在中心区挖了四条大封锁沟,并沿封锁沟每1~1.5公里修筑碉堡一处,造成碉堡林立的局面。这些封锁沟、碉堡和公路将湖西中心区分割成格子网,湖西军民从此进入更为困难的时期。

(二)军政方面

4~5月,冀鲁豫区党政军机关抽调数百人乘高树勋部撤向陇海路以南之机,进入濮县等新区开辟工作。

6月4日,冀鲁豫区开始了第二次精兵简政,撤销了军政党委员会,全区各项工作统一由区党委领导;取消了八路军第二纵队番号,军区统一领导各种武装力量;杨得志任司令员,杨勇任副司令员,苏振华任政治委员,崔田民任政治部主任。军区供给、卫生机构合并为后勤部,傅家选任部长,韩明任政治委员。

6月30日,中共北方局发出对冀鲁豫区工作的指示,指出冀鲁豫区已进入空前艰苦时期,正规军必须坚持分散活动。

7月22日,晋冀鲁豫边区政府决定建立专区及县经济委员会,其任务是研究改善该区经济,繁荣工商业,调剂粮食,组织对敌经济斗争,协调各经济部门的工作。经济委员会以专员或县长为主任委员,并由其指定财粮、工商、银行及主要商店的经理及监委若干人组成。随后冀鲁豫行署所属各专、县相继成立了经济委员会。

8月,冀鲁豫工商局在沙区井店镇以李忠原经营的商号为基础成立了德兴隆商店,马一之任经理。经理室下设会计股、营业股、保管股、总务股，分支网络布满了大部分沙区。31日，晋冀鲁豫边区工商总局颁发合作社贷款办法。

9月15日，冀鲁豫行署公布的《冀鲁豫边区统一市场货币暂行实施办法》规定："凡本区内一切公私交易各款，一律以鲁西银行钞票（以下简称鲁钞）为本位币，所有法币其他杂钞，一律停止流通。"10月9日，冀南行署发出《关于鲁钞停止流通的指示》："兹颁布停止鲁钞布告、宣传大纲各一份，望接到后展开讨论，并广为翻印张贴深入宣传。工商局更应号召商人搜集鲁钞，赴鲁西购货。凡欲赴鲁西购货之商人，可取区公所保证来工商局申请登记。工商局需赴其所在地进行调查，若该商人确系忠实商人并无投机取巧之意，可发给证明文件，并予以赴鲁西之种种便利，此后并应经常指导检查其行为。自布告之日起，各级政府、部队、群团、公营企业一律不得再使鲁钞。关于鲁西票兑换办法及行使鲁西票处分办法，待鲁西回电后再发。未颁发前对于行使鲁钞者暂不处分，可口头批评之。"11月20日，冀鲁豫工商办事处、鲁西银行发布《关于统一市场货币工作的补充指示》。

10月20日，黄敬任冀鲁豫区党委书记，湖西划归冀鲁豫区，之后巨南工委划归湖西地委领导。

本年发行了一次生产建设公债，分配到一至七专区及五县联办（昆山县的任务是150万元，争取完成200万元）。当时用临时收据收了一部分，后来因公债运到京汉路被敌人袭击损失，不得不按临时收据归还了认购者。

二、银行方面

1942年1月，晋冀鲁豫边区政府财政厅召开财政会议，通过了根据地贷款通令，决定西北农民银行、冀南银行、鲁西银行所发行的钞票相互汇通。本月的晋冀鲁豫边区财政计划规定，各项收入财政机关收到后，及时全部存入银行，随时提取。银行如与政府不驻一地时，须派专人前往常驻，以便政府提存款项。行署金库在7月1日前正式建立，各专署县支金库8月1日前正式建立。

3月12日，晋冀鲁豫边区政府颁布了农业贷款办法，主要内容如下：（1）农业贷款主要包括春耕贷款与水利贷款。春耕贷款月息7厘，水利贷款年息7厘。（2）春耕贷款用途只限于购买农具、种子、耕畜三项，水利贷款包括开渠、修滩、购置水车之用。（3）贷款主要贷给贫苦农民充当农业之用，抗属、受灾重之农民及本年编余工作人员，有贷款优先权。（4）春耕贷款期限为8个月，由阳历3月15日至11月15日，水利贷款数额较大者，得分年偿清，但至多不得超过4年。（5）农民以户为单位借款或自由组织小组，得合借合用。（6）贷款者须与银行订立契约，由借款人自找中保人，中保人以村级干部二人或殷实家户一人为限，无中保人得以实物抵押借款。无银行县份，由县金库代办后，转交银行。（7）如有开设农具厂、水车厂等，需款较多者，须由专署决定。（8）专、县建设科负责审查贷款手续，作最后之批准，放出与收回皆负整个责任。财政科（有银行者，由银行办理）负责各种贷款保管及督促收利息及成本之责。

春，鲁西银行在第三专署建立第三分行，主任曹正，另有会计、出纳、营业、总务四个股，共9人，主要在朝（城）北王奉和冠县姚头一带活动。接着，在第二专署建立第二办事处，驻地郓城。在第五专署建立第五办事处，有主任、会计、出纳各一人，主要在清丰、南乐一带活动。在第七专署建立第七办事处，驻地曹县，主任张太和，另有会计一人，主要在菏泽安陵、曹县韩集一带活动。截至7月，鲁西银行共有分行一处，办事处三处，行员22人，其中，总行6人。另有印刷所三处，干部工人180余人。

8月，第二办事处改为第二分行，主任方皋，会计董辉（贾钟灵），出纳满恩普（满泽），在冀鲁豫中心区（濮、范、观、郓、鄄等县）开展业务活动。分行建立后，鲁西银行便称作总行。分行是根据所在的区命名的。为了便于开展统一货币工作，鲁西银行在全区各大集镇都建立了由3名左右干部组成的货币兑换所。冬季,银行移驻鲁西北的小寺上村。

据段周德回忆:1942年9月27日,敌人集中万余兵力"扫荡"濮、范、观中心区时,根据地建设和生产受到巨大损失。银行随行署机关撤出濮县白衣阁村,成驮钞票安全地突出了敌人的包围。

为了冀鲁豫与冀南两地区军政民在战时携带款项便利起见,11月15日,鲁西银行正式与冀南银行通汇,汇兑事项如下:一是鲁西银行总行及三分行(鲁西北)与冀南银行十分行(馆陶一带)、十二分行(大名一带)互相通汇。二是信汇、票汇、电汇三种汇款方式,暂实行票汇一种。三是由汇款人将汇款及汇水二分之一连同手续费交纳银行后给予汇票,以便向指定银行再交汇水二分之一另具保支取汇款。如汇票损失,必须迅速挂号声明(向付款银行),但在挂号时银行如已付过款时,责任由汇款人负之。汇水按百分之三(军政及抗日团体减半),手续费五元。汇款额以五十元起码,少则不汇,汇票每张金额不得超过五千元。自民国三十一年十二月一日通汇。

发行方面,本年发行大票占三分之二,大部分投入贸易。据中共冀鲁豫区党委1942年9月18日关于鲁钞发行问题致中共中央北方局的电报:"(一)鲁钞现已发行总数(截至本年8月底)13 781 075元:计5元票4 485 000元,2元票1 967 700元,1元票5 235 500元,5角票2 152 500元,1角、2角票14 075元,全区人口约250万人(根据地及接敌区数)。(二)据工商局科长谈,太行山慢慢印鲁西钞3 000万元,我们意见,发行种类应以10元、5元、2元、1元、5角、2角、1角共七种。除10元票3 000万元由冀总行印发外,其他均由鲁西直接印发,现只印5元、2元、1元三种。到今年终可发1 000万元。10元版已缄好,即设法送去,票板样式如合适即印发,否则另装新版。"

编者将电报中伍圆券至壹角券的发行数累加后是13 854 775元,而非13 781 075元。电报中伍圆券、贰圆券为本年新增的面额。电报中"1元票5 235 500元",这个数与"鲁西银行历年发行券别金额统计表"壹元券1940年至1941年发行数相吻合。由"鲁西银行历年发行券别金额统计表"知1942年未发行壹圆券。电报中"5角票2 152 500",这个数应当是1940年至1942年8月底的发行总数。因为1942年伍角券总共才发行了26 000元。但是,据"鲁西银行历年发行券别金额统计表",伍角券仅1940年至1941年发行数已经达2 155 013.5元,比2 152 500元多了2 513.5元。两个数字至少其中一个是错误的。电报中"壹角、贰角票14 075元",这个数是指1942年到当年8月底的发行数。因为仅1940年至1941年,壹角、贰角券发行总数已经达41 785元。由此可知,上述电报总发行数中,往年的仅统计伍角以上券,壹角及以下的仅统计本年发行的。

根据12月22日的《中共冀鲁豫区党委研究财经工作的会议记录》,鲁钞发行数字1 700万元。这个数字由"市场需要1亿元,至少差8 300万元"看,应为1940年至1942年报告期的总发行数。以此计算,冀鲁豫根据地人均持有鲁钞数不足9元。会议要求,今后货币发行以拾圆券为主,贰拾圆

鲁西银行旧址
(现河南省濮阳市范县朱堌堆村)

2013年在旧址按原貌翻建的鲁西银行
(现河南省濮阳市范县颜村铺乡)

券、伍圆券为辅。

本年共有五个印刷所，分别是一所、二所、三所、四所及湖西印刷所。

本年度发行的券别及金额：发行民国三十年车船肆分券，前后共发行3 960元；新发民国三十年锄地贰角券（竖版）30 500元；新发民国三十一年鲁西南山景伍角券26 000元；新发民国三十年前门火车贰圆券450万元；新发民国三十一年花心伍圆券947万元。

虽然吕麟已经离开冀鲁豫前往山东，但是到本年为止，大部分鲁西币背面仍然沿用吕麟与张廉方的签名。本年度发行总额1 403万余元，流通额2 198.6万余元。

春季，鲁西北、沙区遭受严重旱灾，河渠干涸，大地龟裂，许多人逃亡他乡，不少人饥饿而死。各级政府积极组织生产自救。秋季，冀鲁豫发生大面积蝗灾，尤以鲁西北、沙区为重，大批群众饥饿而死，外逃者难计其数。在鲁西北，堂邑县凤凰集以南、聊城县沙镇西北、冠县桑阿镇以北，方圆几十公里地带出现了罕见的"无人区"，其中的五贤村饿死了500多人，出现过人吃人的现象。沙区南乐县有17 000余人因饥饿而死。10月10日，行署颁布救灾贷款办法，组织群众借款、贷款，生产自救。区政府决定发放救灾贷款500万元、春耕贷款500万元。仅沙区，两种贷款占500万元。为了帮助灾民度过灾荒，解决军需民用困难，打破敌人封锁，支援战勤，行署成立了德兴隆商店。德兴隆的成立，对稳定物价，繁荣市场，广开生产门路等起了重要作用。

据"冀鲁豫七年来各种贷款统计表"：本年农业贷款数1 000万元，工业贷款数1 150万元，商业贷款数4 900万元。其中，工业贷款和商业贷款数内包括工商两业的投资数在内。

第三节　1943年的鲁西银行

本年斗争形势开始好转，敌人"扫荡"次数明显减少。随着李仙洲部入鲁，根据地增加了对李部的战斗，自然灾害依旧侵蚀着根据地。

一、环境方面

（一）军事斗争

全年共进行大小战斗2 701次，较大战役4次。年底，本区范围内有日军据点170余个，兵力6 000余人；伪军据点880余个，兵力10万人；公路170余条，长9 400华里；封锁沟81条，长2 450余华里；封锁墙3道，长210余华里。敌人主要的进攻如下：

1943年3月李仙洲部已至湖西区。自5月4日至8月25日，反击李仙洲部入鲁的战斗大小72次。

9月21日至10月12日，日军为围歼八路军主力部队和领导机关，摧毁冀鲁豫抗日根据地，掠夺秋粮，调集第三十二师团、五十九师团、三十五师团、骑兵第四旅团等部，在伪第二方面军孙良诚部配合下，共3万余人，对冀鲁豫区进行秋季大"扫荡"。敌由南而北，先合围湖西地区，继"扫荡"鲁西南、运东、沙区，后全力合围濮范观中心区，回兵时再"扫荡"沙区、运东地区。9月21日，日伪军11 000余人，汽车270余辆，坦克9辆，飞机3架，由济宁、徐州、商丘、新乡等地出动，分10路对单县东南地区进行铁壁合围。八路军主力跳出合围圈，转向敌侧后，进行外线作战。9月28日，日伪军又以万余兵力，对曹县西南王厂一带合围。10月12日，日伪军15 000余人，汽车800余辆，坦克8辆，飞机5架，由济南、济宁等地出动，分13路向濮范观中心区"扫荡"，妄图围歼区领导机关和主力部队，区党委、军区、行署领导机关于夜间跳出敌合围圈。敌在八路军内外线部队的打击下，于10月13日撤退。在这次历时20多天的反"扫荡"中，进行大小战斗35次，攻克敌据点、碉堡74个，攻入东平、延津两个县城，袭击了东明、考城、濮阳、平阴4个县城，毙伤日伪军1 374名，俘日军2名、伪军2 744名，缴获大批武器①。

10月26日，敌以六十五师团主力，配合伪军杜淑部万余人，"扫荡"四分区濮（阳）滑（县）地区，并大肆抢粮，30日，敌伪5 000人为配合对四分区的"扫荡"，再度向一分区茌平地区合围。两处之敌于11月13日撤退。

（二）根据地建设

本年根据地区域扩大了，行政县区村庄大大增加。3月，中心区有三个完整县，即濮县、范县、观城县。至6月，运东又变成游击根据地，一度变为敌占区的大峰山区基本恢复原貌，泰肥、

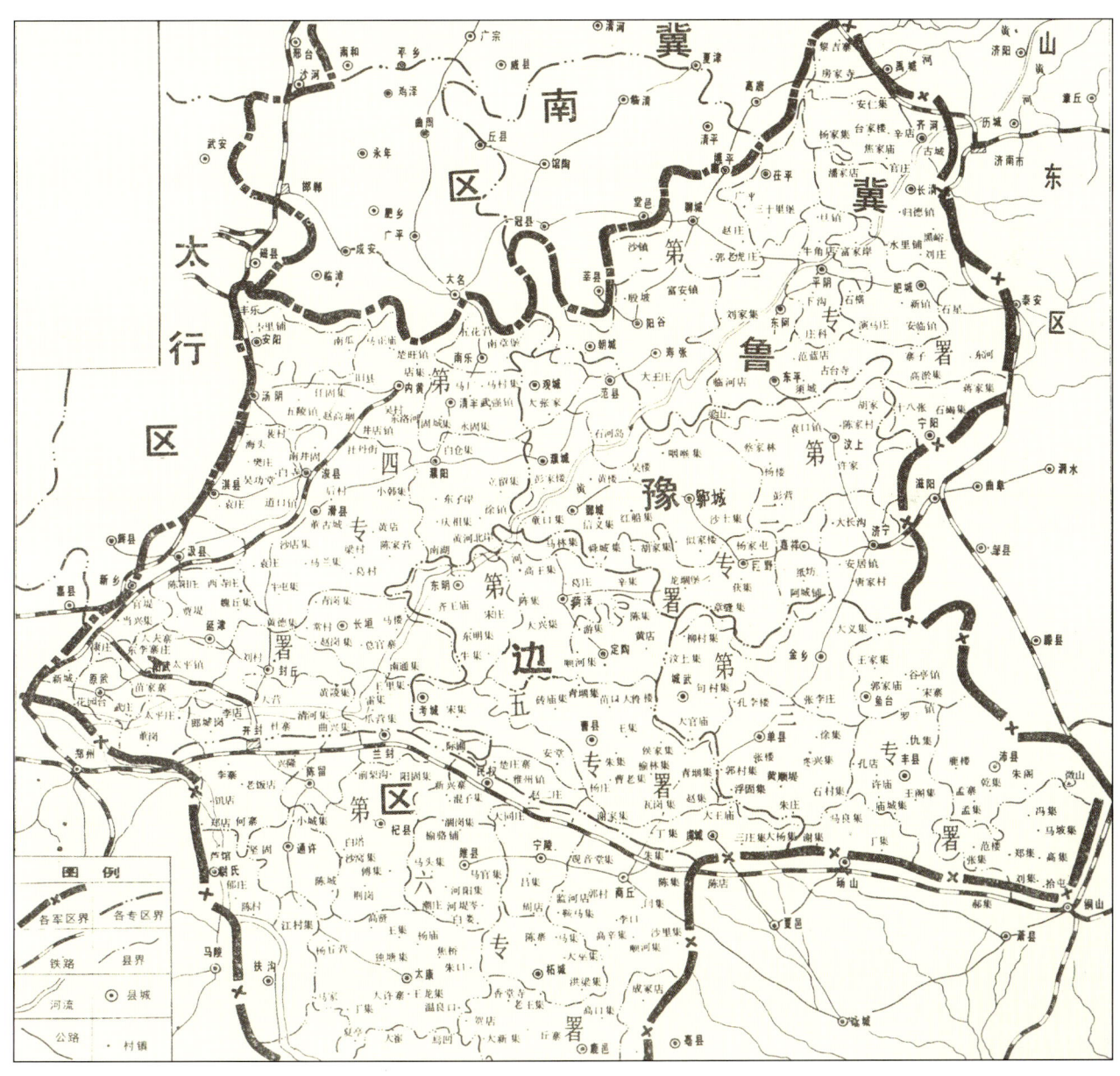

图2-1 冀鲁豫边区地图（1943年12月）

---

① 中共冀鲁豫边区党史编委会. 中共冀鲁豫边区党史大事记［M］. 济南：山东大学出版社，1987：190~191.

平阿两山区也逐渐恢复，在齐河与禹城两县间和济南与长清县间开辟了两块游击根据地。第二军分区打开了昆（昆山）张（张秋）局面。第三军分区深入敌后，建立了莘（县）朝（城）边游击根据地。经过几个月的斗争，阻止了敌人对根据地的进一步分割、蚕食。下半年，由于日军在太平洋战场的失利，沙区周围日军兵力减弱。8月中旬，由于伪军的反正，沦陷为敌占区4年之久的金（乡）济（宁）鱼（台）地区，变成了抗日游击根据地。11月16日，冀鲁豫军区发起濮阳东南战役，至17日，俘获伪军3 200余人，后又歼顽军3 000余人。至11月26日，冀鲁豫区的濮范观中心区和第二、第四、第五军分区连成一片。12月，增加的县政权有卫南、滨河、鄄西、考城、城曹、单西、曹县、范寿朝阳边区、朝莘边区，扩大村庄5 000余个。全区共有村庄15 000余个，人口520余万，征收地亩总数字扩大至42 817亩。年底，除湖西外，各地区与中心区的联系基本打通。

春季，行署发出救灾指示，各地相继展开生产自救运动。上年普遍歉收，轻灾区508个村庄，约30%的群众外逃，重灾区1 050个村庄，约70%的群众外逃，春荒极为严重。政府共发放1 000万元春耕贷款。据3月调查，以前9个专区现分为6个，全区3/4为灾区，鲁西北较重，沙区最严重，中心区较好。沙区人民外逃者占一半左右，有父母杀食其子者，有食人肉者，惨闻甚多。通过各种贷款发行鲁钞。贷款计划为春耕200万元，合作300万元，掘井150万元，旱田（包括豆类、菜蔬）50万元，已贷出70万元。

截至6月底，全区共有固定贸易额800万元，流动资本700万元，太行贸易额100余万元。资本分布地区：中心区850万元，有四个公营商店，四个手工业工厂；鲁西南260万元，有三个公营商，一个工厂；鲁西北174万元，商店两个，一个办外汇的花行；沙区190万元，有三个商店、一个粮栈、三个工厂；泰西20万元，组织一公私合营的商店。以上商店主要贸易粮食（平均在100万~150万元）[①]。

上半年，冀鲁豫财粮收支，在一般地区都是入不敷出的。大部分地区提前半个月动用收购麦粮资金，有的地区超过了半个月。

7月8日，行署发布了包含稳定物价、搞好以支援灾区生产为中心的经济建设在内的《1943年下半年工作方针》。

夏季，从西北部到东南部，发生大面积蝗灾。灾情严重的地区，飞蝗遮天盖地。行署指示捕灭蝗灾。

11月，为加强对冀鲁豫和冀南两区的领导，中共中央决定成立冀鲁豫分局（通称平原分局），黄敬为书记。26日，区党委在观城红庙召开高干会议，历时47天。会议认为1943年边区从根本上扭转了被动局面，开始取得战争主动权，对1944年工作提出了包括大力发展生产在内的六项具体要求，决定撤销三地委（本年划归冀南区的鲁西北地委）建制，将六地委（湖西地委）改为三地委，水东地委改为六地委。

入冬前后，冀鲁豫区建立了小型兵工厂和各种民用工厂。第一军分区在平阴县建了炸弹厂，第二军分区建了军械修理所、手榴弹制造所和能生产九二式炮弹、山炮弹的炮弹所。至年底，各军分区都建有小型的军械修理、制造所，每所人员30~50人不等，月修步、机枪百余支，造手榴弹3 000~5 000余枚。军区还建立了纺织厂、机械厂、锅厂。纺织厂有设备11台，人员250名，月产色布1 500匹；机械厂有人员90名，月产轧花机、弹花机30台。军区在尚和县高荣园村建立了兵工厂，有员工470名，可月产九二炮弹300发、八二炮弹300发；在范县化台村设立了鞋袜厂，有员工150名，可月产鞋1万双。

---

① 晋冀鲁豫边区财政经济史编辑组. 山西、河北、山东、河南省档案馆. 抗日战争时期晋冀鲁豫边区经济史资料选编（第一辑）[M]. 北京：中国财政经济出版社，1990：515.

入冬以来，冀鲁豫区受灾严重的鲁西北、沙区等地连续喜降瑞雪，预示着连续几年的干旱即将结束。

12月14日，晋冀鲁豫边区财经会议作出以下决议：（1）关于目前物价高涨外汇跌落紧急处置的决定：自11月25日至12月上旬，各地粮价开始暴涨，平均涨幅一倍，全区市场极为紊乱。造成以上现象的原因首先是军政生产机关、人民、商人都在抢购物资和屯积，军政机关提前购买明年服装。其次，入冬以来出入口贸易入超数目巨大。再次，本票发行后兑换不便，市场上以及银行办事处大部分不能兑换。本票的发行，没有根据市场的需求进行。因此，决定军政机关生产单位、银行、公营商店所存各种土产、山货立刻全部出口，以稳定外汇。银行停止一切商业活动（机关生产在内），撤回投入私营的资本，紧缩商业放款。银行现存粮食悉数交工商局分区代卖，限于旧历年底前卖完，以平抑粮价。（2）工商局合作部分归政府统一领导。工商局除掌握对敌贸易斗争、调剂内地市场外，应注重根据地军用民需各种物资的调剂及供给。取消工商局公营收入部分的财政任务。工商局行政经营两部分均自力更生。（3）农业贷款利息由1.5分提至2分，合作手工业及水利贷款利息由2分提至2.5分，商业贷款由2.5分提至3分。以上利息规定的执行，按贷款期间的长短决定，贷款期长者利息重，贷款期较短者利息轻。

冬季，为加强对财政经济工作的领导，区党委决定成立财经领导小组，健全了工商局组织。工商局制定了有关贸易、货币等经济斗争的方针措施，如打击伪币、法币等。财经工作逐渐转向主动，财经制度进一步确立，财政经济独立自主。根据地大部分做到市场货币统一，法币被排斥，鲁钞信用提高，成为市场统一货币。

二、银行方面

（一）机构、货币及发行方面

2月1日，冀鲁豫行署修订颁发了《统一市场货币暂行实施办法》：凡公私交易款项，均以鲁西银行钞票（以下简称鲁钞）为本位币，法币无论数目多少，一律禁止行使。本办法实施区域暂定为十八专区、十七专区之濮县、范县、鄄城、郓城、寿张（范寿朝阳边在内）、十九专区之观、朝等区域，其他地区暂缓执行。

22日，晋冀鲁豫边区财经会议作出了包含以下内容的若干决议：银行与工商局监委统一，生活在一起，待遇制度一致，经行署批准后委任之。银行与工商局工作明确划分：信用工作，各区汇兑"捣票子"归银行；一切工商经营归工商局。当有不能解决时，服从于政治任务，取决于监委。银行代理金库，政府拨款不能直接拨在金库，应拨在政府，专署会计和金库要分清楚。不能建立金库的县，县府会计可以临时兼金库。为防止通货滥流，以便于审查假票，决定各战略区流通通货，均加盖各该战略区地区字样。各战略区工商局办事处名称，改为"××区工商管理局"，由边区工商总局和当地行署双重领导。

春季，湖西印刷所在单县满庄开始印制鲁西银行湖西版纸币。据吴正宪回忆，在1943年春天，湖西专署刘升宪随专员郭影秋在边区领了一块有鲁西银行带湖西字样的票版，到了湖西之后，改印鲁西票，鱼台县地方流通券就停止了印刷。鲁西票在湖西流通的时间，大概有两三年，以后被冀南票代替了。

上年冬，西北局高干会检讨了财经工作，会后银行工作委员会指出了前段货币发行工作的保守观点。在此精神启发下，冀鲁豫区高干会也检讨了鲁钞发行工作，认为鲁钞发行也有不大胆的问题，并在总结经验的基础上，为适应救灾和对敌斗争的需要，制订了扩大发行计划，从此鲁钞发行工作进入新阶段。据方皋的《冀鲁豫边区的金融工作》，本年除发行了拾圆、伍拾圆两种大额票币外，还发行了贰佰圆、伍佰圆大额本票和流通券。鲁钞发行额由1941年7月的480万元扩大到本年末的13 412万元。

此举虽然有力地支持了对敌斗争和生产救灾运动的开展，但也引发了根据地严重的通货膨胀，阻碍了根据地经济的发展，严重影响了根据地人民的日常生活。

3月29日起，鲁西银行与工商局合署办公，统一监委，统一伙食，各成系统，共同行动。为加强对敌经济斗争，区党委抽调韩哲一任监委，安法乾任副监委，杨寿山任局长，张铁铮任副局长。后来又将合署办公改为合并办公，实行工商管理税务、贸易、银行三位一体的体制，促进了金融工作的开展。在鲁西银行未设分行的地区，工商局设立外汇科，后称信用科，各县局设立外汇股，后称信用股，负责办理鲁西银行业务。

4月15日，冀鲁豫行署发布了《关于禁止其他抗日根据地抗日政府发行之钞票在本地区流通的通令》，禁止冀南银行、晋察冀边区银行、北海银行等币在冀鲁豫区流通。

8月，王虎臣任鲁西银行第二分行行长，任职到1946年。

9月1日，冀南银行总行制定了《各科工作细则草案》，鲁西银行参照执行。该草案对秘书室、审计科、业务科、金融科、总务科工作任务等作出了明确规定。

10月，鲁西银行开始筹建鲁西北印刷所。据梁洁三、赵荣轩回忆整理的《鲁西银行鲁西北四所简介》，1943年，日寇对冀鲁豫区泰西地区进行铁壁合围式的残酷"扫荡"，实行经济封锁。泰运专署、一分区军队和政府工作人员供给十分困难。为解决财政经济问题，坚持抗战，打击敌人，鲁西银行及冀鲁豫区泰（西）运（河东）专署，决定成立鲁西银行泰西分行印钞厂（鲁西北印刷四所），由十专署（泰运专署）工商局局长张铁铮兼泰西分行行长，并领导印钞厂。中秋节后，泰运专署调泰西县委干部梁洁三到泰运专署驻地，泰运专署专员张耀南向他布置了筹建鲁西银行泰运分行印钞厂的任务，明确指出，建厂的目的是"支援军队，解决供给"，并派青年袁清平做梁洁三的助手，由梁洁三任所长。

11月13日，冀鲁豫行署指示发行临时流通券。临时流通券面额有贰佰圆及伍佰圆两种，通过贸易向市场发行，由鲁西银行各级工商局及公营商店保证兑换等价鲁钞。

鲁西银行第四印刷所正式成立后，在菏泽县城南田海印制鲁西银行壹角券。据第四印刷所筹办人张海涵回忆，印发鲁西币事宜由专署财政科负责，面额有壹角、贰角、伍角、壹圆4种。此时根据地活动范围仅限于菏泽、南华、东明、东垣、考城、曹县、定陶、民权8个县。故鲁西南地名券仅在这些地方流通。发行之初，由专署向各级政府下达通知，并布告周知，通过财政支出、商店购销业务、银行兑换、行政上管理等形式，由鲁西币逐步代替各种货币。在各方的努力下，1943年，鲁西币已成了鲁西南根据地市场流通的唯一货币。

鲁西币的投放，推动了公营商业、工业的巩固和发展，支持了农业生产，对掌握物资、保障物资供应、稳定物价、开展对敌经济斗争起到了积极的作用。受条件所限，此时鲁西币的票纸较差，容易破损，为解决这一问题，根据地在各大集市均设立了烂票兑换所，根据票面破损的程度折价收兑。为防止假票的侵害，根据地预先把发行的票样张贴于市，并发给各有关用货币的部门，便于识别真假。据张海涵回忆，在发行壹圆票的时候，曾发现假票，重改版面后继续发行。

华夫1943年6月的《关于冀鲁豫区财政问题》记载，到2月底（鲁钞）已有3 200万元左右，券别有11种：肆分、伍分、壹角、贰角、贰角伍分、伍角、壹圆、拾圆、贰圆、贰拾圆、伍拾圆。

本年发行的券别及金额：湖西版贰角伍分券5 250元，湖西版伍角券68 561元，民国三十一年鲁西南壹圆券1 066 964元，民国三十二年车船伍圆券2 105 000元，民国三十一年亭阁拾圆券51 180 000元，民国三十一年天坛版贰拾圆券25 560 000元，民国三十二年铜牛版伍拾圆券7 000 000元，续发民国三十年前门火车贰圆券938 000元，民国三十一年花心伍圆券4 910 000元。

除了本币，本年还发行本票贰佰圆券11 280 000元，临时流通券民国三十二年伍佰圆券8 720 000元。连同本币合计发行112 833 775元，焚烧694 228.95元，流通总量134 125 704.20元。

（二）贷款方面

上年12月，毛泽东提出"发展经济，保障供给"的财经工作总方针，根据此方针，冀鲁豫区明确了金融工作的生产观点，本年先后制定了《春耕掘井种植早苗种子贷款办法》《灾民贷款办法》《流入灾民生产贷款办法》《低价换贷麦种办法》等，实行了无息政策、低息政策（6~8厘），鼓励互助合作和贷放粮、棉、种子等实物，发放了一大批实物和现金贷款。

根据《冀鲁豫区流入灾民生产贷款办法》，面向受灾群众生产小组、流浪灾民个人、从事纺织生产等发放的贷款，均为定期无利贷款，由政府委托工商管理局办理，按其生产周期，分期逐渐偿还，最晚应于本年9月底还清。贷款数目以直接参加生产人，按每人50~80元为限，以鲁钞或是相同价值的生产原料（如纺织用棉）放款。

截至本年底，农业贷款增加到2 500万元，支持灾民进行抗旱春耕、秋收秋种、纺织和运输等生产，使他们战胜灾荒。此外，为了进口粮食和发展军工生产，还增加了工商业投资租赁贷款。工业投资和贷款达到7 100万元，商业投资和贷款增加到1 900万元，支持商业部门在救济中发挥作用。

第四节　1944年的鲁西银行

一、环境方面

（一）敌我斗争

1944年1月1日，中共中央北方局发布工作方针，要求团结全华北人民，克服一切困难，坚持抗战，积蓄力量，准备反攻，迎接胜利。

本年1月起，全区进行大小战斗3 604次。敌人很少有大规模的"扫荡"，但出动千人以上兵力的"扫荡"却很多。随着日军在太平洋战场上的一再失利，边区周围的日军第三十二、三十五、一一〇师团全部，骑兵第四旅团及独立第一混成旅团一部先后南调，从河南开始发动了打通通往南洋的大陆交通线的战役。防区由第五十九师团、新编十七师团、独立步兵第一旅团等部接管。日军兵力由12 500余人减为6 400余人，且多系新征之老年兵和少年兵，厌战情绪严重，战斗力弱。全区出现了空前有利的形势。

2月8日，杨得志率部队去陕北，军区工作由杨勇主持。至4月底，各军分区陆续扩充新兵6 000余人。

4月18日，冀鲁豫区军民对敌发起攻势作战。4月下旬，第二、第五军分区扫除了中心区通向鲁西南、湖西地区的交通障碍。5月6日，第四军分区收复内黄县。5月11~17日，第二军分区八团、昆张游击支队在地方武装的配合下，解放了昆张大部分地区，打开了东平、汶上的局面，使中心区向东扩展了纵横百里以上的大片土地。28日，第二军分区收复朝城。5月29日、30日，第八军分区解放了清丰县全境。

6月始，冀鲁豫区军民继续发动攻势作战，当月枣南县全境解放。7月，山东军区和冀鲁豫军区部队联合发起微山湖反顽战役。

8月5日，第八军分区发起讨刘本功战役。月底，菏泽西北地区完全解放，使鲁西南根据地与濮范观中心区连成一片。本月莘县全境解放。

至9月，湖西完全解放。10月中旬，伪军第二方面军孙良诚部奉伪国民政府命令，由濮阳地区移防苏北。31日，八路军收复最大城市濮阳县城及周围地区。此时，冀鲁豫区已有濮阳、濮县、鄄城、观城、范县、清丰、内黄、朝城、莘县9个完整县及数万平方华里完整土地，威胁敌津浦、平汉、陇海、德石等重要铁路线。11月，边区军民发动冬季攻势。先后收复寿张县、鱼台县之谷亭。

解放区较上年扩大了1倍以上，新扩大5万余平方公里，解放人口500余万人。以前的那种小块的零碎的解放区，扩大成为大块的完整的解放区。敌人被迫由面的占领变为点线的占领。至年底，全区设有12个专区，117个县政权。

（二）军政方面

为进一步加强各方面的统一和合作，中共冀鲁豫和冀南两区党委一致建议并获得中共中央北方局批准，于5月11日合并。两个区党委机关取消，各地委直接由分局领导；设冀南、冀鲁豫两个工作委员会，由张策、张霖之分别任书记，作为协助分局研究、监督、检查两地工作的专门机构。两军区合并，组成冀鲁豫军区，统一各军分区部队的番号和建制。两行署合署办公，联合下达指示、规定、法令等文件。合并后的冀鲁豫军区，宋任穷任司令员（原一二九师政治部主任、冀南区党委书记），王宏坤、杨勇任副司令员，黄敬兼政治委员，苏振华任副政治委员。

5月，冀南、冀鲁豫联合发出开展生产运动的指示。

为统一平原战略区对敌斗争，6月，冀南与冀鲁豫两区合署办公。7月，因黄敬去延安治病，中共中央决定由宋任穷代理分局书记和军区政委。

夏秋间，冀鲁豫、冀南大部分县发生蝗灾，各级政府发动群众开展捕蝗运动。

二、银行方面

（一）货币发行方面

7月以后泰运版纸币在东阿县朱旺山村印制成功。

本年发行鲁西币如下：续发民国三十一年花心伍圆券860 000元，民国三十一年湖西蓝色伍圆券4 189 460元，凉亭拾圆券13 160 000元，民国二十九年蓝色贰拾圆券27 910 000元，民国三十一年天坛版贰拾圆券89 170 000元，民国三十三年湖西版黑色贰拾圆券5 170 000元，民国三十二年铜牛版伍拾圆券174 000 000元，民国三十二年红色壹佰圆券122 050 000元。

本期发行临时流通券如下：民国三十三年叁佰圆券90 270 000元，民国三十三年火车轮船伍佰圆券111 490 000元。

本年合计总发行量638 269 460元，焚毁20 412 397.2元，流通数751 982 767元。

秋季，湖西及第三印刷所为冀南银行印刷所代印冀钞3亿多元。

据《冀鲁豫日报》载：11月1日，冀鲁豫行署布告，冀钞、鲁钞在全区相互流通。

（二）贷款等方面

为刺激农业、工业和家庭副业的生产，活跃金融市场，进一步发展根据地经济生产事业，以及限制商业暴利，把资金尽量用到工农业生产中去，冀南银行总行决定自本年3月1日起，在全边区统一实行修改各种存款、放款利率的办法。

仅3个专区8个月统计，本年政府贷款扶持生产即达本币83 739 081元。

4月17日，冀鲁豫行署颁布《鲁西银行关于今春各种贷款办法的决定》。9月25日，鲁西银行颁发了《对流亡抗属生产贷款暂行办法》。

第五节 1945年的鲁西银行

一、环境方面

（一）敌我斗争

1945年1月，冀鲁豫分局作出《关于开展大城市工作的决定》。从1月至5月25日，冀鲁豫区共进行大小战斗603次，收复大名、南乐、新河、南宫、东平5座县城，解放国土8 500余平方公里。1月下旬，冀鲁豫根据地人口将近2 000万人，超过太行、太岳数倍，是敌后最大的根据地。5月底，冀鲁豫区完全解放的县城有寿张、阳谷、邱县、清丰、朝城、莘县、内黄、濮县、濮阳、大名、南乐、南宫、新河、范县、观城15个县。

6月20日至8月7日，军区部队猛烈展开攻势作战，收复枣强、故城、虞城、丰县、单县、冠县、冀县、武城、扶沟、阜城、清河等16座县城。8月10日，中共中央发出准备进占城市及交通要道的指示。11~17日，冀鲁豫行署、军区等发布总动员令。中旬，冀鲁豫三路大军对日伪军展开反攻作战。9月1日，八路军攻克临清，至9月底，先后收复东阿、沛县、平阴、鱼台、定陶、金乡、延津、鄄城、封丘、肥城、武邑、广平、平乡、曲周、鸡泽、景县、长清、浚县、通许、杞县、民权、太康、隆平、尧山、临清、长垣、成安、清平、齐河、夏津、成武、高唐、滑县、曹县、茌平、邢台、汤阴、汶上、宁阳、肥乡、淇县、汲县、西华、冀县等县城。冀鲁豫腹地除济宁、嘉祥、巨野、郓城、菏泽、东明、聊城、博平8座县城外，东起津浦铁路，西至平汉铁路，南到新黄河，北连德（州）石（家庄）铁路，纵横千里的广大地区全被控制，共75个县。10月29日，我军解放菏泽县城；30日，解放宁阳县城；12月31日至翌年1月9日，先后解放郓城、巨野、嘉祥、济宁、博平县城。

（二）军政方面

3月14日，冀鲁豫区参议会召开。行署负责人孟夫唐指出，两年来边区扩大了1/2，建立了12个专署，116个县政府，人口约2 000万人。冀鲁豫的灾区贷款约1亿元，沙区的重灾区村庄，平均每户达2 400元。最终大会作出了四项重要决议，其中有原冀鲁豫、冀南两行署合并，定名为冀鲁豫行署，仍归晋冀鲁豫边区政府管辖。大会选举孟夫唐为行署主任，徐达本、贾心斋为副主任。

20日，晋冀鲁豫边区政府颁布了《关于建立工商银行部门稽核制度的命令》。

5月4日，根据冀鲁豫参议会的决定，冀鲁豫、冀南两行署正式合并为冀鲁豫行署。原冀鲁豫行署所辖之第十六、第十七、第十九、第二十、第二十一专署分别改称为第一、第八、第九、第十、第十一专署，水东专署改称为第十二专署，原冀南行署所辖各专署改为第二、第三、第四、第五、第六、第七专署。鲁西银行与冀南银行冀南区行同时合并为冀鲁豫银行，林海云兼行长，韩哲一兼监委。因鲁西银行深入人心，仍沿用鲁西银行名称。

22日，晋冀鲁豫边区政府发布《关于白银现洋统委托银行收买的命令》。

30日，冀鲁豫行署发布《重申清还生产建设公债及偿还整财借款的训令》。

8月11日，中共中央《关于日本宣布投降后我党任务的决定》指出，国民党积极准备向解放区"收复失地"，夺取抗日战争胜利果实。在这种情况下，我党目前阶段的任务，是集中主要力量迫使日伪投降，猛烈扩大解放区；将来阶段的任务，是准备调动兵力，对付国民党的大举进攻。

10月5日，张霖之在《边区形势与我们的任务》报告中指出，根据地中心区的主要任务是扩军，开展大生产运动。

10月29日，我军收复菏泽县城。11月，鲁西银行随冀鲁豫区党委、行署、军区机关一起迁往菏泽，旧址位于现菏泽市东方红大街横店电影城。

二、银行方面

1945年5月，冀南银行冀南区行与鲁西银行正式合并，冀鲁豫工商局局长林海云兼任行长，韩哲一任监委，继续沿用"鲁西银行"名称。同年10月，冀南区行恢复了原建制。12月1日，晋冀鲁豫边区政府发出指示，鲁西银行并入冀南银行。冀鲁豫行署12月30日发出通知，决定1946年1月1日建立冀南银行冀鲁豫区行，并与工商局分开。接着充实与建立各级银行组织，建立健全了全区金融网络（见表2-1）。从此，冀鲁豫区的金融机构纳入了冀南银行系统，但对外仍然保留鲁西银行名义，各级金融机构悬挂冀南银行和鲁西银行两个牌子，目的是维护仍然在市场上流通的鲁西银行币在群众中的信誉。

表2-1　　　　　　　　　　　　　　冀鲁豫区分支行编制表　　　　　　　　　　　　　　单位：人

行别	分行	甲等行	乙等行	丙等行
经理	正1副1	正1副1	1	1
秘书	1	1	1	
事务会计	1			
事务员	1	1	1	
文印	1			
会计科股	3	2	2	1
业务科股	6	5	3	2
出纳科股	3	3	2	2
通讯	2	1	1	1
伙夫	2	2	1	
公务		1		
人事	2			

截至1945年底，鲁西银行币的发行量增加到了244 000多万元。其中财政透支193 400余万元，占发行总额的79.26%；用于各项投资和贷款51 450万元，占发行总额的21.09%，其中，农业贷款5 500万元，商业投资和贷款21 450万元，工业投资和贷款24 500万元，主要用于军工生产。

（一）发行方面

本年发行的本币券别与金额：民国三十三年湖西红色火车轮船拾圆券6 260 000元，民国三十三年湖西绿版拾圆券11 410 000元，民国三十二年红色栽稻拾圆券9 250 000元，民国三十二年泰运拾圆券7 510 000元，民国三十四年凉亭拾圆券37 000 000元，民国二十九年蓝色贰拾圆券22 397 000元，民国三十四年山阁贰拾伍圆券37 400 000元，民国二十九年阁台版伍拾圆券29 603 000元，民国三十二年铜牛版伍拾圆券55 500 000元，民国三十二年红色壹佰圆券146 680 000元，民国三十三年火车壹佰圆券906 965 000元。另外，还发行了临时流通券贰佰圆券427 200 000元。

本年发行总额1 697 175 000元，焚毁623 715.47元，流通总数2 448 534 051.53元。

虽然本年货币发行量较上年大幅度提升，约是上年的2.7倍，但是新开辟区也迅速扩大，所以仍感货币供应不足。据杨哲省撰写的《关于冀鲁豫货币市场初步研究》（1946年3月19日）记载："目前冀鲁豫地区本币实太缺乏，特别是辅币及伍圆、拾圆券更是缺乏。市场上买卖交易均找不开零，影响货物交易，实际上某些货物由于找零关系形成停顿现象，这些现象尤其表现在边沿区之集镇城市，个别县份集镇交易合作社由于辅币缺乏，转印流通券贰角、伍角代替。济宁市经行署决定暂时以铜元代替辅币通用，贰拾枚当伍角用，十枚当贰角伍分用，将来待辅币解决后改变之。据各边沿区情报，各地因本币缺乏，法币侵入很多，形成半法币市场。"

（二）贷款等方面

为了保护沦陷区人民财产，欢迎并奖励来解放区投资经营各种生产事业，5月23日，晋冀鲁豫边区政府颁发《晋冀鲁豫边区优待沦陷区人民来解放区投资存款暂行办法》。该办法主要内容有：沦陷区人民来解放区投资经营农、林、工矿、运输、商业等各种生产事业及存款者，可享受免除负担、减税或免税等优待。投资人对于其投资存款或存货，可以随时搬走，其利润可以随时汇回沦陷区。

根据1946年3月3日晋冀鲁豫8年贷款总结，8年来，晋冀鲁豫4个行署区贷款总数为202 460万元（如按后面四区贷款总数之和应为230 321万元——编委注）。其中太行区共40 218万元，太岳区共6 443万元，冀南区共59 690万元，冀鲁豫区共123 970万元。冀鲁豫区贷款总数占了半壁以上江山。表2-2反映了冀鲁豫1939—1945年各种贷款的情况，其大量款项都是由鲁西银行贷出，鲁西银行对根据地的经济建设作出了巨大贡献。

表2-2　　　　　　　　　　　冀鲁豫七年来各种贷款统计表
（1946年3月1日）　　　　　　　　　　　　单位：本币1万元

年份	1939	1940	1941	1942	1943	1944	1945
农业贷款	500	650	600	1 000	2 500	3 500	5 500
商业贷款	150	450	590	1 150	1 900	3 020	21 450
工业贷款	200	450	800	4 900	7 100	11 200	24 500
合计	850	1 550	1 990	7 050	11 500	17 720	51 450

注：工业贷款和商业贷款数内包括工商两业的投资数在内。

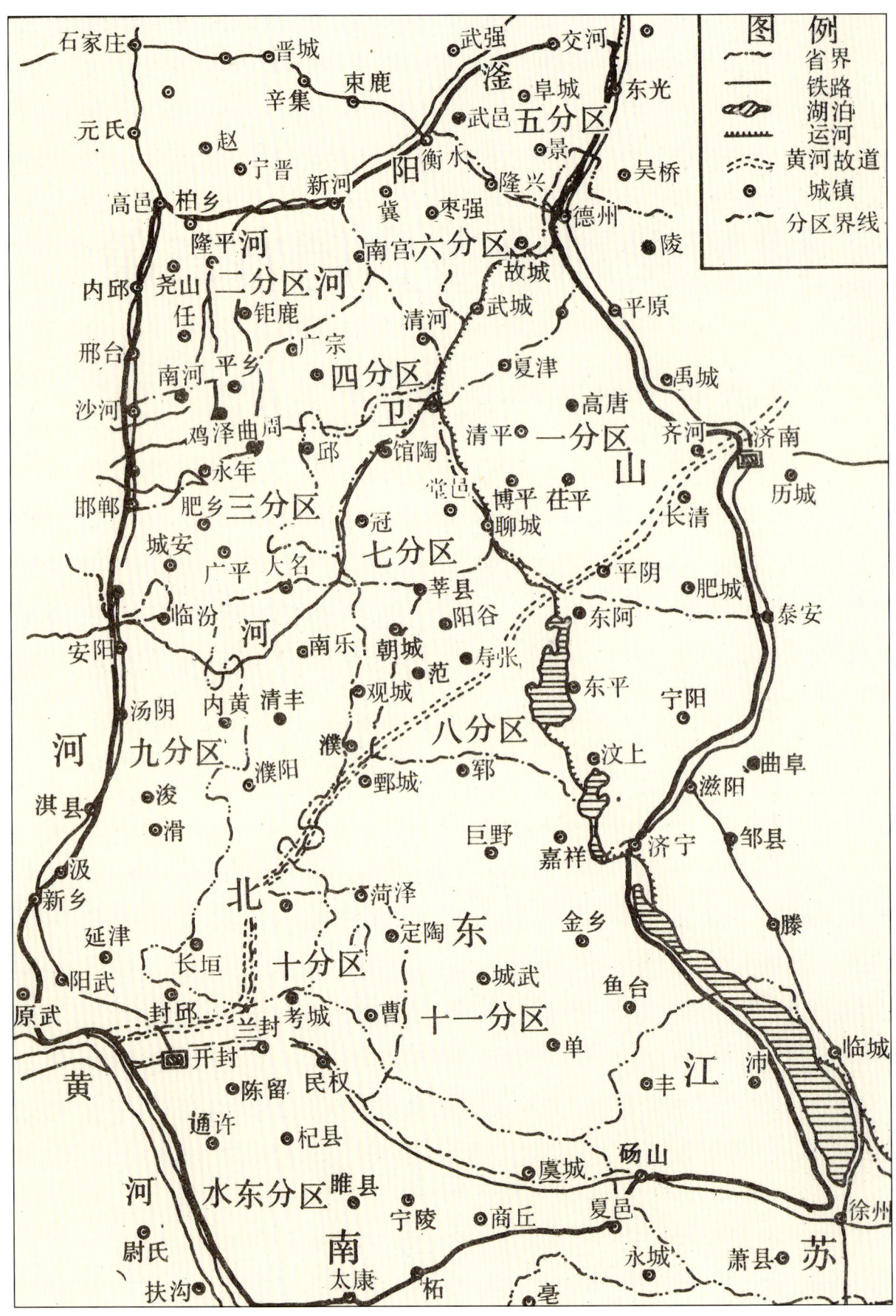

图2-2 冀鲁豫抗日根据地区域图（1944.5—1945.8）

第六节　1946年鲁西银行并入冀南银行后

1946年1月1日，冀南银行冀鲁豫区行在菏泽成立，经理张廉方。3月9日，冀鲁豫行署颁布了《关于加强银行工作改变银行编制的训令》，根据该训令，分行兼理所驻县支行工作，银行名称为总行、区行、分行、支行，县市一律改设支行。根据工作情形决定，濮阳、菏泽、济宁为甲等支行，滑县、道口、曹县、单县、范县、东平、平阴、牛角店为乙等支行，其他各县皆为丙等支行。

4月，张廉方调离鲁西银行筹备瑞华银行济宁分行，行署财政处处长华夫兼任区行经理。年底，张廉方再次回到菏泽任冀南银行冀鲁豫区行经理。区行成立后，着手建立下属分支机构，截至1946年3月底，区行下设5个分行，60个县（市）支行（3个甲等支行，8个乙等支行，其他为丙等支行）。

12月6日，冀南银行发布重新规定收兑各种流通券及本票办法的通令：为整顿本币，稳定金融，总行之前曾决定将本行所发行之下列各种流通券及本票，限期本年11月底收回，并由各区行通令在案，然而期限虽满，市场流通数量仍多，为彻底清理本币以及反假票斗争，决定再展期两个月，至明年2月底全数收清，如逾期不兑即行停止流通。望各级行接令后，组织力量加强收兑。冀鲁豫区鲁西银行临时流通券贰拾圆、贰佰圆券、叁佰圆券、伍佰圆券，鲁西银行本票贰佰圆券，鲁西银行湖西版伍圆券、拾圆券、泰运版伍圆券、拾圆券及冀南农民合作社兑换券等，均在本次收兑之列。

1947年7月，冀南银行公布限6个月以冀钞等值收回鲁钞。由于鲁钞已深得民众信赖，回收情况并不理想，鲁钞仍继续在市面流通。

1948年4月27日，冀南银行、晋察冀边区银行发出关于各级银行继续收兑鲁钞的指示：由于群众信任鲁钞，以致今天该钞仍于市场流通，为了统一货币，减少货币种类，便于商民交易，仍继续贯彻收回，不准再于市场流通，希望各级行及委托的兑换所以冀钞等值继续收回为盼。

5月6日，《新华日报》刊登了冀南银行、晋察冀边区银行4月26日联合发布的通告："昔抗日时期我鲁西北地区曾发行鲁西银行钞票，于抗日胜利后统一流通于晋冀鲁豫地区。为了统一货币便利商民曾于去年七月间公布限六个月以冀钞等值收回。兹查此项钞票尚有少数流通市面，为此特再通告商民凡持有鲁西银行之钞票者，希速向当地之冀南银行或晋察冀边区银行兑换（对冀钞一比一、对边钞一比十）以便早日收回。特此通告。"

6月7日，冀鲁豫区邮政管理局通知：鲁西银行钞票与桑皮纸佰圆券冀钞，冀南银行总行业已屡次通知限于七月底一律收回，为了便利整理本币减少不必要的手续，决定自即日起停收以上钞票。

1949年8月8日，为了执行华北区分行经理会议关于年内全部收回在华北按固定比价流通的各种旧币的规定，中国人民银行冀鲁豫分行发布了关于全部收回旧币的指示。鲁西银行发行的流通券及定额本票在回收之列。根据该指示，5月15日至9月底，主要是银行从营业中收回，但不公布。10月以后，根据收兑的情形，由分行拟定下一段回收步骤及方法，及时发出通知。

根据总行8月20日的"钞券发行还收流通状况表"，鲁钞累计发行2 440 724 463元，累计回收2 128 259 368元，流通312 465 095元。

12月6日起，所有旧币（东北币、长城币除外）不问大小票额，一律收回。

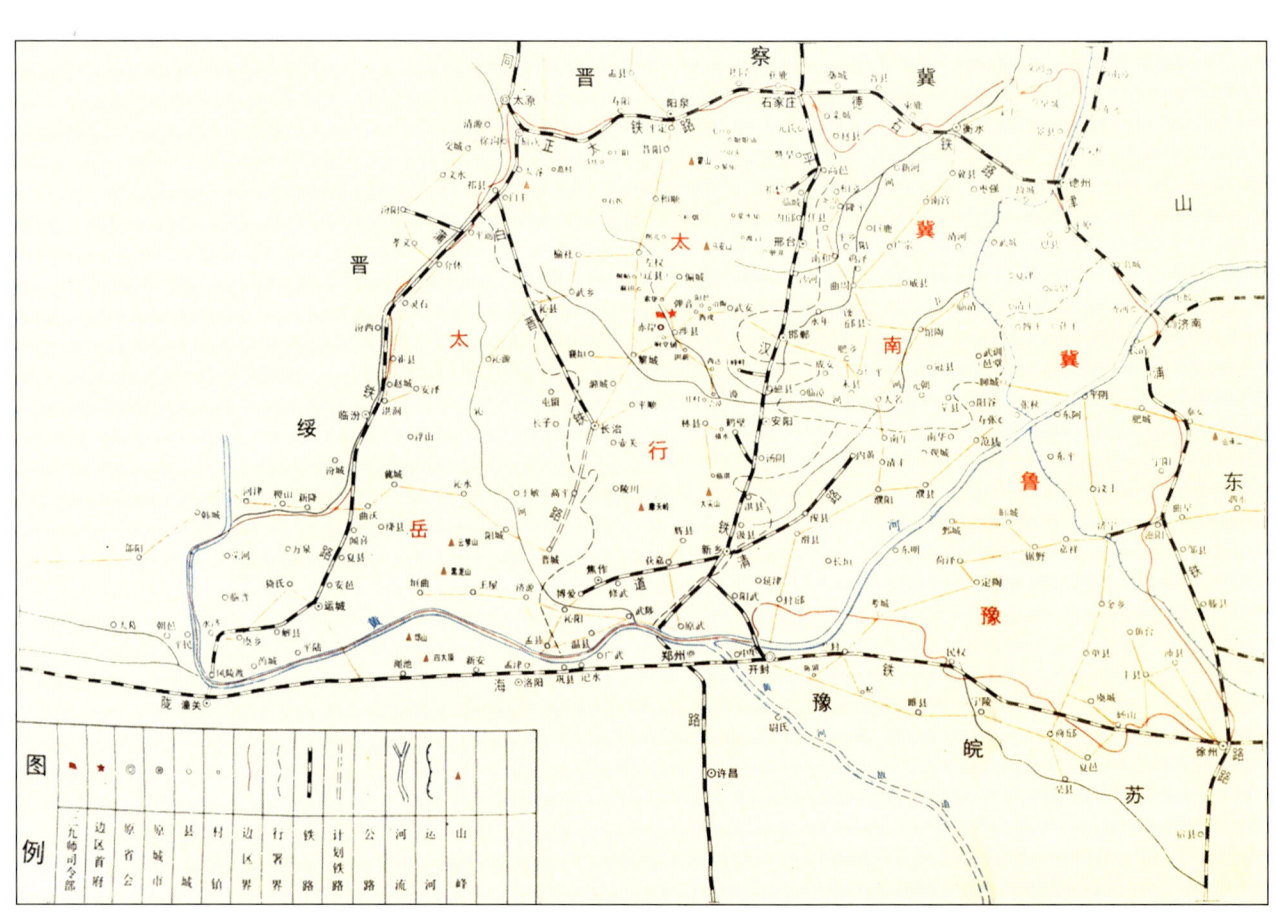

图2-3 晋冀鲁豫边区全图（1941.9—1945.12）

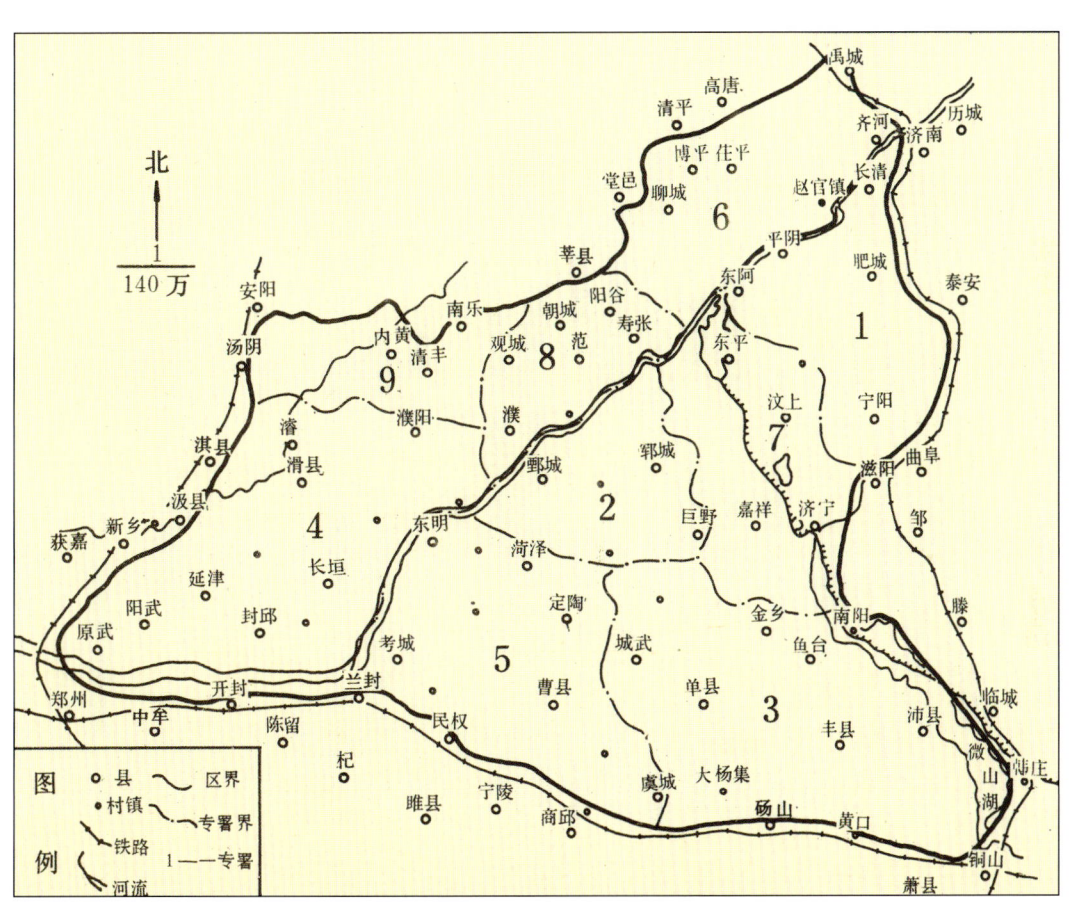

图2-4 冀鲁豫区划示意图（1948年4月）

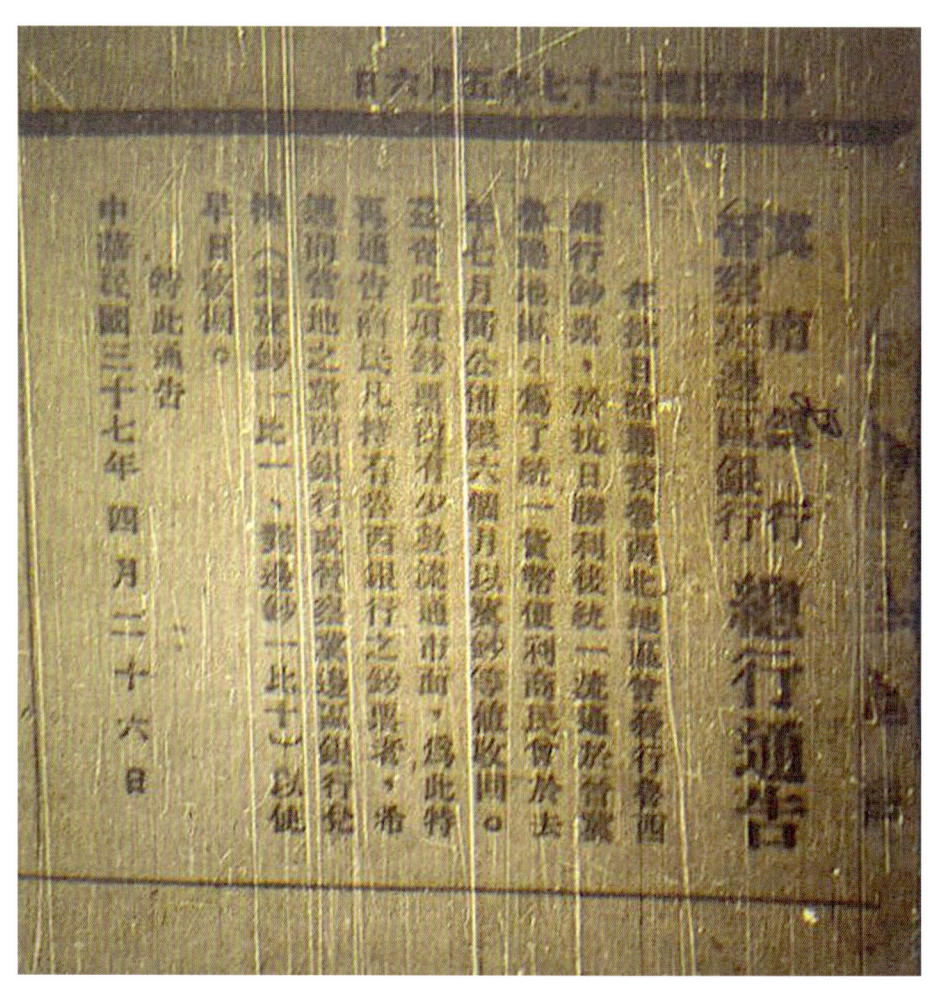

图2-5 冀南银行、晋察冀边区银行总行公告

附表

鲁西银行货币索引

编号	面额	版式	正面主景	颜色 正面	颜色 背面	票幅/mm	年号	始发时间	冠字	签名	页码	备注
001	肆分	横版	车船	茶	棕	91×49	民国三十年	1941年	<128>	无	44页	
002	伍分	横版	轮船汽车	褐	褐	92×50	民国三十年	1941年	<638>	无	44页	
003	壹角	竖版	山房	蓝	绿	55×95	民国二十九年	1940年	无	吕麟	45页	
004	贰角	横版	天坛	蓝绿	棕	118×65	民国二十九年	1940年	无	无	45页	
005	贰角	竖版	锄地	褐	棕	56×99	民国三十年	1942年	无	吕麟	46页	
006	贰角	竖版	锄地	茶	棕	55×99	民国三十年	1942年	无	吕麟	46页	
007	贰角	竖版	锄地	青绿	棕	55×97	民国三十年	1942年	无	吕麟	47页	
008	贰角	竖版	锄地	红棕	棕	55×99	民国三十年	1942年	无	吕麟	47页	
009	贰角伍分	横版	马拉犁	驼	蓝	124×59	民国三十年	1941年	无	无	48页	
*	贰角伍分							1943年				湖西
010	伍角	横版	浇园	驼	黄	127×66	民国二十九年	1940年	无	无	49页	
011	伍角	横版	浇园	驼	黄	126×66	民国二十九年	1940年	无	无	50页	背英文面额,倒置
*	伍角							1942年				鲁西南
*	伍角		山	草绿				1943年				湖西
012	伍角	横版	山	草绿	黄褐	113×61	民国三十一年		无	无	51页	
013	壹圆	横版	割稻	褐	褐	140×72	民国二十九年	1941年	A	吕麟 张廉方	52页	
014	壹圆	横版	割稻	褐	褐	143×72	民国二十九年	1941年	B	吕麟 张廉方	53页	
015	壹圆	横版	割稻	褐	褐	140×70	民国二十九年	1941年	C	吕麟 张廉方	54页	
016	壹圆	横版	割稻	绿	绿	139×70	民国三十一年	1943年	A	吕麟 张廉方	55页	鲁西南
017	壹圆	横版	割稻	绿	绿	140×70	民国三十一年	1943年	A	吕麟 张廉方	56页	加"鲁西南",盖"照常通用"
018	壹圆	横版	割稻	绿	绿	142×72	民国三十一年	1943年	B	吕麟 张廉方	57页	加"鲁西南",盖"照常通用"
019	贰圆	横版	前门火车	红	棕	140×73	民国三十年	1942年	A	吕麟 张廉方	58页	
020	贰圆	横版	前门火车	茶红	棕	143×73	民国三十年	1942年	A	吕麟 张廉方	59页	
021	贰圆	横版	前门火车	豆绿	棕	143×72	民国三十年	1942年	A	吕麟 张廉方	60页	
022	贰圆	横版	前门火车	蓝褐	棕	143×73	民国三十年	1942年	A	吕麟 张廉方	61页	
023	贰圆	横版	前门火车	浅绿	棕	141×74	民国三十年	1942年	B	吕麟 张廉方	62页	
024	贰圆	横版	前门火车	浅绿	棕	142×75	民国三十年	1942年	C	吕麟 张廉方	63页	
025	伍圆	横版	花心	蓝	棕	150×72	民国三十一年	1942年	A	吕麟 张廉方	64页	
026	伍圆	横版	花心	蓝	棕	152×75	民国三十一年	1942年	B	吕麟 张廉方	65页	
027	伍圆	横版	花心	蓝	深绿	150×73	民国三十一年	1942年	B	吕麟 张廉方	66页	
028	伍圆	横版	花心	蓝	浅绿	149×76	民国三十一年	1942年	C	吕麟 张廉方	67页	
029	伍圆	横版	花心	蓝	酱	150×75	民国三十一年	1942年	F	吕麟 张廉方	68页	

续表

编号	面额	版式	正面主景	颜色 正面	颜色 背面	票幅/mm	年号	始发时间	冠字	签名	页码	备注
030	伍圆	横版	前门	蓝	酱	128×65	民国三十一年	1944年	无	无	69页	湖西
031	伍圆	横版	前门	蓝	浅绿	129×67	民国三十一年	1944年	无	无	70页	湖西
*	伍圆											泰运
032	伍圆	横版	车船	红	绿	143×66	民国三十二年	1943年	A	张廉方 华夫	71页	
033	拾圆	横版	亭阁	紫	褐	151×69	民国三十一年	1943年	A	张廉方 华夫	72页	
034	拾圆	横版	亭阁	紫	褐	151×71	民国三十一年	1943年	B	张廉方 华夫	73页	
035	拾圆	横版	亭阁	紫	褐	154×71	民国三十一年	1943年	C	张廉方 华夫	74页	
036	拾圆	横版	亭阁	紫	绿	152×71	民国三十一年	1943年	D	张廉方 华夫	75页	
037	拾圆	横版	亭阁	紫	褐	149×69	民国三十一年	1943年	E	张廉方 华夫	76页	
038	拾圆	横版	栽稻	红	蓝	148×67	民国三十二年	1945年	A	张廉方 华夫	77页	
039	拾圆	横版	栽稻	红	蓝	148×67	民国三十二年	1945年	A	张廉方 华夫	78页	票样
040	拾圆	横版	栽稻	蓝绿	棕	145×65	民国三十二年	1945年	A	无	79页	泰运
041	拾圆	横版	车船	红	紫红	128×60	民国三十三年	1945	无	无	80页	湖西
042	拾圆	横版	坛亭阁	苍绿	棕	139×65	民国三十三年	1945年	无	无	81页	湖西
043	拾圆	横版	坛亭阁	绿	棕	140×65	民国三十三年	1945年	A	无	82页	湖西
044	拾圆	横版	坛亭阁	苍绿	棕	141×66	民国三十三年	1945年	A	无	83页	湖西，票样
045~048	拾圆	横版	凉亭	绿	绿	115×50	民国三十四年	1945年	<10><11><13><14>	无	84页	圆章
049	拾圆	横版	凉亭	绿	绿	116×52	民国三十四年	1945年	<15>	无	85页	圆章
050	拾圆	横版	凉亭	绿	绿	115×50	民国三十四年	1945年	<15><15>	无	85页	方章
051	贰拾圆	横版	山庙	浅蓝	红	137×70	民国二十九年	1944年	无	张廉方 华夫	86页	
052	贰拾圆	横版	山庙	浅蓝	橙红	139×71	民国二十九年	1944年	无	张廉方 华夫	87页	
053	贰拾圆	横版	山庙	浅蓝	××	138×71	民国二十九年	1944年	无	无	88页	单面票样
054	贰拾圆	横版	天坛	蓝	棕	148×73	民国三十一年	1943年	A	张廉方 华夫	89页	
055	贰拾圆	横版	天坛	蓝	棕	148×72	民国三十一年	1943年	B	张廉方 华夫	90页	
056	贰拾圆	横版	天坛	蓝	棕	142×69	民国三十一年	1943年	C	张廉方 华夫	91页	
057	贰拾圆	横版	天坛	蓝	棕	144×71	民国三十一年	1943年	D	张廉方 华夫	92页	
058	贰拾圆	横版	天坛	蓝	棕	143×71	民国三十一年	1943年	F	张廉方 华夫	93页	
059	贰拾圆	横版	天坛	蓝	棕	146×71	民国三十一年	1943年	G	张廉方 华夫	94页	
060	贰拾圆	横版	天坛	蓝	棕	146×71	民国三十一年	1943年	H	张廉方 华夫	95页	
061	贰拾圆	横版	前门	深蓝	浅绿	139×69	民国三十三年	1944年	A	无	96页	湖西
062	贰拾圆	横版	前门	深蓝	棕	142×70	民国三十三年	1944年	A	无	97页	湖西
063	贰拾伍圆	横版	山阁	酱紫	红	121×57	民国三十四年	1945年	无	无	98页	
064	贰拾伍圆	横版	山阁	酱紫	杏红	118×56	民国三十四年	1945年	无	无	98页	
065	伍拾圆	横版	阁台	绿	紫	150×77	民国二十九年	1945年	A	张廉方 华夫	99页	

续表

编号	面额	版式	正面主景	颜色 正面	颜色 背面	票幅/mm	年号	始发时间	冠字	签名	页码	备注
066	伍拾圆	横版	阁台	绿	××	146×76	民国二十九年	1945年	A	张廉方 华夫	100页	单面票样，背面粘贴
067	伍拾圆	横版	铜牛	酱	蓝	160×81	民国三十二年	1943年	A	张廉方 华夫	101页	
068	伍拾圆	横版	铜牛	酱	蓝	159×79	民国三十二年	1943年	B	张廉方 华夫	102页	
069	伍拾圆	横版	铜牛	酱	蓝	160×80	民国三十二年	1943年	C	张廉方 华夫	103页	
070	伍拾圆	横版	铜牛	酱	蓝	160×81	民国三十二年	1943年	D	张廉方 华夫	104页	
071	伍拾圆	横版	铜牛	酱	蓝	157×79	民国三十二年	1943年	F	张廉方 华夫	105页	
072	壹佰圆	横版	牌坊	红	棕	161×80	民国三十二年	1944年	A	张廉方 华夫	106页	
073	壹佰圆	横版	牌坊	红	棕	160×80	民国三十二年	1944年	C	张廉方 华夫	107页	
074	壹佰圆	横版	牌坊	红	棕	160×81	民国三十二年	1944年	F	张廉方 华夫	108页	
075	壹佰圆	横版	火车	蓝	紫红	136×69	民国三十三年	1945年	A	无	109页	
076	壹佰圆	横版	火车	蓝	紫红	134×69	民国三十三年	1945年	B	无	110页	
077	壹佰圆	横版	火车	蓝	紫红	133×67	民国三十三年	1945年	C	无	111页	
078	壹佰圆	横版	火车	蓝	紫红	134×69	民国三十三年	1945年	E	无	112页	
079	壹佰圆	横版	火车	蓝	紫红	131×66	民国三十三年	1945年	G	无	113页	
080	壹佰圆	横版	火车	蓝	紫红	132×68	民国三十三年	1945年	H	无	114页	
081	壹佰圆	横版	火车	蓝	紫红	132×68	民国三十三年	1945年	J	无	115页	
082	壹佰圆	横版	火车	蓝	紫红	132×67	民国三十三年	1945年	G	无	116页	盖"注销"
083	壹佰圆	横版	火车	蓝	××	132×68	民国三十三年	1945年	B	无	117页	单面票样，背面粘贴，盖"注销"
084	贰佰圆	横版	插秧	棕红	蓝	131×68	无	1943年	无	无	118页	本票
085	贰佰圆	横版	插秧	棕红	蓝	131×67	无	1943年	无	无	119页	本票，盖"注销"
086	贰佰圆	横版	插秧	棕红	蓝	128×67	无	1943年	无	无	120页	本票，盖"豫东"
*	贰拾圆											临时流通券
087	贰佰圆	横版	割稻	棕	棕	165×84	民国三十二年	1945年	无	无	121页	临时流通券，票样
088	叁佰圆	竖版	天坛	黑蓝	××	78×161	民国三十三年	1944年	无	无	122页	临时流通券，单面票样
089	叁佰圆	竖版	天坛	蓝	杏黄	84×163	民国三十三年	1944年	CZ	无	123页	临时流通券
090	伍佰圆	横版	马拉犁浇园	红	蓝	165×80	民国三十二年	1943年	无	无	124页	临时流通券，票样
091	伍佰圆	横版	火车轮船	紫	黄	160×90	民国三十三年	1944年	无	张廉方 华夫	125页	临时流通券，票样

说明：

1. 编号"*"表示该票券至截稿日未见实物或图片，其资料来源：湖西贰角伍分和伍角、鲁西南伍角见《冀鲁豫边区金融史料选编（下）》"鲁西银行历年发行券别金额统计表"；泰运伍圆、临时流通券贰拾圆见《关于重新规定收兑各种流通券及本票办法的通令》（1946.12.06）。
2. 横版贰角、竖版贰角、泰运拾圆、山庙贰拾圆、本票贰佰圆发行时间"鲁西银行历年发行券别金额统计表"与"鲁西银行钞发行券别统计表"记载不一致，本表采用时间为作者综合考证后认定的时间。
3. 鲁西银行货币版别：本币31种、本票1种、临时流通券5种，此外还有改色等票券。

附图

编　　号	001
面　　额	肆分
版　　式	横版
正面主景	车船
颜　　色	茶（正面）　　棕（背面）
票　　幅	91×49（mm）
年　　号	民国三十年
始发时间	1941年
冠　　字	<128>
签　　名	无
收 藏 者	郑延林
稀有等级	★★★★
备　　注	无

编　　号	002
面　　额	伍分
版　　式	横版
正面主景	轮船汽车
颜　　色	褐（正面）　　褐（背面）
票　　幅	92×50（mm）
年　　号	民国三十年
始发时间	1941年
冠　　字	<638>
签　　名	无
收 藏 者	中国钱币博物馆
稀有等级	★★★
备　　注	无

第二章 鲁西银行的发展

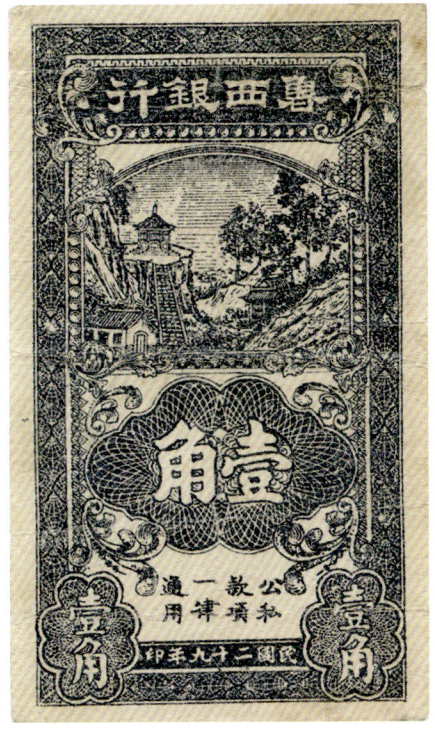

编　　号	003
面　　额	壹角
版　　式	竖版
正面主景	山房
颜　　色	蓝（正面）绿（背面）
票　　幅	55×95（mm）
年　　号	民国二十九年
始发时间	1940年
冠　　字	无
签　　名	吕麟
收藏者	编委
稀有等级	★★
备　　注	无

编　　号	004
面　　额	贰角
版　　式	横版
正面主景	天坛
颜　　色	蓝绿（正面）棕（背面）
票　　幅	118×65（mm）
年　　号	民国二十九年
始发时间	1940年
冠　　字	无
签　　名	无
收藏者	齐鲁钱币博物馆
稀有等级	★★★★
备　　注	无

鲁西银行货币

编　号：	005
面　额：	贰角
版　式：	竖版
正面主景：	锄地
颜　色：	褐（正面） 棕（背面）
票　幅：	56×99（mm）
年　号：	民国三十年
冠　字：	无
始发时间：	1942年
签　名：	吕麟
收藏者：	郑延林
稀有等级：	★★★
备　注：	无

编　号：	006
面　额：	贰角
版　式：	竖版
正面主景：	锄地
颜　色：	茶（正面） 棕（背面）
票　幅：	55×99（mm）
年　号：	民国三十年
始发时间：	1942年
冠　字：	无
签　名：	吕麟
收藏者：	吕乃涛
稀有等级：	★★★
备　注：	无

第二章　鲁西银行的发展

编　　号	007
面　　额	贰角
版　　式	竖版
正面主景	锄地
颜　　色	青绿（正面）棕（背面）
票　　幅	55×97（mm）
年　　号	民国三十年
始发时间	1942年
冠　　字	无
签　　名	吕麟
收 藏 者	编委
稀有等级	★★★
备　　注	无

编　　号	008
面　　额	贰角
版　　式	竖版
正面主景	锄地
颜　　色	红棕（正面）棕（背面）
票　　幅	55×99（mm）
年　　号	民国三十年
始发时间	1942年
冠　　字	无
签　　名	吕麟
收 藏 者	吕乃涛
稀有等级	★★★★
备　　注	无

编　　号：009		始发时间：1941 年
面　　额：贰角伍分		冠　　字：无
版　　式：横版		签　　名：无
正面主景：马拉犁		收 藏 者：中国钱币博物馆
颜　　色：驼（正面）　蓝（背面）		稀有等级：★★★★
票　　幅：124×59（mm）		备　　注：无
年　　号：民国三十年		

第二章　鲁西银行的发展

编　　号：010	始发时间：1940 年
面　　额：伍角	冠　　字：无
版　　式：横版	签　　名：无
主景图案：浇园	收 藏 者：齐鲁钱币博物馆
颜　　色：驼（正面）　黄（背面）	稀有等级：★
票　　幅：127×66（mm）	备　　注：无
年　　号：民国二十九年	

编　　号：011	始发时间：1940 年
面　　额：伍角	冠　　字：无
版　　式：横版	签　　名：无
正面主景：浇园	收 藏 者：齐鲁钱币博物馆
颜　　色：驼（正面）　黄（背面）	稀有等级：★
票　　幅：126×66（mm）	备　　注：背英文面额，倒置
年　　号：民国二十九年	

编　　号：012	年　　号：民国三十一年
面　　额：伍角	冠　　字：无
版　　式：横版	签　　名：无
正面主景：山	收 藏 者：吕乃涛
颜　　色：草绿（正面）　黄褐（背面）	稀有等级：★★★★
票　　幅：113×61（mm）	备　　注：无

编　　号：013	始发时间：1941 年
面　　额：壹圆	冠　　字：A
版　　式：横版	签　　名：吕麟、张廉方
正面主景：割稻	收 藏 者：编委
颜　　色：褐（正面）　褐（背面）	稀有等级：★
票　　幅：140×72（mm）	备　　注：无
年　　号：民国二十九年	

第二章　鲁西银行的发展

编　　号：014	始发时间：1941 年
面　　额：壹圆	冠　　字：B
版　　式：横版	签　　名：吕麟、张廉方
正面主景：割稻	收藏者：编委
颜　　色：褐（正面）　褐（背面）	稀有等级：★
票　　幅：143×72（mm）	备　　注：无
年　　号：民国二十九年	

编　　号：015	始发时间：1941年
面　　额：壹圆	冠　　字：C
版　　式：横版	签　　名：吕麟、张廉方
正面主景：割稻	收 藏 者：编委
颜　　色：褐（正面）　褐（背面）	稀有等级：★
票　　幅：140×70（mm）	备　　注：无
年　　号：民国二十九年	

第二章　鲁西银行的发展

编　　号：016		始发时间：1943 年	
面　　额：壹圆		冠　　字：A	
版　　式：横版		签　　名：吕麟、张廉方	
正面主景：割稻		收 藏 者：编委	
颜　　色：绿（正面）　　绿（背面）		稀有等级：★★★★	
票　　幅：139×70（mm）		备　　注：鲁西南	
年　　号：民国三十一年			

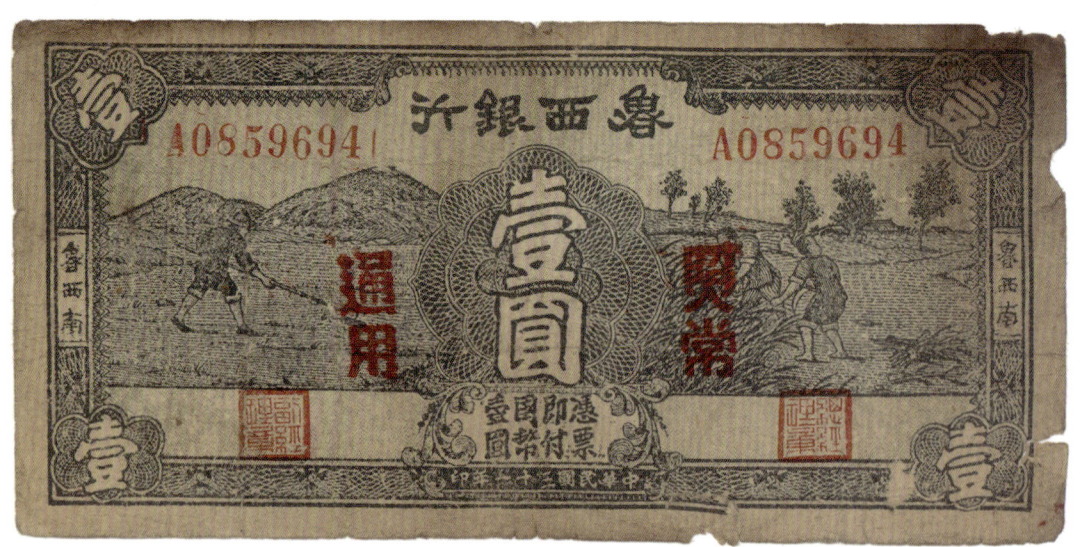

编　　号：017		始发时间：1943年	
面　　额：壹圆		冠　　字：A	
版　　式：横版		签　　名：吕麟、张廉方	
正面主景：割稻		收 藏 者：郑延林	
颜　　色：绿（正面）　绿（背面）		稀有等级：★★★★	
票　　幅：140×70（mm）		备　　注：加"鲁西南"，盖"照常通用"	
年　　号：民国三十一年			

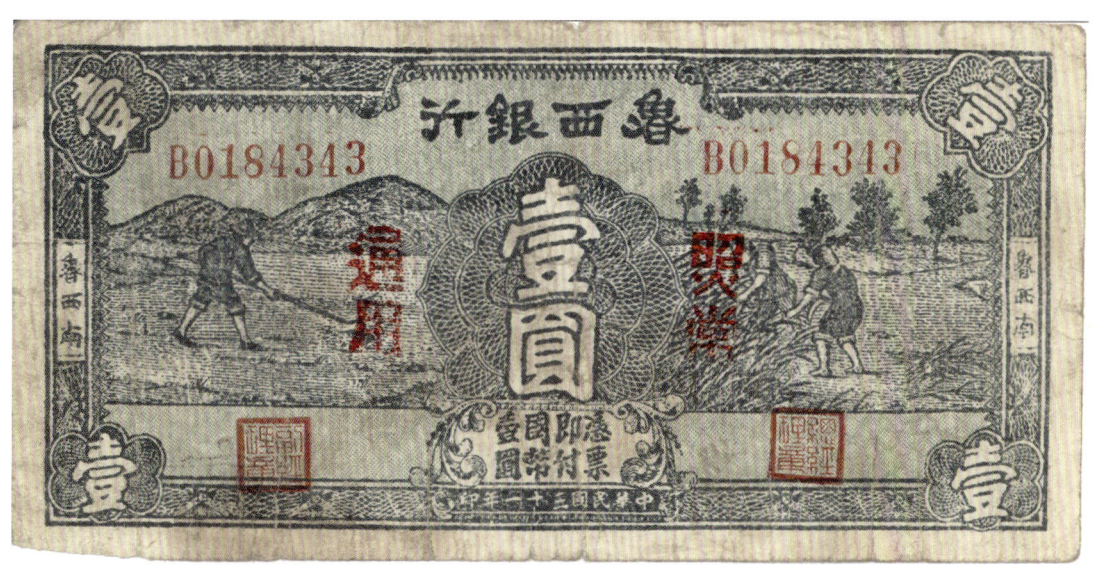

编　　号：018	始发时间：1943年
面　　额：壹圆	冠　　字：B
版　　式：横版	签　　名：吕麟、张廉方
正面主景：割稻	收藏者：编委
颜　　色：绿（正面）　　绿（背面）	稀有等级：★★★★
票　　幅：142×72（mm）	备　　注：加"鲁西南"，盖"照常通用"
年　　号：民国三十一年	

编　　号：019	始发时间：1942年
面　　额：贰圆	冠　　字：A
版　　式：横版	签　　名：吕麟、张廉方
正面主景：前门火车	收 藏 者：编委
颜　　色：红（正面）　棕（背面）	稀有等级：★★
票　　幅：140×73（mm）	备　　注：无
年　　号：民国三十年	

第二章 鲁西银行的发展

编　　号：020	始发时间：1942 年
面　　额：贰圆	冠　　字：A
版　　式：横版	签　　名：吕麟、张廉方
正面主景：前门火车	收　藏　者：齐鲁钱币博物馆
颜　　色：茶红（正面）　棕（背面）	稀有等级：★★
票　　幅：143×73（mm）	备　　注：无
年　　号：民国三十年	

编　　号：021	始发时间：1942 年
面　　额：贰圆	冠　　字：A
版　　式：横版	签　　名：吕麟、张廉方
正面主景：前门火车	收 藏 者：编委
颜　　色：豆绿（正面）　棕（背面）	稀有等级：★★
票　　幅：143×72（mm）	备　　注：无
年　　号：民国三十年	

编　　号：022	始发时间：1942 年
面　　额：贰圆	冠　　字：A
版　　式：横版	签　　名：吕麟、张廉方
正面主景：前门火车	收 藏 者：编委
颜　　色：蓝褐（正面）　棕（背面）	稀有等级：★★
票　　幅：143×73（mm）	备　　注：无
年　　号：民国三十年	

编　　号：023	始发时间：1942 年
面　　额：贰圆	冠　　字：B
版　　式：横版	签　　名：吕麟、张廉方
正面主景：前门火车	收 藏 者：郑延林
颜　　色：浅绿（正面）　棕（背面）	稀有等级：★★
票　　幅：141×74（mm）	备　　注：无
年　　号：民国三十年	

编　　号：024	始发时间：1942 年
面　　额：贰圆	冠　　字：C
版　　式：横版	签　　名：吕麟、张廉方
正面主景：前门火车	收 藏 者：郑延林
颜　　色：浅绿（正面）　棕（背面）	稀有等级：★★
票　　幅：142×75（mm）	备　　注：无
年　　号：民国三十年	

编　　号：025	始发时间：1942 年
面　　额：伍圆	冠　　字：A
版　　式：横版	签　　名：吕麟、张廉方
正面主景：花心	收藏者：编委
颜　　色：蓝（正面）　棕（背面）	稀有等级：★
票　　幅：150×72（mm）	备　　注：无
年　　号：民国三十一年	

第二章　鲁西银行的发展

编　　号：026		始发时间：1942年	
面　　额：伍圆		冠　　字：B	
版　　式：横版		签　　名：吕麟、张廉方	
正面主景：花心		收 藏 者：编委	
颜　　色：蓝（正面）　棕（背面）		稀有等级：★	
票　　幅：152×75（mm）		备　　注：无	
年　　号：民国三十一年			

编　　号：027	始发时间：1942 年
面　　额：伍圆	冠　　字：B
版　　式：横版	签　　名：吕麟、张廉方
正面主景：花心	收 藏 者：编委
颜　　色：蓝（正面）　深绿（背面）	稀有等级：★
票　　幅：150×73（mm）	备　　注：无
年　　号：民国三十一年	

编　　号：028	始发时间：1942年
面　　额：伍圆	冠　　字：C
版　　式：横版	签　　名：吕麟、张廉方
正面主景：花心	收藏者：编委
颜　　色：蓝（正面）　浅绿（背面）	稀有等级：★
票　　幅：149×76（mm）	备　　注：无
年　　号：民国三十一年	

编　　号：029		始发时间：1942年	
面　　额：伍圆		冠　　字：F	
版　　式：横版		签　　名：吕麟、张廉方	
正面主景：花心		收藏者：齐鲁钱币博物馆	
颜　　色：蓝（正面）　酱（背面）		稀有等级：★	
票　　幅：150×75（mm）		备　　注：无	
年　　号：民国三十一年			

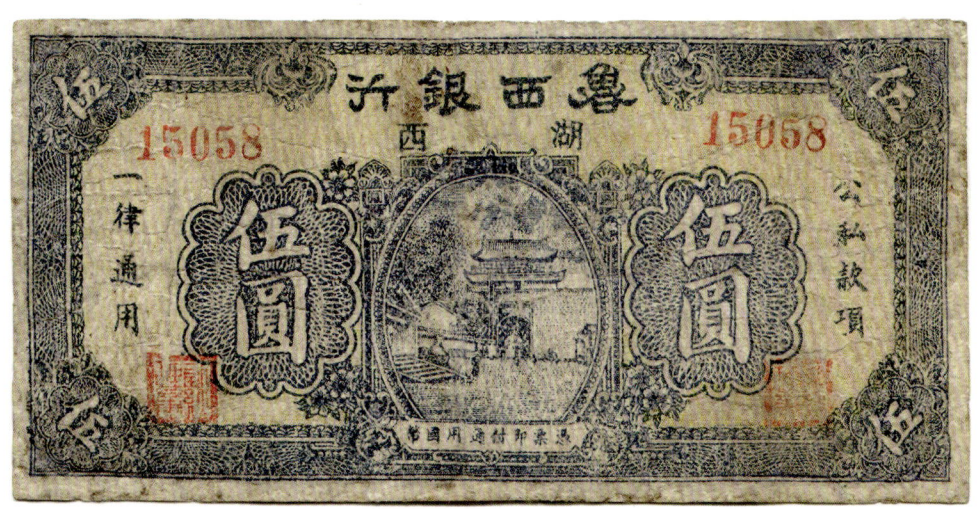

编　　号：030	始发时间：1944 年
面　　额：伍圆	冠　　字：无
版　　式：横版	签　　名：无
正面主景：前门	收 藏 者：编委
颜　　色：蓝（正面）　酱（背面）	稀有等级：★★★★★
票　　幅：128×65（mm）	备　　注：湖西
年　　号：民国三十一年	

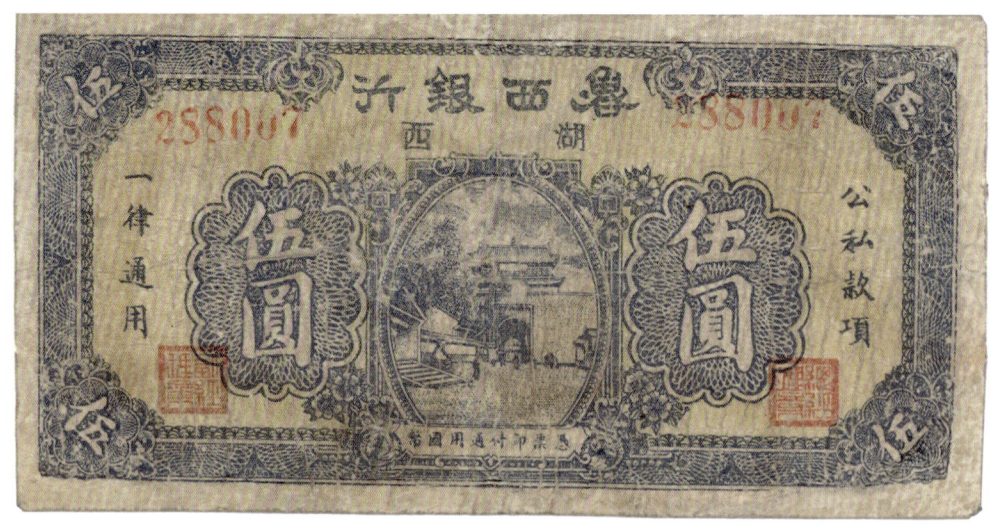

编　　号：031	始发时间：1944 年
面　　额：伍圆	冠　　字：无
版　　式：横版	签　　名：无
正面主景：前门	收 藏 者：吕乃涛
颜　　色：蓝（正面）　浅绿（背面）	稀有等级：★★★★★
票　　幅：129×67（mm）	备　　注：湖西
年　　号：民国三十一年	

编　　号：032		始发时间：1943年	
面　　额：伍圆		冠　　字：A	
版　　式：横版		签　　名：张廉方、华夫	
正面主景：车船		收藏者：吕乃涛	
颜　　色：红（正面）　绿（背面）		稀有等级：★★★★	
票　　幅：143×66（mm）		备　　注：无	
年　　号：民国三十二年			

编　号：033	始发时间：1943 年
面　额：拾圆	冠　字：A
版　式：横版	签　名：张廉方、华夫
正面主景：亭阁	收藏者：吕乃涛
颜　色：紫（正面）　褐（背面）	稀有等级：★★★
票　幅：151×69（mm）	备　注：无
年　号：民国三十一年	

编　　号：034	始发时间：1943 年
面　　额：拾圆	冠　　字：B
版　　式：横版	签　　名：张廉方、华夫
正面主景：亭阁	收 藏 者：郑延林
颜　　色：紫（正面）　褐（背面）	稀有等级：★★★
票　　幅：151×71（mm）	备　　注：无
年　　号：民国三十一年	

编　　号：035	始发时间：1943 年
面　　额：拾圆	冠　　字：C
版　　式：横版	签　　名：张廉方、华夫
正面主景：亭阁	收 藏 者：郑延林
颜　　色：紫（正面）　褐（背面）	稀有等级：★★★
票　　幅：154×71（mm）	备　　注：无
年　　号：民国三十一年	

第二章　鲁西银行的发展

编　　号：036	始发时间：1943 年
面　　额：拾圆	冠　　字：D
版　　式：横版	签　　名：张廉方、华夫
正面主景：亭阁	收 藏 者：编委
颜　　色：紫（正面）　绿（背面）	稀有等级：★★★
票　　幅：152×71（mm）	备　　注：无
年　　号：民国三十一年	

编　　号：037	始发时间：1943 年
面　　额：拾圆	冠　　字：E
版　　式：横版	签　　名：张廉方、华夫
正面主景：亭阁	收 藏 者：编委
颜　　色：紫（正面）　褐（背面）	稀有等级：★★★
票　　幅：149×69（mm）	备　　注：无
年　　号：民国三十一年	

编　　号：038	始发时间：1945年
面　　额：拾圆	冠　　字：A
版　　式：横版	签　　名：张廉方、华夫
正面主景：栽稻	收 藏 者：编委
颜　　色：红（正面）　蓝（背面）	稀有等级：★★★
票　　幅：148×67（mm）	备　　注：无
年　　号：民国三十二年	

编　　号：039	始发时间：1945 年
面　　额：拾圆	冠　　字：A
版　　式：横版	签　　名：张廉方、华夫
正面主景：栽稻	收 藏 者：中国钱币博物馆
颜　　色：红（正面）　蓝（背面）	稀有等级：★★
票　　幅：148×67（mm）	备　　注：票样
年　　号：民国三十二年	

编　　号：040	始发时间：1945 年
面　　额：拾圆	冠　　字：A
版　　式：横版	签　　名：无
正面主景：栽稻	收 藏 者：郑延林
颜　　色：蓝绿（正面）　棕（背面）	稀有等级：★★★★
票　　幅：145×65（mm）	备　　注：泰运
年　　号：民国三十二年	

编　　号：041	始发时间：1945 年
面　　额：拾圆	冠　　字：无
版　　式：横版	签　　名：无
正面主景：车船	收藏者：河南博物院
颜　　色：红（正面）　紫红（背面）	稀有等级：★★★★★
票　　幅：128×60（mm）	备　　注：湖西
年　　号：民国三十三年	

编　　号：042	始发时间：1945年
面　　额：拾圆	冠　　字：无
版　　式：横版	签　　名：无
正面主景：坛亭阁	收 藏 者：吕乃涛
颜　　色：苍绿（正面）　棕（背面）	稀有等级：★★★
票　　幅：139×65（mm）	备　　注：湖西
年　　号：民国三十三年	

编　　号：043	始发时间：1945 年
面　　额：拾圆	冠　　字：A
版　　式：横版	签　　名：无
正面主景：坛亭阁	收 藏 者：编委
颜　　色：绿（正面）　棕（背面）	稀有等级：★★★
票　　幅：140×65（mm）	备　　注：湖西
年　　号：民国三十三年	

编　　号：044	始发时间：1945 年
面　　额：拾圆	冠　　字：A
版　　式：横版	签　　名：无
正面主景：坛亭阁	收 藏 者：中国钱币博物馆
颜　　色：苍绿（正面）　棕（背面）	稀有等级：★★★★
票　　幅：141×66（mm）	备　　注：湖西，票样
年　　号：民国三十三年	

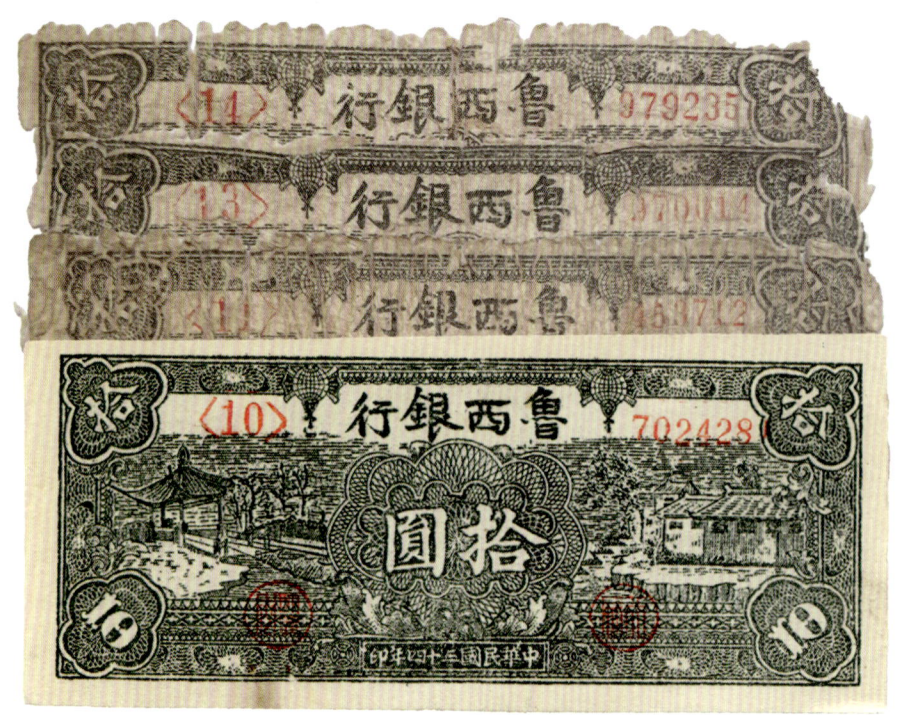

编　　号：045~048		始发时间：1945 年	
面　　额：拾圆		冠　　字：<10><11><13><14>	
版　　式：横版		签　　名：无	
正面主景：凉亭		收 藏 者：编委	
颜　　色：绿（正面）　　绿（背面）		稀有等级：★★	
票　　幅：115×50（mm）		备　　注：圆章	
年　　号：民国三十四年			

编　　号：	049
面　　额：	拾圆
版　　式：	横版
正面主景：	凉亭
颜　　色：	绿（正面）绿（背面）
票　　幅：	116×52（mm）
年　　号：	民国三十四年
始发时间：	1945年
冠　　字：	<15>
签　　名：	无
收 藏 者：	编委
稀有等级：	★★
备　　注：	圆章

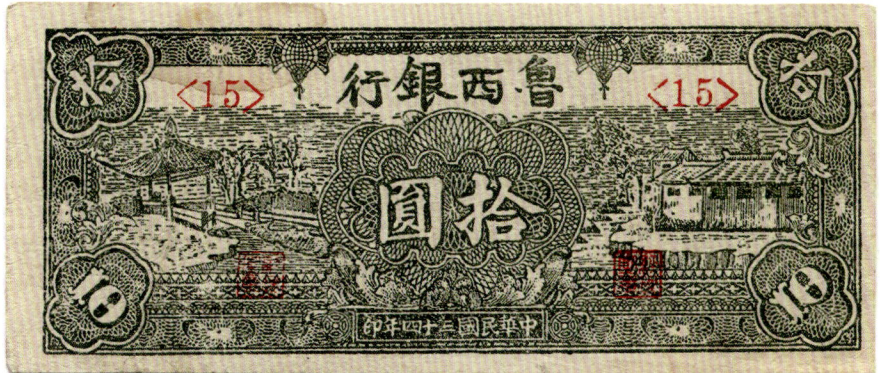

编　　号：	050
面　　额：	拾圆
版　　式：	横版
正面主景：	凉亭
颜　　色：	绿（正面）绿（背面）
票　　幅：	115×50（mm）
年　　号：	民国三十四年
始发时间：	1945年
冠　　字：	<15><15>
签　　名：	无
收 藏 者：	编委
稀有等级：	★★
备　　注：	方章

编　　号：051		始发时间：1944 年	
面　　额：贰拾圆		冠　　字：无	
版　　式：横版		签　　名：张廉方、华夫	
正面主景：山庙		收 藏 者：编委	
颜　　色：浅蓝（正面）　红（背面）		稀有等级：★★★	
票　　幅：137×70（mm）		备　　注：无	
年　　号：民国二十九年			

编　　号：052		始发时间：1944年	
面　　额：贰拾圆		冠　　字：无	
版　　式：横版		签　　名：张廉方、华夫	
正面主景：山庙		收 藏 者：郑延林	
颜　　色：浅蓝（正面）　橙红（背面）		稀有等级：★★★	
票　　幅：139×71（mm）		备　　注：无	
年　　号：民国二十九年			

编　　号：053	始发时间：1944 年
面　　额：贰拾圆	冠　　字：无
版　　式：横版	签　　名：无
正面主景：山庙	收 藏 者：吕乃涛
颜　　色：浅蓝（正面）	稀有等级：★★★
票　　幅：138×71（mm）	备　　注：单面票样
年　　号：民国二十九年	

编　　号：054	始发时间：1943 年
面　　额：贰拾圆	冠　　字：A
版　　式：横版	签　　名：张廉方、华夫
正面主景：天坛	收 藏 者：吕乃涛
颜　　色：蓝（正面）　棕（背面）	稀有等级：★★
票　　幅：148×73（mm）	备　　注：无
年　　号：民国三十一年	

编　　号：055		始发时间：1943 年	
面　　额：贰拾圆		冠　　字：B	
版　　式：横版		签　　名：张廉方、华夫	
正面主景：天坛		收 藏 者：吕乃涛	
颜　　色：蓝（正面）　棕（背面）		稀有等级：★★	
票　　幅：148×72（mm）		备　　注：无	
年　　号：民国三十一年			

编　　号：056	始发时间：1943 年
面　　额：贰拾圆	冠　　字：C
版　　式：横版	签　　名：张廉方、华夫
正面主景：天坛	收 藏 者：编委
颜　　色：蓝（正面）　棕（背面）	稀有等级：★★
票　　幅：142×69（mm）	备　　注：无
年　　号：民国三十一年	

编　　号：057		始发时间：1943 年	
面　　额：贰拾圆		冠　　字：D	
版　　式：横版		签　　名：张廉方、华夫	
正面主景：天坛		收 藏 者：吕乃涛	
颜　　色：蓝（正面）　棕（背面）		稀有等级：★★	
票　　幅：144×71（mm）		备　　注：无	
年　　号：民国三十一年			

编　　号：058		始发时间：1943年	
面　　额：贰拾圆		冠　　字：F	
版　　式：横版		签　　名：张廉方、华夫	
正面主景：天坛		收 藏 者：编委	
颜　　色：蓝（正面）　棕（背面）		稀有等级：★★	
票　　幅：143×71（mm）		备　　注：无	
年　　号：民国三十一年			

编　　号：059		始发时间：1943年	
面　　额：贰拾圆		冠　　字：G	
版　　式：横版		签　　名：张廉方、华夫	
正面主景：天坛		收 藏 者：郑延林	
颜　　色：蓝（正面）　棕（背面）		稀有等级：★★	
票　　幅：146×71（mm）		备　　注：无	
年　　号：民国三十一年			

编　　号：060	始发时间：1943 年
面　　额：贰拾圆	冠　　字：H
版　　式：横版	签　　名：张廉方、华夫
正面主景：天坛	收 藏 者：编委
颜　　色：蓝（正面）　棕（背面）	稀有等级：★★
票　　幅：146×71（mm）	备　　注：无
年　　号：民国三十一年	

编　号：061		始发时间：1944 年	
面　额：贰拾圆		冠　字：A	
版　式：横版		签　名：无	
正面主景：前门		收藏者：编委	
颜　色：深蓝（正面）　浅绿（背面）		稀有等级：★★★★★	
票　幅：139×69（mm）		备　注：湖西	
年　号：民国三十三年			

编　　号：062	始发时间：1944 年
面　　额：贰拾圆	冠　　字：A
版　　式：横版	签　　名：无
正面主景：前门	收 藏 者：郑延林
颜　　色：深蓝（正面）　棕（背面）	稀有等级：★★★★★
票　　幅：142×70（mm）	备　　注：湖西
年　　号：民国三十三年	

编　　号	063
面　　额	贰拾伍圆
版　　式	横版
正面主景	山阁
颜　　色	酱紫（正面） 红（背面）
票　　幅	121×57（mm）
年　　号	民国三十四年
始发时间	1945年
冠　　字	无
签　　名	无
收藏者	郑延林
稀有等级	★★★
备　　注	无

编　　号	064
面　　额	贰拾伍圆
版　　式	横版
正面主景	山阁
颜　　色	酱紫（正面） 杏红（背面）
票　　幅	118×56（mm）
年　　号	民国三十四年
始发时间	1945年
冠　　字	无
签　　名	无
收藏者	中国钱币博物馆
稀有等级	★★★
备　　注	无

编　　号：065	始发时间：1945 年
面　　额：伍拾圆	冠　　字：A
版　　式：横版	签　　名：张廉方、华夫
正面主景：阁台	收 藏 者：编委
颜　　色：绿（正面）　紫（背面）	稀有等级：★★★★
票　　幅：150×77（mm）	备　　注：无
年　　号：民国二十九年	

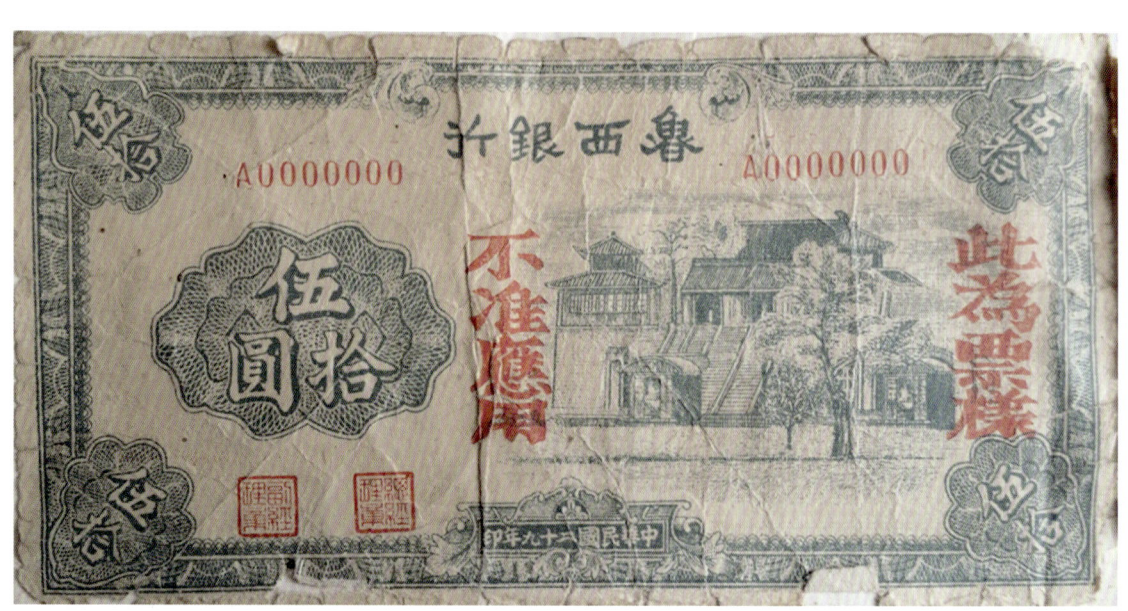

编　　号：066	始发时间：1945 年
面　　额：伍拾圆	冠　　字：A
版　　式：横版	签　　名：张廉方、华夫
正面主景：阁台	收 藏 者：菏泽市牡丹区档案局
颜　　色：绿（正面）	稀有等级：★★★★
票　　幅：146×76（mm）	备　　注：单面票样，背面粘贴
年　　号：民国二十九年	

编　　号：067	始发时间：1943年
面　　额：伍拾圆	冠　　字：A
版　　式：横版	签　　名：张廉方、华夫
正面主景：铜牛	收 藏 者：吕乃涛
颜　　色：酱（正面）　蓝（背面）	稀有等级：★★★
票　　幅：160×81（mm）	备　　注：无
年　　号：民国三十二年	

编　　号：068	始发时间：1943 年
面　　额：伍拾圆	冠　　字：B
版　　式：横版	签　　名：张廉方、华夫
正面主景：铜牛	收 藏 者：编委
颜　　色：酱（正面）　蓝（背面）	稀有等级：★★★
票　　幅：159×79（mm）	备　　注：无
年　　号：民国三十二年	

编　　号：069	始发时间：1943 年
面　　额：伍拾圆	冠　　字：C
版　　式：横版	签　　名：张廉方、华夫
正面主景：铜牛	收 藏 者：吕乃涛
颜　　色：酱（正面）　蓝（背面）	稀有等级：★★★
票　　幅：160×80（mm）	备　　注：无
年　　号：民国三十二年	

编　　号：070	始发时间：1943 年
面　　额：伍拾圆	冠　　字：D
版　　式：横版	签　　名：张廉方、华夫
正面主景：铜牛	收 藏 者：郑延林
颜　　色：酱（正面）　蓝（背面）	稀有等级：★★★
票　　幅：160×81（mm）	备　　注：无
年　　号：民国三十二年	

第二章　鲁西银行的发展

编　　号：071	始发时间：1943年
面　　额：伍拾圆	冠　　字：F
版　　式：横版	签　　名：张廉方、华夫
正面主景：铜牛	收 藏 者：中国钱币博物馆
颜　　色：酱（正面）　蓝（背面）	稀有等级：★★★
票　　幅：157×79（mm）	备　　注：无
年　　号：民国三十二年	

编　　号：072		始发时间：1944 年	
面　　额：壹佰圆		冠　　字：A	
版　　式：横版		签　　名：张廉方、华夫	
正面主景：牌坊		收 藏 者：郑延林	
颜　　色：红（正面）　棕（背面）		稀有等级：★★★	
票　　幅：161×80（mm）		备　　注：无	
年　　号：民国三十二年			

编　　号：073

面　　额：壹佰圆

版　　式：横版

正面主景：牌坊

颜　　色：红（正面）　　棕（背面）

票　　幅：160×80（mm）

年　　号：民国三十二年

始发时间：1944年

冠　　字：C

签　　名：张廉方、华夫

收 藏 者：编委

稀有等级：★★★

备　　注：无

编　　号：074		始发时间：1944 年	
面　　额：壹佰圆		冠　　字：F	
版　　式：横版		签　　名：张廉方、华夫	
正面主景：牌坊		收 藏 者：吕乃涛	
颜　　色：红（正面）　　棕（背面）		稀有等级：★★★	
票　　幅：160×81（mm）		备　　注：无	
年　　号：民国三十二年			

编　　号：075		始发时间：1945 年	
面　　额：壹佰圆		冠　　字：A	
版　　式：横版		签　　名：无	
正面主景：火车		收 藏 者：编委	
颜　　色：蓝（正面）　紫红（背面）		稀有等级：★★	
票　　幅：136×69（mm）		备　　注：无	
年　　号：民国三十三年			

编　　号：076		始发时间：1945 年	
面　　额：壹佰圆		冠　　字：B	
版　　式：横版		签　　名：无	
正面主景：火车		收 藏 者：编委	
颜　　色：蓝（正面）　紫红（背面）		稀有等级：★★	
票　　幅：134×69（mm）		备　　注：无	
年　　号：民国三十三年			

编　　号：077	始发时间：1945 年
面　　额：壹佰圆	冠　　字：C
版　　式：横版	签　　名：无
正面主景：火车	收 藏 者：编委
颜　　色：蓝（正面）　紫红（背面）	稀有等级：★★
票　　幅：133×67（mm）	备　　注：无
年　　号：民国三十三年	

编　　号：078		始发时间：1945 年	
面　　额：壹佰圆		冠　　字：E	
版　　式：横版		签　　名：无	
正面主景：火车		收藏者：编委	
颜　　色：蓝（正面）　紫红（背面）		稀有等级：★★	
票　　幅：134×69（mm）		备　　注：无	
年　　号：民国三十三年			

编　　号：079	始发时间：1945 年
面　　额：壹佰圆	冠　　字：G
版　　式：横版	签　　名：无
正面主景：火车	收 藏 者：吕乃涛
颜　　色：蓝（正面）　紫红（背面）	稀有等级：★★
票　　幅：131×66（mm）	备　　注：无
年　　号：民国三十三年	

编　　号：080		始发时间：1945 年	
面　　额：壹佰圆		冠　　字：H	
版　　式：横版		签　　名：无	
正面主景：火车		收 藏 者：编委	
颜　　色：蓝（正面）　紫红（背面）		稀有等级：★★	
票　　幅：132×68（mm）		备　　注：无	
年　　号：民国三十三年			

编　　号：081	始发时间：1945 年
面　　额：壹佰圆	冠　　字：J
版　　式：横版	签　　名：无
正面主景：火车	收 藏 者：编委
颜　　色：蓝（正面）　紫红（背面）	稀有等级：★★
票　　幅：132×68（mm）	备　　注：无
年　　号：民国三十三年	

编　　号：082		始发时间：1945 年	
面　　额：壹佰圆		冠　　字：G	
版　　式：横版		签　　名：无	
正面主景：火车		收 藏 者：中国钱币博物馆	
颜　　色：蓝（正面）　紫红（背面）		稀有等级：★★	
票　　幅：132×67（mm）		备　　注：盖"注销"	
年　　号：民国三十三年			

第二章 鲁西银行的发展

编　　号：083

面　　额：壹佰圆

版　　式：横版

正面主景：火车

颜　　色：蓝（正面）

票　　幅：132×68（mm）

年　　号：民国三十三年

始发时间：1945年

冠　　字：B

签　　名：无

收 藏 者：菏泽市牡丹区档案局

稀有等级：★★

备　　注：单面票样，背面粘贴，盖"注销"

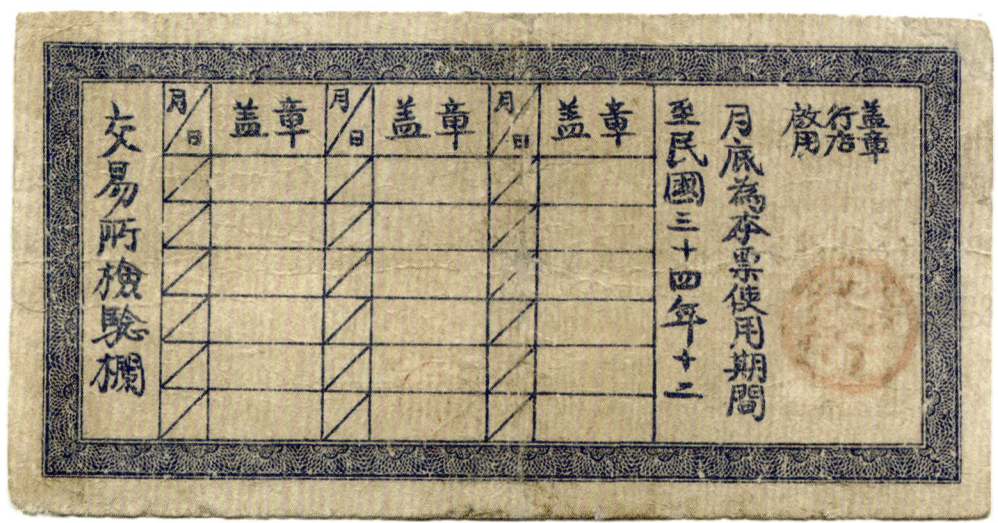

编　　号：084	始发时间：1943 年
面　　额：贰佰圆	冠　　字：无
版　　式：横版	签　　名：无
正面主景：插秧	收 藏 者：编委
颜　　色：棕红（正面）　蓝（背面）	稀有等级：★★★
票　　幅：131×68（mm）	备　　注：本票
年　　号：无	

第二章 鲁西银行的发展

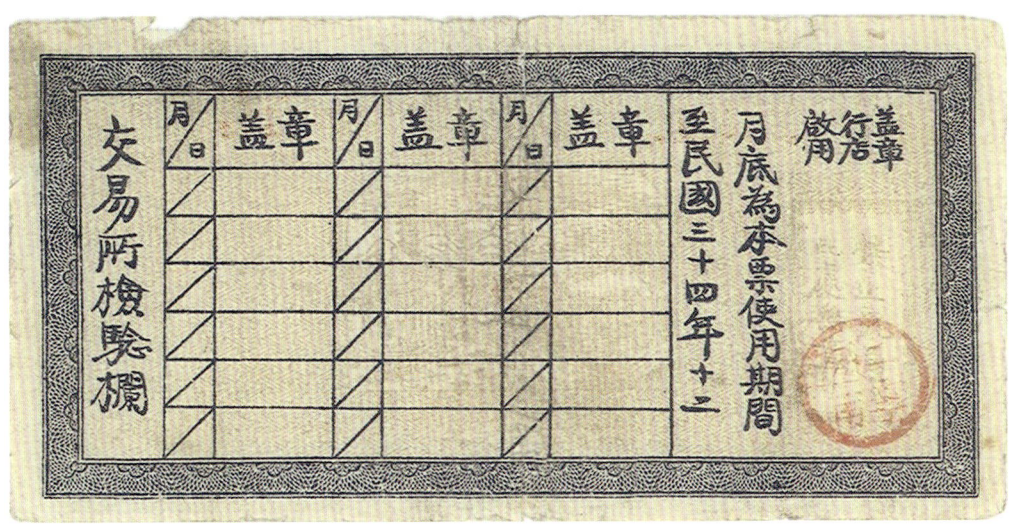

编　　号：085	始发时间：1943 年
面　　额：贰佰圆	冠　　字：无
版　　式：横版	签　　名：无
正面主景：插秧	收 藏 者：中国钱币博物馆
颜　　色：棕红（正面）　蓝（背面）	稀有等级：★★★
票　　幅：131×67（mm）	备　　注：本票，盖"注销"
年　　号：无	

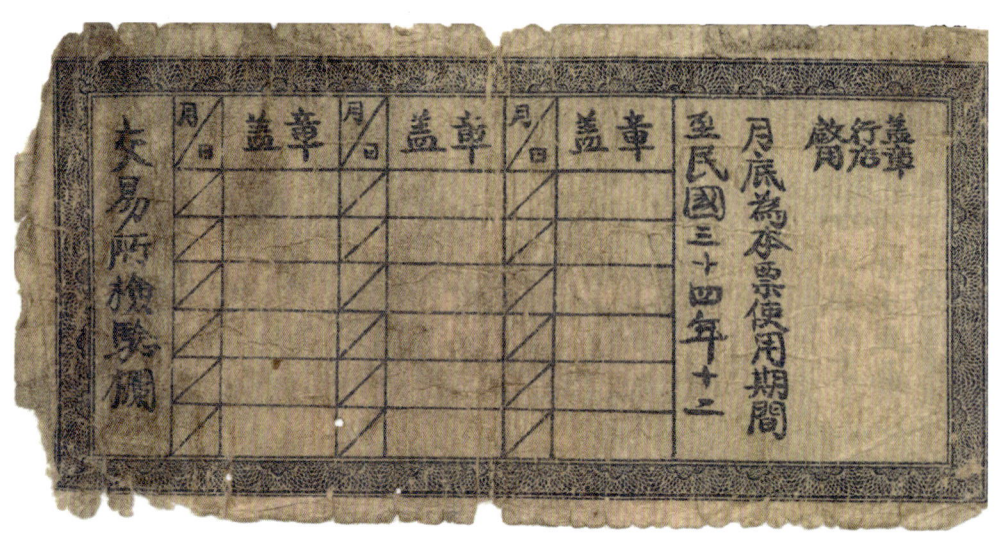

编　　号：086	始发时间：1943年
面　　额：贰佰圆	冠　　字：无
版　　式：横版	签　　名：无
正面主景：插秧	收 藏 者：编委
颜　　色：棕红（正面）　蓝（背面）	稀有等级：★★★★
票　　幅：128×67（mm）	备　　注：本票，盖"豫东"
年　　号：无	

第二章 鲁西银行的发展

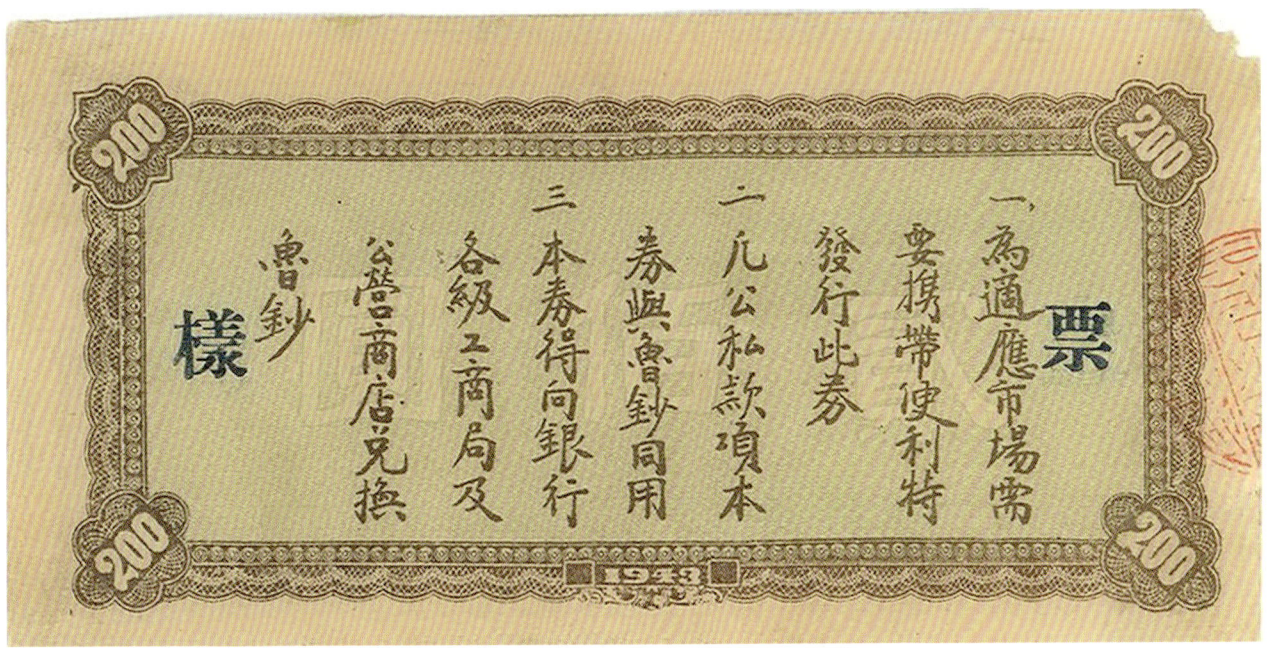

编　号：087	始发时间：1945年
面　额：贰佰圆	冠　字：无
版　式：横版	签　名：无
正面主景：割稻	收藏者：中国钱币博物馆
颜　色：棕（正面）　棕（背面）	稀有等级：★★★★★
票　幅：165×84（mm）	备　注：临时流通券，票样
年　号：民国三十二年	

编　　号：088	始发时间：1944 年
面　　额：叁佰圆	冠　　字：无
版　　式：竖版	签　　名：无
正面主景：天坛	收 藏 者：吕乃涛
颜　　色：黑蓝（正面）	稀有等级：★★★★
票　　幅：78×161（mm）	备　　注：临时流通券，单面票样
年　　号：民国三十三年	

编　　号：089	始发时间：1944 年
面　　额：叁佰圆	冠　　字：CZ
版　　式：竖版	签　　名：无
正面主景：天坛	收 藏 者：中国钱币博物馆
颜　　色：蓝（正面）　杏黄（背面）	稀有等级：★★★★
票　　幅：84×163（mm）	备　　注：临时流通券
年　　号：民国三十三年	

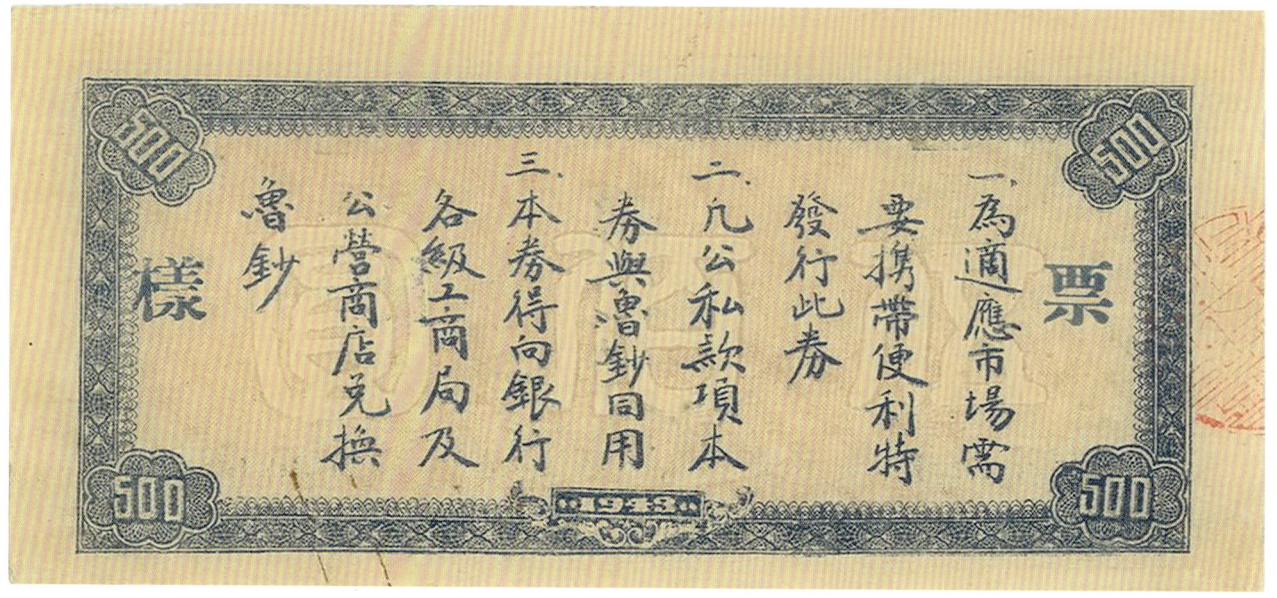

编　　号：090	始发时间：1943 年
面　　额：伍佰圆	冠　字：无
版　　式：横版	签　名：无
正面主景：马拉犁浇园	收 藏 者：中国钱币博物馆
颜　　色：红（正面）　蓝（背面）	稀有等级：★★★★★
票　　幅：165×80（mm）	备　注：临时流通券，票样
年　　号：民国三十二年	

编　　号：091	始发时间：1944 年
面　　额：伍佰圆	冠　　字：无
版　　式：竖版	签　　名：张廉方、华夫
正面主景：火车轮船	收 藏 者：中国钱币博物馆
颜　　色：紫（正面）　黄（背面）	稀有等级：★★★★★
票　　幅：160×90（mm）	备　　注：临时流通券，票样
年　　号：民国三十三年	

第三章　鲁西银行印刷所的建立及发展

鲁西银行印刷所创建于1940年3月，经历了从无到有、从小到大、从集中到分散、从分散到集中、从地上到地下、从地下到地上、从乡村转入县城，从一省辗转发展到冀、鲁、豫、皖、苏五省接合部的曲折历程；经受住了日寇无数次血雨腥风的大"扫荡"，在战火纷飞、硝烟弥漫中逐步发展壮大，完成了党和人民交给的印钞任务。为了适应抗日根据地的需要，鲁西银行先后在东平湖及昆山一带、聊城莘县、鲁西南、湖西、鲁西北齐河及东阿县一带创建了6个印刷所。

鲁西银行第一印刷所创建于东平湖土山村，后转移并主要活动在河南省内黄县沙区；第二印刷所创建于东平湖西戴庙附近的段家村，后转移并主要活动在郓北一带；第三印刷所创建于聊城莘县尧头村，主要活动在莘县及河南范县一带；第四印刷所创建于鲁西南曹县、菏泽县接合部，重点活动在曹县西北一带；湖西印刷所前身是印制鱼台县地方流通券的鱼台县抗日民主政府后方办事处印刷所，后改为湖西专署印刷所、鲁西银行湖西印刷所，主要活动在单县一带；鲁西北印刷所创建并主要活动在齐河及东阿县一带。

鲁西银行印刷所是在对敌斗争中建立与发展起来的印刷机构，经历了一次次敌人的"扫荡"，又曾遭遇特大自然灾害。印刷所工作人员不屈不挠，紧紧依靠群众，克服重重困难，一边生产，一边战斗，驱逐了法币、伪币、杂币，确立了鲁西银行货币为辖区本位货币的地位。为此，部分同志为党的印钞事业献出了宝贵的生命。

1946年1月1日，鲁西银行并入冀南银行，同时，仍然保留鲁西银行的名义。原鲁西银行各印刷所与冀南银行路东印刷所在清丰县城组建了冀南银行第二印刷厂，停印鲁西银行货币，改印冀南银行货币，从此，鲁西银行印刷所完成了它的历史使命。

截至1945年底，鲁西银行印刷所共印制鲁西银行货币17个券别，累计金额24.4亿元。除伍圆红车船和贰拾圆山庙由冀南银行太行印刷厂代印外，其余均由鲁西银行印刷所印制。同时，鲁西银行还代印冀南银行货币3亿多元，保证了抗日前线和根据地经济发展的需要，为抗日战争的胜利作出了重大贡献。

第三章 鲁西银行印刷所的建立及发展

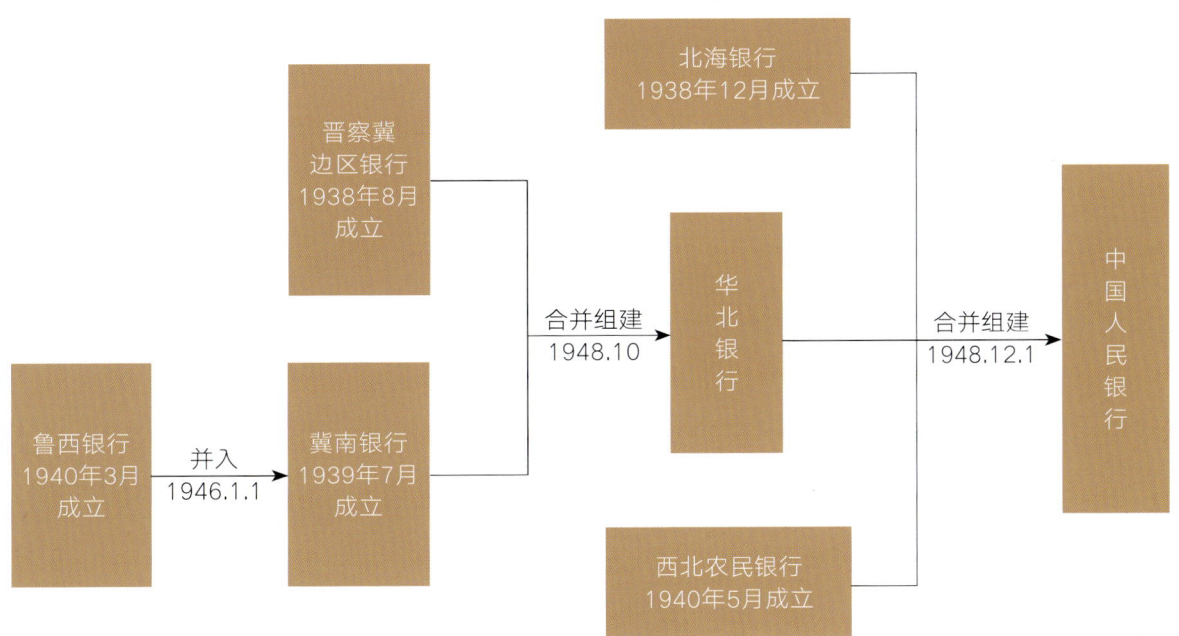

图3-1 鲁西银行发展演变图

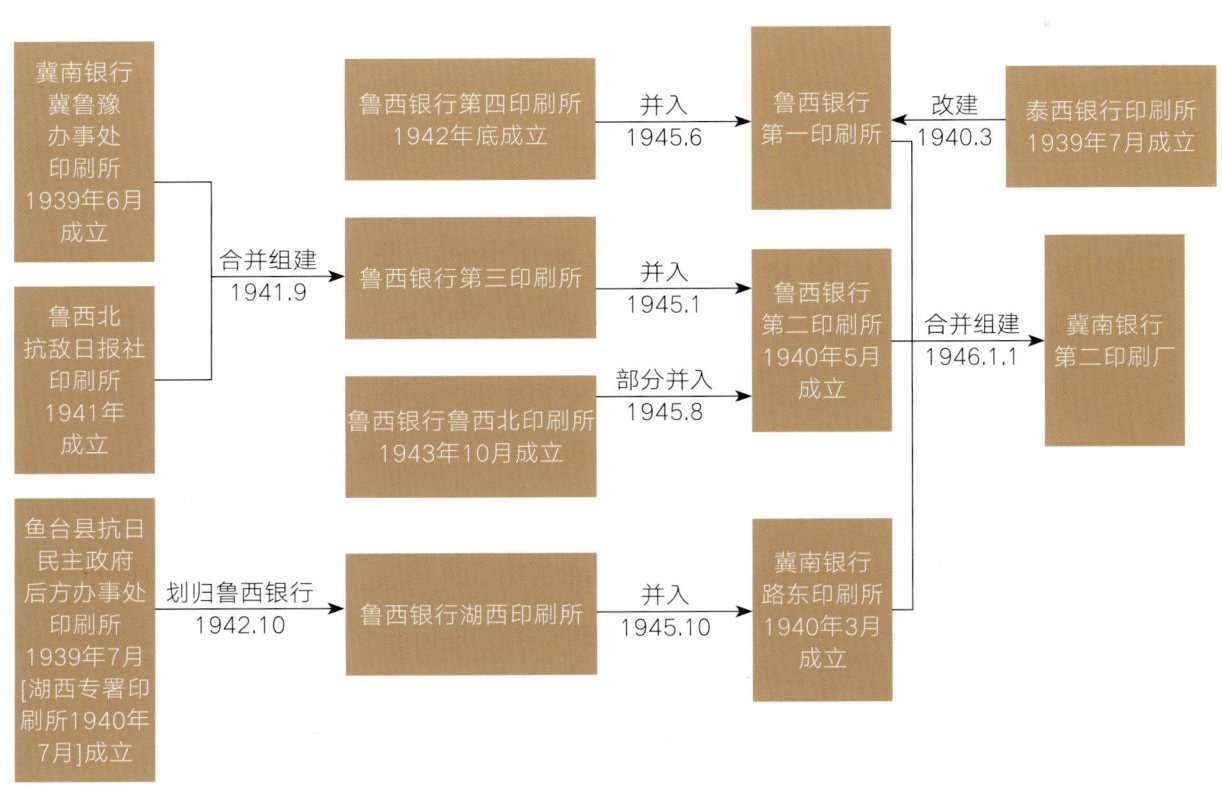

图3-2 鲁西银行印刷所演变图

127

第一节　第一印刷所

鲁西银行第一印刷所于1940年3月在泰西银行印刷所的基础上改建而成，驻东平湖湖心岛土山村。印刷所成立初期称为鲁西银行印刷所。

为保证抗日民主政府的供给，有效开展对敌货币斗争，1939年7月，泰西银行印刷所在肥城县李家溃村李维周家建立，发行泰西银行长清券。11月底，泰西行政督察专员公署成立，专员张耀南。泰西专署干部董继忠与李维周联系，将泰西银行印刷所的机器和技术人员，由李家溃村转移到东平县东平湖中的小岛土山村，印刷所设在前土山村丁继贤家。

1940年1月20日，中共中央北方局在对山东的工作意见中指出"鲁南、鲁西应统一发行纸币，纠正不统一各自为政的做法"。于是，鲁西军区、鲁西北行政委员会开始筹建鲁西银行。

2月，曾经做过印刷工人的刘震等人持东进支队政治部主任邹鲁风写的介绍信，乘一小木船来到东平湖土山村印刷所驻地。当时印刷所从泰西搬来不久，组织机构尚不健全，设备很差，只有两三台石印机，人员也很少，正在做印制鲁西银行货币的筹备工作。

2月29日，中共中央山东分局关于统战、政权、战略、财经工作的指示要求"筹办鲁西、鲁北、清河三银行，扩大及整理泰莱区流通券，发行曲泗宁自治区流通券"。

3月，鲁西银行正式成立，吕麟任行长，张廉方任副行长。泰西银行印刷所改为鲁西银行印刷所，停印泰西银行货币，印制鲁西银行货币。鲁西银行印刷所第一任负责人是吕麟委派的——五师供给部教导员刘导生。

在鲁西军区宣传干部郑笋的协助下，制版技师郭子贞设计了鲁西银行首发伍角券。隶书字体"鲁西银行"四字行名由郑笋书写。经审批后，伍角券由刘震负责在土山村正式印刷。

4月，组织上派会计训练班指导员张震华接替刘导生，担任印刷所负责人，统管印刷所事务，翟诚负责铅印工作。当时，印刷所共有10人，分别是张震华、汪华南、李振西、李维周、王殿山、王之荣、刘震、郭子贞、郑笋、张朴。不久，刘杰三、翟诚、赵侠、李静斋等人先后来到土山村印刷所工作。从部队调青年战士组成警卫班，于献伦任班长。

鲁西银行成立初期，生产十分困难，印刷材料和生活必需品均需要到湖外购买。张朴到济南采购原材料、号码机，途中献出了宝贵的生命。为保密起见，印刷所人员尽量不出湖，平时烧麦秸做饭，阴天下雨没干柴，饭也吃不上。

当时，党员和领导干部发挥了以身作则和模范带头作用，干部实行供给制，一锅做两样饭，工人吃白馍，干部吃黑窝头；灾荒年工人基本能吃饱，干部每天半斤粮，靠野菜树叶充饥；战时干部和党员冲锋在前，撤退在后，首先保证技术工人和群众的安全，支部和党员成了群众信赖的靠山。大家齐心协力，克服困难，坚持生产。

由于缺少设备和技术人员，印刷所印

2018年山东省钱币学会常务副理事长兼秘书长贺传芬（中）
赴鲁西银行发源地——泰安东平湖中心岛考察

出的货币因为没有号码和印章无法发行。当时，鲁西区正在筹建鲁西日报社，据原鲁西日报社工作人员张心厚回忆："一九三九年冬天，东进支队后勤部一位姓董的同志（记得叫董常善，辽宁人），通过长清县抗日县政府和地方党组织，结识了在济南做工的印刷工人李福传……以合伙到徐州办印刷厂为名，向一位姓张的人开办的同懋印刷所（该印刷所在二大马路纬二路北口西侧，与冈村印刷所近邻）购买了一套设备，计有四开铅印机一部，圆盘印刷机两部……一九四〇年农历二月二十七日，这支只有十二人的小小的工人队伍，从集中地向着鲁西抗日根据地出发了……第八天，到了湖西岸的昆山，在此下船，沿湖边南行二里，到了在金山的江东部（东进支队后勤部的代号）报到。一到金山，江东部负责人吕麟立即接见了李福传、刘品三、高筠，并派船把我们送往湖中间的小土山……鲁西银行的印钞厂就创建在这里的前土山上，在这里印出了鲁西地区发行流通的第一批'抗钞'。我们到土山村时看到这里已有四部手摇石印机，正在印制鲁西银行准备发行的伍角票面的抗钞。还看到了从济南买出来的圆盘机也已运到这里一部。因为没有铅印工人，机器安装得不对，不能转动。这里的负责人张震华指导员讲，现在就是没有技术工人为抗钞加印号码和行长印章，不能发行流通……在我们准备向范县出发的前一天，鲁西银行派人到我们住地，同王绍云社长商量抽到银行去工作的人选，这次确定了由邓传贵、钟保得、张太泽三人去鲁西银行工作，他们的任务是为鲁西币加印号码和行长印章……"[1]日报社将其中一台圆盘印刷机送到湖心岛土山村的时间是阳历的1940年4月11日，从此，鲁西银行印刷所有了第一台加印号码和印章的圆盘印刷机。这时，印刷所初步形成了制版印刷、裁切、印号3个生产部门，鲁西银行货币得以正式对外发行。

5月，鲁西银行第二印刷所成立，原印刷所改称第一印刷所。

6月，一一五师东进纵队六支队粮秣股长魏仁斋调到鲁西银行担任第一印刷所第三任所长，原负责人张震华任政委兼党支部书记。印刷所设有石印股、铅印股两个生产组织，行政上设有会计、材料供应、总务、警卫等，学徒工、行政管理和警卫人员，基本上都是从部队抽调来的。石印技术工人主要有刘震、刘杰三、汪化南、郭子贞、李维周，铅印技术工人有邓传贵、钟保得，裁印技术工人有王之荣，干部有翟诚、赵侠等，干部职工共60多人。工作时他们着农装，配备武器，平时生产，战时自卫。

6月的一天，日军发现土山村住有八路军伤员，于是在湖岸边向土山村进行炮击，伤员和印刷所被迫转移到东平湖大金山。不久，印刷所又转移到湖西轩辕堂一带继续生产。生产了大约一个月，又得到敌人"扫荡"的情报，石印队由魏仁斋、张震华率领，铅印队由刘玉山带队，在敌人的不断"扫荡"中辗转于轩辕堂、戴庙、张博士集、陶那里、孙那里等地（"那里"为村名，俗称有72那里），边游击边生产。7月，曾做过铅印工人的房重千调到鲁西银行第一印刷所。据房重千回忆："印刷所属于一一五师供给部（代号为江东部）领导。学徒工、行政管理和警卫人员，基本上都是由供给部从部队上抽调分配来的。后来，设备陆续增加，编制扩大，人员除继续从部队调来之外，也从地方上吸收青年农民参加。生产设备都比较落后，石印上用的是人工摇轮的小石印机，铅印上用的是小圆盘机（当时称"脚蹬子"）。机器数量也不多，在1940年底以前，石印机在10台以下，铅印机最初只有一台。"[2]

是年秋，敌人对第一印刷所驻地昆山一带进行大"扫荡"，"印刷所石印、铅印分头转移。石印队在魏仁斋、张震华率领下安全转移。铅印队由供给部出纳科长刘玉山带领撤离大金山，转移到七里屯时遭到敌人包围，突围中铅印技术工人山东长清人邓传贵、江苏人钟保得、张太铎等师徒四

---

[1] 中共贵州省委党史办公室冀鲁豫小组. 冀鲁豫党史资料选编（第八辑）[M]. 1986：59.
[2] 房重千. 鲁西银行印刷所的一部分历史情况[M]//中国人民银行金融研究所，中国人民银行山东省分行金融研究所. 冀鲁豫边区金融史料选编（下册）. 北京：中国金融出版社，1989：637.

人被捕，惨遭杀害，铅印机丢失一台，给印刷所造成了重大损失"①。两个月后，鲁西银行不得不再次向鲁西日报社求援，日报社又派李福传、王鼎甫到鲁西银行印刷所工作。"下半年，又转移到平奕山区白庙集、郭村，行政上归鲁西军区政治部领导，当时因技术条件限制，我们只能印壹角、贰角、壹圆的鲁西票，主要是抵制国民党的法币和换回外汇。"②

秋季大"扫荡"以后，鲁西银行整合了印钞力量，第一印刷所和第二印刷所在昆山县小许村合并，称第一印刷所，所长魏仁斋，副所长倪孟海，指导员周庆彬，设有石印股、铅印股、裁切股。石印技工赵荣轩、闫子荣，从聊城地区又召来石印技工丁玉良，从军区印刷所等调来了铅印技工李子（之）波、陈明等，技术力量得到了大大加强，职工达100多人。这时，石印机增加到五六台，李林来时又增添了圆盘铅印机，形成了制版印刷、裁切、印号3个生产部门，印制鲁西银行伍角、壹角、贰角、壹圆等券种。

1940年冬，敌人又进行了冬季大"扫荡"。为了有利于开展反"扫荡"斗争，鲁西银行将石印、铅印分两地进行生产。石印、裁切工作由所部直接领导，转移到胡那里生产；铅印、检封由翟诚负责在原地坚持生产。刘震被任命为第一印刷所印刷股副股长。

1941年1月，在郭那里成立了第一印刷所工会。选举赵荣轩为工会主任，翟诚为秘书。不久，第一印刷所又分为两个印刷所，石印、裁切为第一印刷所，所长魏仁斋，副所长仪华，指导员李南山；铅印为第二印刷所，所长张海涵，指导员翟诚。1941年春，鲁西银行印刷所建立"朱德青年队"，由于环境恶化，青年队主要在所内各生产单位分散活动。

7月，鲁西区与冀鲁豫区合并，吕麟、张震华、倪孟海、周庆彬、张海涵等调山东军区工作，张廉方接任鲁西银行行长，冀鲁豫军区后勤部政委张子重任鲁西银行政委，领导所属印刷所党政工作。

是年冬，日伪对昆山地区进行频繁"扫荡"，设碉堡、建岗楼，对根据地实行蚕食、分割，根据地逐渐缩小。印刷所无法正常生产，不得不撤出昆山地区，长途跋涉300余华里，于1942年初转移到河南省南乐县王落村。这次搬迁环境险恶，路上要过几道敌人的封锁线。当时运具落后，只有太平车和独轮车。印刷所到达指定地点后，领导又派仪华、管励等3人返回昆山县，用十几辆四轮大车和独轮车搬运转移时埋藏的印刷机器和材料。仪华描绘了返回昆山县第二次搬运机器、材料时的一个细节，"在一次行进当中，不巧，后边一辆独轮车的木把手坏了，没办法继续往前推了，把管励和我急得直冒大汗，只好紧跑一阵子叫住前边的两辆独轮车，把坏车子上的东西卸下来，分散开加放到那两辆独轮车上，但装到最后有四桶汽油实在装不上了，在这紧急时刻，我俩不知从哪里来的一股劲，每个人提着两桶汽油走了约一里来路，赶上前边的车子，把汽油装到车上才算完事"。在这次转移中，由部队的一个连负责护送，经敌占区郓城县、黄河沙漠地带和范县安全到达南乐县。

到南乐县以后，第一、第二印刷所合并为第一印刷所，所长魏仁斋，政委张子重，指导员翟诚，副指导员仪华。鲁西银行分析了抗战形势，总结了前两次反"扫荡"的经验，认为印刷所必须更加隐蔽，才能坚持斗争，于是决定将印刷所进一步分散，化整为零，挖地下室在地下生产。两个所的石印和铅印，分别合并组成石印组和铅印组，原来的石印设备划分为两三个单位，铅印号码机为另一个单位，由翟诚和仪华分别领导两个组，成立了两个党支部，两人分别任两个组的党支部书记。成立党总支，领导石印、铅印两个支部。张子重、魏仁斋带一二十个管理、通讯、警卫人员负责同军区、专署联系，并负责原材料的采购、钞票运送、传达敌情。

1942年4月，日伪进行"四三大扫荡"，对南乐地区采用了"铁壁合围"，原第一印刷所人员全

---

① 《中国革命根据地印钞造币简史》编纂委员会. 中国革命根据地印钞造币简史［M］. 北京：中国金融出版社，1996：115.
② 魏仁斋. 对抗战时期鲁西银行和冀南银行的回忆［M］// 中国人民政治协商会议河南省安阳市委员会文史资料委员会. 安阳文史资料（第五辑）. 1990：83.

被包围在内，集中突围未果。张子重果断决定，由党员干部负责，分成若干小组，各自为战，分散突围，获得成功，极大地鼓舞了士气。印刷所虽然跳出包围圈，但是原地生产已不可能，因此进行了第二次大转移。

据时任所长魏仁斋回忆，第一印刷所由南乐地区转移到范县、濮县，住在马口、冯庄，只剩下1台机器和十几个人。刘震回忆，"扫荡"过后，"我们一所在范县采取更加分散隐蔽、各自为战的原则，划分若干小队，每队十多个人，包括印刷、裁切、运输、炊事、警卫等，都要各队包干负责。各队住一个村，队与队不发生横的联系。我和王之荣、周辉等同志为一个队，化名'五福堂'驻闰庄；赵庆堂、丁玉良等同志为一个队，化名'庆余堂'驻玉皇庙；刘杰三、汪化南等同志为一个队，驻马口村，化名记不清楚了。李林同志等负责完成分队，所部也另住一村。我们各队住在一村老百姓家里，属于'封闭式'的，白天不准出门上街，一切运输联系都在夜间进行。我们在村里住了将近一年，除房东和村干部知道外，一般老百姓不知道村里住着我们……在这样恶劣的工作条件下，每班工作都坚持在十小时以上。为了抓住敌"扫荡"的空隙，突击工作，两班基本上是黑白连轴转的，这种工作条件一直持续到抗日战争的胜利"[1]。

在敌人不断"扫荡"中，为了掩护印刷所的干部和职工，有的老乡认同志为自己的儿子，如驻范县马口村的保管员与房东的两个儿子一起被抓住，房东大娘认领了他们3个人。但敌人听保管员有河南加山西口音，只放了她两个儿子。房东大娘便说："他是俺娘家兄弟，他先到河南要饭，以后又下了山西，才回来，你不放他，我一个也不领"。结果保管员得救。还有的姑娘认同志为自己的"男人"，保护了不少干部和工人，保护了党的印刷力量。

9月，敌人进行"九·二七大扫荡"，以万余人的重兵分8路向濮阳、范县、观城中心地区进行"铁壁合围"，历时18天。根据地军民内线、外线配合作战，粉碎了敌人的疯狂进攻，印刷所各单位在反"扫荡"斗争中依靠人民群众的掩护，坚持在内地进行游击活动。

是年底，鲁西银行总行决定将印刷所重新分设，将范县地区的一部分石印、铅印迁移到内黄县"沙区"，组建为第一印刷所，所长魏仁斋，指导员刘文登，副指导员董超。在沙区，组织机构基本上维持在原来的分散状态，后来成立了一个鉴定股，由刘震负责。据魏仁斋回忆："1943年春，我们印刷所奉命分散工作，我带领百十个人到达内黄沙区。分驻卩固、顺河、七丈固、城布、元方等村。后勤部设在后河村，我住在元方村东头路北胡同内耿光起后院的地下室里。我们所用的纸张、染料等物品，均由冀鲁豫沙区敌工部和德兴隆商店供应。他们通过统战关系，从安阳敌占区购买。"[2]

1943年初，第一印刷所有3台石印机，2台铅印机，在沙区地下室生产。活动的村庄主要有刘庄、丁村、七丈固、顺河、城布、元方。开工不久，印刷所所部由丁村迁移到七丈固村。采购单位设在城布村，对外番号为"沙区运输组"，简称"沙运组"。钞票印好后，用大车押送到井店商店鲁西银行负责人住处。遇到敌人"扫荡"，就将印刷材料、产品埋在沙丘里。

这一年既有天灾又有人祸。天灾，发生了严重的旱灾，军民生活遇到了严重困难，以野菜、树叶、树皮充饥。鲁西银行一方面根据中央精神，实行"精兵简政"，少数老幼职工被精减，依靠地方就地安置；另一方面动员干部、职工开荒种地，开展生产自救，共渡难关。人祸，日伪军分春、秋两季对根据地实行"三光"政策，开展残酷的大"扫荡"，印刷所在地下生产和生活十分困难。银行干部、职工日夜两班不间断生产，成为能工、能农、能打仗的一支战斗队伍。

从1944年开始，国际、国内形势发生了重大变化。中、美、英三国发表了著名的《开罗宣

---

[1] 刘震. 我参加印钞工作的回忆［M］//中国人民银行金融研究所. 冀鲁豫边区金融史料选编（下册）. 北京：中国金融出版社，1989：631.

[2] 魏仁斋. 对抗战时期鲁西银行和冀南银行的回忆［M］//中国人民政治协商会议河南省安阳市委员会文史资料委员会. 安阳文史资料（第五辑），1990：83.

言》，确立了对日战后安排的基本准则；苏、美、英三国首脑在德黑兰开会商定了开辟欧洲第二战场、苏联参加对日作战等问题，整体战争形势推进顺利。在欧洲战场，德国节节败退；在太平洋战场，美军对日本的海空力量进行了毁灭性打击；在中国战场，广大军民进行着艰苦卓绝的斗争，歼灭了大量日伪军的有生力量，日军组织大规模"扫荡"越来越力不从心。日伪对濮县、范县、观城地区的"扫荡"逐渐减弱，抗日根据地日益巩固和扩大，鲁西银行印刷所的工作开展相对较顺利。

1945年初，印刷所由地下逐步转为地上，人员、设备不断增加，生产规模不断扩大。这一时期的票版，大都由刘杰三设计制作。

6月，第四印刷所并入第一印刷所，仍称第一印刷所，所长魏仁斋，指导员改为监委，由刘文登担任。主要印鲁西银行伍圆、贰拾圆等券别。

1946年1月1日，鲁西银行并入冀南银行，鲁西银行第一、第二印刷所分别由沙区、鄄北地区向清丰县集中，与其他印刷所在清丰县组建成冀南银行第二印刷厂。

> **第一印刷所历任所领导：**
>
> 1940年3月，刘导生任所长[①]；1940年4月，张震华任所长；1940年6月，魏仁斋任所长，张震华任政委兼党支部书记；1940年秋，魏仁斋任所长，倪孟海任副所长，周庆彬任指导员；1941年1月，魏仁斋任所长，仪华任副所长，李南山任指导员；1942年1月，魏仁斋任所长，张子重任政委，翟诚任指导员，仪华任副指导员；1942年底，魏仁斋任所长，刘文登任指导员，董超任副指导员；1945年6月，魏仁斋任所长，刘文登改任监委。

第二节　第二印刷所

1940年5月，鲁西银行第二印刷所在山东省东平县东平湖西段家村建立；所长倪孟海，指导员周庆彬，党支部书记仪华；设有石印队、铅印队、裁切检封队、警卫通讯班，共计30多人。因没有制版技术人员，印版由第一印刷所提供，印制无地名鲁西银行票。

8月，第二印刷所同第一印刷所在昆山县小许村（小徐那里）合并，称第一印刷所，所长魏仁斋、副所长倪孟海、指导员周庆彬。

是年秋，日军对原第二印刷所驻地的西段家村进行"扫荡"。印刷所所部立即部署一部分人拆卸机器，一部分人到郊外挖坑，2个小时便把机器、材料、钞票半成品埋好，人员撤到青纱帐里。"扫荡"过后，印刷所人员将所埋机器设备、印刷物资、生活用品挖出来，清点整理运回原驻地，继续坚持生产。

是年冬，敌人再次进行大"扫荡"，为有利于反"扫荡"斗争和印刷任务的完成，原第二印刷所人员、设备转移到小胡那里一带，将石印、铅印分两地进行生产。

1941年初，鲁西银行第一印刷所又分设为两个印刷所，第二印刷所所长张海涵，指导员翟诚。

是年冬，日伪军对鲁西抗日根据地进行大"扫荡"。因及时获得敌人"扫荡"的情报，印刷所人员迅速把机器原材料埋藏起来，人员分散转移，所有物资和人员都没有受到损失，取得了反"扫荡"的胜利。随着敌人"扫荡"越来越频繁，印刷所无法在昆山继续生产，不得不大搬家，于是两个印刷所经过长途跋涉于1942年初转移到了河南省南乐县。

到南乐以后，第一、第二印刷所合并为第一印刷所，所长魏仁斋，政委张子重，指导员翟诚，副指导员仪华。翟诚和仪华各带领一个组，搭建地下室，分散生产。翟诚带领刘震、刘杰三、丁玉

[①] 由于史料不足，书中历任所领导名单可能不全，其他各所均同。

良、汪化南、李林、孟坦负责的各生产单位，主要活动在范县的闫庄、朱堌堆、颜村铺、玉皇庙、邢楼、胡洼、马口村。印刷所的工人不论住在哪个村庄，都注重与当地老百姓搞好关系，住在老乡家里。仪华带领三四十名工人，有四五台石印机，住在柴庄东部一农户大院里。他们在院里挖了3间屋大小的地下室，点着煤油灯，不分昼夜地进行生产。在洞里工作一天或一夜，工人的脸上和鼻孔里熏的都是黑煤烟。

1942年4月，敌人再次进行空前残酷的大"扫荡"。得到情报后，仪华召集职工停止生产，用硝强水消除石版上的底板，埋死地下室洞口，划分若干小组分别突围。突出重围后，根据军区、行署首长指示，由仪华带领一个连的武装，返回原地打游击，一边收集印刷所失散人员，一边打击敌人保护机器。由于敌人的频繁"扫荡"，仪华带领部分人员转移到了鄄北、濮县中心地区，印刷所设在黄河两岸。鄄北印刷所的创建，开始是仪华负责，找地址，组建机构，配备人员。他们总结反"扫荡"经验，将印刷所进一步分散，目标缩小，生产单位与所部分开。石印一分为二，10余人为一个生产单位，每个单位住一个村庄。铅印为另一个独立单位，10余人。单位之间一般相距十几里，相互不准往来。

印刷所住地不固定，视情况变化随时转移。为安全起见，地下室规模进一步缩小，面积为一间屋大小，一般挖三四米深，架上木梁，柴草盖顶，加一层厚土，看上去如同平地，保密性更强。出入口设在民房内，在屋里挖一个直上直下的洞口，再挖一条横的隧道直通地下室，如遇敌情即将洞口封死，敌人走后打开洞口继续生产。印刷所有会计2人，管理员2人，另有炊事员、通讯员兼警卫员。所领导和十几个管理、通讯、会计人员负责与当地党、政、军机关和上级行领导联系，赵荣轩、闫子荣、房重千、魏寿荣等主持各生产单位的工作。为了保密，迷惑敌人，印刷所起了个番号叫"采买股"，刻有印章，并使用过。

鄄城县位于山东省菏泽市西北部，1938年6月起在杏花岗三官庙等地建立了多个党支部；9月，中共鄄城县委在陈刘庄成立，隶属鲁西区党委第七地委。鄄城县党组织建立以后，开展抗日宣传，建立抗日武装。1940年3月，日军侵占鄄城，并在鄄城建立了伪政权，中共鄄城县委、县政府撤至鄄北农村，创建了鄄北抗日根据地，领导人民开展敌后游击战争。鄄北和濮县、范县接壤，鄄北根据地和冀鲁豫根据地的濮范观中心区连成一片，成为中心区的南大门。鄄北属于黄河滩区，位置偏僻，群众基础扎实，民兵联防搞得好。印刷所驻地距离南面的敌人只有二十九里，如有敌情，及时与鄄城县委、野战军七团联系，保障了印钞工作的顺利开展。

9月，敌人以万余重兵，分8路向濮（县）、范（县）、观（城）中心地区进行"铁壁合围"式大"扫荡"，妄图消灭冀鲁豫区领导机关和主力部队。八路军内、外线配合作战，粉碎了敌人的疯狂进攻。印刷所各单位在反"扫荡"斗争中，各自为战，取得了反"扫荡"的胜利，并迅速恢复了生产。在此次"扫荡"中，仪华突围时遇到敌人盘查，危急时刻，王满村一位老大娘大声喊："浑小子，你不管娘了，赶紧回来！"汉奸怀疑仪华是八路军，便拷打老大娘，但她一口咬定仪华是她儿子，最终仪华获救，这充分说明了鲁西银行与群众之间的鱼水深情。

年底，鲁西银行决定将印刷所分开，重新组建第一、第二印刷所。以活动于濮县、鄄北地区的人员和设备为主组建第二印刷所，所长翟诚，指导员仪华。

1943年初，翟诚调鲁西银行总行工作，第二印刷所所长由麻佩三继任、副所长王真、指导员仪华。第二印刷所主要活动在鄄北的李进士堂一带，根据安全形势的变化，先后转移过十几个村庄。

1943年，鲁西银行加快了货币的统一工作。2月1日，《冀鲁豫区统一市场货币暂行实施办法》修订颁布，3月29日，工商局、银行合署办公，开始用行政力量保证鲁西币发行和币值稳定。一方面，印刷所加大了鲁西银行货币的生产力度，逐步印发大面额票币确保市场货币供应；另一方面，加大宣传和组织兑换工作力度，努力把国民党中央票、日伪政府票驱离出境，逐渐由鲁西银行货

2016年12月采访鄄城县马桥村原印刷所房东冯延惠老人

币取而代之。到秋天，终于排除了法币，肃清了伪币，建立了统一的抗钞市场，使鲁西银行货币成了辖区市场流通的唯一货币。据房重千回忆，"二所除在1942年'九·二七大扫荡'前曾有两三个生产队（组）在濮、范两县境内活动过之外，都一直在鄄城县北部的黄河以南地区活动，未再进行远距离转移"①。

是年秋，敌人又开始了铁壁合围式的大"扫荡"，印刷所大部分职工由领导干部带队，及时跳出了敌人的合围圈，分散转移到根据地边沿地区，依靠群众隐蔽了起来。"鲁西银行行长张廉方、监委韩哲一，指定翟诚带领二所制版技师丁玉良、赵荣轩、工人张美清等坚持在内地一小村地下室制作原版，敌人不进村不准停产，完成任务后再转移外线。敌人骑兵、汽车向中心地区合击时，仍坚持岗位，完成任务后才安全转移"②。

1944年，抗日战争仍处于艰苦时期，敌人大搞"三光"政策，对解放区进行反复"扫荡"，加上天灾，冀鲁豫一带人民处于水深火热之中。据仪维艮回忆，第二印刷所的任务是保证鲁西部队和政府财政供给，由于鲁西银行印刷发行了自己的钞票，军队得到了及时供给。同时，由于钞票信用好又稳定，大大抵制了伪币的流通，使群众减轻或免受了通货膨胀之苦。

在黄河滩区，挖地道建地下室同样十分危险，河滩下面是沙土层，容易坍塌。所以，也有流血牺牲。有一次地道严重塌方，5位同志被压在下面，只有一名叫张春友的被救活，解放后到张家口银行工作。印刷所人员夜里在地下室工作，白天轮流休息，不休息的帮助群众干活，有时还演戏、唱歌、扭秧歌。有文化的到村里刷标语、画漫画，印刷所简直成了宣传队。当时，第二印刷所行政编制是所长麻佩三，指导员仪华。下设三个股、两个队。保卫股股长李明，带领一个警卫排；后勤股也叫管理股，股长郑洪彬；财务股股长姓段，会计魏春如。设立一个石印队，一个铅印队。

8月，冀鲁豫八分区部队等共计5万人于郓城、鄄城接合部发起讨伐郓城县伪县长刘本功的战役，攻克伪据点37处，解放村庄600多个，鄄北、鄄东伪据点一扫而光，鄄北斗争形势发生了根本好转；印刷所也趁机扩大规模，加快生产。据资料记载，第二印刷所所部驻过田楼等村庄，石印队曾在盐店、尖谷堆、陈庄、张苏楼、石楼等村活动；铅印队在魏庄、八孔桥、冯庄等村活动。第二印刷所在鄄北一带除生产原来的产品外，又增印了枣红伍角、青豆色贰圆券。

1945年1月，第三印刷所迁至鄄北田楼村并入第二印刷所，裁切合并到铅印组，各小组改称为生产队。原三所一、二队合并为第一生产队，队长康新魁（康新奎）；原两所的铅印、检封合并为第二生产队，队长房重千；原二所印刷队为第三生产队，队长丁玉良。两所合并后，生产规模扩大，所部健全了财会、统计制度，生产队建立了保管组、制版组、总务组，并建立了相应的管理制度。在此期间，"续印制了鲁西银行伍圆、拾圆、伍拾圆、壹佰圆等券种"③。

8月，鲁西北印刷所一部分并入第二印刷所，麻佩三、仪华调走，所长由白文普继任，副所长王真，监委翟诚。石印部分组建2个队，一队队长丁玉良，二队队长康新奎；铅印1个队，队长房重

---

① 房重千. 鲁西银行印刷所的一部分历史情况［M］//武博山主编. 回忆冀南银行九年. 北京：中国金融出版社，1993：637.
② 翟诚. 忆鲁西银行印钞厂的创建与发展［M］//武博山主编. 回忆冀南银行九年. 北京：中国金融出版社，1993：669.
③ 马贵斌等. 中国印钞通史［M］. 西安：陕西人民出版社，2015：253.

2016年12月采访鄄城县田楼村彭济浮老人

2018年6月鄄城县田楼村印刷所旧址

千;共有10余台石印机,4台铅印机,200多名职工。

印刷所在鄄北工作期间,得到了广大群众的热情支持和大力帮助。据原第二印刷所负责人仪华在《忆战火中鲁西银行》中回忆:无论住在哪个村庄,群众都是主动支持和大力帮助。在田楼西小张庄挖地道时,房东老四抽时帮助挖土,不怕担风险,把修地道当成自己的事,不取分文报酬。1943年敌人大"扫荡"时,女干部贾全锡因为大脚短发在农村不容易隐蔽,东仪楼民兵主动用独轮车连夜将她送到安全的地方隐蔽起来,敌人"扫荡"过后返回解放区工作。这年冬天,区助理员王金玉利用敌人"扫荡"时后方空虚之机,把第二印刷所的五六名技术工人送到敌占区某村的一个绅士家隐蔽起来,"扫荡"过后安全返回工作岗位。

1945年底,第二印刷所由鄄城迁到清丰县大辛庄车子营,石印部分重新组建第二印刷所,所长王真,副所长刘杰三;铅印、裁切、检封部分合并到第二印钞厂鉴定科。1946年1月1日,第二印刷所搬到清丰县西关,与鲁西银行其他印刷所、冀南银行路东印刷所一起组建为冀南银行第二印刷厂。

2016年起,菏泽市钱币学会组织孟宪彦、李庆锁、邵春生、陈雷等专家和工作人员,先后多次赴鄄城对第二印刷所在鄄北的情况进行调查,通过大量的走访与史料考证,取得了较大的收获,发现了3处鲁西银行印钞点,确认了一些印刷所的历史史实。基本情况如下。

鄄城县马桥村印钞点:该村原坐落于鄄北黄河南岸滩区,20世纪90年代整体搬迁到黄河堤外。据87岁的原印刷所房东冯延惠老人介绍,在黄河滩区,每户的房子都建在高高的土台上。1942年左右,银行就是借助他家东面的土坑建了一个地下室,面积约2间屋大小,2米多高,出入口在东边邻居的西屋里。后来形势好转,印钞搬到了地上冯延惠家的堂屋里。老人说,为保密起见,当时印刷所对外称"采买股"。印刷所工作人员有十几个人,平时都穿着便衣,白天休息,晚上在地下室印票子。印钞的机器是用脚蹬的,工作时机器声音比较大,在外面就能听见。晚上,他们把在田楼村印好的票子拉过来,在马桥村打号码、盖章,打捆封装后用马车拉走。对印废的票子,就用来烧水,每次烧票子,都由领导亲自监督。冯延惠老人说,印刷所的人他都认识,负责人姓房,大家都叫他房股长,其他人员有李刚、陈鼎武等。有一个小张,与冯延惠老人的亲戚、邻村田楼姓殷的姑娘结了婚。

从冯延惠老人的叙述可以看出,驻扎在马桥村的为鲁西银行第二印刷所的铅印队。从人员看,老人提到的"房股长",就是房重千。1940年7月,房重千调鲁西银行印刷所工作,1942年4月转移到鄄北一带,长期在鄄北工作并任铅印队队长,负责钞票印号码、盖章,是印钞工作的最后一道工序。鉴于当时的安全形势,为保密起见,第二印刷所在鄄北一带对外称"采买股",所以冯延惠称他为"采买股"股长,解放后调中国人民银行总行工作。从设备看,老人提到当时在他家"印钞的机器是用脚蹬的",也充分说明马桥村驻扎的是铅印队,"脚蹬子"就是铅印中的圆盘印刷机。

印刷所在马桥村持续两三年时间,从来没有被敌人搜查骚扰过。由于村庄整体搬迁,原来的印刷所旧址现在已变成一片茫茫的庄稼地。

鄄城县田楼村印钞点:据田楼村85岁的彭济浮老人介绍,抗日战争时期,鲁西银行曾在田楼村印过钞票。之所以选择田楼村,主要因为这里地处山东、河北、河南三省交界处,位置偏僻,群众基础好,日伪军驻地离这里较远,西面邻村有张方团长带领的野战军七团,相对比较安全。据资料记载,除鲁西银行印刷所外,田楼村西七八里处边庄有冀鲁豫日报社,南三里芝麻刘庄有冀鲁豫边区第一抗日中学等,万里等领导也曾在田楼村居住过。

据彭济浮老人介绍,银行印刷所设在该村彭广谱家,他家院子大又没有人居住,银行的人来到后就在他家院子里搭建了一个地下室,地道从地下室通到屋子里面。印刷所大约20人,在田楼村住了3年多,自己养鸡磨面,自己做饭,印钞机白天黑夜连轴转。在田楼村只印大张钞票,印好后运到别的村去盖章。后来形势好转,印刷所由地下室搬到地上的房子里。当时房子里存有汽油、煤油、油墨等,一天夜里工作人员给灯添油,错将汽油当作煤油,发生了一场火灾。

让老人印象最深刻的是张家三兄弟,彭济浮老人提到的张新胜,正是马桥村冯延惠老人讲的"小张"。他的二弟张新林、三弟张新民也跟大哥一起到鄄北从事革命工作,张新林也娶了田楼的姑

2016年12月采访鄄城县周李庄原印刷所房东李景才老人

2016年12月鄄城县周李庄印刷所旧址

鄄城县李进士堂鲁西银行纪念碑

娘，中华人民共和国成立后定居在本村，早已去世。印刷所离开田楼时，曾留下了一个坏掉的印钞机架子，解放后没有了。当年田楼印刷所的旧址，现在已成为一片荒芜的洼地。

鄄城县周李庄印钞点：据88岁的原印刷所房东李景才老人介绍，周李庄是鄄城县李进士堂镇的一个小村子，早年村里仅一百多口人。他家有东、西毗邻两处院子，抗日战争时期西面院子里盖有堂屋和东屋，东面是一个空院子。银行地下室就建在东院，出口在西院的东屋里。因为两院相邻，为探视方便，在东屋的东墙上开了个窗户。尽管当年的房屋和院子都已经翻建，但是现在的东墙仍保留了当时的风格，在中间留了一个窗户，这也是他家院子的独特之处，在当地农村是绝无仅有的。地下室约有两间屋大小，印刷所有十几个人，配有盒子（手枪）。工作人员晚上在地下室工作，白天在别的地方休息，印好的票子装进布袋里，用小推车送到南面村庄。对印废的票子，就烧掉了。印刷所在李景才家两三年时间，一直比较安全。印刷所搬走时，老人亲眼看见工作人员从他家里抬出机器和有关物品。

2016年10月，鄄城县审计局徐文成与鄄城县003通讯器材公司史得胜总经理得知李景才家曾设有鲁西银行印刷所，自费在李进士堂周李庄村口立了一块"冀鲁豫边区鲁西银行旧址"纪念碑，以表敬仰和纪念。

> **第二印刷所历任所领导：**
>
> 1940年5月，倪孟海任所长，周庆彬任指导员，仪华任党支部书记；1941年初，张海涵任所长，翟诚任指导员；1942年底，翟诚任所长，仪华任指导员；1943年初，麻佩三任所长，王真任副所长，仪华任指导员；1945年8月，白文普任所长，王真任副所长，翟诚任监委；1945年底，王真任所长，刘杰三任副所长。

第三节　第三印刷所

1941年7月，为统一对敌斗争力量，小冀鲁豫区与鲁西区合并，成立冀鲁豫行政专员公署之后，鲁西银行开始在鲁西北地区筹建第三印刷所。"宋挺捷领导的鲁西北抗敌日报社印刷所，奉命从冠县搬到莘县大王寨镇尧头村集中，由印报改印钞。宋挺捷等人负责选择地址，搭建地下室；李荣华等负责筹集粮秣、给养和印刷材料。"[①]

9月，鲁西银行行长张廉方，召集冀南银行冀鲁豫办事处印刷所负责人王真、王凌霄和王素芝等，商谈组建印刷所事宜；决定冀南银行冀鲁豫办事处印刷所由河南省内黄县迁到山东省莘县尧头村，与宋挺捷领导的鲁西北抗敌日报社印刷所合并，正式组建鲁西银行第三印刷所，王真任所长，宋挺捷任副所长，李南山任指导员，王凌霄任副指导员。所部设采购、粮秣、会计、管理等。为了印刷所的安全，从部队调来警卫战士，组成警卫通讯班。所部驻余庄村，后迁到杨庄村，主要负责对外联系、采购原材料等。印刷所设两个队，印刷队和印码检封队。他们平时在地下室生产，需要在地面进行活动的，一律夜间进行。

据聊城市钱币学会调查，第三印刷所在尧头村称"一队"，有3台小石印机，陈子恒、康新奎任正、副队长，在尧头村李治业家的院内挖了一个4米多深的地下室，用砖砌成顶梁柱，建了一个既坚固又保密的地下工厂。印码检封队驻田六村（也有称"田楼"或"田庄"的），称"二队"，有1台铅印机，赵侠、王鼎甫任正、副队长，在田六村商玉海家的院内，地下室四米见方，盖好后在

---

① 马贵斌，张树栋. 中国印钞通史[M]. 西安：陕西人民出版社，2015：252.

上面种上东西。商玉海的大嫂赵金梅就在该队工作，最后在天津工商银行离休。印刷所对外先称"冀鲁豫边区转运站"，后改称"民运工作队"。

第三印刷所从成立之日起就处在极端困难的环境里，一村一机，在地下室秘密生产，离敌人据点只有几十华里，干部、职工着农装、配武器，平时生产，战时自卫。因地处贫困地区，衣食生活十分困难，初在山东省莘县尧头村生产，后又转移到田六、邢町、冠县白杨堡、南乐三区等地生产。据王奉镇邢町村王金柱（86岁）、陈爱民（87岁）等5位老人回忆：邢町村印刷所是从尧头村转移过来的，地下室设在温章锁家，地下室入口在北屋南面的窗下，出口在温家西北坟地，地下通道200多米。印刷所职工20人左右，在这里活动了两三年的时间。当时，日伪军经常来"扫荡"，该所曾经丢失一块印版，下落不明。这里群众觉悟较高，对敌斗争旗帜鲜明。据老人说，这里曾经一个坑就埋过27个汉奸，称"27汉奸坑"。

1941年冬，冀南银行太行一厂三所陈子恒回原籍山东堂邑探亲，留在鲁西银行第三印刷所协助工作，印制无地名鲁西银行券。陈子恒、康新奎共同设计了鲁西银行贰圆券，康新奎设计正面，陈子恒设计背面，印出票样，经领导审批后，投产印刷。

1942年1月初，鲁西银行行长张廉方等人来到第三印刷所，随张廉方来的有会计科长古采甫、总务科长王素芝等人，住在鲁西北闫庄附近几个小村。王素芝、段周德两人的主要任务是帮助第三印刷所会计殷汝章、么子和核查会计收支相差500元事宜，查了半个月左右，结果是账目记错。不久，日军对根据地实行"蚕食"政策，冀鲁豫平原被分割成几小块根据地，于是，第三印刷所由山东省莘县转移到河南省南乐县二、三区根据地东节村一带。因周围二三十里都是敌占区，印刷所被分割，随时有被敌人包围攻击的危险，为了防止印刷所暴露，平时对职工进行了严格的保密教育，

2015年9月莘县尧头村印刷所旧址

2015年9月莘县田六村印刷所旧址

2015年9月莘县邢町村印刷所旧址合影

物资的运送、转移、坚壁都在夜间进行。印刷所在东节村一带住了大约3个月，没有进行生产。

4月，日军对第三印刷所所在地南乐县进行"四三大扫荡"，第三印刷所又从南乐县返回到山东省莘县尧头村。当时的领导人有王真、宋挺捷、王素芝，技术人员有康新奎、王继增、刘洪举、陈子恒，职工有唐恩普、唐改兴、杨耀华、李承周等。在反"扫荡"转移时，他们把原材料存放在南乐县的三区谷家庙和宋村。虽然该区变成了敌占区，但由于保密工作做得好，原材料并没有受到损失。5月，派康新奎等去南乐谷家庙和宋村把原材料运回莘县尧头村。第三印刷所的施立开在南乐三区被俘，被送到东北煤矿挖煤，时间长达2年之久，不仅未向敌人泄密，而且历经千辛万苦，最后回到工作岗位。第三印刷所扈金兰、刘尚轩等为党的金融事业壮烈牺牲。

那时上下级关系比较密切，领导干部和行政管理人员经常不分昼夜到各生产点参加劳动，指导工作。特别是对工人的生活和安全极为关心，生活上工人全部吃细粮，干部吃小米和杂粮；安全上干部不顾个人安危，保护工人，关心工人。李承周讲述了一个真实的故事，在1942年的一次"扫荡"中，其他职工都进行了转移，只有工人程振兴坚决不转移，虽然所长王真一再劝说，仍然不走，躺倒床上蒙头大睡。在这危险的情况下，王真没有考虑个人的安危丢下程振兴一走了事，而是坐在床边耐心等待程振兴醒来。事后程振兴说："这次我真的不想跑了，如果敌人真的来到，我就和他们拼了……我睡着以后，王真同志在我床前等我，光吸的烟灰就磕了一大堆，人家领导这样对咱关心，使我非常感动，没等再说，我就和他一块来了。"①

6月，所长王真到莘县田六村铅印队检查工作，当夜敌人包围了村庄，情况十分危急。王真指挥全体干部职工把成品、半成品坚壁好，组织30多名职工分三批突围，第一批是十五六岁的检封员，其中，有两人在突围时被敌人抓住，从他们身上搜出6张抗币，被打了两巴掌放了。第二批是青壮年，有战斗经验，都佩长短枪和手榴弹，顺利突围。第三批由王真带领，在敌人换岗空隙安全转移。

7月，第三印刷所把原来两个队分成四队一组，印刷三个队、铅印一个队、裁切一个组，各队之间互不来往，绝对保密。每个队配备4名警卫及炊事人员，配备4把手枪，每人4颗手榴弹。一队队长陈子恒，事务长王新春，职工16人，1台机器，驻莘县王奉邢町村；二队队长王继增，职工11人，1台机器，驻夏庄；三队队长康新奎，兼制版，职工16人，1台机器，驻苗头村；四队队长赵侠，1台机器，驻尧头村；裁切组驻余庄村。8月，印制鲁西银行贰圆券。印刷所在当地党政领导下，紧密依靠群众，战胜了各种困难，坚持生产，圆满地完成了印制任务。

是年冬，第三印刷所调整为3个队，每个队都有一台石印机，一台铅印机，可以印制成品。印刷所所部住在石固村，以后转移到北王奉村和东四上村。为了对付日本鬼子"扫荡"，印钞点都设在地下，一般距地面五尺深，用小煤油灯照明，一天工作十几个小时，两班倒，人休机不停。据李永德回忆，"钞票印刷要经过三道石印，一道铅印。铅印是加盖经理章和打号码。这四道工序完成后，进行封包。100小张为一小捆，1 000张为一大捆。捆好后，贴上封签，封皮上写明票面卷（券）别、张数、金额、日期。我初到印刷所时，印鲁西银行伍圆券，以后又印贰拾圆券"②。

这年冬天，第三印刷所的主要干部实行了大换班。王真调鲁西银行第二印刷所任副所长，王凌霄调第四印刷所任指导员。刘同文、陈涛、王三耀调到三所任领导职务，刘同文接任所长，陈涛接任指导员。他们到达之后，在第一次职工大会上，王三耀讲了工人的三大特点：吃点好的，穿点好的，钱多多的。这次大会以后，结果引起了工人的强烈不满，特别对新任领导的工作和生活作风深

---

① 李承周. 鲁西北三所和鲁西南四所印钞工作的回忆［M］// 中国人民银行金融研究所，中国人民银行山东省分行金融研究所. 冀鲁豫边区金融史料选编（下册）. 北京：中国金融出版社，1989：649.
② 李永德. 回忆鲁西银行的印钞工作［M］// 武博山. 回忆冀南银行九年. 北京：中国金融出版社，1993：686.

感不满，曾向张廉方行长建议调整三所领导班子。1943年正月十五晚上，接连下了几天大雪，日军开始冬季大"扫荡"，第三印刷所被迫打游击。

7月，李承周、刘洪举、李荣华、李成阶由第三印刷所调到第四印刷所工作。据李承周回忆，他在三所工作将近两年，曾在安上（尚）、夏庄、小寺上住过，在陈子恒的领导下，技术上有很大进步，从一块版印制五六百至七八百印，提高到四五千印，大干时达到万印以上。

10月上旬，第三印刷所奉命埋好器材和钞票到南乐县谷家财丈村打游击，游击过程中得到群众的支持和掩护。同月，所长刘同文、指导员陈涛因贪污、腐化被撤职查处。于是，印刷所暂时由冀南银行路东发行处代管。鲁西北划归冀南区以后，冀南银行路东印刷所从河南范县北杨铺转移到鲁西北王奉。

1943年12月，第三印刷所奉命从鲁西北王奉绕过敌人据点，经山东、河北行程100多公里，又回到河南省范县北杨铺。在北杨铺重新组成第三印刷所领导班子，王真从鲁西银行二所调回任所长，翟诚任指导员，所部设在范县北杨铺。一队、三队合并为一队，康新奎任队长；二队王继增任队长；原四队改为三队，王鼎甫任队长。

1945年1月，第三印刷所迁至鄄北田楼，合并到第二印刷所，此后，印刷所从地下转到了地上生产。

2015年9月15日，聊城市钱币学会根据山东省钱币学会的安排，组织相关专家周传芳、秦伟、张昊、金庆友，对第三印刷所在莘县的各印刷旧址及其情况进行了调查，寻找驻地旧址，走访知情老人，收获很大。一是通过这次调查，以正视听。有很多史料书籍把设在莘县第三印刷所驻地村名记混了，甚至错了，如莘县王奉镇田六村，有的书把"六"混为"楼"，田六称田楼，音相近，字不同，是没有实地调查造成的；莘县王奉镇邢町村，有的书把"町"错为"滩"，町与滩，音不近，字不同，把"邢町"写成"邢滩"，完全是张冠李戴。二是获得了第一手珍贵资料。对第三印刷所在莘县各印刷旧址进行了查证拍照，与知情老人进行座谈记录，资料十分珍贵，有的还填补了空白。

> **第三印刷所历任领导：**
>
> 1941年9月，王真任所长，宋挺捷任副所长，李南山任指导员，王凌霄任副指导员；1942年底，刘同文任所长，陈涛任指导员；1943年12月，王真任所长，翟诚任指导员。

第四节　第四印刷所

第四印刷所，又称鲁西南印刷所、鲁西南第四印刷所，由冀鲁豫第七专署财政科与鲁西银行于1942年夏开始筹建，年底在山东省菏泽县城南白寨村正式建立。

曹县、菏泽、东明交界一带，地理位置重要。东有津浦铁路，西有平汉铁路，南有陇海铁路，北靠黄河，是鲁西南革命老根据地，群众基础较好。当时周围城市均被日伪军占领，鲁西南抗日根据地活动范围不大，活动的中心是菏泽县的安陵集一带。早在1929年7月，孔庆嘉、曾广山等就在曹县建立了党支部，传播革命思想，从事革命活动。1930年夏，秘密筹建共青团鲁西南特支，建立农民协会，准备武装暴动。

1937年11月，中共鲁西南工委建立，在鲁西南工委指导下，建立了中共曹县工委，沈建华任书记，王建民任组织部长，袁复荣任宣传部长，后改为曹县县委。1938年9月，在中共曹县县委的领导下，成立了鲁西南抗日救国会，广泛发动群众，组织农民武装。1939年7月，中共鲁西南地委在曹县西北刘岗村建立，戴晓东任书记，王健民任组织部长，袁复荣任宣传部长，宋励华任军事部长，刘齐滨任统战部长，于子元任民运部长。鲁西南地委领导曹县、菏泽、定陶、考城、民权等县党组织。1940年4月，鲁西南地委改称冀鲁豫区党委第三地委，戴晓东任书记；后改为第五地委。1941年5月，冀鲁豫第三专员公署和第三军分区建立，刘齐滨任专员，张耀汉任军区司令员。1941年8月，第三专员公署改为晋冀鲁豫边区第二十二专员公署；12月，又改为第二十专员公署。

1942年4月，刘齐滨病逝，袁复荣接任专员。这一阶段，根据地不断扩大和巩固，鲁西南根据地的减租减息运动也轰轰烈烈地开展起来，群众运动高涨，根据地形势相对稳定。为配合根据地的革命活动，有效地开展对敌经济和货币斗争，区党委和行署决定在鲁西南建立鲁西银行第四印刷所。在行署财政处华夫处长、鲁西银行张廉方行长的指导下，在地委、专署的大力支持下，首先确定由专署财政科负责筹划，确定筹办人员，开始由财政科王子平负责，后由张海涵负责筹办。

第四印刷所是白手起家建立起来的一个印刷所：

一无机器设备和技术人员。1942年夏，鲁西南专署财政科科长王子平、副科长兼鲁西银行鲁西南办事处主任张太和与张海涵等，动员东明县石印馆袁子涛、袁万启父子，携带自己的1台石印机参加了革命。菏泽县青丘区区长王立斋，动员菏泽县城的贾相崑、贾贵良父子，携带自己的2台较好的石印机和部分印刷材料，来到鲁西南抗日根据地参加了革命，贾相崑的母亲及爱人也全部跟随到根据地。年底，鲁西银行派第二印刷所的石印技师闫子荣带1台石印机，铅印技师李子波带1台铅印机来到鲁西南；在机器设备、人员和印刷材料全部备齐后，第四印刷所在山东菏泽县城南白寨村正式建立。

二无安全地址。当时，日伪军不断进行"扫荡"，印刷所选址至关重要。为了能在敌人经常出来"扫荡""清剿"的情况下，找一块比较安全的地方搞生产，确定了选址的条件：村庄小，人口不复杂；地理位置偏僻，不常有人来往；群众基础好，党支部坚强有力。在符合以上条件的村庄设点搭建地下室。起初印刷所所部驻菏泽县城南白寨村，石印组曾设在田海村、肖寨村，铅印组在马付村。由于日伪军"扫荡"，印刷所转移了十多次，先后在田海、朱庄、吴庄、杨小湖、马庄、向庄、大傅庄、张堂等40多个村庄活动，建有地下室的村庄有20多个。所到之处做到不留痕迹，不露声音，严格保密。虽然印刷工人在黑暗的地下室工作，在煤油灯下和浓烟中劳动，但从来不叫苦、不喊累。所领导经常在深夜和工人在一起生产，组织工人学文化、学理论，开展小型文艺活动，丰富职工文化生活。每月进行工作总结，评选劳动模范，鼓舞职工的劳动热情。由于在敌人封锁中搞生产，印刷所人员需要时刻提高警惕，以防敌人"扫荡"。除对全所人员进行反"扫荡"教育外，在工作上一律实行战斗化管理，说干就干，说散就散，人员分工编组，有事时及时疏散到安全地带。在物资上，分散保管，做到面广量小，关系可靠，保密性强，不易被敌识破。

三无原材物料。在当时严峻的形势下，印钞材料的供应是一个难题。印刷用的原材物料规格复杂，品种众多。为解决这个问题，由分行及四个公营商店采购供应。由于所用的原材物料全靠敌占区采购，敌人又对这些物资严格控制，不准外出，因此，采购难度很大。材料的来源主要有菏泽城、济宁市、曹县、商丘、开封等地。采购的方法：一是利用敌伪关系购买；二是利用私商关系高价购买，使商人有利可图；三是以物易物，如用棉花、土布等交换。其中，与私商建立关系收买数量居多。特别是公营商店，在物资采购上冒着极大的风险。据任文仲《在鲁西银行商店》记载："在战争环境下办商业，在商店物资存储方面是有不少困难的……商店的物资大部分存放在群众家中，群众也乐于保护。在敌人'扫荡'期间，群众对商店的物资，像保护自己的粮食一样进行'坚壁清野'，妥善保存，所以我们商店的物资很少损失。"[1]武装交通班每夜都出来运原料及成品，送材料和

---

[1] 任文仲. 在鲁西银行商店[M]//武博山. 回忆冀南银行九年. 北京：中国金融出版社，1993：429.

信件，不管刮风下雨，天黑路滑，都及时完成各自的任务。领导不分昼夜到几个地下室检查布置工作，有时和交通员一块执行任务。

1942年底，鲁西银行第四印刷所正式成立，杨明义任所长，王凌霄任指导员，印刷所所部有会计、材料、粮秣、管理股和警卫班，对外称"冀鲁豫行署第七专署转运站"。起初在菏泽县城南田海村搭建地下室，安装机器设备，于1943年初正式生产。根据抗日根据地本币实行战略区分区管理的要求，印制了加"鲁西南"字样的鲁西银行货币。"最初印刷鲁西银行蓝色壹角券、贰角券，票面上印有'鲁西南'三个字。以后印鲁西银行伍圆、贰圆、壹圆、伍角券"①。据调查考证，鲁西银行加"鲁西南"字样的货币有伍角、壹圆两种券别。

由于初期钞票纸张质量不好，容易破碎。为解决这一问题，他们经常向群众宣传爱护货币，在各大集市设立烂票兑换所，根据票面破损的程度折价兑换。为防止假票，预先把发行的货币票样张贴于市，并发给有关部门，以便识别真假。

1943年仍然是形势比较严峻的一年，鲁西银行印刷所也在敌人一次次的"扫荡"中边战斗、边生产。同时，不断加大货币印刷和投放力度，逐步把国民党的中央票、日伪政府票驱离出去，使鲁西银行货币逐渐成为全区市场流通的唯一货币，从而奠定了根据地对敌斗争的经济基础，促进了根据地物价稳定和经济发展。由于任务增加，人员也随之增加。7月，李承周、刘洪举、李荣华、李成阶同时从三所调入四所，又先后从地委、专署勤务员、专署民教科宣传队抽出一部分人，还从地方党组织抽出一部分党员和积极分子当学徒、警卫和交通员。

本年9月底到10月初，日伪军对鲁西南根据地进行大"扫荡"。这次"扫荡"敌人集合了1万多兵力、800辆汽车，从四面向根据地围剿，时间达10天之久，所有的村庄都被敌人清洗了，所到之处，杀人放火，奸淫掳掠，惨状难忍。这是敌人所谓"铁壁合围"规模最大、时间最长、摧毁最惨的一次"扫荡"。10月4日起，日伪军对曹县西北鲁西南中心区进行"扫荡"。当时，鲁西银行印刷所所部就住在曹县韩集区马庄，地下室设在杨小湖和附近两个村庄，已拥有石印机3部、铅印机1部，干部职工30多人。"扫荡"的头一天，印刷所除留下杨明义所长、葛扬三交通员外，其余全部分散到边沿地区，有几位技术高的老工人被送到敌区有关系的地方隐蔽起来。据李承周回忆：在这次"扫荡"中，何友三、王彦坤被敌人俘去，"何友三同志被残酷拷打，灌凉水，压杠子，几乎丧命，虽然受尽折磨，却未向敌人泄露任何机密。王彦坤同志在夜间敌人包围村庄时被俘，当即在他的臀部扎了一刺刀"，然后又推进井里用砖头砸，但没有砸死，"三天之后，我和李荣华在夏营村见到了他，由于失血过多，面貌大变，虽然他喊我数声，我两个却不敢认他，走到他面前，才认出是他。在大'扫荡'中，群众很难分清敌我，在那样的情况下，经常找不到饭吃，故此给生活带来了困难。王彦坤同志虽然多处负伤，体力没有恢复，仍要回家去背粮食（他家系天爷庙王庄，离夏营村十多里）"②。杨小湖村地下印钞室在这次"扫荡"中遭到严重破坏，票版被掠走。当时，在杨小湖村印刷的是加"鲁西南"地名的绿色壹圆券。"扫荡"过后，全所人员很快又集合起来，转移村庄，恢复生产。

大"扫荡"后，第四印刷所指导员王凌霄到第三印刷所取贰圆票版，返回四所途中在鄄城一村庄同敌人遭遇，他为保护一路同行的两个同志和票版安全，只身一人持枪走在前面，不幸中弹牺牲。这是第四印刷所的重大损失，随后鲁西银行又派申守银到第四印刷所任指导员。

1944年春，杨明义调走，申守银调回军区卫生院，刘文登接任所长，伊党任指导员，刘景禹任副指导员。之后，伊党调离，刘景禹任指导员。这一时期，第四印刷所有了较大的发展，下设会计

---

① 《中国革命根据地印钞造币简史》编纂委员会. 中国革命根据地印钞造币简史［M］. 北京：中国金融出版社，1996：116.
② 李承周. 鲁西北三所和鲁西南四所印钞工作的回忆［M］// 中国人民银行金融研究所，中国人民银行山东省分行金融研究所. 冀鲁豫边区金融史料选编（下册），北京：中国金融出版社，1989：653.

股、材料股、粮秣股、管理股和通讯班。所部工作人员20多人，下属2个石印股、1个铅印股。陈子恒领导1个石印股，职工17人，石印机四五台，驻曹县牛屯村，后转移到张家、范庄等地；闫子荣领导1个石印股，职工13人，石印机三四台，驻地先后在田海村、范庄等地；李子波领导铅印股，职工13人，铅印机三四台，先后在杨小湖、郭寨等地生产。

1945年春，石印机发展到七八台，铅印机三台，人员六七十人。6月，抗日战争形势大好，第四印刷所奉命由山东曹县经300多华里长途跋涉，迁移到河南省内黄县七丈固村，并入第一印刷所。

2016年春至2018年9月，菏泽市钱币学会组织孟宪彦、李庆锁、陈雷、冯波等专家和工作人员，先后4次赴曹县等地对第四印刷所的情况进行调查，通过大量的走访与史料考证，取得了重要收获，发现4处鲁西银行印钞点，1块印刷所使用的压板石，1张印刷所使用过的桌子，2张鲁西银行的珍贵票样，了解和确认了一些有关第四印刷所的历史事实。基本情况如下：

曹县大傅庄印钞点。曹县韩集镇大傅庄村，地处鲁西南红色根据地，距离有着"小延安"之称的曹县"红三村"只有三四公里。这里是鲁西南根据地的中心区，群众基础较好，安全性比较高。据原印刷所房东、86岁的傅敬禄老人回忆：在他当八路军的哥哥引荐下，一天村里来了一拨人住在他家，是自己亲自领到家里的，后来才知道他们就是银行印钞票的。当时这个印钞点不叫银行，而是称"转运站"，他们白天干别的，晚上在地下室工作。"转运站"的站长和指导员都姓刘，通讯员姓韩，身上带一把20响的盒子枪。站长、指导员除了带队伍，还负责对印好的票子进行验收，发现次品就挑出来扔进筐里，晚上烧掉。印刷所在他家两三年时间，有3种票子是在这里印的。印刷所搬过来不久，韩集一带发生了一起印假币的案件。大傅庄村西面梁集村一青年用自己的砚台刻制了拾圆的鲁西银行票钞版印制假票，并且印得非常像，如果不是印章出现破绽很难被人发现，这个梁姓青年在大傅庄家庙前被枪毙。当时，傅敬禄老人是一名儿童团员，平时帮助大人放放哨，干点零活，与印钞工人都很熟，大家也非常相信他。印刷所转移时，领导想带他走，只是他的奶奶说孩子太小，没让去。在傅敬禄老人的家里，至今还有当年的3间堂屋、晚清老床、抗战时期的房契及解放后政府颁发的"军属光荣"标牌。

经菏泽市钱币学会调查考证，傅敬禄老人口中的大傅庄"转运站"，实际上就是当时第四印刷所对外的称号，全称"冀鲁豫行署第七专署转运站"。姓"刘"的站长和指导员，就是印刷所所长刘文登和指导员刘景禹。

2016年5月18日，菏泽市钱币学会会同菏泽市金融研究所、曹县政府在大傅庄村举行了鲁西银

2016年5月，人民银行济南分行党委委员、副行长陈好孟陪同中国钱币博物馆馆长周卫荣考察菏泽曹县第四印刷所旧址

2016年5月，曹县大傅庄村印刷所旧址挂牌仪式

行印刷所旧址挂牌仪式。5月25日，中国钱币博物馆馆长周卫荣，人民银行济南分行党委委员、副行长陈好孟一行到大傅庄印刷所旧址进行调研考察。

曹县韩集镇杨小湖村印钞点及其长条桌。该村是一个小村庄，这里群众基础好，安全性高。据87岁的原印刷所房东杨见相介绍：杨小湖村可以说是鲁西南红色抗日根据地第一村，抗日战争时期仅有400人，却有50多名共产党员。杨见相的父亲杨德轩原为开明士绅，积极支持共产党的工作，后来参加救国会，并加入了中国共产党。当时鲁西南主要领导戴晓东、张承先、宋励华等时常在他家活动，自己都熟悉，有时候夜里来人，往院子里扔个瓦片，听到响声后主人就把门打开。时任鲁西南地委书记戴晓东的母亲（老家安徽省萧县）就寄住在本村杨绪瑾家，由杨的母亲陪伴，后来戴晓东母亲被敌人打成重伤而死，至今还埋葬在杨小湖村，前些年她的女儿曾过来祭奠。敌人曾经两次到杨德轩家抓共产党，由于及时得到信息，都扑了空。

杨德轩家庭富裕，人少房子多，除自己住的院子，后面还有8间堂屋没人居住；银行来到以后就使用最西头的2间屋，相邻2间屋是磨坊，东头4间屋喂牲口。地下室建在房屋西面约30米的空院子里，大约2间屋大小，用檩条棚着，上面盖上土、栽上草。出入口在东面屋里窗户下面，通过地下通道进出地下室。这个印钞点从建立到被查抄在杨小湖村大约1年时间，专门印制壹圆券绿票。

平时，印刷所基本不见人，工作人员住在附近的小李寨村，这里只住着司务长蔡广发和一个炊事员，只见他们买菜，没见过他们做饭和有人吃饭。

1943年9月，日军为围歼冀鲁豫军区主力部队，摧毁抗日根据地，掠夺秋粮，调集三十二师团、五十九师团、三十五师团、骑兵第三旅团，在伪军孙良诚部的配合下，共3万余人对冀鲁豫区发动秋季大"扫荡"。

"9月27日，日伪军1万余人扑向鲁西南根据地，以闪电战术，将集结于曹县西南王厂村北太行堤一带的鲁西南军区指挥所、专署机关、分区骑兵连包围。鲁西南军区司令员朱程、专员袁复荣沉着应战，在他们的掩护下被围人员大部分突围。28日，朱程、袁复荣等300余人被包围在一座土围子里，弹尽粮绝，赤膊奋战，全部壮烈牺牲，王厂战斗在鲁西南军民抗战史上谱写了光辉的一页。10月4日，日伪军由南而北到达鲁西南中心区曹县韩集镇刘岗一带，对抗日群众进行血腥大屠杀。"[①]当敌人到达韩集镇杨小湖村"扫荡"时，发现了杨德轩家的印钞点，于是印刷所被查抄，地下室被砸。

"扫荡"那天，村里的人都躲了起来，杨见相年龄小不知道害怕，就在村里偷偷看，只见到敌人往车上装了很多东西。地下室被抄后，搜出很多没盖章的票子，被敌人撒了一地。杨见相老人讲：自己亲眼看见敌人抓到村里的杨绪训等两人后，要他俩帮助装车，他俩不

2018年6月，曹县杨小湖村原印刷所房东杨见相老人及印刷所旧址

曹县杨小湖村印刷所使用的桌子

---

① 中共菏泽地委党史委，菏泽地区档案局. 中共山东省菏泽地区党史大事记（1921—1999）[M]. 济南：山东人民出版社，1999：156.

干，被日本人暴打致死。另外，看到有两个人从地下室那边抬了一块石板往车上装，白色的，长七八十公分，宽五六十公分，厚四五指（7~8公分），后来才知道那就是印票子的石板。敌人走后，地下室里只剩下一张长条桌，什么都没有了。这张桌子是当时银行的人带来的，是鲁西银行的遗物。七十多年来，杨见相老人一直用这张桌子吃饭、放东西，现在仍在厨房里放炉灶和案板，虽然不知道擦洗过多少遍，却仍然能清晰地看到印钞留下的油墨痕迹。地下室被砸抄后，这里就没办法再生产了，于是，印刷所转移到了附近的蒜刘庄继续生产。解放后，杨见相家被划为地主成分，大院子的房子分给了其他村民居住，地下室的院子分给了另一户村民。

关于个别回忆录中提到鲁西银行地下印钞室设在大杨湖村、1943年9月在日伪"扫荡"时被砸抄一事，菏泽市钱币学会几次赴大杨湖及周边进行调研。大杨湖村是鲁西南闻名遐迩的一个大村庄，当时全村有250多户人家，1 400多口人，1938年即成立了大杨湖村党支部，陆续发展党员60多人。1946年9月大杨湖战役名扬全国，俘虏了国民党整三师少将师长赵锡田及以下8 000余人，被毛主席称为"起到了扭转时局的作用……是各个歼灭敌人的典范"。但是，关于鲁西银行在此设银行印钞点的事，至今未发现有价值的线索，村里老人也均表示不知情。如果当时印刷所被日本人公开查抄，况且还打死过人，村里应该有不少老人知道，印钞的事在大杨湖村红色历史和有关该村革命斗争的回忆录中也没有任何记载。据菏泽市钱币学会的调查考证，倒是在大杨湖村旁边的杨小湖村，确实设立过鲁西银行地下印钞室，印制绿色加"鲁西南"1元钞票，1943年10月初在日伪"扫荡"中被砸抄，情况与回忆录记载被砸抄的情形完全一致。所以，原来老同志回忆中提到的大杨湖，实际上是指大杨湖一带，具体就是大杨湖村旁边的杨小湖村。回忆录中所说的9月，《中共山东省菏泽地区党史大事记（1921—1999）》记录得很明确，9月27日敌人开始对曹县西南进行"扫荡"，10月4日起才开始对印刷所驻地一带的曹县西北进行"扫荡"。

曹县韩集镇向庄印钞点。2016年纪念红军长征胜利八十周年时，有关记者对菏泽市老红军侯彩铭进行采访，侯彩铭老人回忆在自己家里曾设有鲁西银行秘密印钞厂。侯彩铭1919年9月出生，1937年2月参加革命工作，抗日战争时期他一边在本村抗校任教，一边从事革命活动，是目前菏泽市唯一健在的老红军。侯彩铭的父亲侯银秀，积极支持革命，共产党在曹县一带建立党组织后，侯银秀积极响应党的号召，在自己院内建成3间能容纳几十个学生的地下教室，名为私塾，实为抗日小学，这个地下室后来成为鲁西银行印刷所的地下印钞点。

1942年，经过党组织周密调查研究以后，决定在侯银秀家南庭院筹建鲁西银行印刷所，印刷所由原教学用的地下室改建而成。那时候印钞的事只有侯银秀及村里极少数党组织负责人知情，对其他人员均绝对保密，日伪军几次到向庄村"扫荡"也没有发现。深更半夜，侯彩铭的妻子有时被叫

2018年6月，采访曹县向庄村老教师向震老人

2018年6月，曹县向庄地下印刷所旧址

醒起来帮助做饭，也始终不知道自己是给印钞票的人做的，家里的人也从不过问打听。据侯彩铭老人回忆：当时地下工作都有严格的纪律，自己不参与印钞厂的工作，只见过地下室里有几台机器，有很多纸，印的好像是蓝色的钞票。在自己家经常三更半夜有人来送材料，运走印制好的钞票。印钞厂在他家一直持续到1945年日本投降。印钞厂主要负责人是老陈，他的家属在这里住了三年之久，并生育了两个孩子。

据侯彩铭的儿子侯万岐介绍：银行撤走后他也到地下室去过，地下室约三四十个平方，墙是蓝色的，当时东西已经搬空。侯银秀老人的邻居侯西贵说：在侯银秀家"晚上印钞票，白天不印"。82岁的退休教师向震介绍，他本人就在侯银秀家地下室上了两年小学。地下室位于侯家院子的东南角，有两三间屋大小，非常简陋，上面留有天窗照明，侯彩铭就是自己的启蒙老师，1942年学校搬到了村里的家庙。原来地下室的位置，2018年春节在上面建上了新房，新房前面有一块石碑，上书"鲁西南红军纪念堂""冀鲁豫边区地下印币厂遗址——侯彩铭先生嘱立，二〇一八年春"字样。

曹县韩集镇张堂村印钞点及其压板石。2018年6月，菏泽市钱币学会在调查走访中得到一个重要线索，曹县曾发现一块鲁西银行印刷所的压板石，学会人员立即赶赴曹县了解情况。据曹县党史委主任介绍：石板为该村费新会家中所藏，1999年在菏泽市建设冀鲁豫纪念馆时，由县党史委征集，捐赠人介绍该石板就是当年鲁西银行在他家里印钞票使用的压板石。石板为长方形，长35厘米，宽25厘米，厚2.8厘米，灰白色，中间已斜着裂开。石板正面无纹饰，极其光滑，可见使用频率极高；背面为石板原石，不太光滑。目前，石板陈列在菏泽市冀鲁豫纪念馆。据调查，韩集镇张堂村捐赠人费新会已经去世，他的妻子也因脑血栓无法交流。

据村民费兴显老人介绍："费新会家印过票子，在地下室里面，非常保密。"费新会家院子大，地下室在他家老堂屋后面，再往后就是院墙，顺着后墙根下面有个地道，从村西头通到村东头，自己小时候和费新会经常在地道里钻着玩。费新会的叔叔叫费兴信，当时是区长，家里经济条件好，在他家印票子比较安全。这块历经沧桑的石板，印证着鲁西银行地下印刷所艰苦的斗争历史，已成为珍贵的历史文物。

第四印刷所历任所领导：

1942年底，杨明义任所长，王凌霄任指导员；1943年秋，申守银接王凌霄任指导员；1944年春，刘文登任所长，伊党任指导员，刘景禹任副指导员；之后，刘景禹任指导员。

2016年6月，曹县张堂村印刷所

曹县张堂村印刷所使用的压板石

第五节　湖西印刷所

湖西区位于苏、鲁、豫、皖四省接合部，因其大部分在南阳、独山、昭阳、微山四湖以西，故称湖西地区。主要包括单县、金乡、鱼台、成武、丰县、沛县、嘉祥、巨野、砀山、铜北、萧北、济（宁）南、邹西、滕西、沛滕边等。1938年5月，日本侵略者占领了这块地方。此时，国民党在湖西各县均有县政府和武装部队，各自印制本辖区的流通券，以解决经费开支。例如，1940年2月，单县朱世勤被国民党委任为山东省第十一区行政督察专员兼保安司令后，当年即印制了"山东省第十一区流通券"。

1939年7月，在共产党的领导下，山东省鱼台县抗日民主政府成立，它也是中共在湖西地区的第一个县政权。为筹集军政经费，保障军队供给，打破敌人的封锁，建立了"鱼台县抗日民主政府后方办事处印刷所"，所长王文连，印制鱼台县地方流通券。

8月，湖西地区发生了震惊全国的"肃托事件"，在不到两个月的时间，湖西300多名党、政、军干部被无辜杀害，其中，包括印刷所所长王文连，印刷所也被肃垮了。11月，中共山东分局书记郭洪涛和中共山东分局委员、一一五师政委罗荣桓等赶到湖西，采取果断措施，制止了这一事件的发展，扭转了湖西危局。于是，山东省委派吴正宪到微山湖的王楼、芦堰村重建印刷所，吴正宪任所长，继续印制鱼台县地方流通券。

1940年4月15日，党在鲁西区建立了第一个专署级抗日政府——鲁西行政主任公署。7月，湖西专署成立，鱼台县地方流通券成为湖西专署的法定货币。鱼台县抗日民主政府后方办事处印刷所改为湖西专署印刷所，简称湖西印刷所。

1941年6月，日军对微山湖一带进行"扫荡"，印刷所被迫转移到单县刘新庄、刘庄和白楼等地。为防止敌人破坏，印刷所改在地下室生产。本月，吴正宪调专署工作，王友明接任所长。

1942年春，察贯一接替王友明任所长。由于敌人不断"扫荡"，印刷所又先后转移到单县东北张集一带和西南朱庄、贾庄一带，吴正宪、赵庭珠回到印刷所协助察贯一工作。

10月，中共北方局决定将湖西地区划归冀鲁豫区领导，湖西专署印刷所同时划归鲁西银行领导，改为鲁西银行湖西印刷所，为保密起见，对外称为"湖西专署运输队"。鲁西银行湖西印刷所成立之初，由于货币筹码少，无法满足市场流通需要，在湖西区继续印制鱼台县地方流通券。同年11月23日，日军对湖西地区实行"铁壁合围"式的大"扫荡"，区政府和印刷所被敌人合围，当天夜里才冲出包围圈。

12月21日，日军对湖西地区再次进行大规模"扫荡"，专员李贞乾不幸牺牲。吴正宪带领一个警卫班保护印刷所转移，在与地方游击队会合后，又在金乡县司马集西南魏庄被日军包围，激战半夜才冲出敌人的包围。"扫荡"过后，日军到处筑碉堡，挖封锁沟，搜捕共产党的工作人员，印刷所被迫迁回单县贾庄一带，转入地下继续生产。

这一年自然灾害严重，旱灾、蝗灾、洪灾接踵而至，有的地区颗粒无收，工人经常吃不上饭。有一次买到了几个枣粽子，大家谁也不肯先吃，相互推让，察贯一所长便分配任务，几个人吃一个，大家才开始吃。

1943年初，印刷所在贾庄生产1个多月，又遇到日军"扫荡"，于是转移到单县周集、满庄一带。据《中共湖西党史人物》记载："由于日军多次'扫荡'，印钞所人员锐减，最后只剩下7人。人员少，设备差，生产的票子裁不开，打不上号，发不出去。抗日军队只好用现洋、黄金交易。面对这种情况，他（察贯一）亲自学习打号技术，并支持大胆改革裁切技术，保证了生产的正常进行。"①

2月1日，冀鲁豫专署颁布《冀鲁豫区统一市场货币暂行实施办法》，规定"在已经实行统一市场货币地区，凡公私交易款项，均以鲁西银行钞票为本位币"。是年春，湖西专署刘升宪随专员郭影秋在边区某地领了一块鲁西银行带"湖西"字样的票版，背到湖西之后，在单县满庄正式印刷湖西版鲁西银行拾圆等票券，鱼台县地方流通券停印。不久，日军向印刷所驻地满庄、周集一带"扫荡"，察贯一带领职工拆掉机器，掩埋在村外，然后分散突围。

鲁西银行货币大量印制发行后，在根据地开展了大规模的兑换与驱逐法币、伪币工作，鲁西币逐渐成为湖西区的本位货币。根据资料统计和实物发现，加"湖西"地名的鲁西银行票有马拉犁贰角伍分、草绿山伍角、前门伍圆、红车船拾圆、坛亭阁拾圆、前门贰拾圆，共6种。

1944年2月，由于敌人频繁"扫荡"，印刷所迁到金乡县唐王庄、程庄，村庄北面不远便是敌人的封锁沟，一溜九个碉堡。据原湖西印刷所工作人员白化岭回忆："1944年住在程庄的一户地主家里，离敌人的碉堡仅2 000米左右。"在这样的环境下，所长察贯一积极招收人员，带领全体职工扩大生产规模。

是年夏，抗战形势好转，湖西工商局营业科张奉尧调到湖西印刷所，接替察贯一任所长，马行方任指导员，全所六七十人，警卫班10多人。印刷所所部驻宋庄，石印驻红楼，有2台石印机；铅印驻宋庄，有4台圆盘机。由于生产任务重，又从金乡县召来一批工人。秋天，安耀南到济宁购买材料被捕，为防止敌人破坏，印刷所所部迁到时寨。

是年秋，刘震调湖西印刷所任副所长。当时刘震带着一块印版，第二印刷所陈明带一台圆盘印码机，与在专署驻地等候的湖西印刷所指导员马行方一道，在部队的护送下，通过敌人封锁线，到达湖西印刷所驻地单县时寨村。

当时，印刷所设备很差，技术力量薄弱，只有两三台石印机，全所共四五十人，分住在三个村子里。印刷所分为所部、印刷股、完成股，生产部分仍在地下室进行。此后，人员设备都有增加，技术力量也在加强，魏锦章、李德润等都是调来的老印刷技术工人，石印机增加到五六台，工作开展比较顺利。组织机构逐渐健全起来，工作制度走上了正轨，技术水平有较快提高，培养了一批新的技术力量。这时，印刷所所部在单县霍庄，石印在时寨，铅印在曹寨，生产仍在地下室进行，印制鲁西银行贰圆券。

这一年，敌人已无力进行"扫荡"，抗日形势逐步好转，根据地不断扩大，印刷所领导抓紧时机动员职工努力增加生产，满足根据地的需要。"在刘震培养下，技术骨干发挥作用，张迎昌、白化岭等人班产达到800张，后又猛增到1 200张，创造了高产纪录。由原来一天印四五百张，达到日产超千纪录，生产很快上去了"②。为保护印刷工人的身体健康，组织上在供应方面给予了照顾，印刷所自己还开辟菜园、种菜、养猪，逐步改善职工生活，调动了职工的积极性，促进了生产的发展。

1945年，国际、国内形势接连发生了急剧变化：5月9日，德国宣布无条件投降。8月8日，苏联对日本宣战，红军进入日本占领下的中国东北，全国举行对日战略大反攻。8月15日，日本宣布无条件投降，中国抗战取得了胜利。这时，鲁西银行印刷所已由地下转到了地上，规模不断扩大，生产顺利开展，较好地满足了财政和经济的需要。

10月，湖西印刷所奉命转移，除所长张奉尧等少数人员留下以外，其他人员都顺利转移到清丰县城与冀南银行路东印刷所合并为第三印刷所，所长潘书文，副所长刘震，监委马行方。

1946年起，鲁西银行各印刷所与冀南银行路东印刷所在清丰县城组成了冀南银行第二印刷厂。

---

① 单县党史县志办公室. 中共湖西党史人物［M］. 济南：山东人民出版社，2004：444.
② 《中国革命根据地印钞造币简史》编纂委员会. 中国革命根据地印钞造币简史［M］. 北京：中国金融出版社，1996：122.

2016年12月至2018年8月，菏泽市钱币学会先后多次赴单县对湖西印刷所在单县的情况进行调查，通过大量的走访与史料考证，发现了两处鲁西银行印钞点，1台鲁西银行石印机，查访到健在的原湖西印刷所工作人员白化岭，了解和确认了一些有关湖西印刷所的历史事实。基本情况如下：

2016年单县芦集村挖出的石印机

2016年单县芦集村石印机发现人刘爱平（左）

单县张寨的石印机及印刷工人赵德让。单县是湖西革命根据地的中心区，县城东南30公里的张寨村号称"湖西小延安"，1937年12月到1953年7月，鲁西南工委、苏鲁豫特委、湖西区党委、军区等党、政、军机关长期驻扎在这里。1942年刘少奇在去延安的路上途经单县张寨村，对湖西区的工作作出了重要指示。在张寨村有着抗战时期的地道遗址和遗物，其中，红色教育基地中的石印机就是重要物证之一。这台石印机锈迹斑斑，摇把已断，没有石板，只剩一个铁架子，是张寨附近芦集村刘爱平在老宅子里栽树挖出来的。据刘爱平的堂兄、现年80多岁的刘洪民介绍，这台机器抗战时就在他家里，只知道印一些花花绿绿的东西。之前展室内介绍这台石印机是印《湖西日报》的，理由是湖西日报社曾在这一带活动过。根据史料记载，抗战时期鲁西银行湖西印刷所、湖西日报印刷所均在这一带活动。关于湖西日报社使用的印刷机，江苏省档案馆研究员方毓宁介绍："《湖西日报》前身为《团结日报》。1939年3月，中共苏鲁豫特委创办《团结日报》，5月，苏鲁豫区党委成立后，为区党委机关报。报纸8开2版，初为油印，不久改为铅印。因发生湖西肃托事件，报纸停刊，1940年春恢复《团结日报》。同年年底，苏鲁豫区党委降格为湖西地委，该报成为中共湖西地委机关报，并改名为《湖西日报》。"[①]从油印直接改为铅印，未提及石印。同时，日报社的设备较多，一般成系列，即使期间增加了石印机，也应该是辅助设备，且据记载从未丢失过。

据当时在湖西日报社工作的李宗元回忆：1943年初，敌人对湖西根据地进行"扫荡"，当时湖西日报印刷设在单县谢油坊村的地下室，他们用七八个夜晚才搬清埋藏完，在五年的战争环境中，报社印刷所"多次的埋藏，从未丢失过一颗螺丝钉"[②]。而同在这一带活动的鲁西银行湖西印刷所使用的就是这种石印机，且孤立埋藏一台石印机也正好符合当时银行印刷所"一村一室，一室一机"规模小、行动保密的特点。并且，在敌人突击"扫荡"的情况下，银行印刷所在张寨周边一带也时常埋藏印钞机，如"1943年春日军对印刷所驻地满庄、周集"扫荡"，所长察贯一带领职工拆掉机器，掩埋在村外"。另外，单县博物馆工作人员经过鉴定也认为，这台石印机是银行印钞用的。

经综合考证，这台石印机就是鲁西银行印刷所印钞机。至于为什么埋藏在地下，究其原因：一是抗日战争时期遇到敌人"扫荡"，印刷所在紧急情况下埋藏设备进行转移，后来忘记了埋藏的具体地点。二是1945年10月，鲁西银行湖西印刷所奉命从单县长途转移到河南省清丰县，因机器笨重

---

① 见证革命历程的红色报刊（下册）——苏北抗日根据地地方党报概览[J]. 人民的权力，2012（3）.
② 济宁市政协文史资料委员会. 济宁文史资料（第八辑）. 1991：42.

又相对落后，就留给当地有关部门使用；1946年9月国民党大举进攻，湖西区党、政、军等所有单位全面北撤，于是将石印机埋藏起来。三是也许银行印刷所在撤离单县前石印机就已经报废，印钞石板等被拆到其他机器上使用，报废之时或者在后来敌人进攻时把废机器埋掉，通过埋藏物证确保当地百姓的安全。印刷机的埋藏一般是将机器和石板分开，万一被敌人发现既可以减少设备损失，又可以防止直接为敌所用，这也是在这台石印机周边没有发现石板的重要原因。

在张寨村，88岁的赵光民老人介绍：他的叔叔赵德让就是鲁西银行的印钞工人，在张寨北面的白楼村印票子，1945年在去砀山采购印钞物资时不幸被捕牺牲。赵光民家是一个革命家庭，父亲是老党员，1939年被国民党杀害，叔叔就是在父亲的影响下参加革命的。张寨村历史展室中烈士名录介绍："赵德让，朱集镇张寨村人，1922年出生，1937年参加工作，1940年加入中国共产党，工作单位冀鲁豫专署，1945年牺牲在安徽省砀山县。"在《单县志》烈士名录中也有同样的记载。

单县时寨村印钞点及工作人员白化岭。时寨村位于单县东南十公里，是中共活动的重要村庄之一。据84岁的村民时纬贵介绍：抗日战争时期，八路军在他们村徐宝芹家印过钞票。一天晚上父亲外出，亲眼看到一拨人用板车往村里拉东西，父亲的一个熟人悄悄告诉他，他们拉的是钞票，到时寨徐家来盖章。徐宝芹家的邻居、时寨村93岁的彭述胜老人说：银行是在湖西专员李贞乾牺牲不久搬到时寨村的（李贞乾为湖西专署第一任专员，1942年12月21日，在日伪军对湖西抗日根据地拉网式"扫荡"中牺牲），地点在徐宝芹家。

当时，徐宝芹家比较富裕，有三进院子，印钞票在最后面院子的地下室里。在这里工作人员大约几十口人，平时不出来，主要在晚上活动。在最前面的一进院子里安有磨坊，负责磨面的是附近邢楼的老邢和一个十多岁的小李，伙夫是瞿楼的老李，彭述胜老人和他们都很熟。银行撤走后，在

2018年3月，采访单县张寨村赵光民老人

2018年3月，采访单县时寨村彭述胜老人

2018年5月，单县时寨村印刷所旧址

2018年5月，单县郭庄村印刷所旧址

徐家的地下室里发现一些残破的票子，自己也曾拾到一张。解放后徐家住中间一处院子，其他房产都分给了村民，当年印钞的第三进院子和地下室位置现在已是一片空闲宅基地。

据时寨村陈庆引提供的一条线索：单县张集镇的白化岭就是湖西印刷所的工作人员，他主要负责印钞工作的管理，银行从时寨撤走时，就是他领着人搬的家，现在可能还健在。对于这一重要线索，菏泽市钱币学会经多方调查，找到了白化岭的侄子白海涛，证实了白化岭老人仍然健在。在白海涛的热情帮助下，老人书面回答了一些问题：白化岭，1928年3月生于山东省单县张集镇曹庄村，中共党员，1940年任村儿童团团长，1942年任村学生救国会主任，1944年参加湖西专署运输队（鲁西银行湖西印刷所）。老人说：当时，鲁西银行湖西印刷所对外叫"湖西专署运输队"，对内叫"六所"。刚进印刷所时，所长是察贯一，住在程庄的一户地主家里，离敌人的碉堡仅2 000米左右。地下室建在后院里，面积20多平方米，深4米多，上面覆盖1米半深的土，下面空间高度约3米，中间安装1台石印机。工作时用油灯照明，工作结束后，人从地下室上来，鼻子里全是黑泥，因为在油泥里混有腻子。1944年，抗日形势好转，印刷所的各生产点都开展了技术革新和业务竞赛，努力增加生产，满足根据地的需要。当时上级的要求是钞票印得越多越好，因为部队买粮、买布等很多支出都等着用钱。这时，主要印制鲁西银行贰圆、贰拾圆券。一大张纸印16小张钞票，经过几道工序印好正面和背面的图案，然后送到另一个生产点裁开以后再打号码、盖章。自己曾经在金乡县程庄、单县李海子村和时寨村印钞。印刷所在前期一直在地下室工作，1945年形势好转才转移到地上生产。1945年10月，湖西印刷所转移到清丰县，与三所（冀南银行路东印刷所）合并，由于三所在管理、印钞技术等方面都比六所强，自己印象较深的就是合并后虚心向三所学习。

单县郭庄村印钞点。郭庄村是单县东南部的一个小村庄，曾为抗日战争和解放战争胜利作出了重要牺牲。当时全村只有一百多口人，却出了4名烈士。鲁西银行印钞点设在该村的郭尚合家。郭家是一个革命家庭，郭尚合的哥哥就是共产党员，也是本村的4名烈士之一。这里是一个四合院，印钞就在东屋里面，在此持续了一年多。解放后在东屋里曾发现过印残的钞票，以及留下的一些油墨痕迹。

据81岁的郭新亮大爷介绍，抗日战争时期郭尚合家住着一个工作队，经常有八路军的人员出入，他家里有印版，印过钞票。这里平时十来个人，领导姓察，都叫他"老察"。老人提到的"老察"，经考证，就是鲁西银行的察贯一。"察贯一，山东金乡县人，1902年出生，中共党员，1938年参加革命，1942年春任鲁西银行湖西印刷所所长，1944年夏调离。"[①]

郭庄村几乎家家通地道，其中一个地道口就在郭尚合北屋后面磨屋的磨盘底下。郭尚合家当年的老房子在20世纪60年代已经重建，现在的房子也多年没人居住，目前房屋塌陷，院落荒芜。

湖西印刷所历任所领导：

1939年7月，王文连任所长；1939年11月，吴正宪任所长；1941年6月，王友明任所长；1942年春，察贯一任所长；1944年夏，张奉尧任所长，马行方任指导员；1944年秋，刘震任副所长。

第六节　鲁西北印刷所

1943年10月，鲁西北印刷所由鲁西银行与泰运专署在山东省齐河县潘北共同筹建。

鲁西北印刷所在鲁西银行6个印刷所中，是建所最晚、存续最短、名称最多的一个。在时间上，

[①] 单县党史县志办公室. 中共湖西党史人物[M]. 济南：山东人民出版社，2004：444.

1943年10月筹建，1945年8月合并到第二印刷所，前后不足2年。该所有多个名称，《中国印钞通史》称"鲁西北印刷所"，《冀鲁豫边区金融史料选编》（下册）称"鲁西北第四印刷所"，《北海银行暨鲁西银行货币图录》称"第五印刷所"，《战斗的穷财神——忆鲁西银行印刷二所印钞工作》称"六所"，《抗日战争时期晋冀鲁豫边区财政经济史资料选编》（第二辑）称"泰西印刷所"，《回忆冀南银行九年》称"太（泰）西第四印刷所""鲁西银行泰西分行印钞厂"。究其原因，主要源于当时复杂的战争形势，以及回忆录中当事人对印刷所的不规范称谓。经综合考证，本书称"鲁西北印刷所"。

民国时期山东省的行政区划多变，且错综复杂。1937年"七·七"事变后，国民党政权、日伪政权，中国共产党领导下的人民民主政权并立，其辖区犬牙交错。1939年9月，成立鲁西北行政委员会，之后，相继成立了泰运、运东、鲁西北专署和濮范专署。1941年7月，为适应斗争形势的需要，人民政权将津浦铁路以西的鲁西地区与冀鲁豫（时称小冀鲁豫）区合并，称冀鲁豫区，隶属于晋冀鲁豫边区政府，不再隶属山东行政区划范围。

1943年，根据对敌斗争的需要，晋冀鲁豫边区政府决定第十六（泰西）、第十九（运东）专署合并为第十六专署，又称泰运专署。泰运专署辖区，主要是泰山以西，运河以东的冀鲁豫革命根据地区域，包括现在禹城、齐河、长清、平阴、泰安、肥城、东平、茌平、东阿、阳谷等一带。专署机关先后驻齐河、茌平、筑先边界、平阴县城、东阿铜城、朱旺山等农村。本年自然环境和政治环境均十分严峻。自然环境，延续了1942年的严重旱灾，老百姓农业收成遇到了前所未有的困难。政治环境，日军对泰运地区进行铁壁合围式的残酷"扫荡"，实行经济封锁，泰运专署的驻军和政府工作人员的供给十分困难。

10月，为解决财政问题，坚持抗战，打击敌人，鲁西银行和冀鲁豫泰运专署决定成立鲁西北印刷所。泰运专署专员张耀南把泰西县委干部梁洁三调到泰运专署驻地禹城、齐河、长清县交界处的齐河县潘北，向他布置了筹建鲁西北印刷所的任务，明确指出，建印刷所的目的是为"支援军队，解决供给"，由梁洁三任所长，并派青年袁清平作其助手。

鲁西北印刷所驻地齐河县潘北，距济南市120多华里。梁洁三所长等通过私人关系，从济南买来2台石印机，1台脚蹬铅印机，一部分裁切工具和油墨，又从济南招收了李兴元、李兴文、刘长森、张厚泽、张元泽、李英宏、李厚传、赵炳亮等12名印刷工人。

由于齐河县潘北一带距离济南太近，当时斗争残酷，环境险恶，为了防止敌人破坏，确保印刷所安全，上级决定将鲁西北印刷所转移到较安全的地方进行生产。1944年7月，印刷所搬到东阿县陈集乡朱旺山村。选择朱旺山村的原因，该村90岁老人秦纯召是这样说："俺村的党员比其他村都多，群众基础较好，环境安全，村里的围墙六七米高，在全县数一数二，有东、西、南3个大门，不熟的人进村是很难的"。印刷所所部设在该村后街朱正本家北屋里，并在他家菜园子里挖了地下室。当时印刷所已初具规模，所长梁洁三，工长李兴元，司务长袁清平，炊事员张纪鲁等，由于缺少印钞原版，加上材料不足，未能开工。

为加强对印刷所的领导，冀鲁豫区工商局监委韩哲一、鲁西银行政委张子重将鄄城县田楼鲁西银行第二印刷所的赵荣轩、赵侠派到鲁西北印刷所，并明确了所部领导的分工及印刷任务；梁洁三任所长，赵荣轩任副所长，赵侠任指导员兼党支部书记，党的关系隶属工商局。印刷所对外称"运输队"，主要印刷鲁西银行泰运版钞票。全所有50多人，编为4个组。石印组长李元兴，铅印组长张元泽，总务组长袁清平，会计组长朱诚。

由于缺少原版和技术工人，赵荣轩副所长被派往根据地的中心区取原版、调工人。于是，鲁西银行从二所、三所抽调了石印工人于志凡、秦士荣，铅印工人王天增，带来了鲁西银行泰运版原版，很快就开始了生产，印出了鲁西银行"泰运"版的钞票。据资料记载，加印"泰运"的鲁西银行票有伍圆、拾圆两种。现在看到的大都是"泰运"版拾圆券。

当时，日伪军"扫荡"越来越频繁，安全环境越来越严峻。当地群众向印刷所反映，在敌人据点里听伪军讲，日军已探知在朱旺山的不是运输队，而是印制鲁西银行钞票的印刷所。得到情报后，印刷所领导认真研究，认为重新找可靠的地方已来不及，决定进行大胆的假象转移，迷惑敌人，以便继续秘密生产。据史料记载："印刷所连夜将印刷器材等装上大车，转运到离朱旺山10华里以外的地方，半夜后，又将印刷器材悄悄运回来。工人坚持在地下室生产、生活，白天不准出门，分两班昼夜生产。印刷工人在朱旺山突然'失踪'了，村里的群众就传说运输队已经搬走了，日伪军信以为真，印刷所得以继续生产，保证了任务的完成。"①

1945年2月6日，得到情报，聊城、东阿、茌平、博平、阳谷等县的敌人，将集中兵力以朱旺山为中心进行铁壁合围。印刷所领导研究决定，立即采取应急措施，想尽一切办法，保证人员、机器设备的安全。当时，朱旺山村北有一片树林，人称"大朱家林"，林内有一个新埋的坟，职工当夜把全部机器、材料运到林内，把这个新坟扒开，将所有印刷器材放到坟里，再将坟埋好。梁洁三所长、赵侠指导员带领一部分工人连夜转移到牛角店，赵荣轩副所长带领一部分工人转移到黄河沿岸，冲出敌人的包围圈。黎明时分，敌人包围了朱旺山，大肆"清剿"。印刷所北邻一个30多岁的男疯子，带着敌人挖开了地下室。由于印刷所转移及时，室内只有半成品，敌人一无所获，盛怒之下，把疯子杀了。印刷所暴露后，无法在朱旺山村继续生产了，于是转移到聊城、东阿、阳谷三县边境的东阿县梁庄村。在该村仅工作、生活了不足1个月的时间；3月，印刷所又从梁庄村转移到了铜城王龙岗（今属刘集镇）、顾官屯镇皮袄李（1947年更名为兴隆村，现划聊城高新技术开发区）一带坚持生产，印刷所所部驻皮袄李村。

王龙岗村的印刷所是在地下印刷。在王玉美家院子里挖了几米深的地洞，有两间房子大小，群众献梁献板，盖上土，再种上东西。工人在地下室里工作，印的都是半成品，再到别处去盖章、打号。一般情况下一两天送一趟原材料，取走半成品，都是晚上送取。该村89岁的王玉岱老先生说："我曾带领几名民兵轮着班给印刷所站岗，要求很严，谁要是说出去就枪毙。"印刷所在这里有几个月的时间，后来转移走了。皮袄李村的印刷所是地上、地下印刷，地上印刷机器安装在梁甫森家西屋，地下印刷在其东邻的院子里。印刷所所部也设在该村，同地上印刷所是路东路西，相距很近。

5月，日军虽然末日将临，但它还要垂死挣扎，不断向根据地进攻。在这种情况下，鲁西北印刷所大部分人员由梁洁三、赵侠带领，转移到河南省范县的小张台。这里是老根据地，比较安全，印刷工作由地下转为地上。

8月15日，随着日军投降，根据地形势发生变化，鲁西北印刷所一部分与在鄄城李进士堂的第二印刷所合并，称鲁西银行第二印刷所，白文普任所长，王真任副所长，翟诚任监委，活动在濮、范、观中心地区；另一部分由梁洁三带领，转移到铜城（今山东东阿县）附近的宋楼村，改称"泰运书店印刷所（泰运文化出版

2017年9月，聊城皮袄李村印刷所旧址揭牌仪式

---

① 五四一厂厂史编辑室. 鲁西银行鲁西北四所简介［M］// 中国人民银行金融研究所，中国人民银行山东省分行金融研究所. 冀鲁豫边区金融史料选编（下册）. 北京：中国金融出版社，1989：662.

社)",梁洁三任副经理兼所长。鲁西北印刷所从创建到合并,前后不足2年时间。

> **鲁西北印刷所历任领导:**
> 1943年10月,梁洁三任所长;1944年7月,梁洁三任所长,赵荣轩任副所长,赵侠任指导员兼党支部书记。

1945年3月1~19日,晋冀鲁豫边区在邯郸召开了一次大规模的群英会,会议开了19天,对各行各业的战斗英雄、民兵英雄、劳动英雄、工作模范进行表彰。3月24日,《冀鲁豫日报》大篇幅刊载了边区群英会英雄榜,鲁西银行印刷所3人榜上有名,分别是:"机关、工厂、学校一等劳动英雄三名。刘杰三,三十五岁,现为银行印刷所技师兼石印组长","机关、工厂、学校二等劳动英雄六名……卢振河,二十八岁,鲁西南印刷所工人","地方一等工作模范六名……魏仁斋,三十五岁,山东济南县人,现任工商九分局印刷所长"[1]。

被评为边区一等劳动英雄的刘杰三在鲁西银行成立初期作为技术人员到鲁西银行印刷所工作,主要负责制版工作。为粉碎日伪军对根据地的经济封锁,在工作实践中他研究发明了一种新的药纸,解决了石印的困难。他还自编课本,传授技艺,培养了大批技术人才。

被评为边区二等劳动英雄的卢振河,在"边区群英会公布英雄榜"中虽然介绍的是"鲁西南印刷所工人",没有提到鲁西银行,但据考证,卢振河就是鲁西银行印刷所职工,解放后到中国人民银行541印钞厂工作,"鲁西南印刷所"指的就是鲁西银行驻鲁西南一带的第四印刷所。

被评为一等工作模范的魏仁斋表彰单位是"工商九分局印刷所",实际上就是鲁西银行第一印刷所。1943年3月29日起,鲁西银行与工商局联合办公。所以,1945年银行印刷所也称工商局印刷所,当时魏仁斋为鲁西银行第一印刷所所长,也是资格最老的所长,1940年6月至1945年12月,魏仁斋一直担任鲁西银行第一印刷所所长。1946年1月1日起,鲁西银行并入冀南银行,工商局与银行正式分开,魏仁斋任冀南银行第二印刷厂厂长,解放后任北京印钞厂厂长等职。

8月1日,鲁西银行一、二、三、四所集中在清丰县陆塔镇召开庆祝"八一"建军节大会,对先进职工进行了表彰,冀鲁豫区党委书记张霖之到会讲话。同时,成立了印刷厂职工工会。

12月1日,晋冀鲁豫边区政府发出指示,决定鲁西银行并入冀南银行。1946年1月1日,鲁西银行正式并入冀南银行,对外仍然保留鲁西银行名义,各银行机构挂冀南银行和鲁西银行两块牌子。停印鲁西币,统一发行冀南银行货币。冀南银行把晋冀鲁豫各印刷单位组织起来,先后建成了三个印钞厂和一个大机器印刷厂,职工达千余人。其中,以鲁西银行各印刷所为主整合为冀南银行第二印刷厂,厂长魏仁斋,副厂长王真,监委张子重,厂部驻清丰县城。至此,鲁西银行各印刷所完成了印制发行鲁西银行货币的历史使命。

在山东省钱币学会的领导与支持下,聊城市钱币学会加强了对鲁西银行印刷所的挖掘保护工作。2017年9月20日,人民银行聊城市中心支行与聊城市高新区管委会举办了鲁西银行皮袄李村印刷所旧址纪念碑揭牌仪式,并就旧址保护利用开展座谈。10月13日,《金融时报》对这一活动进行了宣传报道,充分肯定了挖掘保护旧址的重要意义。目前,聊城正在加强旧址挖掘保护,筹建文献资料馆,并与当地湿地公园和美丽乡村建设相结合,将旧址打造成具有革命传统意义的红色教育基地。

---

[1] 冀鲁豫日报,1945-03-24,鄄城县档案局.

第四章 地方流通券

第一节 泰西银行券

抗日战争时期的泰西，大致指山东省泰安津浦铁路以西地区，包括泰安西部、肥城、宁阳、长清、平阴、东平、东阿及汶上等县。

1938年1月，共产党人张北华、远静沧、夏振秋、程重远等根据中共山东省委的指示，先后到泰安西部地区，同当地党员崔子明等一起，组织了一支10余人的群众武装，在泰安县西南夏张小学，组织发动了抗日武装起义，点燃了泰西地区抗日的烽火。11日，夏张起义队伍与王仲范、张魁三、张韵三领导的宋王庄一带游击队，葛阳斋、李文甫、徐麟村、乔绥卿、陈惠民等领导的肥城三区一带游击队，汇合于肥城县空杏寺，正式成立了山东西区人民抗敌自卫团，张北华任主席，葛阳斋任副主席，远静沧任政治部主任，起义队伍达百余人，编为两个大队，泰安县的编成一大队，大队长张韵三，指导员崔子明；肥城县的编成二大队，大队长陈惠民，指导员由葛阳斋兼任，同时建立了特务队。

泰西抗日武装起义及山东西区抗敌自卫团的建立，拉开了泰西人民武装抗日的序幕。

1月17日夜，张北华等带领自卫团冒雪袭击肥城县城，处决了伪维持会长，缴获长短枪几十支。28日夜，张北华、崔子明带领60余名精干队员突袭津浦铁路上的界首村敌据点，用大刀砍死日军8人，毙伤界首车站增援的敌人10余人。杀死战马10余匹，缴获枪支3支。这两次战斗的胜利，震动了整个泰西地区，鼓舞了人民群众的抗日救亡热情，坚定了人民群众的胜利信心，扩大了自卫团的影响。对泰西抗日根据地的创建具有重大意义。

2月初，自卫团重新占领了肥城。这时，魏金三、万晓塘、袁振、冯乐进、冯晓云、张耀南领导的抗日武装，于长清县马湾庙举行抗日武装起义，并被编为山东西区人民抗敌自卫团第四大队。冯晓云任大队长，张耀南任参谋长。这支武装主要活动在长清县大峰山地区，并依托大峰山创建抗日根据地。这一地区的各种群众团体相继建立，抗日救亡工作十分活跃。

3月，泰安县武圣域组建的抗日武装也编入自卫团。

此时的大峰山区，包括长清县七区、肥城县八区、平阴县一区，有120多个村庄、1万余户、6万多人。

自卫团根据党的统一战线和建设根据地的指示，派李文甫、徐麟村、袁振等带四、十一、十七大队进驻大峰山区，开始了创建大峰山抗日根据地的英勇斗争。经请示省委代表，组建了大峰山独立营，汪毅任营长，李文甫任政委，先后建起4个连。在泰西，自卫团是当时坚持敌后游击战争的主要力量。

是年5月，中共泰西特委建立。段君毅任特委书记，张北华任军事部长兼自卫团主席，孙光任组织部长，万里任宣传部长。在特委领导下，各县相继建立了县委或县工委。

根据中共省委指示，泰西先后建立了肥城、泰安（西）、长清、东平等县抗日总动员委员会（简称动委会），各区动委会也陆续建立起来，次年9月，建立了泰西地区动委会，徐麟村任主任。

是年冬，根据苏鲁豫皖边区省委的指示，山东西区人民抗敌自卫团、第六区第十支队东进梯队（原汶上县人民抗日自卫团）、大峰山独立营等部，在大峰山区南黄崖合编为八路军山东纵队第六支队。整编后，第六支队开赴东平县和平阿、泰肥山区，发动群众，扩大武装，积极创建泰西抗日根据地。

1939年1月，中共鲁西区党委成立，下辖鲁西、鲁西北、泰西3个特委。3~6月，上述3个特委撤销，全区先后建立7个地委，长清、肥城、平阴、泰安、汶（上）东、滋阳（兖州）、宁阳、东阿、东平为六地委，后改称泰西地委，又称一地委，袁振任书记。

是年3月，一一五师代师长陈光、政委罗荣桓，率师直属队和三四三旅六八六团等部（代号为东进支队）由晋西出发，进入鲁西地区，到达泰西，一一五师到达泰西的部队，有师直属机关，包括司令部、政治部及供给部、卫生部一部分。14日，一一五师在东平常庄与泰西地委及山东纵队六支队会合，鲁西区党委和先遣纵队等部也移驻泰西。一一五师东进支队的总任务是创建泰西抗日根据地。

3月底，一一五师进驻泰肥山区。3~5月，一一五师在泰西地方武装配合下，连续痛击日伪军，战绩显赫。

是年6月上旬，根据中共山东分局指示，泰西地委以长清作为建立抗日民主政府的试点，地委指示长清县委做好筹备工作，并让张耀南参加选举。12日，在长清七区崮头镇县立第八高小召开了全县各界代表大会，选举张耀南任长清县抗日民主政府县长，这是泰西也是鲁西第一个民选抗日政府。

为了筹集军政费用，支持大峰山根据地的开辟和建设，时任长清县抗日民主政府县长的张耀南向上级请示印刷发行泰西银行券，在泰西军政领导的支持和帮助下，于1939年7月，张耀南动员在肥城李家溃村的李维周和李振西、汪化南等师徒四人参加革命，利用李维周家的一台石印机，开始组织印制泰西银行票。票版由王殿山制作，票面行名"泰西银行"字由李维周书写，参加印制的有李维周、李振西、汪化南、李清卧、王殿山。经过两个多月的筹备，即印出了壹角、贰角、伍角三种票子，票面还印有"泰西银行"和"长清"字样。印好后，送到县抗日民主政府财政科（二科）打印票面号码，陈捷生负责裁切，数目检验由林厚斋负责。由财政科在大峰山区发行，主要用于抗日政府和抗日军队开支。

是年10月26日，根据鲁西军政委员会第三次会议决定，泰西地区在已建立六个抗日民主县政府的基础上建立了泰西行政委员会，段君毅任主任，张耀南任副主任（一说于会川任副主任），邹鲁风任秘书主任，张维之任一科（民政）科长，吕麟任二科（财政）科长，管大同任三科（教育）科长，夏振秋任四科（建设）科长，统一了鲁西区黄河以南地区抗日民主政权的领导。

是年10月下旬，泰西银行印刷所由肥城李家溃村转移到东平县东平湖中小岛渔村土山村，在丁继贤家进行生产。

11月底，经中共鲁西区党委批准，建立了泰西专员公署，张耀南被选为专员。张耀南任专员十余年，为泰西根据地的建设与发展作出了贡献。泰西专署的建立，在鲁西是最早的。泰西行政委员会和专署的成立，标志着泰西抗日根据地已经形成。

泰西专署成立后，泰西银行票改由一一五师供给部兼泰西专署财政科科长吕麟组织印制与发行，印刷完成后，送到泰西专署财政科打印号码、裁切和封包，根据吕麟的签字手续发行。原票版未作变动。

1940年3月，泰西银行印刷所在东平县土山村改组为鲁西银行第一印刷所，泰西银行币停止印刷，改印鲁西银行币，后泰西银行币停止发行，并由鲁西银行收回。

第二节　冀南农民合作社兑换券

1939年11月，国民党顽固派掀起了第一次反共高潮，冀鲁豫根据地军民艰苦奋战，粉碎了国民党反动派的军事进攻，先后在内黄、清丰、濮阳、南乐、长垣、滑县、东明、曹县、大名等县建立了抗日民主政府，并扩大了根据地。1940年4月17日，根据中共北方局指示，由冀鲁豫抗日救国总会筹备，由南乐、清丰、濮阳、东明、长垣和大名六县代表，在清丰县安庄召开军政民代表会议，成立了"冀南六县行政督察专员公署"。为巩固华北与华中抗日根据地的联系，加强对直南、豫北和鲁西南地区工作的领导，4月18日，在清丰县王什成立了冀鲁豫区党委，辖四个地委。由此，形成了包括豫北、直南和鲁西南地区在内的冀鲁豫边抗日根据地。

冀南地区，位于河北南部，战略地位十分重要，是连接太行、山东、冀中和冀鲁豫各抗日根据地的枢纽，是山区游击战的物资供应基地。

冀南六县行政督察专员公署（以下简称六县公署）成立后，为了开展党的金融工作，保障军政抗日经费。1940年6月，在内黄县和清丰县交界处的前胡土文村，冀南银行冀鲁豫办事处成立，邓开祥任办事处主任，干部有段周德、施立开、翟波等，工作人员有祁六顺、李万顺、邢书楷等七八个人。办事处机关设在胡土文村的一个牛棚里，办事处的任务是负责在冀鲁豫区发行冀钞。

边区成立初期，边区流通的货币十分繁杂。国民党发行的中央银行、中国银行、交通银行和中国农民银行的钞票在市场上流行，河北银行票、山东民生、鲁西行署、山东平市官钱局、河北银钱局、私人商号钱票也在流行，这些土杂钞票，使用范围很小，且许多票子面额大，人民对货币真伪分辨不清，常常上当受骗。此时，冀南银行发行的冀币也开始在边区流通，但发行的数量少，且都是壹圆、贰圆的主币券，国民党四大行流行的法币券也都是大面额的，商品交易中的找零十分困难，人民迫切需要自己的货币和找零用的辅币。此时，边区的财政经济也十分困难，为了巩固抗日民主政权，加强对敌斗争，发展边区经济，取缔边区的土票与杂票和调剂市场流通，便利商业找零，在此背景下，边区政府于1940年6月决定以冀南农民合作社的名义发行兑换券，即冀南农民合作社兑换券（以下简称兑换券），作为冀南银行钞票的辅币。兑换券种类分伍角、贰角、壹角、伍分和贰分五种面额，计划发行总额定为60万元，计伍角票25万元，贰角票10万元，壹角票15万元，伍分5万元，贰分5万元。

兑换券的印制与发行，由六县公署财政科财委副书记华夫负责。冀南银行冀鲁豫办事处的施立开负责筹建印刷所。1940年夏，专署从清丰县城商人安志刚处买来一部手摇石印机，二纵后勤部从东明县商人吕星三处以先租后买的方式又弄来一部石印机，请来技术工人唐锡三、王继曾、唐改兴、李承周、程振兴等人。两部石印机被分开在沙区的胡村、小辛庄两地，同时开始组织制作票版，安装机器，采购印刷材料等工作。

有了石印机和技术工人，接下来的重要工作是制作票版和采购印刷材料。当时，根据地刚刚建立，物资、技术都十分匮乏，且处于农村环境，大、中城市全部被敌人占领，根据地又处在敌人的包围、封锁之中，印钞纸张、油墨等主要印刷材料要从城市采购。制作票版的工作由王继曾承担，从1940年7月开始制作，期间经过几次修改和审定，到9月票版就确定完成了。先后制作了壹角版和贰角版，都是三色版面，即正面底纹一色，花边图案一色，背面一色。如贰角券，正面为桔红色，底纹为浅绿色，背面为棕色。到10月，第一批"兑换券"就印制出来了，并开始发行。

兑换券印刷完成后，要进行打码、裁切、检验和封包等后期工作。银行办事处决定由段周德带领祁六顺、李万顺和炊事员李来满进行打印字码、检验、封包等工作，裁切工作由唐改兴负责。这些工作在当时清丰县的俭庄进行，后来又转移到内黄县的七丈固等村庄。

在当时的条件下，兑换券的印制工作是绝对保密的。为了防止敌人袭击，印刷和后期的打码、裁切、封包等分在两地进行，二者不发生横的联系；夜间由专人从印刷所驻地把印好的大张成品运出，再送往完成处进行裁切、打印号码、检验和封包工作。

印刷材料的采购工作由安志刚负责。他利用商人的身份，充分利用老关系，从敌占区城市购买了印刷所用的纸张和油墨，保证了兑换券的正常印制。

兑换券印制时期，日寇开始了大规模的"扫荡"，给兑换券的印制工作造成了极大的困难。一有敌情，印刷机、票版、成品、半成品等就要进行分散、埋藏。等敌人退走后再取出来继续工作。

到1940年11月15日，边区伍角兑换券发行到18万元，贰角兑换券发行到5万元，伍分兑换券已发行到1万元。

当时的两部印刷机都在沙区。沙区地处黄河故道，在清丰、濮阳、内黄交界处，东西宽15~20里，南北长约100里，这里地下党组织建立较早，群众基础很好，又有稠密的枣林、沙丘、灌木丛作天然掩护，是一块理想的革命根据地，因此也成为日寇"扫荡"合围的主要目标。

由于日寇频繁的"扫荡"和包围，沙区形势发生了急剧变化。1940年10月，区政府决定，将印刷机进行疏散，沙区留一部，另一部转移到南乐县东北地区开展工作。转移印刷机的工作由在专署财政科工作的王真负责，任务是带领一部印刷机、票版、工人、干部等进行转移，由清丰县大队负责武装掩护，通过南（乐）、清（丰）、濮（阳）公路封锁线。王真带领技术员王继曾、程振兴，干部段周德、翟波、王富贵及祁六顺、李万顺，炊事员李来满共9人，通过敌人的封锁线，到达南乐县三区寨罗村，以后又同南乐县三区委取得了联系，经过筛选，确定了群众基础好、有地下党组织、地形又隐蔽的才丈村西南谷家庙村为印制据点。该村村小，目标小，仅十几户人家，又可依靠人多村大的才丈村作依托。

王真把机器、工人等转移到目的地后，因无人接受这项工作，华夫又把王真留下来负责这项工作。接下来的工作是分成两部分：一是由王真带队在谷家庙村负责组织印刷工作；二是以段周德为主，带领几个同志跟随二纵后勤部，随军完成兑换券打号码、盖骑缝章、封包、会计、发行等工作。

谷家庙印刷工作开始时只有一部石印机，几个人，规模很小。公署领导对分散后的工作十分重视，南乐县长刘镜西及区委的负责人给予了大力支持，刘镜西找到了刻字工人苏子久，军队也给予大力支持。不久发展为一机二石，两班人生产，又在当地吸收了技术员康新奎，生产能力增加了一倍。开始只在谷家庙一地生产，后来又搞到一部石印机，建立了第二个生产据点，生产规模逐步扩大。

当时的印刷工作和检封工作分别在两地进行。在谷家庙负责印刷的包括王真、王继曾、康新奎、程振兴、王富贵、李来满等，后来王凌霄、红军干部施立开从沙区来到南乐东北，一起加入了印刷工作。这些员工隐蔽在谷家庙村，任务是印制兑换券并裁切好，送往二纵后勤部，再做完成工作的最后工序。检封工作，以段周德为主，包括翟波、祁六顺、李万顺四位员工，跟随军队。他们的任务是对印妥的兑换券打印号码、检验、封包等工序，最后按照行署华夫的指令正式发行。

当时的会计账分两个部分，一是收入账，以券别（伍分、壹角、贰角、伍角）记收入账；二是付出账，以支付各县财政科及二纵后勤部财政科为对象记付出账。当时以付给军队军费开支为主要份额。

坚持在谷家庙生产的员工，工作条件十分艰苦。为了安全起见，防止敌人袭击，印制工作必须绝对保密。依靠老百姓，村落选择较为隐蔽，生产工作的院落也要选得隐蔽，并同外界隔绝。白天生产，夜间对外活动，把印刷好的成品运出，把纸张、材料、粮柴等工作生活必需品运进。不分干部、工人、炊事员，人人都参加运输工作。遇有敌情，还要轮流警戒、放哨。敌人"扫荡"来了，就同百姓一起，同敌人周旋。

初期，生产在地上室内进行，由于敌人"扫荡"频繁，一有敌情，就得拆卸机器，分散埋藏；敌人撤退后，再从野外掘出，重新安装，再进行生产。这些工作白天不能干，只能在夜间并于黎明前完成，特别费时耗力。后来，积累了经验，采取挖洞进行生产，一遇敌情，只把票版转移埋藏，把洞口封死，加以伪装，印刷机、工具、原材料都可以在地下洞内不用转移，就可以避免拆卸、埋藏、重新安装的麻烦，生产起来方便，省时省力；争取了更多的印刷时间和精力。

1941年"四·一二大扫荡"后，沙区根据地141个村庄全部被日寇烧毁，枣林砍伐殆尽，沙区印制工作被迫停止。兑换券的印制和发行全部落在了谷家庙印制工作的员工肩上。

1941年7月，鲁西区与冀鲁豫区（小冀鲁豫区）合并为大冀鲁豫区，鲁西银行成为这一区的地方银行，区政府发行鲁西银行钞票，鲁西钞成为这一区的本位币。9月，鲁西银行决定，印制兑换券的机构同鲁西北地区的印刷机构进行合并，组成鲁西银行第三印刷所，并印制鲁西银行钞票，兑换券停止发行，所发行流通的兑换券由鲁西银行发行的货币兑收。

据"鲁西银行历年发行券别金额统计表"[①]中统计的数据，1940年至1941年，兑换券共发行405 899.65元。

在历经一年多的时间里，兑换券完成了它的历史使命，为边区的抗敌斗争作出了自己应有的努力和贡献。

第三节　鱼台县地方流通券

湖西地区，在陇海铁路以北，津浦铁路以西，地跨苏、鲁、豫、皖四省。1938年4月，共产党员马霄鹏、郭耕夫等，动员民主人士聂峨亭在鱼台县成立了救国司令部。7月，建立抗敌自卫团，队伍发展到1 000余人。1938年5月，中共中央决定将山东省委扩大为苏鲁豫皖边区省委，领导山东省和苏鲁豫边、苏皖边地区，郭洪涛任书记。12月，中共苏鲁豫皖边区省委改称中共山东分局，仍由郭洪涛任书记。

---

① 中国人民银行金融研究所，中国人民银行山东省分行金融研究所. 冀鲁豫边区金融史料选编（下册）[M]. 北京：中国金融出版社，1989：110.

日寇侵占徐州后，沿陇海铁路西犯，沦为敌后的湖西各地党组织在徐州西北区委和鲁西南特委领导下，积极发展抗日武装。丰县各地成立了青年抗日自卫团等群众团体，李贞乾在其家乡李新庄开办农民训练班，集资购买枪支弹药，组建起60多人的抗日游击队，不久发展到900多人，李贞乾任队长。铜山县工委也组建了农民抗日自卫队，宿县抗敌社也组建起抗日游击队，萧县、沛县、砀山、永城等县党组织，分别组建了抗日武装。1938年6月11日，根据上级指示，郝中士等领导的沛县抗日武装，李贞乾领导的丰县抗日武装，孟宪琛领导的砀山县抗日武装，高文甫、王华瑞领导的单县抗日自卫团等部在丰县南渠楼汇合，正式组建了苏鲁人民抗日义勇队第二总队，李贞乾任总队长，王文彬、郭影秋先后任政治委员，张如任参谋长，孙叔平任政治部主任。这几支武装按第一总队的序列，分别编为第五、第六、第七、第八大队。

1938年7月，中共苏鲁豫皖边区省委决定，鲁西南特委与徐西北区委合并，建立中共苏鲁豫特委，王文彬任书记，白子明任组织部长，孙衷文任宣传部长，张如任军事部长，郭影秋任委员。特委领导丰县、沛县、萧县、砀山、铜山、宿县、金乡、嘉祥、鱼台、单县、曹县、东明、考城、沛滕边等22个县。12月，根据中共山东分局指示，特委改组，由白子明任书记，孙衷文负责组织工作，王文彬负责宣传和统战工作，陈筹负责政府工作，李贞乾、郭影秋负责军事工作，李毅增补为委员。

是年12月27日，由晋西南出发的一一五师三四三旅六八五团到达微山湖以西丰县、单县边八大庄一带，初称苏鲁支队，后改称苏鲁豫支队。彭明治任支队长，梁兴祚任副支队长，吴法宪任政治委员，田维扬任参谋长，王凤鸣任政治部主任。支队辖3个大队，3000余人。

1939年3月，丰县、鱼台等地的日伪军4000余人，向微山湖以西，丰县、鱼台以东的湖西地区"扫荡"。苏鲁豫支队三大队在鱼台县谷亭镇以南唐马庄一带，与从鱼台出动的日伪军600多人遭遇，毙伤敌人200余人。

是年5月14日，中共山东分局决定，苏鲁豫特委改为苏鲁豫区党委（山东分局第五区党委），白子明任书记，郝中士任组织部长，马霄鹏任宣传部长，王文彬任统战部长，赵万庆任社会部长，孙衷文任青年部长，张如任军事部长，陈筹任政府工作部副部长。区党委下属包括鲁西南地委、湖边地委、萧县中心县委、沛县中心县委、金（乡）嘉（祥）巨（野）中心县委，以及单县、砀山、丰县三个直属县委。

是年秋天，湖西辖区的鱼台县县长朱启森带着国民党部队投敌当了汉奸。7月1日，苏鲁豫支队四大队在湖边游击四大队的配合下，在鱼台县谷亭、南阳两地，对经常袭扰抗日武装的国民党鱼台县县长朱启森发起反击，并抓获朱启森。随后，召开群众大会，宣布成立鱼台县抗日民主政府，李贞乾任县长。同时建立湖边游击司令部，李贞乾任司令，罗有荣任政治部主任。鱼台县抗日民主政府为筹措军队给养，打破敌人的封锁，适应抗战需要，决定建立鱼台县抗日民主政府后方办事处印刷所，印制发行鱼台县地方流通券（以下简称"鱼台券"）。

县政府派王文连负责筹建印刷所，王文连从济宁购买了一台石印机，动员印刷技师安耀南、郑如玉等四人参加了革命，在江苏丰县肖庄成立了鱼台县抗日民主政府后方办事处印刷所，隶属鱼台县抗日民主政府贸易局，王文连任所长。经过近两个月的筹备，印制发行了面额为壹角、贰角、伍角、壹圆四种面额的"鱼台券"。该券开始在鱼台县境内流通，其面值基本与法币相等，但高于日伪银行发行的伪"中国联合准备银行券"。

1939年8月，湖西地区发生了亲者痛仇者快的"肃托事件"，所长王文连被错误杀害，印刷所也被肃垮了，停止了印制流通券的工作。

是年11月，山东军政委员会获悉后，立即决定由山东分局书记郭洪涛、一一五师政治委员罗荣桓等赶赴湖西，采取紧急措施，制止了"肃托事件"的发展。

为了重启"鱼台券"的印制和发行工作，中共苏鲁豫区党委派财政科长吴正宪到湖边司令部兼管印刷厂的工作，在微山县微山湖里的王楼村、芦堰村重建鱼台县抗日民主政府后方办事处印刷所，吴正宪任所长，兼鱼台县抗日民主政府后方办事处会计主任，负责湖边游击司令部所属抗日武装力量的供给工作。当时有2台石印机，除原有4名工人外，又招收了一些工人，并任赵庭珠为会计，共20余名工作人员。根据上级指示，需重新制作票版，名称仍为鱼台县地方流通券，新票版面额有壹角、贰角、贰圆三种版别，版样设计仍由技师安耀南负责，新版"鱼台县地方流通券"八个字由吴正宪书写。作出草稿后，送吴正宪初审，再送鱼台县县长李贞乾审批。新版印刷，旧版停用，流通范围仍主要在鱼台县境内，后来又逐步在苏、鲁、豫边区的金乡、嘉祥、济宁等地流通。为了防止日寇的侵袭，湖西边区司令部派出一个排的兵力对印刷所进行保卫。

1940年4月15日，中共在鲁西区建立了第一个行署级抗日政府——鲁西行政主任公署，下设泰西、运西、运东、鲁西北四个专员公署。

是年7月，湖西专署成立，李贞乾任专员。"鱼台券"成为湖西专区的本位货币，同时将鱼台县抗日民主政府后方办事处印刷所改为湖西专署印刷所，简称湖西印刷所，隶属湖西专署财政科。

是年8月，为加强苏鲁豫地区的领导，中共山东分局派潘复生去湖西接替白子明的区党委书记职务。

1941年1月，中共苏鲁豫区党委改组为中共湖西地委，划归到中共鲁西区党委领导，湖西专区成为鲁西区的一部分，此时，鲁西银行成立不到一年，所发行的鲁西银行币数量少，湖西区仍沿用"鱼台券"，"鱼台券"继续印制发行。

是年6月，日寇对微山湖地区进行"扫荡"，印刷所由湖里转移到了山东单县刘新庄、刘庄和后楼村，转入地下进行秘密生产。

是年7月，湖西区从鲁西区分离出去，重归中共山东分局直接领导，湖西区继续使用"鱼台券"。此时，所长吴正宪调到湖西区专署工作，王友明接任了印刷所工作，并任所长，王友明是湖西印刷所的第三任所长。

1942年，这是环境最艰苦，斗争最复杂的一年；不论山区或平原，日寇都用了很大的力量，破坏根据地经济建设，"扫荡"日益频繁，敌后环境日益艰苦，敌人实行杀光、烧光、抢光的"三光"政策，对根据地进行轮番"扫荡"，达到空前残酷的程度。这年春天，在单县，察贯一接任所长，成为湖西印刷所的第四任所长，吴正宪和赵庭珠又回到印刷所协助察贯一工作。在2月和5月的两次反"扫荡"中，印刷所不得不全部停工，实行坚壁清野，与敌人打游击，就地保护工厂，保存了力量。由于日军不断地对湖西地区进行军事行动，印刷所不得不再转移到单县东北张集、牛庄等地坚持生产。

是年10月，中共北方局决定将湖西地区并入冀鲁豫区，湖西印刷所也随之划归鲁西银行领导。初期，由于鲁西银行币筹码少，不能满足市场流通，湖西区仍准印制"鱼台券"并发行流通。

此时，"鱼台券"的流通范围扩大到济宁、金乡、单县、嘉祥、巨野、成武、邹县西、滕县西及苏鲁皖地区的丰县、沛县、铜山、虞城和砀山等地。

是年11月，敌人对湖西地区实行铁壁合围式的大"扫荡"，印刷所被合围之中，察贯一和吴正宪带领一个警卫班保护印刷所转移，在金乡县司马集西南魏庄村一带被日军包围，激战半夜才冲出包围。

是年12月21日，日军对湖西进行大规模"扫荡"，对湖西中心区形成包围，专员李贞乾为掩护地委、军分区机关转移英勇牺牲。"扫荡"过后，敌人对根据地加紧了蚕食和封锁，印刷所又转移到单县贾庄一带,转入地下,继续坚持生产。

1943年初,遇到敌人"扫荡",职工被冲散了,人员减少,只剩下了察贯一等7个人,印刷所又转移到了单县周集,没有工人印号码,干部就学着印,克服困难,坚持生产。

是年2月,冀鲁豫行署颁布《冀鲁豫区统一市场货币暂行实施办法》,明确了鲁西银行钞票为本区的本位币。

是年春天,湖西专署刘升宪随专员郭影秋在边区领了一块鲁西银行带"湖西"字样的票版,带到湖西,湖西印刷所随停止印刷"鱼台券",改印鲁西银行券。最初印制的鲁西银行券,是加字"湖西"字样的鲁西券。

湖西印刷所在划归鲁西银行领导后,"鱼台券"由鲁西银行对其进行了集中收兑并销毁,存世稀少。从已出版的各类钱币类图书及各大拍卖行历年所拍纸币图录中,很少发现"鱼台券"的身影。钱币市场上也难以寻到"鱼台券"的踪迹,成为众多纸币收藏者的梦想之物。

附表

地方流通券索引

编号	券名	面额	版式	正面主景	颜色 正面	颜色 背面	票幅/mm	年号	始发时间	冠字	页码	备注
001	冀南农民合作社兑换券	伍分	横版	风景	绿	棕	90×48	民国二十九年	1940年	无	164页	
002	冀南农民合作社兑换券	壹角	横版	树	褐	深绿	95×52	民国二十九年	1940年	无	164页	
003	冀南农民合作社兑换券	贰角	横版	风景	红	红棕	104×61	民国二十九年	1940年	无	165页	
004	冀南农民合作社兑换券	贰角	横版	风景	红	红	103×60	民国二十九年	1940年	无	166页	
005	冀南农民合作社兑换券	贰角	横版	风景	浅红	浅红棕	103×60	民国二十九年	1940年	无	167页	
006	冀南农民合作社兑换券	伍角	横版	牌坊	紫色	棕	103×62	民国二十九年	1940年	无	168页	
007	冀南农民合作社兑换券	伍角	横版	牌坊	紫色	棕	103×60	民国二十九年	1940年	无	169页	
*	泰西银行券	壹角										未征集到实物图片
*	泰西银行券	贰角										未征集到实物图片
*	泰西银行券	伍角										未征集到实物图片
*	鱼台县地方流通券	壹角										1939年8月版，未征集到实物图片
*	鱼台县地方流通券	壹角										1939年11月版，未征集到实物图片
008	鱼台县地方流通券	贰角	横版	塔	蓝黑	蓝绿	97×55	民国二十八年	1939年	无	170页	不确认版别
*	鱼台县地方流通券	贰角										
*	鱼台县地方流通券	伍角										1939年8月版，未征集到实物图片
*	鱼台县地方流通券	壹圆										1939年8月版，未征集到实物图片
*	鱼台县地方流通券	贰圆										1939年11月版，未征集到实物图片

说明：1. 编号"*"表示该票券至成书日未见实物或图片。

2. 泰西银行券共印制发行了壹角、贰角、伍角三种面额，至成书日未见该券的实物、未征集到该券的图版。

3. 鱼台县地方流通券，1939年8月，印制发行了壹角、贰角、伍角、壹圆四种面额的流通券。"肃托事件"后的1939年11月，重新制版印制发行了壹角、贰角、贰圆三种面额的流通券。因8月版和11月版都在1939年，本表中的贰角券，目前只征集到本书中的这一张实物图版，不能确认是8月版或11月版。壹角券、贰角券存在8月版和11月版两种版别。

附图

编 号：	001
券 名：	冀南农民合作社兑换券
面 额：	伍分
版 式：	横版
正面主景：	风景
颜 色：	绿（正面）　棕（背面）
票 幅：	90×48（mm）
年 号：	民国二十九年
始发时间：	1940 年
冠 字：	无
图片提供：	编委
稀有等级：	★★★★
备 注：	无

编 号：	002
券 名：	冀南农民合作社兑换券
面 额：	壹角
版 式：	横版
正面主景：	树
颜 色：	褐（正面）　深绿（背面）
票 幅：	95×52（mm）
年 号：	民国二十九年
始发时间：	1940 年
冠 字：	无
收藏者：	编委
稀有等级：	★★★
备 注：	无

第四章 地方流通券

编　　号：003	年　　号：民国二十九年
券　　名：冀南农民合作社兑换券	始发时间：1940 年
面　　额：贰角	冠　　字：无
版　　式：横版	收 藏 者：编委
正面主景：风景	稀有等级：★★★
颜　　色：红（正面）　红棕（背面）	备　　注：无
票　　幅：104×61（mm）	

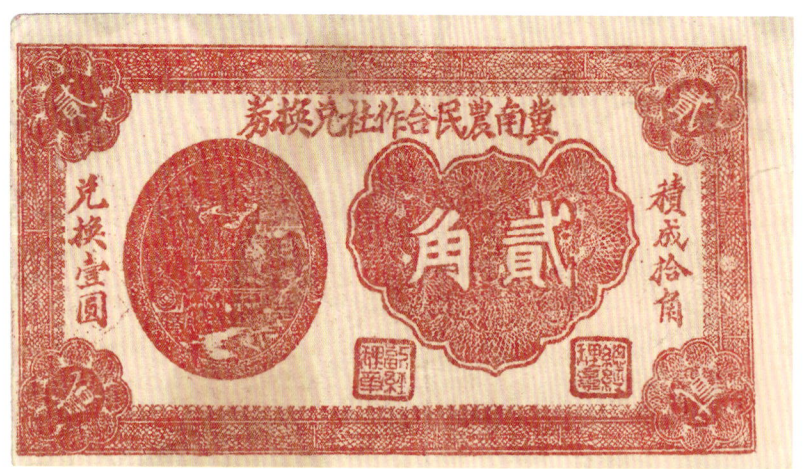

编　　号：	004	年　　号：	民国二十九年
券　　名：	冀南农民合作社兑换券	始发时间：	1940 年
面　　额：	贰角	冠　　字：	无
版　　式：	横版	收 藏 者：	编委
正面主景：	风景	稀有等级：	★★★
颜　　色：	红（正面）　红（背面）	备　　注：	无
票　　幅：	103×60（mm）		

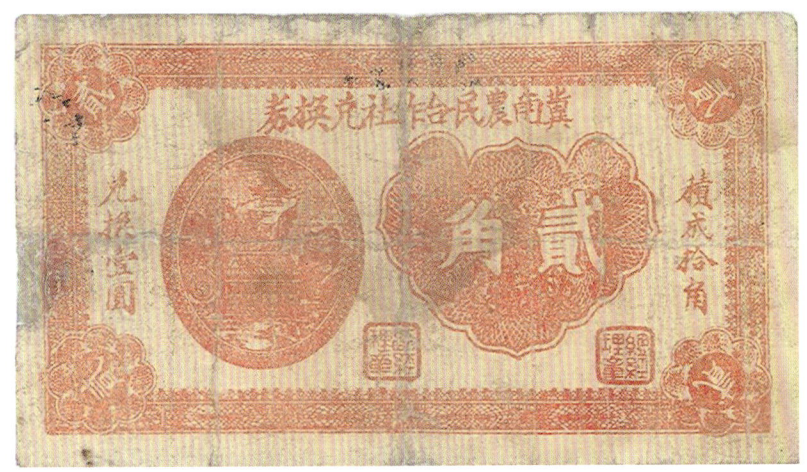

编　　号：005	年　　号：民国二十九年
券　　名：冀南农民合作社兑换券	始发时间：1940 年
面　　额：贰角	冠　　字：无
版　　式：横版	图片提供：编委
正面主景：风景	稀有等级：★★★
颜　　色：浅红（正面）　浅红棕（背面）	备　　注：无
票　　幅：103×60（mm）	

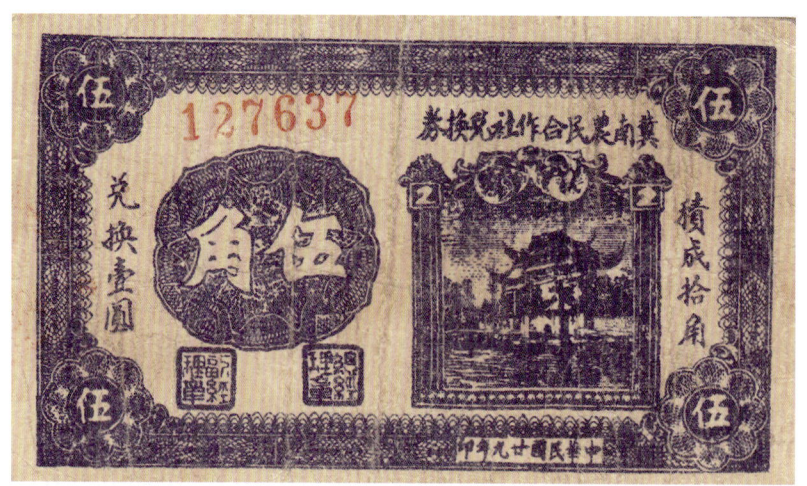

编　　号：006	年　　号：民国二十九年
券　　名：冀南农民合作社兑换券	始发时间：1940年
面　　额：伍角	冠　　字：无
版　　式：横版	收 藏 者：编委
正面主景：牌坊	稀有等级：★★★
颜　　色：紫色（正面）　棕（背面）	备　　注：无
票　　幅：103×62（mm）	

第四章 地方流通券

编　　号：007		年　　号：民国二十九年	
券　　名：冀南农民合作社兑换券		始发时间：1940年	
面　　额：伍角		冠　　字：无	
版　　式：横版		图片提供：编委	
正面主景：牌坊		稀有等级：★★★	
颜　　色：紫色（正面）　棕（背面）		备　　注：无	
票　　幅：103×60（mm）			

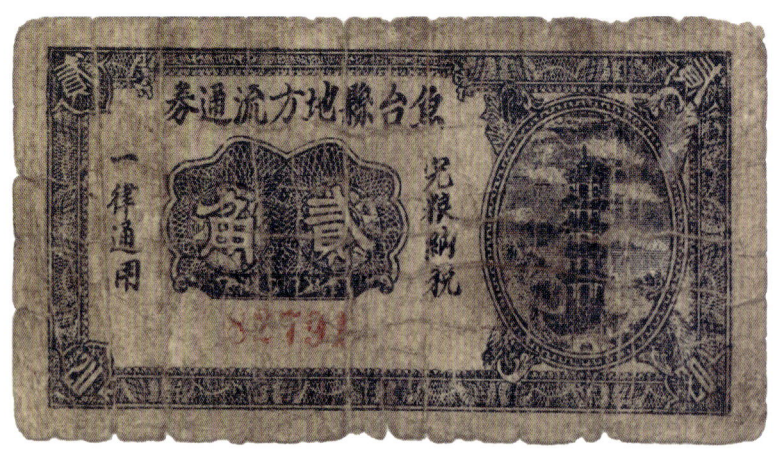

编　　号：008	年　　号：民国二十八年
券　　名：鱼台县地方流通券	始发时间：1939 年
面　　额：贰角	冠　　字：无
版　　式：横版	收藏者：吕乃涛
正面主景：塔	稀有等级：★★★★★
颜　　色：蓝黑（正面）　蓝绿（背面）	备　　注：无
票　　幅：97×55（mm）	

第五章　冀鲁豫根据地的货币斗争

第一节　1940年的货币斗争

一、小冀鲁豫根据地的货币斗争

小冀鲁豫根据地建立后，即公布了冀钞（冀南银行纸币）为本位币，成立了财政委员会，货币斗争是在财政委员会领导下进行的。当时市面上流通的货币复杂，有河北银行纸币、法币、濮阳专员丁树本发行的东明田赋流通券、山东民生票、（国民党）鲁西行署流通券、山东平市官钱局纸币、河北银钱局纸币、私人钱票等，冀钞并未取得主导地位。虽然此时各种货币比较稳定，价值大致相当，并未严重影响市场流通，但是，为了排挤伪币与杂钞，根据地于1940年5月宣布禁止各种杂钞，并拟发行一部分辅币以供市场找零之用。

本年的货币政策：抵制伪币，禁止土杂钞，保障法币（受财政力量限制，实际采取的是不积极维护的态度），维护冀钞，调剂金融流通，增加生产。货币斗争的情况大体如下。

根据地建立后即严格禁止日伪币流通，故日伪币在根据地基本区始终没有地位。

关于河北银行纸币、山东民生票、鲁西行署流通券、山东平市官钱局纸币、河北银钱局等纸币，虽然以政府名义公布禁止，由于市面缺乏辅币，并未收到良好效果，仅河北银行壹圆以上币不能流通。日伪"扫荡"根据地后，各种货币价值开始动荡，冀钞、部分法币开始跌价，加上根据地辅币发行迟缓，各杂票不仅未能肃清，反而增加了。后经各县的努力，冀钞价格开始稳定，各种杂钞逐步绝迹。

对于私人出的钱票，根据地一开始就采取了取缔政策，因市面缺乏找零票，私票是禁而不止。最终，随着根据地辅币的陆续发行，以及限令私票发行人缴纳保证金，分期收回已经发行的纸币，私票基本绝迹了。

丁树本发行的东明田赋流通券属于特殊情况。尽管丁树本发行的流通券数量较大，约有80万元，由于其曾经与八路军合作过，加上流通券票面注明以田赋附加作担保，且大多数是在小商人手里，为了统战和照顾小商人及贫苦人民的利益，对于其发行的流通券，在冀钞尚未普遍流通、市场缺乏小额票币时，根据地默许其流通，后来经过停止使用登记、折价或田赋银两派款收兑，到10月才正式宣布禁止流通。

本年根据地流通的货币数量，法币占优势，虽经努力推广，冀钞占流通货币总数不到30%，并且信用还不巩固，部分地区冀钞币值低于法币约一二成。可以说本年的货币斗争在禁止各类土杂钞及推广冀钞方面取得了一定的成绩，但也存在不足之处。

小冀鲁豫区流通冀钞，据《抗日战争时期晋冀鲁豫边区财政经济史资料选编》记载：1940年底，日寇大量伪造冀钞伍圆券，企图捣乱根据地经济。

二、鲁西根据地的货币斗争

鲁西根据地建立后，成立了财政委员会领导货币斗争。此时的货币政策是推行鲁西币，保护法币、排挤伪币、取缔土杂钞。但是，推行鲁西币并不如意，市面杂钞禁而不绝。

本年度，没有发现鲁西币假票的报道。

第二节　1941年的货币斗争

本年春，小冀鲁豫区继续肃清土杂钞，并限制法币在市面流通。但是，鲁西区杂钞依然充斥市面，连卖花生的、卖纸烟的都印发票子。私票所以禁而不止，除政权不是很巩固外，与鲁西币辅币缺乏不无关系。为此，政府除勒令各商号定期收回杂票外，并计划多印伍分、壹角、贰角小票。为了避免法币流入日伪占区，政府开始动员人民不用法币买东西，将法币兑换成鲁西币，或是存入银行。

7月，冀鲁豫区与鲁西区合并，仍称冀鲁豫区。合并后，整个冀鲁豫区除流通鲁钞外，还流通冀钞，鲁钞为冀鲁豫区的本位币。为了防止日伪吸收法币，7月5日，晋冀鲁豫边区公布了《保护法币暂行条例》：凡携带法币出境者，须一律领有证明文件。之后冀鲁豫区下达命令，交易中一定不用法币，法币由政府收购。但实际工作中，此项命令执行得尚不彻底，法币仍然在市面流通。

在禁止伪币流通方面，根据冀鲁豫1941年工作报告，本年对伪币的斗争很差，对伪币的流入和法币的输出，并未引起重视。

在取缔土杂钞方面，仅取得了一点成绩。根据1941年的《冀鲁豫、鲁西财经工作材料》记载，一般土杂钞，如河北银钱局纸币、山东民生票等是禁止了，在敌区接合部尚流通，流通量较前为少。但是，当地的土杂票流通得还很多，如鲁西行署流通券、山东省第十一区流通券（朱世勤出）、山东省第二区流通券（孙秉贤出）及多种私票。

日伪及顽固分子对冀鲁豫根据地的货币进攻方式主要有：一是用日本金元票收买法币和冀钞、鲁钞，然后用高价在接敌区或敌占区收购粮食，将票子分出等级，借以增大货币流通量，提高物价，降低法币及冀钞、鲁钞价格；二是制造假冀钞、鲁钞，扰乱根据地金融市场；三是宣传抗票无基金、不可靠，以此破坏根据地货币的信用。

本年度在推行鲁钞方面取得了一定成绩，由于两区合并，流通区域由鲁西区扩大到整个冀鲁豫区。但是，在取缔土杂钞方面略显不足，没有完全根除土杂钞的流通。与日伪币的斗争更是差强人意，不仅是日伪币大量流入根据地，比价方面也是节节失利。比价斗争的大致结果是：冀钞对法币1∶0.6，鲁钞对法币1∶0.7至0.8，鲁钞对伪币1∶0.5（在敌占区）。在泰西，"鲁钞壹圆换伪钞伍角，法币与鲁钞同土钞亦同"。鲁钞与伪币的比价，由1940年的1∶1降到1941年的1∶0.5，如此快速的贬值，其原因不仅仅是日伪货币的进攻，更主要的是根据地没有搞好生产建设。正如1941年5月中共山东分局对鲁西根据地工作的指示所说："生产建设尤差，主要部分的支出是靠石印机。"一个政权或政府的支出，如果不是靠税收，而是靠印票子，其货币必然会贬值。

在反假票方面，1941年的冀鲁豫、鲁西财经工作材料中也提到敌人制造假冀钞、假鲁钞以破坏根据地的钞票。根据《冀鲁豫区抗日根据地发展史略》记载："本年鲁西在整理党支部工作的统计中，钜北一个支部四个党员，其中一个伪造我们的纸币。"

据段周德回忆：1941年至1942年间，鲁西银行的业务工作之一是进行反假票宣传，积极开展反假票斗争，总行除及时印制真假票说明外，并配合工商局、县财政科、集市管理所等进行宣传。尤其是冀南农民合作社兑换券伍角票，由于印制粗糙曾发现很多假票，经过宣传及各方斗争，假票大大减少。

冀钞在多个流通区域发现假钞，有壹圆、贰圆、伍圆，但冀鲁豫没有发现假钞流入。

第三节　1942年的货币斗争

太平洋战争爆发前，日伪大量收兑法币，在港沪金融市场上套取外汇，然后在国际市场上套购大宗战略物资。太平洋战争爆发后，上海租界及香港先后沦陷，加之英美对日宣战，封存了国民政府的外汇资金，日本无法再用法币套取外汇，转而向根据地及国民党控制区倾销法币，套购大宗物资，扰乱金融秩序。迫于此，冀鲁豫根据地开始进行排法斗争。根据冀鲁豫行署5~12月的财政建设计划大纲要求，十七、十八、二十、二十一专区的基本区自8月1日起停止法币在市场的流通，严格统制外汇，在9月底完全肃清市场上流通的土票辅币。十六、十九、二十二专区的五县联办昆山基本区，自8月1日起开始肃清市场土票辅币，争取在年底前肃清。由大纲不难看出，至1942年5月，冀鲁豫各地普遍存在土钞流通现象。

9月1日，晋冀鲁豫边区修正公布的《禁止敌伪钞票暂行办法》规定："一切敌伪发行之钞票，在本区内绝对禁止携带保存与行使。"同日，还修正公布了《保护法币暂行办法》。

15日，冀鲁豫区公布的《统一市场货币暂行实施办法》指出："凡本区内一切公私交易各款，一律以鲁西银行钞票（以下简称鲁钞）为本位币，所有法币其他杂钞，一律停止流通。"9月15日至10月10日，为宣传动员准备时期，各级政府公款收入一律停止收受法币；自10月11日至11月10日，为开始停止使用法币期，凡人民持有法币者，一律按7折兑换成鲁钞后行使。各级军政民机关所存的法币，限于9月30日前送交同级政府金库等值兑换鲁钞。11月11日以后，所有在市场交易的法币一律没收。该办法并不是在全边区施行，仅限于十八专署及十七专署所辖濮县、范县、鄄城，范寿朝阳办事处及二十三专署所辖寿张等县基本区，其他各地区均暂为准备施行统一市场货币区。

由于根据地一开始就禁止伪钞流通，所以该办法未明确提及伪钞流通。此外，"以鲁钞为本位币，所有法币其他杂钞，一律停止流通"，并不意味着停止冀钞及其他根据地的钞票流通。因为"杂钞"主要是指钱庄票、国民党敌后各级政府或军队发行的纸币。

10月9日，冀南行署宣布冀南停止鲁钞流通。由于冀南与冀鲁豫接壤，冀南停用鲁钞，就意味着鲁钞不能流通到晋冀鲁豫其他区，其后冀鲁豫和冀南之间的商贸往来必须借助法币作为桥梁。

11月20日，冀鲁豫工商办事处与鲁西银行联合发布了《关于统一市场货币工作的补充指示》，将强制兑换期展至11月底，12月1日起为禁止使用期。

日伪对根据地的货币斗争策略是：在华北以"联合准备银行"为发券银行，"联银券"为唯一通货，停止其他银行发券；有计划地收买法币，打击法币和抗钞；在其统治区禁用法币和抗钞，查出即没收；通过商人以法币高价收买根据地产品；制造伪抗钞，公布贬价；造谣八路军要走，一走抗钞即无用，破坏抗钞威信；组织小贩到根据地销售日伪货。

本年度货币斗争在取缔土钞方面成绩较大，冀鲁豫根据地大部分土钞被肃清，仅有少部分仍在流通。对伪币和法币的斗争，则不尽如人意。虽然晋冀鲁豫边区政府公布了《禁止敌伪钞票暂行办法》，冀鲁豫行署公布了《统一市场货币暂行实施办法》，9月以后，鲁钞在市场流通中的比重开始增加，表面上已成为主要货币（暗中仍占次要地位），但是，从总体看，所取得的成绩主要是靠行政力量推行所致，基础很不稳固，并且伪币及法币不仅没有被驱离根据地，而且还在源源不断地涌入，席卷根据地的物资。由于斗争形势的恶化，根据地地盘的缩小，鲁钞的流通区域也在缩小，鲁钞对伪币的比价继续下滑。

如在泰西，"3月，鲁钞1元换伪钞3角，法币1元换伪钞4角，土钞与鲁钞同……12月，鲁钞1元换伪钞4角，法币新一些的，1元可换5角伪币，土钞与抗钞同"。边缘区，鲁钞对法币1∶0.59，对伪币1∶0.26。正如1942年12月22日的《中共冀鲁豫区党委研究财经工作的会议记录》所记载，鲁钞拥挤在范濮地区，其次是鲁西北，其他地区则很少，甚至没有。即便在中心区鲁钞对其他钞票，在数量上也不占优势，到现在禁用法币后，不过仅仅只占二分之一。在数量上，鲁钞在各地都处于劣势，甚至是极大的劣势。敌顽在货币斗争上取得了很大的优势，并已得到很大的成功——表现在根据地法币有极大膨胀，物价上升，物资外流。法币流通额至少在1亿元以上。

货币斗争失败的主因之一仍然是根据地对生产建设重视不够。据该"会议记录"：鲁钞发行1 700万元，其中贷款发行240万元，用于生产的贷款很少，很不健康。过去的发行基本上仅起到单纯支付手段的作用，没有起到流通手段的作用。其后果是，市场上主要流通的不是根据地的货币，从而导致鲁钞信用低落，物价高涨。如粮食价格不受鲁钞支配，货币斗争处于被动地位，本想将法币挤出中心区，反而造成法币币值升高。主因之二是根据地不断恶化的形势，动摇了一部分人持有鲁钞的信心。主因之三是因受灾严重，农作物普遍减产，货币斗争缺少粮食支持。

反假斗争方面，本年度冀鲁豫区假票数量开始上升，鲁西币贰圆、伍圆券均发现假票。南乐县工商局在张果屯破获重大假票案，据报道系在济宁地区制发，经县政府审查后，案犯被处以极刑。

冀钞假票情况更为严重，冀南一分区部分地方假票占市场流通量的70%以上，伍角券大部是假票，冀鲁豫与冀南接壤的地方，必定受其影响。8月13日，冀南银行总行公布了《关于对付假票等工作的指示》，要求宣传假币识别办法，调查假币流通情况。

第四节　1943年的货币斗争

1月20日，晋冀鲁豫边区政府财政厅提出1943年奋斗目标是粉碎敌人的掠夺；缩小伪钞的流通区域和范围，并使之贬值，以维持物价稳定等。

2月1日，冀鲁豫行署修订颁发的《统一市场货币暂行实施办法》的通令，规定：凡公私交易款项，均以鲁西银行钞票（以下简称鲁钞）为本位币，法币无论数目多少，一律禁止行使。本办法实施地区暂定为十八专区，十七专区之濮县、范县、鄄城、郓城、寿张（范寿朝阳边在内），十九专区之观、朝等区域，其他地区暂缓实行。与旧办法比，增加了郓城等县，处罚标准也有所降低。如旧办法规定，私自携带法币500元以下者一律没收充公；501~5 000元者，除没收充公外，处以携带数10%的罚金；5 001元以上者处全部没收充公外，处以携带数20%的罚金，情节重大者送县以上司法机关依法惩处。新办法规定，凡私自携带法币1 000元以下者一律没收充公，1 001~3 000元者除全部没收并处以10%罚金，3 001元以上者除全部没收充公外，并处以20%罚金，如情节重大者得送司法机关依法惩处。

根据任村德兴货栈调查，3月7日，冀鲁豫区鲁钞对关金券1∶0.06，鲁钞对伪币1∶0.25，伪币对法币1∶3。

为了加强对敌货币斗争，排除法币，更好地贯彻执行《统一市场货币暂行实施办法》，3月9日，冀鲁豫行署颁发了《统一市场货币工作组组织办法》，主要内容如下：

一、凡边区区级以上政权成立统一市场货币工作组，各级以现有干部中组织，人数三至五人，组长由负责干部担任，每半月总结一次工作。二、各级政府工作组一律不脱离原工作岗位，但每天必须抽出一定时间进行统一市场货币的宣传与检查工作。三、工作组除在机关所在地区进行宣传检查工作外，并应到附近集市配合兑换所进行工作，工作范围以原行政区及统一货币区为限，在未统一货币区，只可进行宣传解释工作，不得检查，以作统一市场货币工作的准备。四、工作组进行检查工作时，必须携带检查证及没收证。如查获有携带法币或行使伪准备钞票者，一律没收。但必须开给正式没收证，无检查证者不得检查，以杜流弊。如有违者，以诈财论处依法办理。各级负责干部应切实注意与检查。五、工作组所用检查证及没收证，由工商办事处统一制定样式，由各专署统一印发，检查私自携带及行使的法币及伪钞者，没收后即送当地政府财经科，并按照统一市场货币暂行办法予以提奖。六、工作组赴集市进行工作时，必须与交易所及兑换所取得密切配合，在集市开始时，着重宣传解释工作，在将要散集时候，可在村附近及接敌区之路口进行检查，应特别注意由敌占区来往商人。七、为了便利群众兑换起见，各县须多设兑换所，但应根据各该县集市的多寡而定，如某集市已成立商店，即应代办兑换所工作，在未成立商店的集市，由县政府及工商局配备干部成立流动兑换所，除商店代办的兑换所不到其他集市作流动兑换外，流动兑换所应在本区域作流动兑换工作。八、商店代办的兑换所直接由商店领导，流动兑换所归县工商局领导，兑换资金由工商局指定商店拨支。九、流动兑换所干部不得兼任其他工作。

关金券即"海关金单位兑换券"的简称，中央银行于1931年5月开始发行关金券，起初每元含0.601866克纯金，约合0.4美元。后由于法币信用低落，1942年4月，国民政府财政部决定大量发行关金券，规定1元关金券等于法币20元，并准许用于完粮纳税。为防止关金券的侵入，3月10日，冀鲁豫行署根据晋冀鲁豫边区政府的电示，发布了《防止关金券侵入本区的训令》。该训令规定，如发现民间保存者，应即登记，严禁行使，如发现用于交易者，应即没收。

3月29日，冀鲁豫行署发出《建立工商局及银行联合办公制的指示信》，该指示信指出，目前边区工商局及银行中心工作，是统一市场货币，繁荣根据地市场，对敌加强经济斗争，排除法币，打击伪钞，巩固鲁钞，掌握物资。银行与工商联手开展统一市场货币工作打击伪钞本是件好事，但是，由于二者仅是合署办公，没有统一的领导，权责不是很清晰，以致后来经常出现掣肘之事。

4月15日，冀鲁豫行署发布了《关于禁止其他抗日根据地抗日政府发行之钞票在本地区流通的通令》。通令如下："兹奉晋冀鲁豫边区政府电令略开'各抗日根据地抗日政府发行之钞票只准在本地区以内行使，隔境不得互相流通，以便掌握与管理各该地区之本位货币，以利对敌经济斗争'等因奉此，查本区尚有冀南银行发行之各种钞票与极少数之晋察冀边区银行、北海银行等钞票流通市面，影响鲁钞之掌握与管理，使奸人有机可乘，破坏我货币阵地。此后其他抗日根据地所发行之钞票，应自即日起，一律禁止在本边区以内流通使用，仰即遵照，进行深入宣传解释，凡本边区商民存有此项钞票者，应尽可能携往各地区行使（如冀南银行钞票携往冀南行使）。否则，应持赴鲁西银行或各地工商管理局按原值兑换鲁钞行使，如有故违，即予以强制兑换，但应深加解释，不得有毁损情事。仰即遵照，并饬属知照为要。"

为了防止白银外流，4月15日，晋冀鲁豫边区公布了《保护现银禁使银币暂行办法》。

当时敌人在济南、济宁、顺德、清丰各地伪造大批伍圆、拾圆鲁钞，利用奸细在接敌区附近贩卖行使，破坏金融，盗取物资，意图摧毁根据地经济建设。5月26日，冀鲁豫行署颁发了《查禁假鲁钞暂行办法》的通令和《查禁假鲁钞暂行办法》。"通令"除了指出假票的危害外，还指出反假斗争虽是工商局和银行的责任，但这一斗争的胜利尚需全体军政民的共同努力；反假斗争胜利的关键在于群众能识别真假和了解假票是敌人的阴谋，为此必须深入集市与乡村开展真假票的对照工作，使群众不致误假为真、被人欺骗；检查假票应在不同的地区用不同的方法；处理案犯时，务须斟酌具体情形，予以或轻或重的处罚。"办法"的主要内容如下：凡制造假票者处死刑，并按其情节轻重，没收财产之一部或全部；贩卖假票或明知其为假而行使者，千元以上者，处死刑、无期徒刑或十年以上有期徒刑，并处三倍至五倍之罚金；五百元以上千元未满者，处五年以下三年以上有期徒刑，并处三倍至五倍罚金；百元以上五百元未满者处三年以下有期徒刑，并课一倍至三倍之罚金；不满百元者，得酌情进行教育或予以轻微之处罚；自首者，得减轻其刑；因自首而破获制造之机关或人犯者，减轻或免除其刑；知情告发者予以奖励；查获之假票一律没收烧毁。

6月，华夫在谈冀鲁豫区金融贸易问题时说道：全边区流通货币主要有法币、抗钞、伪钞三种；杂钞已不多，仅一些角票，如石军团、乡票等；法币流通区大（泰西、运东、沙区、鲁西南等地占主要地位），鲁西币在各地区普遍，但除中心区外，尚仅起到法币辅助作用，还未成主要货币。伪钞在根据地仅在某些地区（如泰西之峰山、泰安、肥城）占主要地位，其他各接敌区则占次要地位；而伪钞仍起着支配作用，通过法币来运用行使。由于缺少物资支持，鲁钞对法币1：0.86，鲁钞对伪钞1：0.18。

冀鲁豫工商局第十九分局经济通报：滑县自9月20日开始统一市场货币，冀鲁豫西北妇孺粮贩携带伪钞入境，卫河本币优势已为伪钞代替，伪钞占48%，本币占32%，法币占20%，都以伪钞计价。9月16日，滑县收兑伪钞的兑换挂牌价，鲁钞对伪钞为1：0.13元（黑市鲁钞当更低）。为了顺利完成统一市场货币的工作，滑县加紧掌握出入口问题，一般入口可以强调出口兑货，少兑或不兑出法币外汇，集结大量法币，以求法币打击法币，猛烈压低法币，提高本币。在"统货"过程中还会遇到物价和辅币问题，统货可能引起物价动荡。关于辅币问题，分局扩大会议讨论后决议，为了补助不足，目前法币暂允许中央、中国、交通三种单位合法存在，法币壹圆兑本币壹圆。

11月13日，冀鲁豫行署在发行临时流通券的指示中说，一年来对敌伪顽的军事政治斗争取得了胜利，根据地较去年同期扩大三分之一以上，鲁钞流通市场及信用也日趋扩大与巩固，加以秋后农产品大量上市，目前各地鲁钞均不够用，造成某些地区由于缺少鲁钞而不能进行统一市场货币，已实行统一市场货币的地区，法币、伪钞乘机侵入根据地。为此，根据地采取发行大额临时流通券的方法加以补救。

焦儿寨是濮阳游击根据地的中心集市，据11月9日工商第十九分局的经济通报情况，市场法币、伪钞各占49%，鲁钞仅占2%，鲁钞对法币1：1，对伪钞1：0.12。

据11月29日工商第十九分局的经济通报，在沙区，随着法币逐渐退出沙区市场，伪钞大量侵入，伪钞市场在周围空前扩大（如河西、濮阳、清丰、南乐等地），本币市场在沙区周围较上半年缩小很多，并继续缩小。

12月14日，徐达本在财经工作报告中指示：过去一年，灾荒严重，轻重灾区有2 600个村，灾民数120万人。冀鲁豫区货币当时主要是法币，鲁钞在市场上地位很小，极不巩固，甚至不如法币。由于国民党滥发钞票，加上敌人的破坏，法币不断贬值，而鲁钞比法币还低。由此导致两个问题：一是法币大量流入根据地，今春估计流入冀鲁豫区的法币在1亿元以上；二是法币在冀鲁豫区成为主要货币，鲁钞市场缩小，鲁钞越投放就越不值钱，财政开支成了问题。

据1944年2月的冀鲁豫区工商局局长会议记录，兑换了伪钞后，老百姓拿着冀钞买不到东西，尤其是粮食；使冀钞信用降低，削弱了基本集市。后半年货币斗争，表现了行政与经营的不配合，不协调。地区之间的配合差，时间的不一致，行政力量不能经常贯彻，此紧彼松，时紧时松，便利了商人投机。枣南用行政力量打击伪钞时，不但经营没有配合，而且其他县、其他地区也不配合，形成了枣南孤立，便利了商人投机。卫东市场，伪钞占65%，法币占30%，冀钞占7%，鲁钞仅占1%，另有杂钞很多。受河西打击伪钞的影响，虽然流入一部分冀钞，但很快退出。

总体来看，一年来货币斗争由不利转向有利。开始，由于根据地形势的恶化，区域被继续分割，法币和伪钞大量涌入根据地；期间虽然日伪区因为一些原因伪钞大幅度贬值，但是鲁钞对伪钞的比值非但没有上升，反而一再下滑，货币斗争形势一度跌入谷底。后伴随着军事政治形势的好转，边区政府开始重视生产建设，以及由于国民党孙、庞、杜、李的叛变及泰南友军南撤，法币在华北已无人支持，在公开市场的地位空前削弱，根据地大部分地区实行了统一市场货币，法币大部分被排挤出去，货币斗争取得了一定的胜利。对伪钞的斗争则不容乐观：根据焦儿寨、沙区等边缘区、中心游击区的情况看，伪钞势力非但没有减弱，反而在不断增强，有些地方甚至是伪钞的天下。对伪钞斗争不利的原因有很多，如贸易斗争的失利、物资储备不丰富等。

本年由于南京汪伪政权谋划以"中央储备银行券"（"中储券"）吞并华北的"中国联合准备银行券"（"联银券"），造成金融的一元化，企图"中储券"与"联银券"等值（当时"中储券"对"联银券"比价是100∶33），引起了南京与华北方面的内斗；同时南京方面为了麻痹沦陷区群众，散布"日军撤退，中国军换防"等谣言，加上滥发钞票、王揖唐的倒台和德军欧洲战场的失利，引发了华北敌占区的通货膨胀，伪钞狂跌。为阻止伪币跌价，2月26日，"中国联合准备银行"总裁汪时璟出面辟谣，28日，北平日本宪兵司令部发布布告称"'联银券'跌价是敌人造谣，此后如有囤积居奇贬低'联银券'之事发生，一定军法从事"，之后币值开始稳定。4月，敌人限制乱发伪钞。5月29日，周佛海由华北视察回南京后，发表谈话：为谋统一中国北部与中部之经济，其根本问题即须"联银券"与"中储券"之通货统一问题，南北日伪矛盾日益尖锐化。日伪稳定物价和币值的主要方法：一是开发物资、农业增产；二是节约物资、统制物资、制止囤积居奇。

反假斗争方面，5月13日，晋冀鲁豫边区政府发出《反对假钞紧急指示》。该指示有如下要点：一、反对假票是一种群众运动；二、应向人民宣传解释，向村民进行反对及辨别假票教育；三、推广冀钞辨认所；四、做好稽查、检查工作；五、组织群众拒绝假票，对持有的假票登记缴销，打击敌人推销假票；六、破坏敌人印发贩运假票机关；七、对于使用假票的人犯予以严究，对于贩假奸商严刑制裁，甚至处以极刑；八、对无知行使保存假票商民，要宽大处理；九、凡查获贩运假票之机关奸犯者给予奖励；十、处理人犯的权限；十一、要从反对假票中提高冀钞信用。7月21日的冀南银行分行主任联席会议决议摘要中再次强调反假票斗争，应主动与全面斗争结合，并成为经常工作，以巩固本币。

自冀鲁豫根据地建立之初，便开始了反假斗争，但是，本年的反假斗争尤为突出，发现了大批假伍圆、拾圆鲁钞；对此冀鲁豫行署于5月26日颁发了《查禁假鲁钞暂行办法》（参阅本书历史文献1943年部分），这是冀鲁豫区首次出现的反假文件。

据张海涵回忆：为防止假票，预先把发行的票样张贴于市，并发给各有关部门，便于识别真假。在发行壹圆票的时候，曾发现假票，重改版面后继续发行。

第五节　1944年的货币斗争

本年随着欧洲反法西斯战场及美军对日作战的不断胜利，尤其是塞班岛战役后，美军在菲律宾的登陆，冀鲁豫境内的日军相继南调，形势极为有利。根据地军民对敌发起强大攻势，收复了大片国土，根本上动摇了大众对持有伪钞的信心，伪钞呈逐波下滑之势。

随着根据地的迅速扩大，货币斗争的工作重心是新开辟地区。在新开辟地区，仍为法币或伪钞占优势的混合市场。抗钞虽然是合法公开的，但在市场上只起辅币作用，流通范围很小，群众还怀疑，不敢持有。伪币、法币虽是非法的，但是却有市场物资的支持。广大群众对伪币、法币还存有很多幻想。新开辟地区的货币斗争大体上分三个阶段。

第一阶段，在新开辟区不单纯使用行政力量，行政管理必须建立在经营工作的基础上。如果单靠兑换或行政力量，只能做到承认抗钞可以流通使用，并不能使抗钞同物资直接密切的结合，抗钞的基础仍不巩固，同时还会造成乱没收乱罚款现象，使中心区市场萧条紊乱，黑市盛行，边沿区市场反而繁荣起来。比如卫东，曾经按1元伪钞兑换2.5元冀钞的比例在市场上兑换。由于河西伪钞对冀钞是1∶4，河西商贩携带大批冀钞到卫东兑换伪钞，不问价钱，见货就买，假票的流入，造成根据地物价暴涨，冀钞跌价，群众不敢不愿要冀钞，卫东又变成以伪钞为主的混合市场。

抗日政权建立后，抗钞公开合法的流通才能稳定市场，逐渐争取抗钞优势。随着经营工作的开展，应逐步加强行政管理。没有行政力量的帮助，很难做到统一市场货币，使抗钞取得市场上所有物资的支持。经营中最主要工作，是争取抗钞同市场上的主要物资结合，获得主要物资的支持。在伪币、法币占优势的市场，群众用伪币、法币买东西很方便，可以买到一切物资，用抗钞买东西就很不方便。所以开始要创造使用抗钞的便利条件，并给群众以实际利益。例如，公营商店出卖粮食、日用品低于市价，设兑换所自由兑换，抗钞票子新一点，举行抗钞贷款，等等，来刺激大家用抗钞。这时的中心工作是以物资力量来支持抗钞，兑换、行政管理都是配合进行。由于刚开辟的新地区，还不具备大规模开展生产运动的条件以支持货币斗争，只能在贸易上打开抗钞出路，打通新开辟地区与老根据地贸易关系，取得老根据地的支持与援助，使抗钞不仅能买到当地的产品，而且可以买到当地需要而又不出产的物资，以达到逐步减少对伪币、法币的依赖。

第二阶段，当新开辟的中心区抗钞已取得了物资支持，在市场上树立初步优势以后，便成了以抗钞占优势的混合市场。由于中心区集市对周围敌占区或顽占区依赖程度还很大，许多物资不能自给，而是依靠敌区买来。因此，伪币、法币虽已处于劣势，但并未绝迹，还很顽强的抵抗。中心区的抗钞市场，仍处在伪币、法币的包围中，伪币、法币有随时通过中心区残留的伪币、法币市场进行反攻的可能。在中心区市场，减少抗钞对伪币、法币的依赖程度，达到自给自足是工作的中心。边沿区的市场，抗钞间接得到中心区物资支持而开始流通，但抗钞还占劣势。在边沿区的集市，经营上应团结小贩，给小贩以利益，以物资来支持抗钞流通，补助公营商店力量的不足。

第三阶段，打通同老根据地贸易关系，基本上可以长期自给，抗钞的优势已经比较巩固，对伪币、法币的关系，已经不是单纯的支付外汇，而是打通敌顽区的贸易路线，换取敌顽区物资和夺取外汇的问题。在中心区市场如何更合理地管理使用外汇，争取贸易上的主动，利用敌顽地区上、季节上的差额来打击敌人，稳定自己，统一市场货币的时机已经成熟；而这时抗钞的破票、假票也开始出现，办理各种手续也多了，行政管理上各方面都需要进一步加强，行政管理和经营工作进一步分工。

总体来看，无论对伪币还是法币，鲁钞在流通范围及比价方面均取得了巨大的胜利。

11月1日，冀鲁豫行署布告：冀钞、鲁钞在全区相互流通，均为冀鲁豫的本位币。

7日，冀鲁豫、冀南工商局发出《关于冀鲁钞相互流通后加强通货管理工作的指示信》，信中说，受技术的限制和斗争形势的影响，两种本币均已发现敌伪制造的假票，加上地区的辽阔，更容易使假票钻空子。必须加强通货管理工作，加强集市成交和通货检查，将真假票的特点，告知交易员，并且要将反假票斗争变成群众运动，各分区应推广过去的经验。新开辟地区是工作薄弱的环节，最容易滋生假票，尤其是大额纸币因携带方便流转得快，是敌人造假的重点，因此，对鲁西银行发行的流通券、冀南银行本票的流通，必须与行政管理工作紧密联系，事务所、交易所开购运证时，也必须写明用票人携带本币的种类，并且要限制用票人携带大额纸币，更要教育商人尽量携带物资和小票去购买，以防大票过于集中，降低币值，同时也必须教育所有外地商贩，必须进行这种检查手续。

反假方面，首先是鲁西银行临时流通券的假票问题。1943年秋，冀鲁豫区发行了贰佰圆、伍佰圆面额的鲁西银行临时流通券。由于面额大（当时本币最大面额是伍拾圆），流通券是敌人制假的主要对象。为了打击流通券的制假活动，根据地捣毁了制造假伍佰圆流通券的机关，打死了制假人，破坏了钞版。为了防止敌人利用假票掠夺根据地物资，冀鲁豫行署不得不于本年3月下达指示限期收回贰佰圆、伍佰圆临时流通券。

本年新发行的票子均发现假钞。5月，冀鲁豫、冀南两区合并，鲁钞与冀钞平原版在新区内均可流通。敌人乘机将假鲁钞投向冀南区，将假冀钞推向原冀鲁豫区，这样更容易蒙骗广大群众。尤其冀南原本就是假票重灾区，两区合并后，冀鲁豫区的反假斗争更为尖锐和复杂。为了应对新形势，鲁西银行冀南银行联合办事处采取了印发真假票识别办法、组建反假票检查组等一系列反假手段。

9月18日，《冀鲁豫日报》刊发了一篇题为《盗取根据地物资敌伪制造假鲁钞》的文章，反映九、十专区在各集市发现了很多假鲁钞，主要是买牛、买粮小贩所带，从而印证了曹州（菏泽）城内商人谈到的敌伪正在积极制造假票，利用奸商向根据地散发，以盗取根据地物资的事实。针对这种假钞的特点，文章向广大群众详细介绍了贰拾圆假鲁钞的四个方面的鉴别方法，教育大家提高警惕，增强真假币辨别知识，积极开展反假货币斗争。

第六节　1945年的货币斗争

9月16日，中共冀鲁豫一地委发出《关于目前对敌经济斗争的补充通知》指出："自伪何逆思源进济，在政治上已经呈现了蒋日伪的合流，在货币上伪法合流，据国特宣传，法伪同样比值，以'联合准备银行'（日）新出之金券，代替国民政府之金库券。并大肆宣传伪钞不要紧，中央收，以美金作后台。而敌人又收回贷款，迫使商家大批出售货物，购买伪币。同时我抗钞缺乏，新解放区工商机构尚未健全，不能迅速迫除伪币。因此伪币价格上升，由二十比一（八月十五日）上升到十三比一，甚至二比一。各县委必须足够认识到这一严重情况，将货币斗争提高到应有位置，这对于在军事上进攻大城市及交通要道也有一定重要意义。地委认为长清、齐禹、太、肥、峰等县委，必须加强对这一工作的领导，保证专署及工商分局关于货币斗争指示的执行。"

在新解放区，由于商民没见过老解放区本币，不了解本币的价值，对本币持怀疑态度，不敢使用本币，但是，商民知道日伪币靠不住，因此迫切要求定出两种货币的比价。同时，商民听说解放区反对仇货，他们的商品又多是仇货，担心被政府没收。商民还担心解放区禁止使用伪钞，货物卖完了没法进货，不敢大胆卖货，多数仅仅是开门应付。还有的担心解放军住不长久，担心解放军进城后派款征税等。

解放区处理这些问题的经验是，为了照顾群众利益和对日伪币的斗争，适当规定货币的比价。此法对稳定市场秩序曾起到了很大的作用，但是这种规定应随市场货币情况而变动，不然就变成了定官价，起不了作用。如果担心把日伪币弄成合法的东西，银行不敢挂牌，很容易引起市面混乱，推动物价上涨，部队与商民的关系，就不容易搞好。本币在新解放区，大部分是通过部队买东西发出的，但最好是与政府赈济工作结合，通过赈济发出本币，利用赈济物资来支持本币。在新城镇，由于没有物资基础，又与老解放区隔断，在经济上显得孤立，货币很容易膨胀，特别是商民尚持怀疑的态度，往往是当天卖的钱，当天买成货物（粮食），这时需要各部门密切配合，支持本币。

9月30日，冀鲁豫工商局、鲁西银行联合发出《关于货币斗争与贸易斗争的意见》，该意见指出，日寇投降后，货币斗争起了很大的变化，开始，随着根据地军事的胜利和在政治攻势下，伪钞猛跌，平均都跌到伍分钱以下。但是，自国民党接收伪军，宣布法币与伪钞等值使用后，伪钞转为稳定，并随着敌伪银行及洋行收回货款，抛出奢侈品，伪钞物价开始下降，币值提高，目前在一分区接近济南之处，黑市已涨到伍角钱了。八分区南旺以北，国民党军到达开封、新乡、郑州后，出布告禁用伪钞，并规定壹圆法币等于拾圆伪钞的比价，伪钞由此下跌，在九分区已跌到伍分钱，一分区也开始下降。如果不认清各种货币的本质，很容易搅乱斗争的步骤，进而受不必要的损失。

日伪投降后，法币与日伪币的关系错综复杂。法币与日伪钞的矛盾有三：一是法币属于胜利者的货币，迫切想恢复失去的市场，扩大流通范围，减少通胀压力；为此首先要向经济较发达的大城市扩展，而这些城市主要流通日伪钞，因此首先必须排挤日伪钞。二是日伪钞随着日本的投降会退出流通，但是由于发行多年，目前还是人民生活中交换的媒介，因此不可能马上作废，无形中得到广大人民的支持。三是法币与日伪钞有重大的利益冲突。如国民党公布法币壹圆兑拾圆日伪钞，而汉奸布告是等值使用，这就造成了法币、日伪币物价币值不平衡。

解放区对法币、日伪币的斗争策略有四：（1）总的方针是驱逐法币，肃清伪钞。在驱离法币的同时掌握一定数量的法币，利用法币打击法币和日伪钞，掌握物资。今后法币将成为解放区斗争的主要对象。（2）在新解放区不发禁止使用伪钞的布告，但宣布本币是合法的票子，在群众中要加强宣传工作，说明伪钞马上要变成废纸了，根据解放区的物价变化，由银行公布本币与伪钞的比价，公报本币的主要物资价格，这样可以减少倒卖票子的扰乱，同时促进物资交流，等到工作深入，本币发行到一定程度时，即宣布定期禁止使用伪钞，并利用在战争中缴获的物资在市场出售，以巩固本币。（3）在老解放区坚决禁止伪钞、法币流通，对贫苦群众少用没收的手段，严厉禁止私自在黑市上兑换伪钞、法币，有计划地在出入口城镇建立货币兑换所，在兑换交易中酌量收取一些手续费。（4）由于国民党军队到达的地方法币币值高，伪钞币值下降，在受八路军围攻和交通要道破坏的地方，伪钞币值也日趋下降，因此应灵活掌握差价，利用这种不平衡的矛盾。

在新解放区，货币斗争工作主要注意以下几点：（1）鉴于伪钞已经在敌占区流通六七年了，长期与经济相关联，且敌占区商人不了解根据地贸易政策和物资管理的办法及物资行情等，因此在新解放地区经济体系转换要有一个过程，不宜马上宣布停止使用日伪钞。（2）货币需求量很大，发行量却很小，小票缺乏，这个矛盾影响统一市场货币和提高币值、稳定物价的工作。（3）新解放区交通运输不便、缺乏多样性物资支持，但是各方却抢购物资，造成物价、币值不稳定。（4）特务造谣破坏，伪造假票，扰乱金融和奸商的操纵物价与币值。（5）对友邻货币采取平等互助的精神，以两地物价为兑换标准，通过物资交流相互配合。

10月10日，冀鲁豫行署第六专属发布《关于目前工商工作的训令》规定：集市成交须一律行使冀钞、鲁钞，禁止伪钞法币及其他土杂钞流通，违者除将货币没收外，各行业店铺立即禁止其营业，情节重大者更应受适当的处罚。

反假方面。根据郓城县政府呈文，1943年至1945年，辖区郓城县在征收款中就累计误收假鲁钞5 962元，主要为贰佰圆、叁佰圆的流通券。1946年11月，冀鲁豫第九行政督察专员公署指令核销该项假票。

本年发行的冀钞、鲁钞均发现假票。至鲁西银行停发鲁钞止，伍角以上鲁钞均发现假币。假币种类有：壹圆券2种，伍圆券3种，拾圆券5种，贰拾伍圆券1种，壹佰圆券9种，贰佰圆券3种，叁佰圆券3种，伍佰圆券2种。至日本投降前，山东济南、济宁两地发现制假窝点。

部分假票图片

（以下图片均来自中国钱币博物馆）

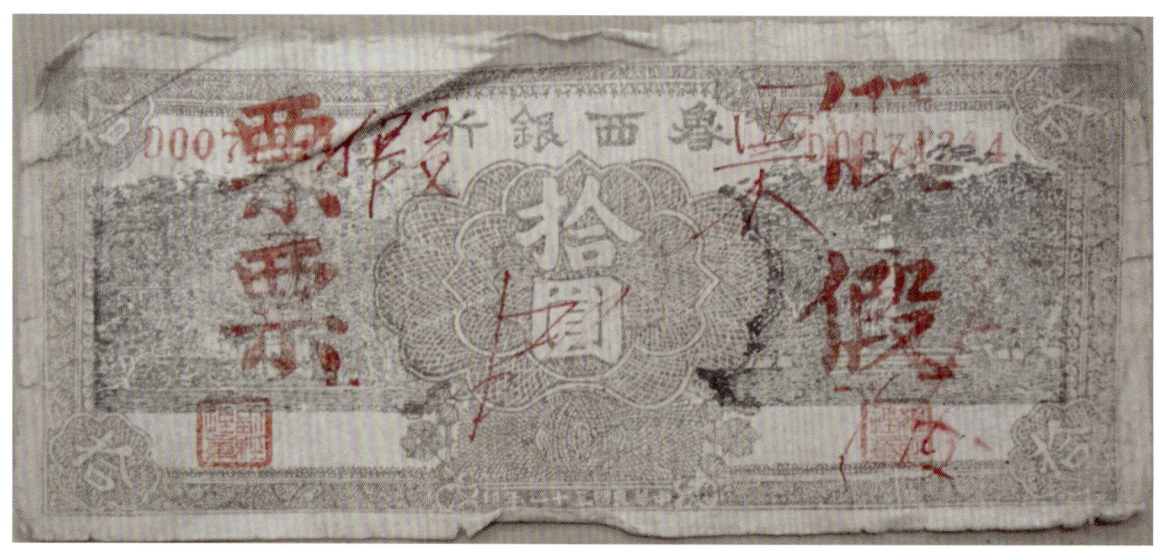

编　　号：001		年　　号：民国三十一年	
面　　额：拾圆		始发时间：1943 年	
版　　式：横版		冠　　字：D	
正面主景：亭阁		签　　名：张廉方、华夫	
颜　　色：紫（正面）　褐（背面）		备　　注：无	
票　　幅：151×71（mm）			

第五章　冀鲁豫根据地的货币斗争

编　　号：002	年　　号：民国三十一年
面　　额：拾圆	始发时间：1943年
版　　式：横版	冠　　字：A
正面主景：亭阁	签　　名：张廉方、华夫
颜　　色：紫（正面）　褐（背面）	备　　注：无
票　　幅：151×69（mm）	

编　　号：003		年　　号：民国三十一年	
面　　额：拾圆		始发时间：1943 年	
版　　式：横版		冠　　字：A	
正面主景：亭阁		签　　名：张廉方、华夫	
颜　　色：紫（正面）　褐（背面）		备　　注：无	
票　　幅：151×71（mm）			

第五章 冀鲁豫根据地的货币斗争

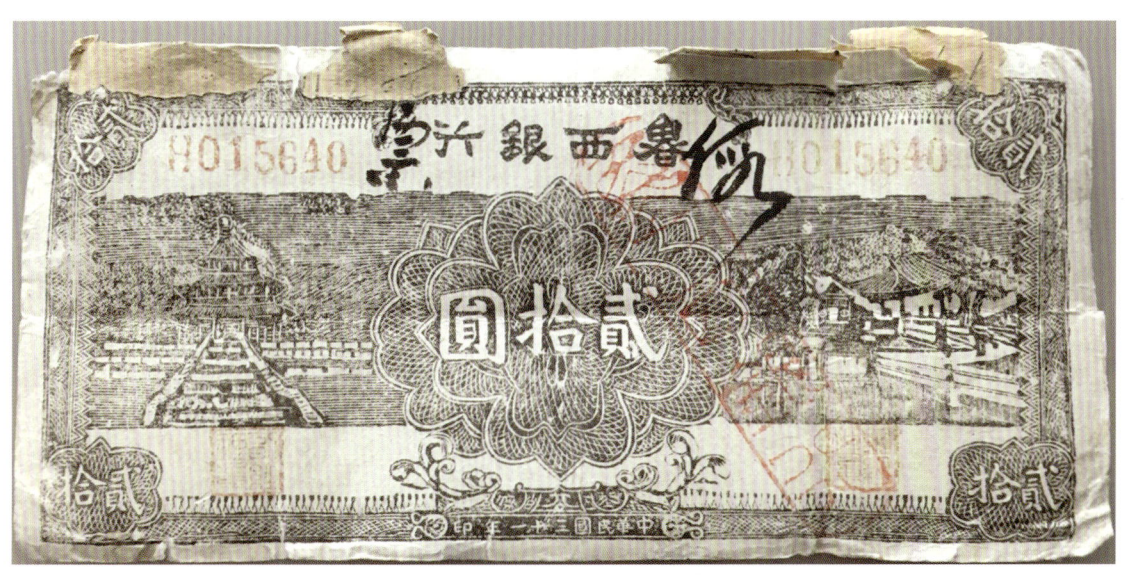

编　　号：004		年　　号：民国三十一年	
面　　额：贰拾圆		始发时间：1943 年	
版　　式：横版		冠　　字：B	
正面主景：天坛		签　　名：张廉方、华夫	
颜　　色：蓝（正面）　棕（背面）		备　　注：无	
票　　幅：148×72（mm）			

编　　号：005		年　　号：民国三十二年	
面　　额：壹佰圆		始发时间：1944年	
版　　式：横版		冠　　字：F	
正面主景：牌坊		签　　名：张廉方、华夫	
颜　　色：红（正面）　棕（背面）		备　　注：无	
票　　幅：160×81（mm）			

第五章 冀鲁豫根据地的货币斗争

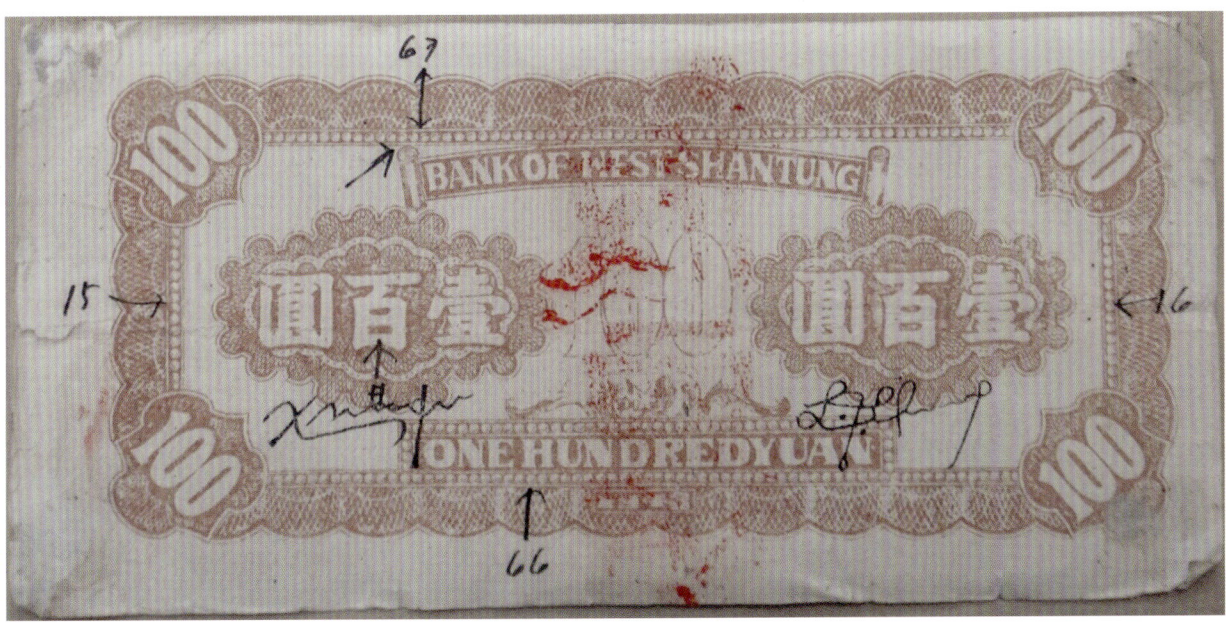

编　　号：006		年　　号：民国三十二年		
面　　额：壹佰圆		始发时间：1944年		
版　　式：横版		冠　　字：F		
正面主景：牌坊		签　　名：张廉方、华夫		
颜　　色：红（正面）　棕（背面）		备　　注：无		
票　　幅：160×81（mm）				

编　　号：007		年　　号：民国三十三年	
面　　额：壹佰圆		始发时间：1945 年	
版　　式：横版		冠　　字：A	
正面主景：火车		签　　名：无	
颜　　色：蓝（正面）　紫红（背面）		备　　注：无	
票　　幅：136×69（mm）			

第五章　冀鲁豫根据地的货币斗争

编　　号：008	年　　号：民国三十三年
面　　额：壹佰圆	始发时间：1945年
版　　式：横版	冠　　字：D
正面主景：火车	签　　名：无
颜　　色：蓝（正面）　紫红（背面）	备　　注：无
票　　幅：136×69（mm）	

第六章　鲁西银行大事记

1938 年

9月底至11月，中共中央召开六届六中全会，会上确定了"巩固华北、发展华中"的战略方针。中央军委根据毛泽东在会上提出"派兵去山东"的要求，决定一一五师挺进山东，发展敌后游击战争，建立敌后根据地。

12月，为了加强湖西地区的对敌斗争，打通华北与华中的联系，八路军一一五师三四三旅六八五团，奉中央军委和集总命令，由晋西南出发，到达山东湖西地区的丰县、单县边境的八大庄一带，改称苏鲁豫支队，彭明治任支队长。不久，消灭了围攻李贞乾部的伪苏北剿共救国军第一集团军第一军军长王献臣的部队，并阻击来援的日军，很快打开了湖西地区的抗战局面。

12月，根据党中央和集总命令，代师长陈光、政委罗荣桓率八路军一一五师师部和三四三旅第六八六团，公开番号为八路军东进支队，于20日由晋西出发，向山东挺进。

12月，中共中央决定将本年5月由山东省委扩大而来的苏鲁豫皖边区省委改为中共山东分局。

1939 年

1月15日，根据中共北方局决定，中共山东分局以中共鲁西特委、鲁西北特委和泰西特委等党组织为基础，在馆陶县成立中共鲁西区委员会（山东分局第二区党委），张霖之任书记，赵镈任组织部长，段君毅任统战部长，朱则民任宣传部长。鲁西区党委下设泰西、鲁西南、鲁西北、运西、运东、卫东等地委（工委）。区党委成立后，提出了建立鲁西根据地的方针。

3月初，代师长陈光、政委罗荣桓率八路军一一五师师部和三四三旅第六八六团，于本月2日从濮城、鄄城一带渡过干涸的黄河故道，进入鲁西鄄城地区。3日夜，六八六团在团长兼政委杨勇指挥下，全歼盘踞在郓城西北樊坝的伪军一个团，俘团长刘玉胜等500余人。为创建鲁西根据地，陈、罗决定杨勇率六八六团三营和师直属队两个连等留在运西，师部和六八六团一、二营继续向东，渡过运河，挺进泰西地区。

3月初，日伪对鲁西北进行大"扫荡"，鲁西区党委转移到泰西大峰山区。

3月，罗荣桓率八路军一一五师师部和六八六团一、二营到达泰西。当时泰西地区在中共泰西特委领导下，已初步建立泰肥、平阿、大峰山区游击根据地。一一五师在泰西与山东纵队六支队（由山东西区人民抗敌自卫团改编而来）会合，大大加强了泰西的抗日武装力量。12日，罗荣桓、陈光在东平县常庄召开部队营以上和地方县以上的干部会议，传达了党中央、毛主席关于创建山东抗日根据地的指示。经北方局同意，一一五师师部与移驻泰西的鲁西区党委在泰西联合组成鲁西军政委员会，军队与地方密切协调，统一领导鲁西地区的抗日工作，罗荣桓任书记，陈光、王秉璋、黄励、张霖之、赵镈、朱则民为委员。罗荣桓向区党委传达了党的六届六中全会精神，对创建泰西根据地的工作做了具体部署。

3~6月，中共鲁西特委、鲁西北特委、泰西特委撤销，所领导地区先后建立7个地委。同年，第六地委改称泰西地委（后称第一地委），第七地委改称运西地委（后称第二地委），第一地委与第二地委一部合并为鲁西北地委（后称第三地委），第四地委与第二地委一部合并为运东地委（后称第四地委），原第三地委改称卫东地委（后称第五地委），原第五地委划归冀鲁边。

5月14日，根据中共山东分局的指示，苏鲁豫特委改建为苏鲁豫区党委，又称湖西区党委、山东分局第五区党委，辖鲁西南地委、湖边地委及沛县等2个中心县委和丰县等3个直属县委，白子明任区党委书记。

6月，山东省泰西地区长清县委决定成立长清县抗日民主政府，曾任长清大峰山武装工作团团长、大峰山独立营长的张耀南被选为第一任县长。为了筹集军政费用，支持大峰山根据地的开辟和建设，张耀南倡议印制发行泰西银行券。

6月，李贞乾率八路军苏鲁豫支队四大队在湖边游击四大队的配合下，消灭了投敌当了汉奸的国民党鱼台县县长朱启森部。

7月，中共湖西地区第一个县级政权——鱼台县抗日民主政府建立，李贞乾被推选为县长。同月，建立湖边司令部。为筹集经费，决定发行鱼台县地方流通券，遂在丰县二区肖庄建立印刷所，抗日民主政府后方办事处王文连任所长。

7月，长清县长张耀南动员肥城县李家溃村李维周，利用他的一台石印机，带领李振西、汪化（华）南等师徒四人，在他家里开始了泰西银行币的印制工作。

8月，鲁西军政委员会决定成立鲁西军区，以加强对地方武装的领导。鲁西军区由一一五师独立旅兼，独立旅旅长杨勇兼鲁西军区司令员，段君毅任副旅长兼军区副司令员。山东纵队六支队暂兼第一军分区（泰西军分区），独立旅二团兼第二军分区（运西军分区）。

8月下旬，鲁西区党委在东平湖内小安山开会，研究创建平原游击根据地的问题，罗荣桓在会上作工作部署。

8月，湖西地区发生在全党有重大影响的冤假错案——"肃托事件"，历时3个月。大批党政军干部遭到冤杀，鱼台县抗日民主政府后方办事处印刷所所长王文连也在"肃托事件"中被杀，刚印出壹角、贰角、伍角、壹圆票不久的印刷所陷入瘫痪。

9月25日，冠县、馆陶、邱县、莘县等县代表在馆陶开会，选举产生了鲁西北行政委员会，统一了鲁西黄河以北地区抗日政权的领导，张维翰任主任，荆汉杰为副主任。

9月，由技术工人王殿山设计，技术工人李维周、李振西印制的泰西银行壹角、贰角、伍角券，由长清县政府财政科发行。

9月，八路军东进抗日挺进纵队司令员肖华率挺进纵队机关和主力一部由冀鲁边转移至鲁西，领导该地区的抗日工作。

10月，已停印泰西币的泰西银行印刷所汪化南、李振西、王殿山等人，携带1台石印机和油墨、纸张、裁纸刀等，由江东部（一一五师供给部的代号）护送至东平湖中土山村。

10月26日，根据鲁西军政委员会决定，泰西地区在已建立泰安、肥城、东平、长清、平阴、宁阳6个抗日民主县政府的基础上成立泰西行政委员会，段君毅任主任，张耀南任副主任，统一领导泰西地区各抗日政权。

11月，吴正宪被派到湖边司令部，负责鱼台县和印刷所工作，遂在湖里王楼及芦雁村重建印刷所，印制新版的鱼台县地方流通券。

11月底，泰西行政督察专员公署成立，简称泰西专署，原长清县长张耀南出任专员。

至该年底，泰西、运西、鲁西北等抗日根据地已初步形成。

该年底至1940年初，根据鲁西军政委员会决定，鲁西区党委在八路军一一五师供给部的帮助下，在鲁西抗日根据地梁山泊东平湖土山、戴庙一带开始筹建鲁西银行。筹建工作由吕麟负责。

1940 年

年初，鲁西地区已建立起4个专署、36个县政权。

1月20日，中共中央北方局对山东工作的意见指出："鲁南、鲁西应统一发行纸币，纠正不统一的各自为政的办法，如各发流通券（鱼台、单县、路西）。在群众中提高这些纸币的信用。"

2月，刘震持十支队东进梯队政治部主任邹鲁风写的介绍信，同数人乘一小木船来到东平湖湖心岛土山村鲁西银行印刷所。其后，在鲁西军区宣传干部郑笋的协助下，由郭子贞制作鲁西银行伍角票版，行名"鲁西银行"由郑笋书写。

2月29日，中共中央山东分局关于统战、政权、战略、财经工作的指示："筹办鲁西、鲁北、清河三银行，扩大及整理泰莱区流通券，发行曲泗宁自治区流通券。上述银行及流通券一切业务收支管理，统归分局财委会及财政部。"

3月，鲁西银行成立。一一五师供给部（一说后勤部，代号"江东部"）部长吕麟任鲁西银行经理（行长），张廉方任鲁西银行副经理（副行长）。

3月，泰西银行印刷所改组为鲁西银行印刷所。鲁西银行第一块票版——伍角票版经核准后，由技术工人刘震印刷。当时印刷所内有汪化南、李振西、李维周、王殿山、张震华（所指导员）、王之荣（裁切技术工人）、刘震（石印技术工人）、郭子贞、郑笋、张朴（濮）十人。

3、4月间，印刷所采购员山东人张朴在去济南采购物资的路上，被敌人捉住活埋，英勇献身。

4月15日，在鲁西抗日根据地已基本形成的情况下，鲁西各界在东平县戴庙召开代表大会，决定将鲁西北、泰西两行政委员会合并，成立鲁西行政主任公署，统一领导鲁西地区东平、堂邑、郓城、巨野、阳谷、濮阳、朝城、东阿、莘县、茌平、肥城、平阴等20多个县的抗日民主政权，肖华（萧华）任主任，段君毅任副主任（同年9月接任主任），刘铁之任秘书长，杨勇等15人为委员。鲁西行署下辖泰西、运东、运西、鲁西北四个专署，并设财政处、粮食处、贸易局、交通局及鲁西银行等财经部门，吕麟任财政处长兼鲁西银行行长。

4月17日，南乐、清丰、濮阳、东明、长垣、大名六县军政民代表大会在清丰县安庄召开，成立了冀南六县行政督察专员公署（虽然名义为"冀南六县"，实际上豫北的内黄、滑县也归该专署领导），安法乾为专员，晁哲甫为参议室主任。

4月18日，为加强对直南、豫北和鲁西南地区工作的领导，中共冀鲁豫区党委在清丰县王什正式成立，辖4个地委。不久，第二、第三地委合并为第二地委，第四地委改称第三地委。

4月，一一五师供给部派会计训练班指导员张震华接替刘导生的工作，继任印刷所负责人。

4月，铅印工人邓传贵、钟宝德（保得）、张太泽（铎）来到鲁西银行印刷所，任务是为鲁西币加印号码和经理副经理（行长副行长）印章。此前鲁西银行第一批票券——伍角票已印出，正待加印号码和印章。

春夏，伍角券印制不久，刘杰三（石印技术工人）、翟诚、赵侠、李静斋等人先后到达土山村鲁西银行印刷所，从部队调青年战士组成警卫班，于献伦为班长。

5月，鲁西银行组建第二印刷所，地点在东平湖西戴庙附近的段家村，由供给部干部组成领导班子，倪孟海任所长，周庆彬任指导员，仪华任党支部书记，下设石印队、铅印队和警卫班，共30多人，用一所制作的票版进行印刷。

5月，为了统一市场货币，冀鲁豫区以政府名义，公布禁止河北银行、河北银钱局、鲁西行署、山东民生、山东平市官钱局及私人发行的土票的流通，同时即准备发行一部分辅币，以供给市场之需要。由于市场缺乏零票，此禁令后来未能全部收效，仅河北银行壹圆以上票币，在根据地市场不能行使。

5月，鲁西银行币开始正式发行。

6月，冀南银行在冀南六县行政督察专员公署驻地内黄县和清丰县交界处的前胡士文村（沙区）建立了冀鲁豫办事处，开始办理银行业务，主任邓开祥。在冀南六县专员公署财政科华夫领导下，办事处在沙区的胡村、小辛庄两地筹备印刷冀南农民合作社兑换券事宜。先后搞到两台石印机，并请来技术工人唐锡三、王继曾、唐改兴、李承周、程振兴等人，负责人施立开。

6月，日军"扫荡"泰西根据地，部分地区被蚕食或变成游击区，东平湖土山村也遭到炮击，第一印刷所在东平湖土山村正式生产后不到两个月即被迫撤离，搬到湖外东平县戴庙镇的轩辕堂村继续生产。在轩辕堂村，组织机构基本形成所部、制版印刷股、裁切完成股、后勤供给、警卫排。各股在一个村内，各在一处生产和生活。

6月（一说9月），鲁西行政主任公署主任、鲁西军区司令员兼政委肖华调任八路军一一五师政治部主任，段君毅接任鲁西行政主任公署主任，杨勇任鲁西军区司令员，苏振华接任政委。

6月，一一五师东进纵队六支队粮秣股长魏仁斋调到鲁西银行第一印刷所，任所长，原负责人张震华任指导员。

夏，做过银行工作的方皋调到鲁西银行。后为训练新行员了解银行工作，编写了《鲁西银行讲义》。

7月，曾为铅印工人的房重千调到鲁西银行第一印刷所。当时全所驻在昆山县东平湖内仅二十多户的小孙那里村。石印用的是人工摇轮的小石印机，铅印用的是小圆盘机，当时称"脚蹬子"。后因敌情紧张，曾转移到小徐那里和郭那里等不少村庄。

7月，在湖西地区抗日民主政权建设取得较大进展的形势下，湖西专署成立，从此统一了湖西抗日民主政权的领导，李贞乾任专员。原鱼台县抗日民主政府后方办事处印刷所改归湖西专署领导，称"湖西专署印刷所"。

7月20日，中共中央北方局给鲁西区党委指示信指出："对于现在已经发出去的纸票，应该采取各种办法保障其信用，禁止伪币通行。发行数额应有规定，不能滥发，防止与反对把印刷机看成是解决财政经济困难唯一办法的错误。已经发出去的纸币有多少，你们计划如何，均需电告我们及山东分局。"

秋，鲁西银行第一印刷所遭遇敌人对昆山地区秋季大"扫荡"，石印、铅印分头转移。石印队在魏仁斋、张震华率领下安全转移。铅印队由供给部出纳科长刘玉山带领撤离大金山，转移到七里屯时遭到敌人包围，突围中铅印技术工人邓传贵、钟宝德、张太铎等师徒四人被捕，惨遭杀害，丢失铅印机一台。

秋，日军对第二印刷所驻地的西段家村进行"扫荡"，所部立即部署人员拆卸机器进行埋藏，"扫荡"过后，又将机器设备、印刷物资、生活用品挖出，继续坚持生产。

秋季大"扫荡"后，鲁西银行第一、第二印刷所在昆山县小许那里村合并为第一印刷所，所长魏仁斋，副所长倪孟海，指导员周庆彬，下设石印股、铅印股、裁切股。

9月，山东省战工会秘书长陈明在行政会议的报告提纲指出：确定货币政策，建立银行业务。①

9月，鲁西区党委书记张霖之在泰西地委作报告。②

10月，第一批冀南农民合作社兑换券印制出来，并开始发行，面额为伍分和壹角。因形势变化，上级决定将印刷机构疏散，一部石印机仍留在沙区，另一部由王真等干部工人共9人携带，转移到南乐县东北南清观根据地，在南乐县东北的才丈村谷家庙生产。到南乐后，贰角券开始发行。

10月，鲁西地区成立财经委员会，张霖之、杨勇、吕麟、段君毅、张维之、苏振华等人参加。

10月，鲁西军政委员会发布田赋征收、财政收发及银行等各种政策的决议。③

11月，冀鲁豫区财政委员会崔田民、华夫在《冀鲁豫边区半年来财经工作的报告与总结》中谈到发行辅币工作。

11月，山东分局书记朱瑞关于山东工作报告指出："已发行纸币，计北海银行新钞六十万元（因机器原料困难，不能大量发行），鲁西银行四十万元，泰山农民合作社地方票十万元，鲁南北海分行角票十五万元，信仰均高。""扩大北海银行及分行新钞与鲁西银行钞（在今年全山东发行新钞至七百万）。"

11月3日，中共山东分局决定将苏鲁豫区党委降为湖西地委，划归鲁西区党委领导。

11月19日，一一五师关于坚持山东斗争的意见："在山东范围内有着鲁西、鲁南、胶东、清河、鲁北大块根据地，已开始相互打通联系……以鲁西、鲁南作为我基本根据地，加强巩固的建设工作。"

冬，刘震被任命为鲁西银行第一印刷所印刷股副股长。

12月22日，《大众日报》报道肖华同志谈鲁西根据地的建设。④

1941 年

1月，中共苏鲁豫区党委改组为中共湖西地委，划归鲁西区党委领导，湖西专区成为鲁西区的一部分。

1月，晋冀鲁豫边区政府决定鲁西银行可与西北农民银行、冀南银行通汇。

---

① 具体内容参见"历史文献"中对应部分。
② 同①。
③ 同①。
④ 同①。

1月，日军集中兵力"扫荡"鲁西抗日根据地。

1月，鲁西银行第一印刷所在郭那里成立了第一印刷所工会，经民主选举赵荣轩为工会主任，翟诚为秘书。工会主要任务是组织职工学习，对职工进行思想政治教育，反映职工的意见和要求。

1月，发生"皖南事变"。此前为防止敌人套取法币到国际市场套购军用物资，根据中央指示，根据地实行保护法币政策。事变后，中央指示对法币改为排除政策。

1月15日，日军调第三十二师团、第二十一师团、独立混成旅团、骑兵第四旅团各一部，共7 000多人，伪军3 000余人，在坦克、装甲车、汽车、飞机配合下，分六路合击鲁西根据地中心区范县、观城地区。17日，随二纵后勤部活动的冀南农民合作社印刷所的段周德、翟波、祁六顺、李万顺四人同区行署机关一起遭到敌人合围，驮未打码票子的牲口也受惊跑掉。后来部队掩护他们成功突围，驮票子的牲口和票子也被群众找到交还。

年初，第一印刷所又分为两个印刷所：石印、裁切为第一印刷所，由所部直接领导，转移到胡那里，所长魏仁斋，副所长仪华，指导员李南山；铅印、裁切、检封为第二印刷所，在原地（郭那里）坚持生产，所长张海涵，指导员翟诚。

春，《鲁西政权工作报告》关于财政经济方面讲到货币时指出："杂票充斥：卖花生的、卖纸烟的小商人都出票，现虽禁止，但杂票仍充斥市面。"①

春，鲁西银行印刷所建立"朱德青年队"青年组织。这时环境已开始恶化，所内的生产单位分散活动。

4月12日，日军第35师团、独立混成旅团约8 000人及豫北伪军2 000余人，配以重炮、坦克、汽车多辆，对冀鲁豫抗日根据地中心区——沙区进行了铁壁合围式大"扫荡"，实行烧光、杀光、抢光"三光"政策，妄图消灭八路军第二纵队兼冀鲁豫军区领导机关，摧毁沙区根据地，冀南农民合作社兑换券在沙区的印钞工作被迫停止，之后印制工作完全落到南乐县才丈村西南谷家庙村的印制点上，坚持生产的有王真、王继增、康新奎、程振兴等。在谷家庙村印好的兑换券，要送到跟随军队（二纵后勤部）活动的段周德等四人那里进行打码、检验、封包，最后按冀鲁豫行署的指令正式发行。

5月23日，中共山东分局对鲁西根据地工作作出指示："根据地的建设上虽然注意了，但还不够深入切实，尤其下层工作缺乏巩固的基础。即如财政建设，一直到现在一切收支还没有做到应有严肃的工作制度。生产建设尤差，主要部分的支出是靠石印机，仍没有把鲁西银行钞票主要用在生产建设上。"

6月，负责鱼台县地方流通券印刷所工作的吴正宪调到湖西专署工作。

6月25日，《大众日报》刊登《积极建设鲁西根据地》，列举了鲁西行政主任公署成立后的五种善政，其中第四种善政即鲁西银行货币的发行。②

7月1日，由于上半年对敌斗争形势严峻，为了统一对敌斗争力量，以利于在冀鲁豫、鲁西平原长期坚持抗日游击战争，经中共中央北方局、八路军总部批准，鲁西区所辖33个县和冀鲁豫区（小冀鲁豫）合并，仍称冀鲁豫区，两区党委在观城县红庙合并为冀鲁豫区党委，张霖之任书记，张玺任副书记兼组织部长，张承先任宣传部长。新的冀鲁豫区党委辖7个地委：第一（泰西）、第二（运西）、第三（鲁西北）、第四（运东）、第五（直南）、第六（豫北）、第七（鲁西南），1942年，又建立了第八地委（昆张）。

7月5日，《晋冀鲁豫边区保护法币暂行条例》修正公布，内容共分14条。

---

① 具体内容参见"历史文献"中对应部分。
② 同①。

7月7日，冀鲁豫、鲁西两个军区合并为冀鲁豫军区，两区所属主力部队统一编为八路军第二纵队，杨得志、杨勇分任纵队正、副司令员，崔田民任军区司令员，苏振华任纵队政委兼军区政委。

7月，因鲁西和冀鲁豫两区合并为冀鲁豫区，吕麟、张震华、倪孟海、周庆彬和一一五师供给部（江东部）调到鲁南山东军区，原由一一五师供给部代办的鲁西银行出纳工作，同时移交鲁西银行。因吕麟调走，鲁西银行原副经理张廉方接任经理；冀鲁豫军区后勤部政委张子重调到鲁西银行任政委，领导印刷所工作。

7月，因鲁西和冀鲁豫两区合并为冀鲁豫区，湖西地委由鲁西区党委划归中共山东分局领导，辖单县、丰县、沛县、金乡等7县。此时湖西印刷所第二任所长吴正宪已调到湖西专署工作，所长由王友明担任，并继续印制鱼台县地方流通券。

7月，经鲁西银行决定，原印书局经理宋挺捷领导的鲁西北抗敌日报社印刷所，奉命由莘县的冠长转移到尧头村，筹建鲁西银行鲁西北第三印刷所，改印鲁西币。

8月1日，由中共北方局宣传部一负责人主持，在昆山县郭那里召开鲁西银行印刷所和鲁西日报社两个部门的全体职工大会，会议宣布建立这两个部门的职工会。鲁西银行印刷所的人员，除了所长之外，均为该会会员。

8月，跟随二纵后勤部活动的冀南农民合作社兑换券印刷所的段周德调到鲁西银行总行出纳科工作，当时总行随冀鲁豫行政主任公署活动，行长张廉方，营业科长方皋，会计科长古采甫，总务科长王素芝，出纳科长邓开祥。

9月1日，晋冀鲁豫边区政府正式成立。边区政府辖太岳、太行、冀南、冀鲁豫4个行政区，22个专员公署，154个县。从此，鲁西银行成为晋冀鲁豫根据地的地方银行，对外仍称鲁西银行，以鲁西银行的名义发行纸币，并在其后一年多时间里扩大流通到晋冀鲁豫边区。

9月初，原冀鲁豫、鲁西两区各界代表开会选出两区合并之后新的冀鲁豫行政主任公署，晁哲甫任主任，段君毅、贾心斋任副主任。

9月，因此前鲁西区和冀鲁豫区合并，1940年6月由华夫、邓克祥、王凌霄、王真等人在沙区内黄县创立的冀南农民合作社兑换券印刷所划归鲁西银行，于是鲁西银行决定由王真领导的该印刷所，与原印书局经理宋挺捷领导的鲁西北抗敌日报社（又称鲁西北文化出版社）印刷所，在鲁西北尧头村合并，组建鲁西银行鲁西北第三印刷所，印制鲁西票。王真、宋挺捷分任正、副所长，李南山、王凌霄分任指导员、副指导员。印刷所分石印队、铅印队；所部有材料、粮秣、会计和警卫班。在此之前，冀南银行冀鲁豫办事处主任邓克祥已调到鲁西银行任出纳科长。该所建立后，冀南农民合作社兑换券不再印制，后由鲁西银行通过税收和公粮折价陆续收回并烧毁。

10月，晋冀鲁豫工商管理总局冀鲁豫工商办事处成立。

11月，方皋《鲁西银行行员手册》在修改补充《鲁西银行讲义》并参考《冀南银行章则汇编》的基础上编成，内容共分五章：鲁西银行成立的意义与性质及其作用、鲁西银行的组织与任务、银行之营业事项、银行会计、银行出纳事务。

冬，鲁西银行举办了银行干部训练班。

冬，东平县敌人对昆山县鲁西抗日根据地进行大"扫荡"，占领了安山、戴庙镇。鲁西银行第一印刷所把机器原材料埋藏起来，人员分散转移，到处打游击。"扫荡"后敌在我根据地内修筑碉堡，派兵把守，根据地变为游击区，印刷所无法坚持生产，不得不撤出昆山，在部队护送下，先向西南又转向西北，行程300华里，经过范县，向南乐县转移。

该年，冀鲁豫区全面工作报告谈到经济政策时指出：鲁西银行应按照分局所指示的原则，投资于生产事业，发展工商业，繁荣根据地的经济，排挤仇货，摆脱经济上的被动。巩固冀钞和鲁钞，建立银行营业。

该年，冀鲁豫、鲁西财经工作材料指出敌人顽固分子对冀鲁票的破坏。①

1942 年

年初，鲁西银行决定将由昆山县转移到南乐县王落村、仇庄的第一、第二印刷所合并为第一印刷所。所长魏仁斋、指导员翟诚、副所长仪华。设石印队和铅印队，分两地转入地下室生产。仪华领导石印队，翟诚领导铅印队。

1月初，鲁西银行行长张廉方、会计科长古采甫等人来到鲁西北，住在鲁西北闫庄附近几个小村。总务科长王素芝、科员段周德在第三印刷所帮助会计殷汝章、么子和核查会计收入支出。

春，鲁西银行在鲁西北三分区建立了鲁西银行第三分行，主任曹正。

春，察贯一接替王友明任湖西印刷所所长。

"四三大扫荡"之前，鲁西银行印刷所在南乐化整为零，政委张子重、所长魏仁斋带领一二十个管理、通讯、警卫人员一起活动，负责联系行署、运送票子、传达敌情、供应原材料和粮秣等工作；仪华等领着工人在南乐县柴庄东部一农家大院里挖了三间屋大小的地洞，四五台石印机分昼夜两班进行生产，翟诚领导的铅印部分则为另一单位。约在这时，从冀鲁边印刷所调来几十个人，包括技术工人赵荣轩、闫子荣。

4月，转移到南乐县才几个月的鲁西银行印刷所工作刚刚就绪，便又遭遇日寇对南乐、清丰、观城地区的"四三大扫荡"。印刷所处在敌人包围圈内，开始集中突围不成，张子重、魏仁斋当即将印刷所分成若干小组，分别从不同方向成功突围。

"四三大扫荡"后，敌人对南乐地区的抗日根据地实行分割、封锁、蚕食，印刷所难以立足，遂进行第二次大转移，又返回鲁西的范县、鄄北一带。所部张子重、魏仁斋等驻范县。印刷工作分为两部分：一部分人由翟诚负责，代号"粮食股"，在黄河北的范县闫庄、玉皇庙、马口村一带，采取分散隐蔽、各自为战的原则，挖地洞进行生产；另一部分人由仪华负责，代号"采买股"，在黄河南的鄄北一带，以10人左右一组，分为石印、铅印共3个生产单位，各驻一村，印钞打码工作均在地洞里进行，并和鄄城县委、野战军七团经常联系，根据情况变化，不断转移地点。驻过的村庄有魏庄、田楼（陆）、盐店、尖谷堆、陈庄、张苏楼、石楼等。此后直到抗战胜利，仪华领导的这部分都活动在鄄北一带。

7月，鲁西银行第三印刷所（又称鲁西北三所）在鲁西北尧头村将2个队改为5个队，分别在寺上、河庄、苗头、尧头等地建造地下室进行生产。

9月1日，晋冀鲁豫边区政府修正公布了《晋冀鲁豫边区保护法币暂行办法》，内容分十一条。②

9月1日，为保护本币，打击与禁绝敌伪货币，巩固根据地金融阵地，晋冀鲁豫边区政府修正公布了《禁止敌伪钞票暂行办法》，内容共十二条。③

9月15日，冀鲁豫行署公布《冀鲁豫边区统一市场货币暂行实施办法》，内容分十条。④

---

① 具体内容参见"历史文献"中对应部分。
② 同①。
③ 同①。
④ 同①。

9月18日，《中共冀鲁豫区党委关于鲁钞发行问题致中共中央北方局的电报》报告了鲁钞发行情况。①

9月27日，日伪军集中万余兵力，在日军第十二军团长喜多诚一指挥下，分八路对濮、范、观中心地区进行"铁壁合围"式大"扫荡"，妄图消灭冀鲁豫区领导机关和主力部队，摧毁冀鲁豫抗日根据地，历时18天。

秋，鲁西银行在中心区二分区建立了第二分行，主任方皋。

秋，鲁西银行第四印刷所在行署财政处华夫处长、鲁西银行张廉方行长指导下，在地委、专署大力支持下，确定由专署财政科在菏泽县城南白寨开始筹建，开始由财政科长王子平负责，后来转给张海涵负责。地委抽出杨明义任所长，张光远任管理员，总行派原第三印刷所副指导员王凌霄任指导员。公开的名称是"冀鲁豫行署第七专署转运站"。王子平、张海涵及鲁西银行办事处主任张太和动员东明县袁子涛、袁万启父子携带袁万启在东明县开石印馆使用的一台旧石印机，参加革命工作。

10月，冀南行署规定鲁西币"是鲁西的地方币不应出境，流通亦应在鲁西流通"，于是鲁西币的流通范围从冀南退出，缩小到冀鲁豫行署所辖的鲁西根据地。从这时起，鲁钞成为冀鲁豫区市场的主要货币——本位币。

10月20日，中共北方局对冀鲁豫区党委、军区工作发出指示，决定调冀中区党委书记黄敬任冀鲁豫区党委书记，张霖之改任副书记。湖西地区重新划归冀鲁豫区党委领导。当时湖西我占区面积135万亩，人口40万；游击区面积67.7万亩，人口14.4万；主力军和地方武装合计5 200余人。随着湖西地区划归冀鲁豫区，从1939年秋一直在印鱼台县地方流通券的湖西印刷所也划归鲁西银行领导，为鲁西银行湖西印刷所。

11月15日，为了便于冀鲁豫与冀南两地区军政民在战时携带款项便利起见，鲁西银行颁布《鲁西银行与冀南银行汇兑办法》，对通汇地点、汇款种类、汇款手续、通汇日期等事项作了规定。

11月20日，《冀鲁豫工商办事处、鲁西银行关于统一市场货币工作的补充指示》颁布，规定对法币"强制兑换期展至十一月底，十二月一日起为禁止使用期——开始没收"。

12月，日军第三十二师团、十七师团、独立骑兵第四旅团9 000余人在伪军配合下，对湖西地区实行拉网式大"扫荡"，湖西抗日根据地创始人之一的李贞乾专员等人在突围中牺牲。湖西印刷所在夜间成功突围，迁移到单县贾庄。

冬，第三印刷所指导员王凌霄调到第四印刷所任指导员。三所新调来三个干部——陈涛、刘同文、王三耀，刘同文接任所长，陈涛接任指导员。他们吃喝享受，不接近工人，不参加劳动，工人对他们的工作和生活作风非常不满，并派代表向行长张廉方请示，建议调整领导班子。

冬，西北局高干会检讨了财经工作，会后银行工作委员会指出了前段货币发行工作存在保守的问题。在此精神启发下，冀鲁豫区高干会认为鲁钞发行也不大胆，为适应救灾和对敌斗争的需要，遂制订了扩大发行计划，从此鲁钞发行工作进入新阶段。

年底，鲁西银行决定将范县地区的石印、铅印迁往内黄县"沙区"，组建为第一印刷所，所长魏仁斋，指导员刘文登，副指导员董超；濮县、鄄北地区的石印、铅印组建为第二印刷所，所长翟诚，指导员仪华。不久翟诚调总行，从冀鲁边来的麻佩三（马佩三）继任第二印刷所所长，原鲁西北第三印刷所所长王真调来任副所长，指导员仍为仪华。

年底，为筹建第四印刷所，由菏泽县青丘区王立斋区长动员，经地下党组织活动，贾相昆带领三个技术工人及两部较好的石印机和一部分原材料，从菏泽城内来到四所驻地；第二印刷所铅印技

---

① 具体内容参见"历史文献"中对应部分。

师李子坡带一台铅印机，印刷技师闫子荣带一台石印机，也调到第四印刷所。这些印刷技术工人和设备的到来，使四所成为配套健全的印刷厂。

12月22日，中共冀鲁豫区党委研究财经工作会议召开。会上，冀鲁豫行署副主任徐达本发言中讲到鲁西银行印刷所的生产情况。①

1943 年

年初，第四印刷所在菏泽田海、马付、肖寨三个小村正式生产，印制带"鲁西南"字样的鲁西币，印钞在地下室进行，所部住白寨。由于敌人"扫荡"，四所前后转移十多次，活动过的有曹县韩集区朱庄、吴庄、马庄、菏泽大傅庄、杨小湖等四十多个村庄。

春，第一印刷所所长魏仁斋带领百十人到达内黄县沙区，分驻乜固、顺河、七丈固、城布、元方等村，归冀鲁豫军区领导，后勤部设在后河村，所长魏仁斋住在元方村。

春，由于敌人对根据地实行"三光"政策，又连续发生严重旱灾，根据地经济遭到破坏，军民生活遇到了严重困难。为了减轻群众负担，提高职工队伍的战斗力，按照上级的统一部署，印刷所实行了"精兵简政"，少数老幼职工被精简，动员干部、职工开荒种地，生产自救，渡过最困难的岁月。

春，湖西专署刘升宪随专员郭影秋在边区某地领了一块鲁西银行带"湖西"字的票版，携至单县满庄湖西印刷所，开印湖西版鲁西银行券，鱼台县地方流通券停止印刷。不久遇日军"扫荡"，所长察贯一组织职工分散突围，于是印刷所迁移到单县周集。因没有工人印号码，干部便学着印。

春，冀鲁豫工商办事处改为冀鲁豫工商管理局，泰西区、中心区、鲁西北区、沙区、鲁西南、水东均设工商管理分局，分别为一分局到六分局。分局以下各县设立支局。

2月1日，冀鲁豫行署为了粉碎敌人用太平洋战争获取的大量法币套购根据地物资的阴谋，大规模开展排除法币统一市场货币的斗争，开始实行新修订的《冀鲁豫区统一市场货币暂行实施办法》，内容分十六条。②

2月，因日军开始冬季大"扫荡"，鲁西银行第三印刷所被迫进行打游击。

3月9日，为了推动冀鲁豫区货币统一工作，排除法币，加强对敌货币斗争，冀鲁豫行署颁布《冀鲁豫区统一市场货币工作组组织办法》，要求边区区级以上的政权成立统一市场货币工作组，每天须抽出一定时间进行统一市场货币的宣传与检查工作，工作范围以统一货币区为限，对私自携带及行使之法币或伪钞一律没收。在未统一货币区，只可进行宣传解释工作，不得检查。为便利群众兑换，要求各县多设兑换所，已成立的公营商店应代办兑换所工作。

3月10日，冀鲁豫行署颁布《关于防止关金券侵入本区的训令》，要求各区严加注意，如发现民间保存者，应即登记，严禁行使，如发现用于交易者一律没收，以杜绝关金券向根据地流入，保持根据地货币之一元性。

3月29日，为便利工商局及银行中心工作的开展，提高工作效率，并符合简政精神，冀鲁豫行署颁发《关于建立工商局及银行联合办公制的指示信》，从组织、工作、会议制度等方面，对工商局和银行工作关系作了具体规定。③为加强领导，区党委抽调韩哲一任工商局及鲁西银行监委，安法乾任副监委，杨寿山任工商局局长，张铁铮任副局长。后来又将合署办公改为合并办公，实行工

---

① 具体内容参见"历史文献"中对应部分。
② 同①。
③ 同①。

商管理税务、贸易、银行三位一体的体制,使鲁西银行在各专县都有了"腿",促进了金融工作的开展。

4月15日,冀鲁豫行署颁布《关于禁止其他抗日根据地抗日政府发行之钞票在本地区流通的通令》。①

4月15日,晋冀鲁豫边区政府颁布《晋冀鲁豫边区保护现银禁使银币暂行办法》,内容共十四条,规定边区内一切交易一般以冀钞为主;禁止现银、银币在市场流通;民间银币、现银可向各级政府或冀南银行按规定比率兑换冀钞,并可酌情获取一定奖金。

5月26日,为了粉碎敌人伪造鲁钞的破坏阴谋,加强反假票斗争,冀鲁豫行署发出《关于颁发〈查禁假鲁钞暂行办法〉的通令》,并附发《查禁假鲁钞暂行办法》。通令提出查禁假鲁钞的反假票斗争是工商局和银行业务的责任,但斗争的胜利需要全边区军政民共同努力,尤其是发动广大群众参加反假票斗争。胜利的关键在于群众能够识别真假和了解假票是敌人的阴谋。办法共九条,对造假、贩假或行使假票各种情形的治罪或处罚,以及对告发或破获制假、贩假者的奖励,作出了具体规定。

6月,华夫谈关于冀鲁豫区财政问题时,提到鲁钞的发行数,并指出鲁钞在1942年9月前仅起到对法币的支持辅助作用,无独立市场地位,9月以后在统一市场货币方面成为主要货币。②

7月7日,鲁西北第三印刷所召开纪念"七一"、"七七"和庆功表彰大会。会后李承周、刘洪举、李荣华、李成阶调到鲁西南四所工作。当时鲁西南的领导干部有伊党、刘文登、杨明义、王凌霄等人。为保密故,机构名称为"转运站",下边各生产单位,均以单位负责人姓字为代号,如李清吉为李楼,闫子荣为闫楼。

9月20日,冀鲁豫区开始禁用法币。

10月初,敌人集合800辆汽车、1万多兵力,从四面对鲁西南根据地进行达10天之久的"扫荡"。当时第四印刷所所部驻曹县韩集区马庄。"扫荡"中,敌人发现四所设在杨小湖的地下室,掠走1台石印机和一块14开鲁钞壹圆印刷大版,票版被砸烂。

10月上旬,第三印刷所奉命埋好器材和钞票到南乐县谷家才丈村打游击。同月,所长刘同文、指导员陈涛因任职期间贪污腐化,被撤职查处,于是印刷所暂由冀南银行路东发行处代管。

10月,为解决泰运专署、一分区军队和政府工作人员的财政经济供给问题,鲁西银行及冀鲁豫区泰运专署决定成立鲁西银行泰西分行及印刷所,称泰西第四印刷所,又称鲁西北四所、鲁西北印刷所,由一专署工商局局长张铁铮兼泰西分行行长,泰西县委干部梁洁三任印刷所所长。

秋,第二印刷所遭遇敌人铁壁合围式大"扫荡",大部分职工由干部带队,及时跳出了敌人的合围圈,分散转移到根据地边沿地区,依靠群众隐蔽了起来。鲁西银行行长张廉方、监委韩哲一,指定翟诚带领二所制版技师丁玉良、赵荣轩、工人张美清等坚持在内地一小村地下室制作原版,敌人不进村不准停产,完成任务后再转移外线。在敌人骑兵、汽车向中心区合击时,工作人员仍坚持岗位,完成任务后才安全转移。

11月13日,冀鲁豫行署就发行贰佰圆、伍佰圆临时流通券对各专署县作出指示,指出发行的意义是保护根据地物资防止外流,巩固鲁钞,扩大统一市场货币的地区。发行办法是通过贸易逐渐向市场发行,并与鲁钞掺杂行使。对外宣传要强调临时流通券与鲁钞一样行使,各级工商局及公营商店随时保证兑换等价鲁钞,待鲁钞筹码适应市场需用时,由银行定期公告收兑。注意事项特别指出如感甚多影响信用时,应主动吸收一部分回来,以免形成市场巨额钞票膨胀。

11月,为了统一冀鲁豫与冀南对敌斗争的领导,中共中央决定成立冀鲁豫分局,统称平原分

---

① 具体内容参见"历史文献"中对应部分。
② 同①。

局，黄敬为书记，张霖之为分局委员、民运部长兼组织部副部长。

12月，第三印刷所转移到范县地区，重新组建，王真从第二印刷所调来任所长，翟诚任指导员，下设两个石印队，一队队长康新奎，二队队长王继增，铅印队队长王鼎甫。仍采取一机一村，在地下室里生产。

1944 年

春，第四印刷所指导员王凌霄在运送原版途中，为保护同行的两个同志和票版安全，在鄄城某村与敌人发生遭遇战，光荣牺牲。

春，刘文登接任第四印刷所所长，伊党接任指导员，刘景禹任副指导员。

3月20日，冀鲁豫行署下发关于收回临时流通券的指示，决定将贰佰圆和伍佰圆两种临时流通券定期收回，4月1日至5月15日为集中兑收期，5月1日起停止在市场流通。

4月17日，冀鲁豫行署颁发《关于鲁西银行今春各种贷款办法的决定》，内容共八条，包括贷款原则、贷款种类、贷款手续、贷款利率、各种贷款归还期限、贷款收回办法等。①

5月11日，冀南和冀鲁豫两区合并，两区党委机关取消，各地委由分局领导。设冀南、冀鲁豫两个工作委员会，以协助冀鲁豫分局工作。冀鲁豫工作委员会由张霖之、杨勇、黄敬、徐达本组成，张霖之为书记。两军区也合并为冀鲁豫军区。

6月15日，为统一平原战略区对敌斗争，加强领导，冀鲁豫与冀南两行署合署办公，冀南行署由孟夫唐负责，冀鲁豫行署因晁哲甫在延安学习，工作由徐达本、贾心斋负责。两区合并后，鲁西银行与冀南银行冀南区行随之合并，冀鲁豫工商管理局局长林海云兼任行长，韩哲一任监委。两银行合并后，曾设想起名为冀鲁豫银行，终因流通已久的鲁钞无法更改行名，而沿用鲁西银行名称。从此，冀鲁豫与冀南两区货币按牌价互相流通。

7月，鲁西银行与冀南区行各印刷所也统一领导，建立了厂部，张子重任厂长。

7月，鲁西北印刷所全部机器、材料以及工作人员搬到东阿县朱旺山村。当时所长为梁洁三，来自鄄北田家楼一带的鲁西银行二所赵荣轩任副所长，同样来自二所的赵侠任指导员兼党支部书记，全所人员50多人，编为四个组：石印组，组长李兴元；铅印组，组长张元泽；总务组，组长袁清平；会计组，组长朱诚。所部和印制地下室分驻两个村。

夏，张奉（凤）尧接替察贯一任湖西印刷所所长，马行方任指导员。当时战争形势好转，湖西印刷所有2台石印机，4台铅印机。

9月25日，鲁西银行、冀南区银行联合颁发《对流亡抗属生产贷款暂行办法》。同日，公布实施，内容共九条，包括贷款目的、贷款对象、贷款数目、贷款手续、贷款期限及利息等。②

秋，为了加强领导班子和技术力量，上级调一所的刘震、二所的陈明和一些印刷技术工人及石印机、圆盘印号机到单县石寨村湖西印刷所，刘震去后任副所长。此后，湖西所组织机构逐渐健全，技术水平较快提高，并用刘震带去的冀南银行票版，印制冀南银行币。

秋，第二印刷所采购员老丁送材料时被捕，后来英勇就义。

11月1日，为加强冀南、冀鲁豫两区的物资交流，统一对敌斗争的力量，冀鲁豫行署发布公告，规定鲁西钞和冀钞（冀南银行太行版等不带"平原"字样者除外）可在冀南和冀鲁豫两区相互流通。

---

① 具体内容参见"历史文献"中对应部分。
② 同①。

11月7日，冀鲁豫、冀南工商管理局发出关于冀鲁钞相互流通后加强通货管理工作的指示信。[①]

11月，鲁西北印刷所由于缺少号码机、图章和部分油墨等，派赵荣轩到中心区领取。

该年，第二印刷所曾驻鄄北田楼村，对外番号叫"运输队"。所长麻佩三，指导员仪华。下设财务、后勤、保卫三个股和一个石印队，一个铅印队。保卫股长李明，后勤股长郑洪彬，财务股长姓段。

年底，因鲁西、冀南两区行署合并，银行、工商局等一元化工作进一步强化，货币信贷和行政经营结合，有显著成绩。

1945 年

1月7日、8日（农历12月24日、25日），聊城、东阿、茌平、博平、阳谷等县敌人，集中兵力，以朱旺山为中心，进行铁壁合围。得到情报后，鲁西银行鲁西北印刷所当夜把机器、材料运到朱旺山村北的一片树林——大朱家林，将印刷器材全部埋到一个新坟里。

年初，第三印刷所迁至鄄北和第二印刷所合并，其后，印刷工作从地下转到了地上。

春，第四印刷所已发展到70人的印刷队伍。行政上有所长、指导员，下设总务股、财会股、材料股、交通班，技术上分两个石印组，一个铅印组，分别在地下室操作。

2、3月，鲁西北印刷所在桐城王龙岗一带生产，所部驻皮袄李。

5月，因敌伪进攻解放区，鲁西北印刷所大部人员由梁洁三、赵侠带领，移驻中心区范县城南古云集北边一个小村——小张台，生产由地下转为地上。

5月，冀鲁豫、冀南两行署合并为冀鲁豫行署，孟夫唐任主任，徐达本、贾心斋任副主任，万晓唐、杨勇、孟夫唐、王任重、段君毅、韩哲一等23人为行政委员会委员。因两行署合并，原分属两行署的鲁西银行与冀南银行冀南区行合并为冀鲁豫银行，林海云兼行长，韩哲一兼监委。但因鲁西银行币已流通多年，党中央不同意使用"冀鲁豫银行"名称，故合并后称为"鲁西银行"。

6月，第四印刷所由曹县经300华里长途跋涉，来到河南省内黄县七丈固，并入第一印刷所，仍称一所，所长魏仁斋，指导员刘文登。

抗日战争接近胜利时，组织上派仪华去鲁西银行湖西印刷所视察工作。

8月，鲁西银行一、二、三、四所（统称冀鲁豫印刷厂）在清丰县陆塔镇召开全厂职工表模大会，并成立职工总会。

8月，日寇投降后，鲁西银行鲁西北印刷所（泰西印刷所）一部分人在鄄北并入第二印刷所，称鲁西银行二所，由翟诚、白文普负责，活动在濮、范、观中心区。另一部分人在梁洁三带领下转到桐城附近的宋楼，改称"泰运书店印刷所"，梁洁三任副经理兼所长。

该年，麻佩三从二所调走随军南下，所长由白文普继任，副所长王真，监委翟诚，当时有石印机10余台，组建两个队，一队队长丁玉良，二队队长康新奎，铅印机有4台，铅印队长房重千。

10月，冀南、冀鲁豫两区分开。

10月，湖西印刷所奉命迁移到中心区河南省清丰县集中，与冀南银行路东印刷所合并为第三印刷所，所长潘书文，副所长刘震，监委马行方。

11月10日，中共晋冀鲁豫中央局在峰峰矿务局召开会议（峰峰会议），决定平原地区收回鲁西钞，一律流通冀钞。

[①] 具体内容参见"历史文献"中对应部分。

冬，鲁西银行第一和第二印刷所分别由沙区、鄄北地区向清丰县集中。后来，临清、济宁所也到清丰县集中。

12月1日，晋冀鲁豫边区政府发出指示，确定鲁西银行并入冀南银行。自1946年1月1日起在冀鲁豫区发行冀南银行币，与鲁钞等值流通。

12月30日，冀鲁豫行署作出关于迅速建立与充实银行组织的指示，决定从1946年1月，工商局、银行正式分开，各级建立组织。

12月，鲁西银行各印刷所与冀南银行路东印刷所在清丰县城组成冀南银行第二印刷厂，厂长魏仁斋，副厂长王真，监委张子重、董渡峰。

至该年底，鲁西银行累计发行鲁西银行货币24.4亿多元，除伍圆红车船和贰拾圆野庙山由冀南银行太行印刷厂代印外，其余均由鲁西银行印刷所印制。同时，鲁西银行代印冀南银行钞票3亿元。

1946 年

1月1日，冀南银行冀鲁豫区行正式成立，行址菏泽，张廉方任经理，李凌霄任副经理。对外鲁西银行名义仍保留，各机构挂冀南银行和鲁西银行两块牌子。

1月15~26日，冀南银行第一次区行经理联席会议决定，收回部分鲁西银行票，包括湖西版及泰运版伍圆和拾圆券，以及叁佰圆、伍佰圆两种临时流通券。

2月，鲁西银行各印刷所在河南省清丰县集中以后组建起印刷厂工会。

12月6日，冀南银行下发《关于重行规定收兑各种流通券及本票办法的通令》，明确收回鲁西银行临时流通券贰拾圆券、贰佰圆券、叁佰圆券、伍佰圆券，本票贰佰圆，湖西版伍圆券、拾圆券、泰运版伍圆券、拾圆券及鲁西之农民合作社票（冀南农民合作社兑换券）等。

1947 年

6月26日，晋冀鲁豫边区颁布《查获假票处理暂行办法》，共十一条，规定了对查获制造贩卖或携带行使假票各种情形的具体处理办法，为解放战争时期反假货币工作的指导性文件。[①]

7月，冀南银行公布由冀南银行限6个月以内将鲁西银行币全部收回。

11月，陈玘《八年来的反假票工作》披露，八年来见到的假鲁钞伍角券以上应有尽有，达30种。据不完全统计（基层发现未报上级的未计），壹圆券有2种，伍圆券3种，拾圆券5种，贰拾伍圆券1种，壹佰圆券9种，贰佰圆券3种，叁佰圆券3种，伍佰圆券2种。

1948 年

4月27日，冀南银行、边区银行下达《关于各级银行继续收兑鲁钞的指示》，指出：鲁钞在群众中已建立了威信，因此群众不主动找银行兑换，以致该钞仍在市场流通。为统一货币，减少货币种

---

① 具体内容参见"历史文献"中对应部分。

类，便于商民交易，仍继续贯彻回收，不准再于市场流通。[①]

11月22日，华北人民政府发布了《关于成立中国人民银行发行统一货币的训令》，决定冀币（包括鲁钞）、边币、北海币、西农币与中国人民银行钞票固定比价，逐渐收回。

12月1日，中国人民银行成立。

1949 年

5月5日，中国人民银行总行发布《收兑旧币通令》，决定自5月15日起收兑晋察冀边区银行钞票及兑换券、鲁西银行残留的定额本票及流通券、冀南银行发行之定额本票及其500元以下的小额钞票。

8月8日，中国人民银行冀鲁豫分行发布《关于全部收回旧币的指示》，"决定在今年内全部收回在华北区固定比价统一流通的各种地方旧币"，包括"鲁西银行所发行残留的流通券及定额本票"。是年底，鲁西币兑换工作全部结束。[②]

---

① 具体内容参见"历史文献"中对应部分。
② 同①。

附　录

附录一　历史文献选编

1. 中央档案馆资料

晋冀鲁豫边区政府关于未合并前鲁西、冀鲁豫财政工作发展概况的调查笔记

边区的货币工作：

鲁西银行成立于1940年春季，原来是要成立泰西银行的，后因成立鲁西公署，3月间遂成立鲁西银行，实际上3月就开始印票子了，当时发行票子只是五角一种。吕麟就任行长，这时的银行除去印刷所之外，无其他组织也无其他干部。这个时期所做"有银无行"。

兹丛调来鲁西北财政委员会财政科长张廉方来任副行长。继又调来□□科科员一名（过去曾在山东民生银行做过事）。这时的银行干部就只有三人了。当即油印一份办事细则。这时的银行与印刷所还是两回事。银行这边是副行率领，银行本身是没有钱，印刷所出票子，很多是直接由勤务部支了。"扫荡"来，这时遗失了经理章，还有一个技术工人被捕，7月间陈支队来调来一个干部，过去对银行工作有点经验……

8月，两公署合并了，两边银行却不健全，旧冀鲁豫的冀南银行办事处有一个印刷所，干部比鲁西还少，当时未正式合并，只是采取了联合办公的方式，兹后才合并起来。有一段时期仍以过去冀南银行办事处名义对外，不久即取消了。

现在合并了，但账目还未兑在一起。

……

目前在全边区鲁钞价格与法币比值平均在七角左右，一专区（泰西）一元可抵一元，五署联办九角，七专区可抵一元。昆山县可抵八角，运东平均在七角上下，有的地区则抵四角，如寿张集只抵五角，二专区八角，观城县九角，沙区六角，鲁西北七角，个别地区实际情形还很复杂。

……

泰西

峰山县为我根据地一部所在，全县是伪货充斥，在根据地集市上流通的大部为伪钞。商人卖货都要伪钞，老百姓买卖粮食都用伪钞。伪钞的流通在峰山县是公开的了。在市面上，鲁钞流通的非常之少。

如果做一个比喻的话，大致只在峰山县全县市面上，伪钞要占70%强，鲁钞占20%弱，法币占10%强，这是全年3月间的一个小统计。

……

署，在南阳区，新三区，实验区，这一带……地区抗钞还能公开流通，其他区，如一、二、四、五、八等区，都以伪钞为中心。各区内，还有不少的土钞杂钞（如山东省民生银行），到今年二三月间，敌人"清剿"最严重时，就是一部分仅能流通的抗钞，也□□□被排挤出来。

长法县，在我中心区内抗钞在市场流通是主要的，另外有一部分法币土杂钞。

泰西的鲁西钞与法币，伪钞在市面上的比值：

1941年12月，鲁钞一元换伪钞五角，法币与鲁钞同，土钞亦同。

1942年12月，鲁钞一元换伪钞四角，法币新一些的，一元可换五角伪币，土钞与抗钞同。

1942年3月，鲁钞一元换伪钞三角，法币一元换伪钞四角，土钞与鲁钞同。

敌人对泰西在货币上是采取打击我鲁钞，大批扩大伪钞的流通地区。这个问题在泰西是非常严重的。

进攻的特点上，一般的都还与其他地区相差不多，唯一的特点就是敌人在这个地区上，实际说起来在货币斗争上，敌人是占绝对优势的，伪币的流通居然能流到我们根据……我们鲁钞始终是没有在群众中得到应有的信仰。

敌人在泰西已经是采取大批的以伪钞直接向我们的村镇中来购买原料，购买食粮。

常有一些县敌人有计划地制造假鲁钞来破坏我们的货币信用。

敌人在泰西、运东曾提出这样的口号来"把抗日根据地的一切东西买光"，目的是饿死我们、困死我们。

用伪币直接从我们区域内购买货物，利用奸商购买粮食，购买耕牛。假货充斥我们的市场，伪币能公开在我区域内流通。

敌人在征收中强调要伪钞，这就是对我们鲁钞一种严重的打击。这□□□□敌我征收面的比较，即可看出，我们征不到的敌能到，我们能征的敌亦能征，这就是对我们的货币成绩上一大打击。

敌人对我们鲁钞的破坏上一般地在这些地区内其特点为：

①利用其武装压力到一地区，如果有群众使用鲁钞的，除收钞票撕坏外不打印刻。

②利用奸商向我根据地内倾销其过剩之我根据地非必需品，一方面贬低鲁钞，一方面提高物价。

并收买大批鲁钞送给敌人，敌人就用之向我区域内购买货物，转运他一地区销售。藉以造谣，声言鲁西票不行了，八路军快走了。

据最近有人往济南来，谈敌人在济南大批伪票即我鲁西票（一元的及伍角的）据说用法币一千元可换一万元鲁西票，目前已发现有奸商用假鲁钞到我区域内来购买粮食、耕牛等外运。

敌人对法币的吸收在这一带的特点：

是采取一打一拉的手段，明为禁止，暗中吸收，一般地是以伪币换法币，以商品换法币，有的以汇兑来吸收法币。

据张秋镇情形调查，有一邮寄代办所，每天汇到敌占区的法币不到三千多元，桐城有一家兑汇商家，每一集往敌区汇兑法币不到三万多元。

另外敌人征收田赋及其他杂款是迫令以法币换伪钞用交，而后太平洋战争大□□，敌人为法币采取了打击的手段，关于（伪）钞的流通，这一地区□□□按敌区流通，就是我们根据地内也明暗的流通，就是我专署、县往常活动地区内也是一样，有时是在县政府活动之地，居然也公开流通，如齐河县伪钞充斥市面了，就是我们机关内，亦使用伪钞，如齐河县五区等竟成了使用伪钞的"模范"，一切收支均是伪钞。□□然齐河县是开辟工作较晚的一个县，然而就是其他各县也都免不了有这种情形。

总之在这一带地区内，伪钞在市场占绝对多数。

敌人对白银的吸收：利用汉奸、奸商、收买（伪钞三元买银元一元）。

另外敌人在聊城用这样的办法（与在冀南的办法差不多），把像球网似的圆东西绑在商杆上，叫群众拿银元往里抛，为抛进去赏伪币十元，抛不进时亦给伪币三元。

鲁西财政审查团方皋关于运东财政工作的视察报告（部分）

10. 金融情形：

I. 法币：一般主要流行纸币，敌占区则暗中行使，但破烂票之推行尚属困难。

II. 鲁西票：一般能通用，东阿聊城地区群众亲为与法币同样行使，茌平及其他各县群众对鲁西票推动不够，有队伍活动时能行使，平时个别群众不收鲁西票。

III. 杂钞：一般稍破烂者票能通过，因是杂币关系。

IV. 乡票：运东地区乡票极少见。

V. 伪钞：敌占区流行普遍，我根据地内不见；因敌占区货物必须用伪钞购买，加以敌人操作，□□超过法币二三成之多。

2. 历史文献

1940年

中共中央北方局对山东工作的意见（摘录）
（1940年1月20日）

鲁南、鲁西应统一发行纸币，纠正不统一的各自为政的办法，例如各发流通券（鱼台、单县、路西）。在群众中提高这些纸币的信用。坚持反对顽固分子破坏纸币行为，大量以我们的纸币收买现金，发展生产合作事业。

中共中央山东分局关于统战、政权、战略、财经工作的指示（摘录）
（1940年2月29日）

筹办鲁西、鲁北、清河三银行，扩大及整理泰莱区流通券，发行曲泗宁自治区流通券。上述银行及流通券一切业务收支管理，统归分局财委会及财政部。

信锡华关于金融问题的讲话
（1940年4月18日）

I. 国家银行法币，只要不假，应以政府保证其信用，如有故意挑剔不用的，着重打击之。党应配合在各处注意，去做。

II. 鲁西行署的票子，是山东省的无压金的票子，应禁止通用。河北省票子，因票子底版在愁

［仇］人手中，信用已为敌人所利用，也应即速停止使用。关于停止使用这些票子的法令，专署即将公布，我们应深入在民众中解释。

Ⅲ. 各地商家私人票子应限期收回，必须依靠党与群众保证，发动兑换、清查，并防止拒绝或推延兑换，或变卖财产潜逃他乡，使票子变成废纸，陷害人民的情事发生。这些地方商家私人票子的产生，完全是过去大地主资产阶级的政府与地主土劣封建势力勾结，受一些贿赂，便可出票子。这些票子大部分是在贫苦民众手中，不收回是遗患无穷的。

Ⅳ. 各县地方流通券，这一种货币是过去地方统治者所发出的，这种办法大半是他们的一种平地生财之道，于抗战对人民很少有什么利益，我们本来不应当替他们维持信用，但由于大地主富户他们大半只存蓄良币，而这种无准备金的缺乏信用的票子大半在农民手中，一旦废止，于阶级政策也不合。地方政府现在不过是开始成立，威信未厚，未行多少善政，而先行讲多使社会不安的政治变动，这也与政府在民众中的观感威信是有影响的，所以原则上，地方流通券是要维持，但只许各县花各县的。顽固分子尚在东明、长垣滥发流通券，我们也不能禁止，只好让在一个地区暂时去流通，先一个一个地区地整理吧。

Ⅴ. 关于使用冀南新钞的问题，将来自有计划，另行通知。现在冀南票子和晋察冀的票子，民众愿花就花，不必勉强，不敢花时，党员应起模范作用，勇于接受使用，暂时不公布行使用它。

中共中央北方局给鲁西区党委的指示信（摘录）
（1940年7月20日）

对于现在已经发出去的纸票，应该采取各种办法保障其信用，禁止伪币通行。发行数额应有规定，不能滥发，防止与反对把印刷机看成是解决财政经济困难唯一办法的错误。已经发出去的纸币有多少，你们计划如何，均需电告我们及山东分局。

山东省战工会秘书长陈明在行政会议上的报告提纲（摘录）
（1940年9月）

确定货币政策，建立银行业务：

甲、发行一定数量纸币，应有限制，反对滥发，并须准备兑换，广设兑换所。

乙、印发票款，应投资建设生产事业，提高票款信用。

丙、建立银行业务，办理汇兑、低利信用借款、生产、农业借贷、商业借贷与节约储金。

丁、对新发纸票，应进行政治动员解释，提高纸币信用。

戊、严防假票及造谣破坏。

中共鲁西区党委书记张霖之在泰西地委的报告（摘录）
（1940年9月）

3. 货币政策——抵制伪币，保护法币，调剂金融，增加生产，繁荣农村。

4. 货币的保证：①政治动员。②现银。③从事生产及集聚物资。

5. 贸易政策——稳定金融，调剂市面，达到以物易物，法币不能外流。

……

3. 组织贸易局——以调剂金融，保护法币，反对包办垄断，鼠目寸光，唯利是图的狭窄观念。

4. 鲁西银行票子——应用在救济灾民及繁荣农村经济上（包括低利贷款，投资□业），反对眼睛对着石印机。

鲁西军政委员会决议（摘录）
（1940年10月）

8. 关于银行方面：

A. 金额300万元，200万元投资生产，100万元充作军费（至明年6月底止）。

B. 从速准备基金，打击敌人破坏阴谋。

一、物质基金（发动群众献金运动购买粮食等）。

二、利用法币作基金，停止法币在市面与鲁西票平衡流通。

C. 整理小票地方杂钞，统计各种票的数量。

冀鲁豫边区半年来财经工作的报告与总结
（冀鲁豫边区财委给中共北方局的报告）
（1940年5月15日至11月15日）

三、金融工作

（一）边区三个时期的货币情形

1. 敌人对边区来进行大"扫荡"前，边区的货币种类是异常复杂的，在市场上流通的货币有河北银行、四行法币、流通券、山东民生、鲁西行署、山东平市官钱局、河北银钱局、私人商号钱票等，冀币在此时间开始在边区流通。

这时期边区的货币是比较稳定的，各种货币价值大致相等，就是感到辅币缺乏，找零困难，影响商业之周转。

我们为了统一边区的货币，排挤伪币与杂币，于5月间即公布禁止河北银行、河北银钱局、鲁西行署、山东民生、山东平市官钱局及私人土票的流通。同时即准备发行一部分辅币，以供给市场之需要。

2. 敌人对边区"扫荡"后，边区的货币价值就开始动荡起来了。首先就是冀币的跌价，中农票、破法币、不举地名的法币同样地开始跌价。由于我辅币发行迟缓，市场土票不仅未能肃清，相反更行增加了。

在敌叛区，河北银行票恢复行使，伪中联券亦开始在敌据点流通。叛军在其占领地区，亦发行了一部分流通券。因之货币数量超过了市场需要的流通量，形成恶性的通货膨胀，造成物价上涨及货币价值不稳定。

3. 经各县对冀币之努力维持后，在南乐等地区冀币价值开始恢复，但在敌叛区附近仍然低落。

在我基本区的河北银行等票逐步绝迹，我公布停止流通券在市场之使用。我大量发行辅币，使土票在我基本区亦逐步绝迹。

（二）我对各种货币态度及处置经过

1. 河北银行票、山东民生、山东平市官钱局、鲁西行署等币，在我政权建立后，即采取排挤政策，以政府名义公布禁止使用。当时市场缺乏零票代替，故未能全部收效，仅河北银行1元以上票币在我市场内是不能行使的了。

2. 敌人的伪中联券，当它开始推行时，我即采取了严格的禁止使用方法，同时加强对人民的宣传教育工作，因之敌伪货币在我基本区内是始终没有地位的。

3. 丁树本时代发行的流通券，在边区是有一个相当大的数量（共达80万元，额数分2元、1元、5角、2角、1角、5分六种）。当我政权建立时，因冀币尚未普遍流通，市场缺乏小额票币，故暂时采取了不过问态度，直到10月间才正式宣布停止使用。

这些流通券除少数县份留有一部基金外，如濮阳、大名、东明、长垣等县都是没有基金的。但初时人民对这货币是有相当信仰的，因丁发行流通券时，他在票面上注明以田赋附加作担保。同时这票大部是留在小商人手里，倘公布作废，只是会影响到小商人和贫苦人民的利益的。因此我们第一步是停止使用、登记，第二步准备折价收兑，或按田赋银两派款收兑（各县的流通券由各县负责收兑之）。

4. 法币在边区是分了几种价值：举地名的好票，是可以照票面价值；中农票则仅值7角至8角，一般人民宁要冀币，不要中农票。不举地名之民国25年后中、中、交法币价值8角至9角，破法币则仅价值六七角左右，人民都不欢迎要破法币。我们对法币是采取了不积极维护态度，原因是仅以边区的财政力量无法积极维护，主要是集中力量维护冀币。

5. 对于私人出印的土票，我们一开始就采取了取缔政策，但初期因市场零票缺乏，无法取缔。最近在我辅币发行后，同时限令各土票发行人交纳保证金，并分限数期收回，目前土票逐步在市场绝迹了。

6. 在我们政权建立后，即公布以冀币为边区本位货币，一切政府收入均以冀币为标准。但当敌人对边区进行"扫荡"及叛军北来后，敌伪叛顽曾一致配合向我冀币进行破坏，经我在政治上、经济上以及依靠政权力量维护后，在我基本区的冀币价值是逐步稳定了，但有一部分地区冀币的价值在实际上还只能与不举地名的法币相同。

（三）发行辅币工作

1. 为了取缔边区的土票与杂币和调剂市场需要，便利商业找零，在5月间曾呈请北（方）局准予发行辅币，后经批准发行角票30万元，枚票10万元，并允将冀行角票版捎来由边区自行付印，但迄（今）未能捎到。

2. 因边区急需辅币，调剂金融流通，乃决定以冀南农民合作社名义发行兑换券。兑换券额数分5角、2角、1角、5分、2分五种。发行总额定为60万元，计5角票25万元，2角10万元，1角15万元，5分5万元，2分5万元。

3. 截报告时止，边区5角辅币发行到18万元，2角辅币发行到5万余元，5分辅币已发行到1万元（已发24万元）。

（四）边区金融的一般情形

1. 边区的冀行办事处在5月间即算是建立了，但由于缺乏干部与坚强的领导，各县下层组织迄今未能建立，办事处的工作也没有开展。

2. 边区对外有汇兑关系的，主要是草帽辫行及花生油行。汇兑方向主要是天津、济南、彰德三处。在敌人未"扫荡"边区时，边区与以上地区汇兑时，我法币1万元可收回汇水5元，但自"扫荡"及敌加强经济进攻的操纵后，曾一度发生我汇出法币100元，要贴出汇水40元，最近则为15元至20元左右。

3. 目前边区市场流通的货币数量，仍以法币占优势，冀币约不足市场需要流通量的十分之三，因此在边区绝对实行统一用冀币为交换货币还是不能的，第一是冀币信用还不巩固，第二数量没占优势。

朱瑞同志关于山东工作报告（摘录）
（1940年11月）

（八）金融流通。已发行纸币，计北海银行新钞六十万元（因机器原料困难，不能大量发行），鲁西银行四十万元，泰山农民合作社地方票十万元，鲁南北海分行角票十五万元，信仰均高。

……

扩大北海银行及分行新钞与鲁西银行钞（在今年全山东发行新钞至七百万）。

肖华同志谈鲁西根据地的建设

吴健

（1940年12月）

鲁西根据地同冀鲁边一样，也是在与敌伪、投降派的斗争中发展壮大起来的，现鲁西三十六县一百六十七个区里，已有三十个县八十个区可以推行抗日民主政府的政策，五个专署区已有四个在广大人民推戴中建立起来。尤其是八路军的几次大胜利，对建立这些民主堡垒起了最大的推动作用，例如，第一专署（泰西）是在一一五师陆房战斗的鼓舞中成立起来的，第二专署（运西）是在梁山战斗后开辟反投降斗争中壮大的，第三专署（鲁西北）是在一二九师与筑先纵队反敌伪投降派斗争中建立的，第四专署（运东）是挺进纵队到达后从敌人手中夺回来的。

但在鲁西主任公署未成立前，政权还未统一，基础不够巩固，进步的政治未能推行。因此在主任公署成立后，各县县长联席会上，决定今后方针为深入巩固政权基础，健全政权机构，推行进步法令政策，转变作风与意识，接着布置了鲁西政权工作的五月突击，提出了三个中心工作：（1）改造区乡村政权。（2）实行合理负担。（3）建立健全农救会。经过两个月的工作，经过改造的村二千三百二十五个，能推行合理负担的三千三百一十七村，成立农救会的二千四百五十二村（第一专署未包括在内），面貌大改变，人民生活改善，抗日热情高涨，各项工作都可得到统一的领导与贯彻。

……

在财政经济建设方面，主任公署为要在自力更生的方针下建设根据地，为了保护法币，抵制伪钞，调剂金融，并开办了鲁西银行，有计划地发行辅币，附带进行低利贷款，帮助农村生产事业，经营出入口贸易。正计划由鲁西银行拨款五十万元作为低利贷款基金救济贫困，以五十万元开发东平湖，使成肥沃的田地，如计划完成每年可增加收入一百多万元。

（载1940年12月22日《大众日报》）

1941年

鲁西政权工作报告（摘录）

（1941年春）

（二）财政经济

4. 货币：

①法币：敌人对法币明打暗收，一百五十元法币换伪币一百元（在敌占区）。

②杂票充斥：卖花生的、卖纸烟的小商人都出票，现虽禁止，但杂票仍充斥市面。（目前应勒令各商号定期收回杂票，鲁西票应多印发一角、二角甚至五分的小票，至于对法币则应进行政治动员，使人民不用法币买东西，持向银行换鲁西银行票，必要时银行可付与手续代存法币，有计划地逐渐将法币收回保存；免流敌区。同时应颁布禁止法币外流的禁令——意见。）

中共山东分局对鲁西根据地工作的指示（摘录）

（1941年5月23日）

甲、根据地的建设上虽然注意了，但还不够深入切实，尤其下层工作缺乏巩固的基础。即如财政建设，一直到现在一切收支还没有做到应有严肃的工作制度。生产建设尤差，主要部分的支出是靠石印机，仍没有把鲁西银行钞票主要用在生产建设上。

积极建设鲁西根据地（摘录）

（1941年6月）

（四）为了保护法币，抵制伪钞，乃于一九四〇年秋①成立了鲁西银行，发行一角、二角和一元的票子，其中百分之四十是投资在工业上，百分之三十是投资在商业与农村贷款，稳定了鲁西根据地的金融，活跃了市场，打击了敌伪的经济封锁与破坏。

（载1941年6月25日《大众日报》）

冀鲁豫边区全面工作报告（摘录）

（1941年）

6. 经济政策：

①推行新的合理负担，调整各阶级的关系。

②鲁西银行应按着分局所指示的原则，投资于生产事业，发展工商业，繁荣根据地的经济，排挤仇货，摆脱经济上的被动。

③巩固冀钞和鲁钞，建立银行营业。

④提倡土货。

冀鲁豫、鲁西财经工作材料（摘录）

（1941年）

C. 敌人和顽固分子对我们冀鲁票破坏如何？

1. 敌人对我票的破坏方法方式：用金票收买我法币与冀鲁票。在接敌区或敌占区敌进行收买粮食，用高价收买。将票子分出等级，借以扩大货币，提高物价，降低我法币及冀鲁票价格（四专署东阿县）。

2. 敌人顽固分子对我钞票破坏情形：

一、制造伪钞（冀南、鲁西等票）。

二、宣传抗票（冀南票及我们出之票子）无基金，不可靠，捉住用者尚犯罪，并且实行打与罚。

三、现群众里面交换情形：

冀南1.00=法币0.60，甚至0.55。

鲁西1.00=法币0.70，甚至0.80（三专署莘县鲍挺干）。

鲁西1.00=法币1.00（根据地和接敌区都使用鲁西票，较法币威信尚高）。

鲁西与法币1.00=伪票0.50（在敌占区），一专署情形。

1942年

冀鲁豫行署八个月财政建设计划大纲（摘录）

（1942年5月至12月）

（三）统一市场货币，肃清土票辅币

1. 十七、十八、二十、二十一专区，基本区自八月一日起停止法币在市场的流通，严格统制外

---

① 编者考定"秋"应为"春"。

汇，在九月底完全肃清市场上的土票辅币。

2. 十六、十九、二十二专区五县联办昆山等基本区，自八月一日起开始进行肃清市场土票辅币，争取在年底以前肃清。

晋冀鲁豫边区禁止敌伪钞票暂行办法
（1942年9月1日修正公布）

第一条　为巩固根据地金融，保护抗日本币，打击与禁绝敌伪钞票，对敌进行货币斗争，特制定本办法。

第二条　一切敌伪发行之钞票，在本区内绝对禁止携带保存与行使，但工人工资收入及从敌占区逃来灾难民，反正及被俘伪军伪组织人员所携带之敌伪钞票，得向冀南银行分行，及委托之代办机关兑换冀钞行使之。

第三条　军政民机关，因特殊工作（对外贸易之使用另订之），确有携带敌伪钞票出入境之必要者，须经政府核准，发给证明文件，始得通行。核准权限：军政民工作人员携带伪钞出入境在二百元以下者，由县政府核准；二百元以上，一千元以下，由专署核准；一千元以上，须经边区政府或行署核准。

第四条　违反前条规定，有在本区携带保存或行使敌伪钞票者，一经查获，除予没收外，并按其保存或携带或行使之不同行为，酌予左［下］列之处罚：

不过二十元者，处以百分之三十至五十罚金，三十元以上至一百元者，处以百分之四十至七十之罚金。

一百元以上至二百元者，处以一倍至三倍之罚金。

二百元以上至四百元者，处以二倍至四倍之罚金。

四百元以上者，处以三倍至五倍之罚金。

别有严重情节者，须送司法机关，按破坏抗日金融，从重治罪。

第五条　前条所处罚金，得提奖百分之二十，以十分之四奖报告人，十分之六奖查获人。无报告人，全奖查获人。每人每次不得超过二百元，公务人员按应提奖金数七成发给，每次每人不得超过一百元，余数归公。

第六条　对违法在本区保存携带或行使敌伪钞票者，军队、公安人员、民兵、区村公所、群众团体及民众只有查获权，其没收及处罚权，属县级以上政府，没收及罚金，并须制给凭单或收据（须用三联单，由县政府制发），以示证明。

第七条　公务人员如有包庇、串通、卖放、侵吞情事，按贪污渎职，从严论处，民众按诈财治罪。

第八条　敌占区民众行使何钞，不加干涉，接敌区及游击区，应按具体情况，适当划界限。界限以外，只没收，不再处罚，或以冀钞兑换，而不没收；界限以内，仍按第四条规定执行。

第九条　前条所指之界限，应以行政村为单位，由县政府划定，经专署批准，再经一定时期之宣传解释后，方得执行，并报告边府备案。其界限应按敌占区工作之开展情形，适时变更之。

第十条　敌伪商业票据等之处理办法另行订之。

第十一条　本办法公布后，以前禁止敌伪钞暂行办法，即作无效。

第十二条　本办法经边区临参会驻会委员会同意后，由边区政府公布施行之。

晋冀鲁豫边区保护法币暂行办法
（1942年9月1日修正公布）

第一条　为保护法币，防止敌伪操纵套换，特制定本办法。

第二条　本区一切交易往来，收支公款均以冀南银行钞票（简称冀钞）为本位，行使法币时，须向冀南银行分行或其委托之代办机关兑换冀钞后，始得行使。

第三条　凡携带法币进出或通过本区者，须依照左［下］列各款办理：

一、携带法币系过境者，须向本区边境税务稽征所或区级以上政府登记，并领取证明文件，才准通行。

二、携带法币入口，系存藏者，除向本区边境税务稽征所或区级以上政府登记，并领取证明文件外，并须向当地县政府报请登记，以资保护。

三、携带法币出口，系一般公干或旅行而非投机取巧者，须向当地区级以上政府登记，领取证明文件，方准出口。

四、如携带法币出口，系贩运入口货物，须经各级工商管理局核准，并须向银行履行登记手续。

办理前条各项之法币登记手续，概不收取任何费用。

第四条　在本区内之一般私人保存法币，只要不在本区市面行使，听其自便，不加干涉。

第五条　凡违法在本区公开交易或暗中行使法币，捣乱金融者，除法币没收外，并得按其数量多少（二百元以下者不处罚），分别予以左［下］列之处罚：

二百元以上至五百元者，处以百分之三十至百分之五十之罚金；五百元以上至五千元者，处以百分之五十至一倍之罚金；五千元以上（者），处以一倍至三倍之罚金；有其他情节者，送交司法机关处办之。

第六条　前条所处罚金，得提奖二成（百分之三十），以十分之四奖于报告人，以十分之六奖于查获人，无报告人者，全归查获人。每次每人不得超过二百元，公务人员按应提奖金数七成发给，每次每人不得超过一百元，余数归公。

第七条　对违法行使法币行为，军队、公安人员、区村公所、民兵、群众团体及民众，只有查获权，处理权属于县级以上政府办理，没收及罚金，均须制给凭单或收据（须用三联单由县政府制发），以示证明。

第八条　公务人员如有包庇、串通、卖放或私行没收、侵吞等情事，按贪污渎职，从严论处，民众按诈财治罪。

第九条　本办法公布后，以前之保护法币暂行条例，保护与兑换法币暂行办法，宣告无效。

第十条　抗日政府不能经常驻在之法币区域，不实行本办法之规定，接近法币区及接敌区，法币处理办法，另定之。

第十一条　本办法经边区临参会驻会委员会同意后，由边区政府公布施行之。

冀鲁豫边区统一市场货币暂行实施办法
（1942年9月15日公布）①

第一条　为整顿边区货币，稳定金融，照顾人民生计及巩固敌后抗日本位货币阵地，开展对敌经济斗争，特根据边区具体情形，制定本办法。

---

① 本办法由工商办事处1942年11月20日翻印。

第二条　本区市场货币之整理与行使，依本法办理之。

第三条　凡本区内一切公私交易各款，一律以鲁西银行钞票（以下简称鲁钞）为本位币，所有法币其他杂钞，一律停止流通。凡人民持有法币者，一律于十一月十日前送交鲁西银行或银行办事处或经鲁西银行委托代理兑换机关，兑成鲁钞后，始准在市行使之。本区各级军政民机关所存之法币，应于九月三十日前送交同级政府金库，按同值兑成鲁钞后行使，逾期即不准按同值兑换并一律按本办法处理之。但经行署明令禁止之民国七年中国银行发行之各种票面法币、民国三年交通银行发行带山东字样之各种票面法币、民国十六年交通银行发行带"汉口"字样之各种票面法币、民国二十五年中央银行发行之黑花心票面法币、英国华德公司和民国二十六年中国银行发行之中山头暗塔票面法币、民国十六年中央银行发行之各种票面法币、民国二十九年中央、中国及交通银行发行之各种票面法币，不予兑换并得无条件地予以没收。

第四条　在统一市场货币区域之各级工商局均有按规定代行兑换之责，并绝对遵守本办法彻底执行，不得稍有逾越，违者按本办法处理之。

第五条　统一市场货币地区，暂行规定如下：

第一款　本边区十八专署及十七专署所辖之濮县、范县、鄄城及范寿朝阳办事处及二十三专署所辖之寿张等县之基本区为施行统一市场货币之区域，其施行日期依第六条规定办理之。

第二款　除以上第一款所指定地区外，其他各地区均暂为准备施行统一市场货币区，应根据本办法作宣传准备工作。

第六条　统一市场货币的时期：

第一款　自本年九月十五日起至十月十日止在第五条规定地区内为开始宣传动员准备时期，各级政府公款收入一律停止收受法币，但敌占区接敌区照收，业经行署明令禁止第三条所列之各种法币者不收。

第二款　自十月十一日起十一月十日止为开始停止使用法币期，凡人民持有法币者，可一律按七折自动兑成鲁钞后行使之（各县财政科应代理兑换），如有秘密行使情事，一经查出，得按五折强行兑换之。

第三款　在第二期开始停止法币使用期内，如有交纳田赋者，必须持法币到银行或代兑所兑换成鲁钞，再行交纳田赋。

第四款　十一月十一日以后，所有用以在市场交易之法币，无论数字之多寡，除一律没收充公全部交财政科作没收款收入外，并由司法机关分别情节予以惩处。

第一项　凡携带法币在五百元以下者，一律没收充公。

第二项　五百〇一元以上五千元以下者，除全部没收充公外，处以携带数百分之十的罚金。

第三项　五千〇一元以上者，除全部没收充公外，处以携带数百分之二十的罚金，情形重大者得送县级以上司法机关依法惩处之。

第四项　凡军政民工作人员因公携带法币者，必须取得县级以上政府之证明文件，始准通行，凡携带数在三千元以下者，准（须）由县府发给证明文件，三千元以上者须取得专署之证明文件，否则得依本办法之规定处理之。

第七条　依据第六条之规定查获没收之法币，得依没收款额提给奖百分之十（鲁钞），奖励查获报告人。此项奖金之分配办法如下：

第一款　如因报告而查获者，报告人与查获人各得奖金二分之一。

第二款　无报告人而查获者，其奖金全部归查获人，如为政府缉私队员则按百分之五提奖。

第三款　如系公务人员查获之法币按百分之十提奖，奖金数目超百元者，其超过之数归公。

第八条 禁止法币之处理权、检查权、告发权规定如下：

第一款 处理权：县级以上政权机关有处理权，区级以下无处理权。

第二款 检查权：区级以上之政权及军队营级以上干部有检查权。其他干部与群众无检查权，但检查人应有正直公道之精神，不得有任何徇私舞弊之情事，违者得依情形之轻重，分别依法制裁之。

第三款 告发权：凡抗日人民及群众团体均有告发权。

第九条 本办法如有未尽事宜，得由本署依法修正之。

第十条 本办法实施日期，经晋冀鲁豫边区临时参议会驻会委员会冀鲁豫区办事处通过后，由本署以命令公布之。

附注：关于进行步骤，另有指示。

冀鲁豫行署公布

中共冀鲁豫区党委关于鲁钞发行问题致中共中央北方局的电报
（1942年9月18日）

（一）鲁钞现已发行总数（截至本年8月底）13 781 075元：计5元票4 485 000元，2元票1 967 700元，1元票5 235 500元，5角票2 152 500元，1角、2角票14 075元，据全区人口约250万人（根据地及接敌区数）。

（二）据工商局科长谈，太行山慢慢印鲁西钞3 000万元，我们意见，发行种类应以10元、5元、2元、1元、5角、2角、1角共七种。除10元票3 000万元由冀总行印发外，其他均由鲁西直接印发，现只印5元、2元、1元三种。到今年终可发1 000万元。10元版已缄好，即设法送去，票板样式如合适即印发，否则另装新版。

冀南行署关于鲁钞停止流通的指示
（1942年10月9日）①

各级专员、县长

各分支行主任　　　　同志：

各分支局长

兹颁布停止鲁钞布告、宣传大纲各一份，望接到后展开讨论，并广为翻印张贴深入宣传。工管［商］局更应号召商人搜集鲁钞，赴鲁西购货。凡欲赴鲁西购货之商人，可取区公所保证来工商管理局声［申］请登记。工管［商］局需赴其所在地进行调查，若该商人确系忠实商人并无投机取巧之意，可发给证明文件，并予以赴鲁西之种种便利，此后并应经常指导检查其行为。

自布告之日起，各级政府、部队、群团、公营企业一律不得再使鲁钞。

关于鲁西票兑换办法及行使鲁西票处分办法，待鲁西回电后再发。未颁发前对于行使鲁钞者暂不处分，可口头批评之。

商人声［申］请登记书及证明文件样式由工管［商］局分局自定之。

　　　　　　此致

　　敬礼

（附宣传要点一份）

主　任　宋任穷
副主任　刘建章

---

① 此时间为编者所判定。

附：宣传要点

1. 鲁钞是鲁西的地方币，不应出境，流通应在鲁西流通。冀钞是晋冀鲁豫边区本位币，流通全边区。

2. 鲁西票流通冀南将使货币膨胀，物价高涨，民生困难。

3. 鲁西票占据冀南市场，就要使冀南金融混乱，假票又多，不易辨别。

4. 货币一元化才能和敌人有力地斗争，鲁西票和冀南钞并流，敌人可利用来捣乱我金融。

5. 停止鲁钞流通后，可能又像冀中停止冀南钞流通时，敌人汉奸就造谣说八路军自己快打仗了，冀南不要鲁西票了，我们要预先揭破敌奸阴谋。

鲁西银行与冀南银行汇兑办法

（1942年11月15日）

为便于冀鲁豫边区与冀南两地区军政民在战时携带款项便利起见，本行正式与冀南银行通汇，汇兑事项如下：

一、通汇地点：鲁西银行总行及三分行（鲁西北）与冀南银行十分行（馆陶一带）、十二分行（大名一带）互相通汇。

二、汇款种类：分信汇、票汇、电汇三种，因两地区汇兑伊始，暂实行票汇一种。

三、汇款手续：由汇款人将汇款及汇水二分之一连同水［手］续费交纳银行后给予汇票，以便向指定银行再交汇水二分之一另具保支取汇款。如汇票损失，必须迅速挂号声明（向付款银行），但在挂号时银行如已付过款时，责任由汇款人负之。

1. 汇水：按百分之三（军政及抗日团体减半）。
2. 手续费：五元。
3. 汇款额：以五十元起码，少则不汇，汇票每张金额不得超过五千元。

四、通汇日期：自民国三十一年十二月一日通汇。

五、本办法如有变更，经双方银行商订修正之。

鲁西银行

冀鲁豫工商办事处关于游击区工商工作的指示（摘录）

（1942年11月15日）

丁、对于货币——群众已经普遍使用伪钞的区域，我们不采取禁用手段（假若在这种区域内我们还能工作时，可以报告办事处，以便另行指示对策。假若是法币市场或伪钞市场的区域，应当防止伪钞混入，对发现之伪钞应坚决禁用）。法币或抗钞关系确定如下：

A. 完全是法币市场者（抗钞或根本没有），根据行署去年十一月和今年七月的法令，进行整理法币黑衣心、暗塔等法币，取缔以求减少杂法币。

B. 法币或鲁钞并行地区，除依照前项整理法币外，同时应当积极支持鲁钞，提高鲁钞，由和法币平价使用（到）高于法币。

C. 若系在实行统一市场货币地区范围内，则应取缔法币——禁止法币流通。

冀鲁豫工商办事处、鲁西银行关于统一市场货币工作的补充指示

（1942年11月20日）

十七、十八、二十三分局及所属各县局长监委：

根据最近行署指示及此次工作总结，关于统一市场货币工作（有）必要补充指示如下：

一、兑换期工作

1. 为便利工作，决定县局在五百元以下者，可以负责直接强制兑换，不必再开兑换领款证介绍到分局办事处，五百元以上者，须依原指示之规定由分局办事处兑换之。

2. 强制兑换期展至十一月底，十二月一日起为禁止使用期——开始没收。

3. 目前因突击破路，集市可能暂时停顿，在此停顿期中，各分县局除立即恢复系统工作（如土产统制、组织输出、缉私、召集管理员交易员临时训练）外，在统一市场货币工作方面，应抓紧时间进行下列几项工作：

①和本区域之同级政府、机关、各救会进行联系，要求他们配合，并和他们商讨今后组织力量问题，作出决定，把全县全专区军政民各界动员起来，共同参加统一市场货币工作。

②向每个乡村里散发统一市场货币传单，发动各小学教员在各村写墙标语（用墨或石灰）扩大宣传（传单标语附发）。

4. 兑换期将完时，要多多向群众用口头或鸣锣反复宣传，说明没收期快将到来。

二、没收期工作

1. 各县局执行查获没收法币，系接受政府委派而进行的银行工作，不但应成为县局经常系统工作之一，而且县局长必须继续银行兑换所长之工作精神，切实主动负责领导全局，坚决进行查获没收工作。

2. 没收之权限设定为：

①没收数在五百元以下者，县局长有权处理。

②五百元以上者，县局查获后，连同人犯送交分局或办事处实行没收，县局长无没收权。

③县局局员只能查获，不论数目多寡，一律经过局长处理。

3. 没收手续如下：

①凡属没收之法币，一律填写没收证交对方收存，并逐一登记入册备查。

②没收款应随时解缴上级，缴款时将登记册附去加盖验戳，没收证用完将存根缴回原发机关。

③每日没收之法币，于次日根据登记册详细列单，在附近集市公布，以示公开并藉以教育群众。

4. 各分局协同银行在没收期将届时，应布告各地，宣布没收办法，并指出没收款公开，号召群众向政府告发非法没收者及已没收而未公布者，以示无私。

5. 凡已没收而不开具没收证或未向群众公布者，以贪污论。

6. 法币到禁止使用时期，不论在市场上零星使用与在路上携带一律没收（执行特种货币携带证者例外），但人民保存法币（不拿出使用或运输）不得干涉。

冀鲁豫工商办事处　　主　　任　　杨寿山
　　　　　　　　　　副主任　　程子英
　　　　　　　　　　监　　委　　张维之
鲁西银行　　行　　长　　张廉方

中共冀鲁豫区党委研究财经工作的会议记录

（1942年12月22日）

黄[①]：今天的会议要解决三大问题：粮食、救灾、金融。

……

[①] 指冀鲁豫区党委书记黄敬，下同。

（二）金融救灾。

黄：材料很不具体（行署搜集的少），但基本情况及原因与办法是可以看出的。

一、主要事实——

（1）这地区鲁钞发行数字一千七百万元，怎样发行的不清楚，大约是：1. 贷款发行二百四十万元——基本上是不健康的，用作为军政透支及用作为生产贷款数额之比，大体约是一比二，但生产贷款用作于有利我们的生产事业者很少，是很不健康的。从纯经济说，军政开支也不健康（虽不抹杀其积极作用）。2. 又有军政往来透支二百三十万元。3. 还有暂记欠款三百五十万元（包括商业往来）。4. 从经济上说，过去的发行基本上是不健康的（今年的发行有进步），因其基本上没起流通手段的作用（基本上是单纯的支付手段作用），恶果是市场上主要商品的流通，不是使用我们的货币（基本弱点）。因而产生许多毛病（信用低落物价高涨等），这是第一个特点——质量劣势。

（2）流通极不平衡，由于部队活动区的不平衡，敌我力量对比的不平衡等，显著现象是鲁钞拥挤在范濮观地区，其次是鲁西北，其他地区则极少，甚至没有。即在我中心区鲁钞对其他钞票，在数量上是不占优势，到现在禁用法币后，不过仅仅只占二分之一（平衡极不巩固）。在数量上，我在各地都是劣势，甚至是极大的劣势，这是第二个特点——数量劣势。

……

徐①：

一、印刷——现有三个印刷所（中心区、鲁西北、鲁西南），（1）第一所五个机子，工人可供六机用，每日可印五百张，是比较好的一所（日夜班）。（2）鲁西北所四个机子（可增为五机），基础较好，每日只出三百张，干部不团结严重（主要是所长与指导员），日夜班。（3）鲁西南所，包工制，一个工人带一堆家眷做买卖，两个机子，无产量，已停工。如整一下，一月二十可开工，至月底不过出九十万元，第一月可完成五百万元（完全顺利情况下），二月照一月的速度可能二千万，总合前约三千七百万，三月底可完成五千万。

……

中心区——统一货币，有些成绩，基本上保持了粮食，过去法一比鲁一点二，现在法一比鲁四点九（这原因是基本区粮食还不太缺，现在市场紧缩，鲁钞表现不太少，市场交易三分之二用鲁钞。

过去市场上有三大行：牲口、粮食、饭（烟火行），以前卖到鲁钞就赶快到烟火行买东西吃了，现在转变了这现象。

沙区——法币与鲁钞打平了，沙区与鲁西南的法币主要是大红袍，沙区出路最难，鲁西南出路是湖西，大红袍受打击最厉害（沙区）。

三、贸易局的工作——中心一环没转到粮食上来，物价波动主要原因是政策错误（没掌握粮食，光是限制只买二斗，以致东边不敢来卖，西边不敢来买），目前主要困难在于没钞票，旧历年关后约有十几天没什么交易，且春荒即来。

四、目前方案——

（1）中心区粮食必须保持，还只好依靠行政力量（管理集市、缉私、统一货币）。

（2）吸收中心区的法币——以一部公粮首先发动群众交些法币，过些时给粮食，收了法币到东边去买粮食，并限制交法币的人（如只限灾民和经村长作证者），但须考虑不影响鲁钞信用，保持法鲁间有一差额。目前基本区问题是以现有法币力量吸收粮食，而不是一切交易经过鲁钞——是一过渡办法。

---

① 指冀鲁豫行署副主任徐达本。

五、银行发行——去年以前多是小票,今年发行大票占三分之二,大部投入贸易,货币斗争首先是数量的优势。

黄:

一、货币——质量决定于流通中与主要商品的联结,质量是决定的东西,只在流通中已与主要商品结合时,数量才是决定的。

二、数量——是流通的范围与多少,法币的准备,即外汇(国际平衡收支)入超则跌价,出超则涨价。

黄:目前用法币地区相当大,粮食丰产区是敌区及苏鲁边,这里是使用法币地(区),斗争的中心是保持粮食,与法斗争要分别地区进行。

中心区——鲁钞已有相当数量,可以禁用法币,沙区鲁西北粮少,依靠敌区来粮,不应禁止法币流通,但田赋税收不要法币收鲁钞。

救灾——在灾区还应发动灾民借粮的斗争,抗属进入根据地者就可以拿出一笔款子贷给他们。

1943年

冀鲁豫行署关于修订颁发《冀鲁豫区统一市场货币暂行实施办法》的通令

财字第二十四号

(1943年2月1日)

一、兹修订颁发统一市场货币暂行实施办法,自本年二月一日起实行,原三十一年颁发之统一市场货币暂行实施办法,截至一月三十一日止宣布作废。

二、本办法实施地区,暂定十八专区、十七专区之濮县、范县、鄄城、郓城、寿张(范寿朝阳边在内)、十九专区之观、朝等区域,其他地区暂缓实行。

三、本办法规定准予兑换之法币,其由政府已命令禁止收用者不在此例。

四、按原办法实行统一市场货币之各专县,应即将原办法实行情形总结具报,藉以吸收经验教训。

以上各项,仰该专员县长、主任切实遵照办理为要。

此令

附发冀鲁豫区统一市场货币暂行办法　　　　份(附件已发)

主　　任　晁哲甫

副 主 任　徐达本　贾心斋

财政处长　华泽明

冀鲁豫区统一市场货币暂行实施办法

(1943年2月1日修订颁布)

第一条　本区为统一市场货币,稳定金融,照顾人民生活及巩固本位币,加强对敌经济斗争力量起见,特根据实际情形制定本办法。

第二条　本区市场货币之整理与行使,悉依本办法行之。

第三条　统一市场货币之地区及日期另以命令定之。

第四条　在已经实行统一市场货币地区,凡公私交易款项,均以鲁西银行钞票(以下简称鲁钞）为本位币。法币无论数目多少，一律禁止行使，违者依下列标准处罚之。

一、凡私行携带法币在一千元以下者，一律没收充公。

二、在一千零一元以上，三千元以下者，除全部没收外，并处以百分之十之罚金。

三、在三千零一元以上者，除全部没收及充公外，并处以百分之二十之罚金。如情节重大者，得送司法机关依法惩处之。

第五条　在统一市场货币地区，凡有积存法币欲到非统一市场货币地区及敌区行使者，无论公私款项应取得县级以上工商局法币携带证方准通行，但欲在当地进行交易者，应由村公所出具兑换证明书。在集市进行交易者，到银行兑换所兑成鲁钞始准行使，违者照前条规定处罚之。

第六条　开始实行统一货币地区，在宣传动员期间，各项公款应一律停止收受法币。凡以法币交纳公款者，应先兑成鲁钞方准交纳。

第七条　在统一市场货币地区，除银行兑换所兑换法币外，各级工商局及财政均应依照规定价格代兑换法币。

第八条　法币携带证由工商办事处制定样式，交工商分局分发各县应用。但在实行统一货币各地区，除专署级以上工商局外，其他均不开发。

第九条　凡由外区携带法币入境，证明确非套取物资者，准予到银行兑换所兑成鲁钞，违者按第四条各款处理之。

第十条　在统一市场货币地区内，私人储存法币，而不在市场行使者不加干涉。

第十一条　依第四、第五两条之规定，所查获没收之法币应送交同级政府，由同级政府按没收法币总额提奖金百分之十（鲁钞），其分配方法如下：

一、如因报告而查获者，报告人与查获人各得奖金二分之一；如无报告人，其奖金全归查获人。

二、如系公务员（缉私队员在内），无论查获与报告者，每次所得奖金最高额不得超过一百元，超过之数归政府收入。

第十二条　凡私自行使法币者，任何人均得有告发权，区级以上政府之工商局之工作人员与缉私队，均有查获权，处理权属于县级以上政府，其没收兑换之法币与罚金均须发给凭证以资证明。

第十三条　如公务员包庇行使法币，或假借名义私行没收侵犯者，以贪污论罪；如系民众应适用刑法之规定。

第十四条　本办法实行后，前颁发之统一市场货币实施办法即行废止。

第十五条　本办法如有未尽事宜由本署修正之。

第十六条　本办法自颁发之日实行。

冀鲁豫行署关于颁发《统一市场货币工作组组织办法》的训令
（1943年3月9日）

查目前统一市场货币工作，是巩固我抗日根据地经济基础，对敌经济斗争有力武器，巩固鲁钞是保护边区抗战民众经济利益之堡垒，统一货币工作不仅在对敌经济斗争上有巨大作用，而（且）在目前边区救济灾荒上也有更重要意义。

边区货币不统一，鲁钞不会巩固，同时我边区金融阵地也是难以巩固的。因此，对统一市场货币，排除法币，加强对敌货币斗争，实为目前重要任务之一，我各级政府及财经部门负责同志应有深刻的认识，并对干部加强教育，使其对目前货币工作有正确的了解。为了加强工作效率，适当组织力量，随时进行宣传检查，以求工作普遍之发展，给敌人货币进攻以有力的打击，按期完成边区救灾任务起见，本署特决定，各级政权机关成立统一货币工作组，并制定组织办法随令附发，仰各级政府及工商局银行接到令后，应即遵照切实办理为要！

此令。

附发：统一市场货币工作组组织办法

主　任　晁哲甫
副主任　徐达本
　　　　贾心斋

晋冀鲁豫边区政府第二厅关于各种钞票兑收价格的通知

（1943年3月26日）

各专署、各县财政科：

兹据银行之规定，华北敌后各抗日根据地所发之各种钞票在本区与冀钞之兑换价格如下：

一、晋察冀边区银行钞票按八折（每元兑冀钞8角）兑收。

二、晋西北农民银行钞票按二折（每元兑冀钞2角）兑收。

三、鲁西银行钞票按四折（每元兑冀钞4角）兑收。

四、北海银行钞票按六折（每元兑冀钞6角）兑收。

五、冀南银行路东之3元券基本上不给兑换，如果确系军队带过来者（要有证明），可按原价兑换，除此而外，任何人不给兑换。

这价格也有随时变动之可能，希各级财政科经常多与该地现驻之银行分行或办事处取得联系，以免折扣不同影响工作，特此通知。

兼厅长　戎伍胜
副厅长　刘岱峰

冀鲁豫行署关于建立工商局及银行联合办公制的指示信

工银字第一号

（1943年3月29日）

目前边区工商局及银行中心工作，是统一市场货币，繁荣根据地市场，对敌加强经济斗争，排除法币，打击伪钞，巩固鲁钞，掌握物资。为了便利工作上之开展，提高工作效率，并符合简政精神，兹决定工商局及银行建立联合办公制，使其发挥更强大之力量。现将工商局及银行工作关系具体确定如下：

（1）组织方面：建立联合办公制，统一监委，统一伙食，共同行动，但各仍为单独系统。各分局均设外汇科，各分区如有银行分行者兼办外汇科工作，无分行者即应设外汇科。各县工商局，如靠近敌区商业繁荣之大城市，并经常与敌区有商业来往者，县局应添设外汇股。外汇科股之干部，政府及工商局负责配备，以便进行外汇管理工作。希酌量各地区情形办理具报。

（2）工作方面：目前进行统一市场货币工作，加强对敌经济斗争，为工商局及银行共同任务，但在工作进行中，有关工商工作者，银行应通过工商局商讨进行，如有关货币工作者，工商局亦应征求银行意见，共同商讨进行，以便在工作上更密切配合了解，但在有关双方工作者，不密切配合商讨而单独一方进行办理，在工作上不但收不到成绩，反要遭受到相当之损失，应特别注意。

在会议制度上，工商局局务会议，银行正副行长参加。分局局务会议，分行主任参加。银行行务会议，工商局正副局长参加。分行行务会议，分局正副局长参加（监委当然参加）。关于详细工作，另有工商局及银行布置。

（3）经济开支：工商局及银行各级经费粮食菜金以及干杂人员津贴等开支，统一由工商局报销，于四月一日实行。

以上规定，仰各级工商局及银行遵照执行，并各级政府督促进行为要！

即致

敬礼

主　　任　晁哲甫
副主任　徐达本
　　　　贾心斋

冀鲁豫行署关于禁止其他抗日根据地抗日政府发行之钞票在本地区流通的通令
财字第96号
（1943年4月15日）

兹奉晋冀鲁豫边区政府电令略开："各抗日根据地抗日政府发行之钞票只准在本地区以内行使，隔境不得互相流通，以便掌握与管理各该地区之本位货币，以利对敌经济斗争。"等因奉此，查本区尚有冀南银行发行之各种钞票与极少数之晋察冀边区银行、北海银行等钞票流通市面，影响鲁钞之掌握与管理，使奸人有机可乘，破坏我货币阵地。此后其他抗日根据地所发行之钞票，应自即日起，一律禁止在本边区以内流通使用，仰即遵照，进行深入宣传解释，凡本边区商民存有此项钞票者，应尽可能携往各该地区行使（如冀南银行钞票携往冀南行使）。否则，应持赴鲁西银行或各地工商管理局按原值兑换鲁钞行使。如有故违，即予以强制兑换，但应深加解释，不得有毁损情事，仰即遵照，并饬所属知照为要！

此令

主　　任　晁哲甫
副 主 任　徐达本　贾心斋
财 政 处 长　华泽明

晋冀鲁豫边区保护现银禁使银币暂行办法
（1943年4月15日修正公布）

第一条　本办法遵照国民政府民国二十四年十一月三日颁布之禁使银币施行办法原则制订之。

第二条　凡本边区内之一切交易行使，一般以冀南银行钞票（以下简称冀钞）为本位币，其他银币、现银、现金均在禁止行使之列。

第三条　凡民间收藏之银币及现银、现金，应依国民政府之规定，自动持向各级政府或冀南银行兑换冀钞，保存使用，其不愿者，听其自便，政府不得干涉或没收。

第四条　凡持银币、现银、现金兑换冀钞时，均照下列规定兑换之：

一、银币一元兑换冀钞四元。

二、现银一两兑换冀钞五元六角。

三、现金按照市价兑换冀钞，但清理旧债时，每两得按冀钞一千元折合计算。

第五条　凡清理旧债回赎土地等，均依照第四条各款规定计算折合（在过去已实行者均不变动）。

第六条　凡人民自动持银币、现银、现金向各级政府兑换冀钞，除照第四条各款规定兑换冀钞外，并分别予以下列奖金：但第五条之规定不得包括下列奖金计算折合。

一、兑换银币一元，给予奖金冀钞二元。

二、兑换现银一两，给予奖金冀钞二元八角。

三、兑换现金之奖金临时规定之。

第七条　凡持银币、现银、现金向冀南银行兑换冀钞者，按冀南银行兑换规定兑换之，并由冀南银行酌予一定之奖金。

第八条　凡查获私自买卖及行使银币、现银、现金之情事者，得送当地政府依法处理。查获之银币、现银、现金即依法定手续由县政府没收之。

第九条　凡查获私运银币、现银、现金前往敌占区，且有资敌情事者，除送当地县政府将查获之银币、现银、现金予以没收外，并得依照修正惩治汉奸条例第二条第六款及第十款分别惩治之。

第十条　妇女、幼童随身佩带银属金属之饰物，而非私售或资敌情事者，不受以上各条之限制。

第十一条　县级以上之各级政府机关，收兑或没收所得之银币、现银、现金，须即日悉数交金库保管之。

第十二条　凡查获没收充公后之银币、现银、现金时，得以其兑换额提给二成冀钞赏金，此项赏金之分配办法如下：

一、报告人系人民赏十分之六，查获人赏十分之四。

二、报告人系公务人员（机关团体或部队之工作人员）赏十分之五，其余赏给查获人。

三、无报告人时，赏金全部给查获人。

四、查获人及报告人若系公务人员，其每人每次所得奖金最高额不得超过一百元。超过之数归公。

第十三条　本办法公布后，前颁发之保护白银禁使银币暂行办法即作无效。

第十四条　本办法经晋冀鲁豫边区临时参议会驻会委员会同意后，由边区政府颁布施行之。

冀鲁豫行署关于颁发《查禁假鲁钞暂行办法》的通令

（1943年5月26日）

一、据查敌人在济南济宁顺德清丰各地伪造大批五元、十元假鲁钞（简称假票），利用奸细在接敌区附近贩卖行使，破坏我金融，盗取我物资，意图摧毁我根据地之经济建设，手段至为卑鄙与毒辣。数年来因贼寇战争消耗物资缺乏，利用伪钞法币掠夺我物资，企图（达到）所谓"以战养战"之目的。自从我各抗日根据地先后实行统一市场货币后，敌寇的物资更加困难，在最近又想出卑鄙无耻的"伪造假票办法"。敌人此种奸计如果得逞，不仅我物资将感到更大的困难，且势必使我在统一市场货币中所取得的成绩亦将丧失无余。我们为坚持抗日根据地之经济建设，必须作无情的斗争。麦收将到，麦子的掌握是边区建设上一重大关键，我们对于麦子如能确实掌握，不仅能改变敌我贸易及货币斗争的形势，使我之劣势变为优势，且可使灾荒给我革命人民食的困难亦得克服，至少可减轻其严重的程度。适接各方报告，敌寇不惟在麦收时节意图配合奸伪企图抢麦，更想利用其所伪造之假票欺骗我群众，大量盗买我麦子。敌寇此种毒计如不迅速予以揭破，广泛地开展反假票斗争，肃清其流通，杜绝其来源，则我根据地将遭受严重的损失。故为巩固我鲁钞，维护我根据地之资源，亦必须对敌寇此种阴谋予以彻底的粉碎。

二、本署为粉碎敌寇破坏我根据地金融之阴谋，特制订查禁假鲁钞暂行办法，随令附发，仰即遵照，并依下列各点讨论执行为要。

1. 反假票斗争是工商局与银行业务上的责任，但这一斗争的胜利实非工商局、银行本身努力所能取得的，需全边区军政民共同努力，尤其重要的是发动广大群众起来参加反假票斗争，且必须抓紧麦收这一时间性，因此各级政府应把反假票斗争看成是麦收工作重要内容之一，积极推动教育所有参加突击征收的干部，使之能识别真假，负担［责］教育与发动群众，反对假票与检举假票犯。

2. 反假票斗争胜利的关键在于群众能够识别真假和了解假票是敌人的阴谋。因此必须深入集市上与乡村里真假票的对照工作，使群众不致误假为真地被人欺骗。集市上的对照工作由交易所负责，交易所应有一全套的假票样子、真鲁钞的样子和真假识别办法表贴起来（用纸或用布），逢集悬挂在要街，以备群众随时对照。除此而外，交易所各行人员在成交中应检查真假。乡村里的对照工作，由在乡工作的干部负责进行。在根据地内交易所对照与乡村对照相辅进行，以收全效。而在非根据地没有交易所，就必须强调干部在乡村进行对照（各专县应有计划搜集假票连同银行印发的识别办法发给乡公所交易所和区公所）。

在宣传教育群众时，应强调边区自从以鲁钞统一市场货币后，敌人以伪钞法币套取物资困难而采用假票办法来破坏边区的道理，以具体的通俗的事实向群众说明，使群众了解巩固鲁钞与其切身利益的联系和反假票的必要，切忌引起群众对鲁钞发生不信任的现象，影响鲁钞信用。

3. 检查假票应在不同地区用不同方法。在根据地的集市上，应由交易所与对照工作同时进行，注意成交时（对）所用的钞票随时检查，发现假票随时处理，藉此很现实地教育群众打击假票犯。在乡村里应由在乡工作干部与征收工作宣传工作同时进行，认真检查并发动群众检举。在非根据地则主要是干部与群众深入村庄检查，在村检查的对象，应经过很好的调查了解，俾能准确地发现主犯，避免无目的乱查。

4. 处理案犯时，务须斟酌具体情形，予以或轻或重的处罚，切忌一般化的草率科刑办法。如犯人之境遇、犯罪之动机、犯罪之目的、犯罪之影响、犯罪后之状态等，均应予斟酌之。所谓犯罪，没有犯罪之故意非故意之行为，原则上不能处罚，对于不知为假票而行使或持有的人，无论数量之多少，只能予以没收销毁，不能科以刑罚，并希注意。

假票犯除应进行教育者外，均应送由县政府处理，讯问时无论系贩卖或行使主犯或从犯或受蒙蔽之群众，均应追究其来源，尤其是发现新假票或新发现假票的地区，只有追其来源，才能彻底杜绝假票与粉碎敌寇的阴谋。

5. 以上只是一般地提出几个要点，至于反假票斗争进行的步骤，可按假票流通的情况而有所不同。在刚发现假票的地区，开始就应进行深入的对照与严厉的检查。在假票已经很多的地区，可规定相当的时间的宣传期，并号召群众将假票交出或销毁，在此期间对于意图行使而确非主犯者不罚，其他从轻处罚。还有因地区的不同，防止假票流入的办法，应该详细讨论并加充实（如在走私严重的地区应加强缉私等）为要！

此令

附发查禁假鲁钞暂行办法一份

主　任　晁哲甫
副主任　徐达本
　　　　贾心斋

冀鲁豫行署查禁假鲁钞暂行办法
（1943年5月26日）

第一条　为适应抗战需要，粉碎敌伪以大量假鲁钞（简称假票）破坏根据地金融制定之。

第二条　凡制造假票或明知为假票而行使者，均以本办法治罪。

第三条　凡制造假票者处死刑,并得按其情节之轻重,没收财产之一部或全部。

第四条　凡贩卖假票或明知其为假票而行使者,依下列之例处断。

一、千元以上者,处死刑、无期徒刑或十年以上有期徒刑,得并课三倍至五倍之罚金。

二、五百元以上千元未满者,处五年以下三年以上有期徒刑,并得课三倍至五倍罚金。

三、百元以上五百元未满者处三年以下有期徒刑,并课一倍至三倍之罚金。

四、不满百元者,得斟酌情形进行教育或予以轻微之处罚。

第五条　犯前列之罪自首者,得减轻其刑,因自首而破获制造之机关或人犯者,减轻或免除其刑。

第六条　凡知有制造、贩卖或行使假票之机关或人犯向政府或银行及工商管理局告发因而破获者,依下列规定予以奖励:

一、破获制造假票机关或人犯者予以特殊之奖励。

二、查获假票在五百元以上者予以百分之五至百分之十之奖金。

三、查获假票在□百元以上者予以百分之五之奖金。

第七条　凡查获之假票不论属于何人,一律没收烧毁。

第八条　本办法如有未尽事宜由本署修正之。

第九条　本办法自颁发之日起执行。

华夫谈冀鲁豫边区金融情形①
（1943年6月）

边区金融情形

甲、全边区货币流通情形:

种类有三种:法币、抗钞、伪钞,杂钞已不多（仅一些角票,如石军团、乡票）,法币流通区要大（泰西、运东、沙区、鲁西南等地占主要地位）,抗钞在各地区普遍,但除中心区外,尚仅起到法币辅助作用,还未成主要货币。伪钞在敌占区主要流动,占主要地位,在我区域仅在某些地区（如泰西之峰山、泰安、肥城）占主要地位,其他各接敌区则占次要地位,而伪币在我区仍起着支配地位,通过法币来运用施行。

乙、各种货币情形:

（1）鲁钞,发行数到2月底已有3 200万元左右（种类有11种,4、5分,1角,2角,2角5,5角,1元,10元,2元,20元,50元）。

生长及经过情形:1942年9月前后划分两个阶段,前一段鲁钞仅起到法币支持辅助作用,无独立市场及地位,当时无论在施用与发行上均不大胆,确实丧失了鲁钞施行的有利时机。9月以后鲁西钞票提高,在统一市场货币方面成为主要货币,在鲁西北及中心区鲁钞占2 400万元左右,主要是以行政保证发行,下面公开市面已成主要货币,但在暗场仍占次要地位。今天看抗币基础还是不稳定的,缺乏物资及贸易支持。不过在统一市场货币以贸易物资支持抗币尚在开始,不过土产物资在此灾情严重景象下尚不能支持,主要还是依靠贸易,而贸易赚的钱也还不过是币值跌价得利。目前由于商人以法币向外换粮,同时顽军从各方造谣,今天抗币又形跌价（1元法币加过1角5）,与伪钞外汇一般在7至4元情况下,以沙区鲁钞威信高,主要是物资支配［持］,贸易条件具备（工商管理局1942年曾赚六七十万元,主要赚的货币钱）。

---
① 节选自《华夫同志谈关于冀鲁豫边区财政问题》。

（2）法币：可分成三种，按形状有五十多种（带地点的，不带地点民国二十六年以前，一种新法币民国二十九年以后的），在边区法币数量估计约一亿元。其变化情形，在1940年以前，仅有以上前两种，1941年开始以后新法币入边区，其来源，一从西南（平汉路以西），一从南（开封、洛阳）。来的方式，顽叛带来，一种通过贸易过来（烟土交换）。目前新法币地区以鲁西南为最多，沙区、运东次之（运东是从南边经汶上、平阴到东北），在中心区无地位。

法币价格，一般的新法币比大花心要低2毛，带地点的比大花心又高5分到1毛，在全边区是不平衡的（在我中心区及敌区均不高，接敌区要高）。现在法币与抗战前比起来，仅低分把钱。

法币出入：向南、西南，今天向外压，换回物资来很困难，换物资只能向敌区换回一些粮食来。法币中除民国二十三年以前带地点的尚可流通向北外，其他新法币不能很好流通。

（3）伪钞：在我边区之敌占区内都能公开流通，发行数不详，不过其占主要市场的还仅泰西几个个别县，在五次治运后，虽企图使阳（谷）郓（城）成为主要控制市场，但未成功。不过其在边区外汇上占支配地位。其价格，在1940年秋以前，1元伪币抵法币0.75，年底1.25伪币抵1元法币；1941年春升到2元法币抵1元伪币。太平洋战争爆发，又跌到1.25，1942年春又升，最高达7.3元，但不平衡，以致到今天还是这样，一般的伪币越向南、西南，伪币价格越高，如1942年春，在鲁西北4.5元，到鲁西南则达7.3元。

边区物价：外来商品及土产商品从1937年至1943年，以粮食增价最大，几乎超过352倍，棉布次之（过去七八分一尺，现在3.5元一尺，高出50倍），猪肉也超60倍（过去2毛1斤，现在12元），外来品洋布增23.4倍，洋火增70多倍，粉连纸增三四十倍，这其中主要原因是由于灾情严重，土产物超外来品物价。麦子1941年下半年7元1斗，后每半年增2至4元，1941年上半年至下半年增1.2倍，1942年春至冬增16倍，现已达300多元1斗。敌去年企图以降低其商品以吸收土产品，未能实现，并且适相反。

冀鲁豫行署关于发行临时流通券的指示
财字第一四八号
（1943年11月13日）

各专员县长　分县局局长　监委：
　　　　　　银行分行主任

兹将关于发行临时流通券之意义与办法作如下指示：

甲、发行临时流通券之意义：

由于一年来我们在对敌顽军事政治斗争的胜利下，根据地较去年同期扩大达三分之一以上，同时由于统一市场货币在几个地区之成功，及工商工作的开展，鲁钞流通市场及信用亦日趋扩大与巩固，加以秋后农产大量上市，目前各地均感鲁钞筹码不足，影响所及：（一）在此季节性的农村市场下，我不能利用有利情况大批掌握物资（主要是粮食），造成粮食低价，危害农民生活，便于敌人吸收；（二）使我在某些地区仅由于缺少货币而不能进行统一市场货币工作；（三）在已实行统一货币市场地区，造成法伪钞乘机侵入根据地，扰乱与破坏我统一的货币市场，并套取物资使之外流。今为保护根据地物资防止外流，打击敌伪之吸收，清除伪法币在根据地之流通，巩固鲁钞，扩大统一市场货币地区，特决定发行鲁西银行临时流通券（贰佰圆及伍佰圆两种）。

乙、发行办法：

一、流通券在初期应一律通过贸易逐步向市场发行，由各分局向边区工商局领取后，分拨各商店，有计划地吸收粮食棉花。

二、在发行初期应避免集中一地，尽量求得分散，并与鲁钞掺杂行使。

三、发行前应通过交易所与商人作思想动员，首先求得在商人中交易员中建立良好信仰与印象，同时应通知各该同级军政民机关及工作人员一体负责，在舆论上，行使上对流通券起积极支持作用。

四、由各商店县局交易所随时负责该券之兑换找零工作，各级政府在征收税款时除应与鲁钞同样收受外，对该券亦应负责找零。

丙、宣传内容：

一、临时流通券是为适应市场需要，便于商民携带，防止伪钞侵入根据地，破坏抗日金融，吸收物资而发行。

二、临时流通券无论在公私款项往来上都是与鲁钞一样行使的。

三、流通券由银行各级工商局及公营商店随时保证兑换等价鲁钞。

四、临时流通券俟鲁钞筹码适应市场需用时，即由银行定期公告收兑，那时各级工商局各公营商店交易所均负责收兑。

丁、注意事项：

一、要随时注意群众对流通券之反映，及时进行解释，并防止敌伪奸细造谣破坏及伪造。

二、要随时注意流通券在市场行使与流通情形，如感到其多影响信用时，各分局商店应即主动吸收一部分回来，以免形成市场巨额钞票之膨胀，此项情形各分局分行除应随时向总行边局报告外，并应于临时流通券收回时，认真总结其行使情形。

三、发行临时流通券意义及发行办法一、二两项对外保守秘密只可传达到专县级干部。

四、宣传要点一项系对交易员及群众宣传材料，各专署县工商分局县局商店银行分行接到指示后，应即速会同商讨，具体布置工作，保证执行为要！

    即致

敬礼！

主　任　晁哲甫

副主任　徐达本

　　　　贾心斋

财经工作报告①

（1943年12月14日）

徐达本

第一部分　一年来边区财政经济工作

甲、过去的一年是边区空前困难的一年，也是边区克服困难比较有成绩的一年。我们的困难表现在（基本上是物质的困难）：

（一）即灾荒。一分区之一部，三、四分区之大部，五、七分区之一部，总之，我边区大部有灾。轻重灾区有2600个村，灾民数目120万人，鲁西北和沙区即有百万。重灾区富农也受到灾的威胁。逃荒情况很严重，沙区重灾区占沙区人口的38%，高（陵）、内（黄）占27%。至合作社成立后又逃亡16%，严重者到50%~60%。麦前中心区乞丐有六万人，白岗一村就百余。

---

① 本文是冀鲁豫行署副主任徐达本于1943年12月在行署财经工作会议上的报告。

受灾的人民生活，极其困难。5月，沙区卖掉的小孩、妇女一万人，井店一个村靠卖小孩收入3百万元。离婚者更多，死亡者沙区有一万余人，有的自焚，甚至有人吃人的现象。土地变动很大，沙区16个村之统计：

贫农失掉土地41%；中农土地下降30%，未变者45%，上升者25%，增地30%。

这说明我基本群众失掉土地非常严重，卖掉的牲口60%~80%，家具也大部变卖，一斤谷子可换地几亩。

从此来看，边区灾情是很严重的，如不采取有效措施进行挽救，则灾区经济有完全被摧毁之可能。我们不进行生产不行，但群众吃得很坏，中农平均每人每日四两，贫农长期无粮，丧失了生产能力，不救济确实危及根据地之巩固。

（二）即财政的困难。以往入不敷出的现象长期存在，灾荒使财政更加困难。财政的困难使救灾无法支持，无本钱，这就使我边区难上加难。

（三）金融问题的困难。边区货币，当时主要是"法币"，鲁钞在市场上地位很小，极不巩固，不巩固到比"法币"还不如。由于国民党政府滥发钞票，"法币"不断贬值，在敌后又遭到敌人的破坏，"法币"币值更加不稳定。而我鲁钞呢，比"法币"还低，这就发生了两个问题：一即"法币"大量流入根据地。太平洋大战爆发前，敌人吸收法币，因当时日与英美还有贸易关系，它可以"法币"套取外汇基金。太平洋战后，情况变化了（过去套取了70万元），于是就以"法币"抛向我大后方与我根据地来套取物资。今春估计流入我边区的"法币"在1万万元以上，即我为敌人偿付了1万万元的物资。边区之灾是缺乏物资，敌人这样掠夺，增加了灾情，如此下去，就一定使我灾情更加严重。二即"法币"在边区成为主要货币，鲁钞市场缩小，鲁钞越往市场投，就越不值钱，财政开支成了问题，也就不能支持救灾。

这说明我们必须想出好的办法，进行救灾与解决财政上的困难，以度过困难。

……

我们的成绩：

一年来，边区大部地区都实行了统一市场货币，法币排出去了，鲁钞成为市场上的主要流通券，信用提高了。

灾荒的严重困难度过了。

财粮供给上，一年来是保证了军政需要的，工作开始主动了。

成绩的取得：去年高干会议后，区党委财经工作的方针，即必须排除"法币"，巩固鲁钞，利用我们的货币以救灾，并整顿我之财政，是正确的。执行这一方针，我取得了成绩，其正确从两方面看。

一方面从根据地财经建设的规律上来看：根据地打开，首先要保证抗日战争的供给——吃、穿、花。局面打开后，秩序紊乱，财政紊乱和除奸紊乱等现象，必须及时加以整顿。建设根据地就要建立抗日民主秩序。政府一开始就要抓财政，把财政上的秩序与制度建立起来。解决财政问题必须发展经济，但开始就要搞财政。除财政外要解决贸易问题、货币问题，即我要建立财经阵地，通过对敌斗争加强自己。但我区市场为"法币"占领，市场阵地就谈不到，就无力对敌斗争。还有秩序稳定后，就要发动群众，贯彻我党的各种政策，如合理负担、减租减息、以改善民生，提高劳动情绪与解放生产力，为大规模发展生产运动准备条件。整个过程，即由财政、贸易、金融到生产。而我边区财政上长期困难，贸易斗争和金融斗争开展得晚，很多问题未解决。"法币"猖狂，边区大量物资被套购外流，这就给我增加了很多困难。在根据地始建时，未抓住有利的时机解决好财政问题，在贸易和货币斗争上，也丧失了有利时机，开始敌在贸易金融方面对我是放松的，今天情况不同了，敌在用"法币"搞我们。所以当务之急，就要大力救灾度过困难，增强抗战力量，巩固抗日根据地。发动群众、整顿财政，开展贸易和货币斗争，发展生产自救是非常正确的。

一方面从我们的实践来看：

首先从救灾方面来看，我救灾开始时无钱，主要因为"法币"占着市场，鲁钞发不出去。用发钞票来解决财政困难是不对的，但救灾必须用货币，当时我们的办法就是向敌讨账，从边区市场上挤出"法币"，从敌占区换回物资来，以补偿过去被敌掠夺去的东西。"法币"被排挤出去后，就必须有钞票起而代之，这就是鲁钞。这样一来，鲁钞就成了边区市场的流通手段。达到这种情况，鲁钞就可发出去。只要我们的发行路线不错误（即不为财政问题），而投入于生产救灾，鲁钞就有物资支持，就可以稳住币值。在救灾中把货币与生产（即商品）密切结合起来，钞票就有了物资基础，就有了信用。我们生产斗争、货币斗争、贸易斗争三者结合起来的结果，灾荒度过来了。度过灾荒是不易的，是经过严重斗争的（同"法币"作斗争、贸易斗争等）。确实，斗不好则灾救不成。故组织上为达到生产、货币、贸易三方面斗争结合之目的，决定充实工商部门，建立大集市商店，集市贸易所，农村灾区的合作社（主要来组织群众生产的），并保证鲁钞发行。工商部门用行政的力量与经营的力量来支持鲁钞，保证钞票发出去后，票值稳定，有信用。工商部门以实物向合作社进行贷款（搞生产）。这样就形成了工商部门用行政和经营力量支持钞票发行——再去发展生产——又以商品支持钞票的良性循环。一年来，这方面的斗争是很艰苦的，表现在"法币"相当顽固，现在对"法币"斗争的时机不利，抗日战争处在相持阶段末期；另一方面我区物资缺乏，粮食对敌区依附性相当大，对"法币"要打击它，又要用它，形成很大困难。只有通过武装斗争、经济斗争，扩大根据地和鲁钞市场，把"法币"挤出去，换回物资。现在鲁钞已占到优势了。实践证明，我边区发行鲁钞的路线是对的。

其次从财政上来看，一年来也有了很大进步。主要的成绩表现，不仅转变了被动局面，而且已有条件支持群众生产，保证了供给，而且还支持了友区。财政工作和制度上也提高了一步。这个成绩的取得：首先，财政上的整体观念大大地增强了，征收上一元化的力量增强了。各区的统一供给制度执行得很有成绩，打埋伏各自为政的现象大减，执行财务制度有了进步。另一方面，艰苦奋斗的精神大发扬，节约有大的成绩，减低了粮食定量后，节粮500万斤以上。可以说上半年我度过了救灾的严重的困难，下半年给了友区以帮助，靠节约是大头。艰苦作风有了进步，还解决了群众的一部分种子与吃粮。还在群运开展后，征收方法也有了进步，小部队活动范围扩大了，群众觉悟提高，查黑地有成效，政府征收与群众自觉结合起来了。

总之，从救灾结果和全区财经工作意义上看，执行区党委方针，排出了大量"法币"，鲁钞站稳了阵地，增强了对"法币"、对敌的斗争力量，打击了敌之贸易掠夺。今后有可能争取对敌斗争，排除"法币"的斗争使所谓"正统"思想有所转变，顽固势力受了打击。在救灾中工商工作、合作社打开了局面，我们的经济力量有所增强，使我今后扶植生产和对敌斗争有了物资准备，并取得了经验。

乙、我们的缺点

主要的缺点是：对边区物资困难、灾情的严重性估计不足。去冬高干会过后两月开始进行救灾，灾情已经发展得很严重了。同时在决定救灾方针中，生产观念不明确，未将生产观念贯注于救灾各环节，因此在救灾方面，从最困难之处着眼、着手是不够的。当时最急迫的是支持灾民生产问题。对法币斗争的艰难程度也估计不足，表现过分乐观。图以对法币完全解决。在进行救灾过程中，估计到了一些，也未能充分，企图以行政力量用鲁钞（在商业支持下）很快把"法币"排挤出去。这与实际情况有很大距离。因为我缺少物资，必须用"法币"换回敌区物资，支持鲁币。想用鲁币廉价兑回"法币"是做不到的。曾发生强制基本群众来兑鲁币，收到的数目也极小。到底如何把"法币"挤出去呢？当时兑换不来，我手中无"法币"，无法把"法币"送到敌占区换回物资来。

如果由商店组织出口搞"法币",这是危险办法。商店无法将粮食弄进来,再弄出去,这就危险。我区所缺者是物资——这是一切的本钱,先有物资的生产,然后才有商业的流通,所以当时主要应从生产上去增加物资,企图用行政压力兑换"法币"及贸易手段换"法币",都是行不通的,必须明确生产观念。

鲁西银行货币发行及业务情况统计资料[①]

(1940年至1943年)

壹、吕麟同志时期发行4 837 422元[②]

  甲、贷款数目:

    子、农村(春耕贷款在内)   170 135元

    丑、商业   64 500元

    寅、水利   155 000元

    卯、耕牛   12 000元

    辰、救济   20 000元

  乙、开支方面:

    印刷机关开支(买材料在内)   654 300元

  以上贷款及开支共计   1 075 935元

  丙、财政透支数为   3 761 487元

    财政透支数占发行总数77.76%[③]

贰、1941.8—1942年底发行数13 863 000元

  甲、贷款数目:

    子、农业   1 525 600元

    丑、商业(内贸易为6 000 000元) 6 970 900元

    寅、工业(军事工业1 500 000元) 1 527 788元

  乙、开支方面:

  各印刷机关一年开支(买材料在内) 1 000 000元

  以上共计   11 024 288元

  丙、财政透支数为   2 838 712元

    财政透支数占发行数20.47%[④]

叁、1943年发行总数13 800 000元[⑤]

  甲、投资贸易   2 500 000元

  乙、春耕种籽救灾   8 000 000元

  丙、开支印刷费   400 000元

[①] 摘自《冀鲁豫行署关于救灾及经济等几个统计》。
[②] 吕麟同志时期指1940年5月至1941年7月。
[③] 原文为82%。
[④] 原文为20%。
[⑤] 此数为计划数。

1944年

晋冀鲁豫边区政府——冀鲁豫行署指示

财字第一九五号

（1944年3月20日）

——为指示收回临时流通券应注意事项由——

各专员县长 工商分局县长 监委：
银行分行主任

查去秋鲁钞筹码不敷市场需用，为繁荣市场使商民携带便利计，曾发行临时流通券，（贰佰圆及伍佰圆）两种，现敌寇在其物资极感困难，以及军事政治失利情况下，为了破坏我根据地金融，掠夺物资以补其财政不足，竟制大批假票，藉以欺骗商民，吸收我根据地物资，破坏鲁钞信用，我为防止敌寇破坏并保护根据地物资不致外流□□，决定将该临时流通券定期收回，并自四月一日起至五月十五日止为兑收时期，五月一日后即停止在市场流通，但仍照常兑换，除布告外各工商局银行公营商店及临时兑换所应长期收兑，在兑收时期应注意下列事项：

一、兑换时应特别注意真假。（假票样由各分行发）

二、各兑收机关应准备足够之基金，保证到时兑换。

三、兑换时有破损及模糊不清者，如当时不便识别真假□，但不应以假票论，□先登记送到银行识别，以免群众对流通券信用之降低。

四、兑收时应随时注意群众对流通券之反映，并应及时进行解释收回之意义。

五、兑收时对各商店干部及交易员教育及兑收基金之准备等边区总行另有指示。

　　　　致

敬礼

主　　任　晁哲甫

副主任　徐达本

　　　　　贾心斋

冀鲁豫行署关于鲁西银行今春各种贷款办法的决定

（1944年4月17日）

第一条 贷款原则

（一）贷款主要目的，是扶植贫苦小生产者解决其在发展生产中的各种困难，并在贷款中推动小生产者在生产上组织起来，发展小生产者在经济上、劳动上的互助与合作。

（二）贷款地区，以灾区及群众已发动起来之地区为重点。

（三）贷款分配，以投资农业为主、手工业为辅。今春贷款一般的均以实物为主贷出，收回时，亦以实物计算。

第二条 贷款种类

（一）农业贷款，分掘井贷款、植棉贷款、灾区春耕开荒贷款（包括种籽、工具、牲畜、支持生产粮等）三类。

（二）手工业贷款，以家庭纺织、生产工具制造为主要二类，其他如造纸、打油、制盐、磨粉及制造人民必需日用品等手工业亦可贷款扶植。

第三条 贷款手续

（一）县村合作社均已建立起来之地区，社员贷款均由村合作社办理，但村社应编造社员贷款清册报县合作社，所有贷款由县社统一向银行分行领取，转贷村社，贷款账务、责任，由县合作社直接对银行负责，村社对县社负责，社员对村社负责。

（二）县合作社未建立，村合作社已组织起来之地区，经过区级政府及群众团体之介绍与保证，由村合作社直接向各该区银行办事处办理贷款手续，并对银行负责贷款债务责任。

（三）县村合作社均未建立起来之地区，贷款一律以户为单位，经村级政府、群众团体调查评议及取得区级政府、群众团体之介绍后，向银行办事处申请贷款。此种贷款手续，凡属于一村之贷款户，其所有贷款均由村政府统一贷款，转发各贷款户；将来收回贷款时，亦由村级政府代收代还。至所有贷款之债务责任仍为贷款户负责，村级政府及群众团体应负保证偿还之责。

（四）无银行组织之地区，由银行委托政府代办贷款，其手续可根据本条一、二、三项参考办理之。

第四条　贷款利率

（一）银行贷给合作社，以年利1分计息，合作社贷给社员时其利率不得超过年利1分5厘。

（二）银行直接贷给人民时，均以年利1分5厘计息。

第五条　各种贷款归还期限

（一）农业贷款：

甲、掘井贷款以当年起算，在三年内分期归还（但贷款时间系在秋收后进行者，得以第二年起算）。

乙、灾区春耕开荒贷款及植棉贷款，除牲口工具得以当年起算，并在两年内分期归还外，余均在当年秋收后归还。

（二）农业贷款每期归还时间，一般应在农产品收获后，其具体时间及每期收回数目，由分行确定呈报总行。

（三）手工业贷款归还期，由分行根据具体情形规定后呈报总行。

第六条　贷款收回办法

（一）原则上一律贷款收款，贷粮收粮，棉种贷款仍收棉种，并不计算利息。

（二）贷款展缓期限及归还办法，可参照行署去年颁发之"救灾期间各种贷粮贷款收回办法"规定处理之。

（三）经政府代办贷出之贷款，由政府负责收回转交银行办理清算手续，经合作社贷出之贷款，由合作社负责收回转交银行办理清算手续。经银行直接贷给村户之贷款，由银行负责收回，但负介绍与保证归还责任的机关团体，应协助收回。

第七条　本决定如有未尽事宜，由总行补充修正之。

第八条　本决定经行署批准公布实行。

鲁西银行对流亡抗属生产贷款暂行办法
（1944年9月25日）

第一条　贷款主要为补救流亡抗属虽受政府优待救济仍不能维持生活者为目的，并推动参加各种生产活动或小本经营，不准单独地用作消费。

第二条　贷款对象：

（一）家在敌占区、接敌区或游击区之抗属被敌察觉威迫不能存身，或因灾荒及赤贫之故逃来根据地住，受政府宽待救济仍不能维持生活者。

（二）家在根据地之赤贫抗属，主要依靠政府每年之各种贷款，由住地村合作社解决之，不在此贷款范围之内。

第三条　贷款数目，以户为单位，根据其人口之多少、劳动力之大小，及其不同的生产技术，确定贷款数目。但每户至多不得超过两千元。如有特殊情况需要增加时，由原介绍机关提出意见，经县银行办事处审查合格后，可酌量增加之。但每户贷款总额最多不得超过五千元。

第四条　贷款手续：凡要求贷款之抗属，须持有抗日人员所在机关团体或部队负责人之介绍信。如该机关团体或部队系在远离地区者，须经区级以上民政机关团体之证明，并持有优待证或救济证明书，经县银行办事处审核批准后贷给之。

第五条　贷款期限及利息：此项贷款暂定为无利，延期一年收回。

第六条　贷款收回及延期手续。

（一）贷款到期前一个月，由银行通知贷款人至期归还。

（二）贷款到期不能归还者，贷款人必须于贷款归还期一个月向银行申请延期理由，经认可后即可办理延期手续。

第七条　如察觉以此项贷款作违反政策或腐化浪费之事情（如走私贩买违禁物品，大吃大喝，嫖赌吸食毒品等），银行得随时追回之。如已用尽，不能追回现款者，请政府由优待救济粮内扣除或停止其救济。

第八条　本办法如有未尽事宜，由总行补充修正之。

第九条　本办法经行署批准公布施行。

冀鲁豫、冀南工商管理局关于冀鲁钞相互流通后加强通货管理工作的指示信（摘录）

（1944年11月7日）

为加强冀南冀鲁豫两区的物资交流，统一对敌斗争的力量，行署已于本月一日布告，冀鲁钞在全区相互流通了，为加强通货管理工作，特决定：

一、首先在干部中进行深入的动员和在群众中宣传。

（一）要使大家了解，冀鲁钞是全区统一的本位币，仅是名字的不同而已，好像过去的中中交农一样，对冀鲁钞都应该以同样的高度责任心来维护两种货币的信用。

（二）必须指出，由于我们冀鲁钞的互不流通，结果是便利奸商从中扰乱，造成了扩大伪钞行使区域，减弱了对敌斗争的力量。

（三）领导已经统一了，斗争步调是一致的，如果货币不统一，是会妨碍全区于不同季节的物资调剂工作，如冀南产棉、冀鲁豫产粮，以及其他手工业品的互相调剂等。

（四）冀鲁钞统一了，流通地区的扩大，交流作用也增加，同样地也增加了两种本币的物资力量，提高币值，更有力地打击伪钞。

（五）同时要使干部了解，由于受技术的限制和斗争的尖锐，两种本币均已有敌伪制造的假票，再加地区的辽阔，更容易使假票钻空子。

二、其次必须加强通货管理工作。

（一）加强集市成交通货检查工作。

（二）将真假票的特点，首先教育交易员，并且要将反假票斗争成为群众运动，各分区应发扬地区过去的经验。

（三）八九分局须立即指定专人负责搜集各种假票样子寄达区行，以便转冀南各分局。冀南三四七分区须立即指定专人负责搜集冀鲁钞的各种假票样子寄区行，以便转发冀鲁豫各分局。

（四）冀南银行太行版等不带平原字样者，一概不准流通。

（五）新开辟地区是我们工作薄弱的环节，最容易隐藏假票，尤其是大额票子走得最快，因它携带方便利用，由于票额大，敌人已很注意假票，因此对鲁西银行发行的流通券，冀南银行的本票的流通，必须与行政管理工作联系得当，事务所、交易所开购运证时，也必须写明他们携带本币的种类，并且要限制他携带大额票，更要教育商人尽量携带物资和小票去购买，以防大票过于集中，降低币值，同时也必须教育所有外地商贩，必须进行这种检查手续。

1945年
冀鲁豫工商局、银行关于货币斗争与贸易斗争的意见
（1945年9月30日）

一、自日寇投降后，在货币斗争上起了很大的变化，在开始时，随着我军事的胜利和在我政治攻势下，伪钞猛跌，一般都跌到五分钱以下，自国民党宣布伪军是他的地下军和伪政权伪军的改头换面，宣布法币与伪钞等值使用后，伪钞转为稳定，并随着敌伪银行及洋行的收回货款，抛出奢侈品，伪钞物价均趋下降，币值提高，目前在一分区接近济南之处，黑市已涨到五角钱了。八分区南旺以北，最近国民党军队到达开封新乡郑州后，出布告宣布禁用伪钞，并规定一元法币等于十元伪钞的比价，因此伪钞下跌，在九分区又到五分钱了，一分区也开始下降。在这些变化中，如果我们不认清各种货币的本质，是很容易弄乱斗争的步骤，而遭受不必要的损失的。

二、对法币伪钞的分析及我们的斗争策略：

甲、法币伪钞的本质：

（1）法币依靠美国的支持，（是）官僚买办资产阶级敲榨人民血汗发财的工具，它（是）带有全国性的国际性的本位币，它随着日寇投降币值逐渐提高。

（2）伪钞是日本帝国主义掠夺中国人民财富，破坏国民经济的武器，是敌寇汉奸所滥发的地方性的钞票。伪政权垮台后，它必成为废纸。

（3）法币伪钞都是支持大地主大资产阶级为反共反人民的经济力量，在反共反人民上是一致性的。

乙、法（币与）伪钞的矛盾：

（1）法币是属于战争胜利者方面的货币，目前它急切恢复它过去被排挤出的市场，来减少它通货膨胀的压力。首先是向控制经济要点大城市进展，这些城市是被伪钞所控制着，因此它首先必须排挤伪钞。同时，蒋介石他是一贯地善于使用经济上收买利诱地方杂牌的手段，也必须压倒伪钞。

（2）伪钞它随着日寇的投降要变成废纸，这是必然的，但它有六七年的发行历史，在人民生活中成为目前主要的交换媒介作用，因此它不可能一（时）作废，无形中得到广大人民的支持。正因为如此，伪钞在人民中辗转了六七年，使广大人民更加贫困，大地主大资产阶级汉奸更加发财。这些汉奸们为了保持他们的财产，使用他政治上、经济上的力量进行操纵，其目的是在扩大他的财产，不是为了伪钞本身，但不管他们采取何种紧缩办法，无论如何挽救不了他地区日益缩小中所造成的通货膨胀，伪钞必然逐渐变成废纸。

（3）法币伪钞虽然在政治上反共反人民是一致的，但他们之间的利益矛盾很厉害，如国民党军队布告公布法币一元顶十元伪钞，而汉奸布告是等值使用，这样就造成了法伪物价币值发生不平衡。

丙、我们对法（币）伪（钞）斗争的策略：

（1）总的方针是驱逐法币，肃清伪钞，争取有力地掌握法币，利用法币打击法币和伪钞，掌握更有利的物资（法币将成为我们今后斗争的主要对象）。

（2）在新解放区不出布告禁止使用伪钞，但我们应宣布抗钞是合法的票子，在群众中要加强宣传工作，说明日寇投降，伪钞马上要变成废纸了，根据解放区的物价变化，由银行公布抗钞与伪钞的比价。公报抗钞的主要物资价格，这样可以减少捣〔倒〕票子的扰乱，同时会促进物资交流，等到我们工作深入，发行到一定程度时，即宣布定期禁止使用伪钞，并须首先利用战争收获的物资在市场出售，巩固本币。

（3）在老解放区坚决禁止伪钞法币行使，但对贫苦的基本群众少用没收的手段，要严格禁止私自在黑市上兑换伪钞法币的行为。我们有计划地在出入口城镇建立货币兑换所，在兑换交易中可酌量收取一些手续费。

（4）一般是国民党军队到达的地方法币币值高，伪钞下降，在受我军围攻和交通要道破坏的地方，伪钞也日趋下降，因此我们应善于灵活地掌握差额，利用这种不平衡的矛盾。

三、在发行工作上应注意事项：

甲、在解放区猛烈扩大的情况下，发行工作上有以下几个困难：

第一，在新解放区我们没有工作基础，干部对情况不熟悉，缺乏与当地群众的联系。

第二，伪钞在人民中有六七年的生活历史，与敌占区的长期经济联系，目前要从殖民地的经济体系转到新民主主义的经济体系，其转换是要经过一段过程的，马上宣布停止使用，人民会感到不习惯。A. 打击伪钞工作与群众眼前利益相矛盾。B. 敌占区商人不了解我们贸易政策和物资管理的办法及物资行情等。

第三，需要量很大，发行量很小，小票缺乏，影响统一市场货币和提高币值平稳物价工作。

第四，交通运输不便和缺乏多样性物资支持，相反地在新解放区无计划地购买物资，造成物价币值不稳。

第五，特务的造谣破坏，伪造假票，捣乱金融，和奸商的操纵物价与币值。

乙、在统一市场货币中应注意几点：

第一，在新解放区、由于群众对我政策法令的不了解，我们应加强宣传工作，强调本币是人民自己的钞票，帮助人民发展国民经济的，同时要向广大群众说明伪钞必然要变成废纸的原因。

第二，我们要跟着军事的胜利去占领本币市场，但发行工作应是稳健的。因此发行数量和种类必须力求和物资力量物价等相称，反对单纯为发行而发行的观念。

第三，配合发行工作的顺利进行，要组织内地运输和物资调剂工作，以巩固币值，要从物资交流中，改善人民的经济联系，使本币生根，要建立商店或临时的物资调剂所。

第四，建立兑换所，兑换本币（小票破烂票），识别真假票。

第五，利用没收的敌伪财产，如粮食等，有计划地在市场抛出。

丙、对友邻区的钞票，应采取平等互助的精神，北海票、太行版钞等相互间的比价，均以两地物价为兑换标准，通过物资交流，互相配合，是加强货币斗争的重要因素。

四、配合货币斗争的展开，应加强贸易斗争工作：

甲、在内地应取消内地购运证管理制度，但特种许可的物资和禁用物品，仍需要有证件方可。

乙、对敌占区和目前我们尚未解放的区域，仍须加强统制工作。重新组织封锁线，组织群众缉私小组，或成立武装缉私队，严格对外贸易的管理工作，对城市应特别注意食品的封锁。

丙、在运输要道等重要城镇，设立对外贸易的商店，开辟输出入好的码头（只允许开几个口子办理输出入，其他地方严格封锁，创造平原的山口），对主要物资可采取专卖的形式出口（各分局根据具体情况，提出专卖的物资和办法，经批准后再执行），争取有利的物资交换，最好争取直接与洋行发生贸易往来。

丁、如办理出入口货物须经过另一个分区时，最好不直接办理，由该分局负责代办，以求斗争步调的一致，避免奸商从中捣乱。

戊、在新解放区，由于我们工作基础机构薄弱，在物资管理上，应强调宣传解释工作，不能采取严格的管理办法，否则就会脱离群众，但应跟着群众的发动和我们工作的深入、组织的健全，而加强管理统制工作。

局长兼行长　林海云
监　　委　韩哲一

冀鲁豫工商管理第八分局　冀鲁豫银行第八分行通知
经信字第五号
（1945年10月10日）
——为冀南银行200元500元本票及鲁西银行300元流通券继续流通由——

各工商办事处主任县局行局长监委：

顷奉总局行通知内开："现值秋季与解放区猛烈扩大之时，掌握物资及迫切统货工作中愈显得市场筹码缺乏，为弥补发行工作的困难，特决定如下：

一、冀南银行红版蓝心500元及红版200元本票继续流通暂不收回，鲁西银行300元流通券亦重新发行继续流通其办法：

1. 各分局行接到本通知后，以各专区为单位印发布告通知商民。

2. 上列各票币，发行前均须经手在票上盖"继续流通"戳记，鲁西300元流通券盖行名下边，冀钞则均盖背面行使起止日期上，以便澄清假票之混行。

二、这次重新发行这三种钞票，为适应工作需要所迫，因此必须向群众解释，应于工作计划中努力争取明年（1946年）春季负责收回。"

奉此，除遵照执行外，并作以下之补充：

A. 各县局行应很好地通过合作社与交易所向群众详细解释，说明这次重新行使这三种钞票是为了解决商民的困难，并帮助群众识别这三种钞票的式样。

B. "继续流通"之戳记由分局统一加盖，县局将兑收之该三种钞票，到分局盖章。

C. 鲁西银行500元流通券（正面左边有汽艇，右边有火车）仍不准流通，县局照常兑换。

以上规定除布告周知外，并分别通知，希即研究执行并转知所属为要！

局长兼主任　武光华
监　　委　李光禄

1946年

冀南银行第一次区行经理联席会议记录（摘录）
（1946年1月15~26日）

一、胡景沄总经理致开幕词

（一）此次会议是全区银行统一后召开的，过去由于敌人分割，各区都独立作战，今后走入和平经济建设阶段，在工作上和群众要求上，都需要我们走上统一。因此高干会除了军事上解决了许多问题外，另外解决了财经上的统一问题，兹扼要附述于此：

……

2. 货币工作：

（1）本币：为了整理边区的货币，及统一发行、管理，除于去年边区政府已明令公布自一九四六年一月一日起，边区内地各种货币（包括太行版、太岳版、平原版及鲁西票）一律互相等价流通外，经过我们统计，边区目前各地流通的本币种类、版别如下表：

	本位币	辅币	本票
太行区	一元、二元本币（普通版）、五元本币（黄、红、绿三版，红、绿二版有部分带"太行"字）、十元本币（紫、绿二版，部分带"太行"字）、百元本币（兰、茶二版，茶色皆普通版，兰色一部带"太行"字）	二角辅币一种，五角辅币，红、兰版各一种	二百元、一千元两种，均一九四三年发行，五百元两种（一九四三年及一九四五年发行）
太岳区	五、十、二十、五十、一百元等五种，带"太岳"字。太岳区流通券五十元（兰色麻纸）、一百元（磅纸）共两种		
冀南区	三元本币（绿色）一种，五十元（新版）一种，十元本币（红、新版各一种），二十元、二十五元、五十元本币各一种（以上均带"平原"字），一百元本币新版二种		一九四三年发行一百元，二百元各一种。一九四四年发行五百元一种。一九四五年发行二百元一种
冀鲁豫区	一元、二元本币各一种。五元本币四种（老版、新版、湖西版、泰运版各一种）。十元四种：（普通老版两种、新版一种、湖西版一种），二十元两种：（黑兰各一种）。二十五元新版一种，五十元两种（黑兰各一种）。一百元新、老两版各一种		一九四五年发行二百元一种。一九四三年发行三百元、五百元临时流通券各一种

从上表看来，本币种类、版样复杂，今后必须加以整理，但限于我们力量，先决定收回下列几种钞票：

①冀鲁豫的"鲁西"票，须收回湖西版及泰运版两种版样的五元、十元券和一九四三年发行的已打"停止流通"字戳的三百元、五百元两种流通券，如有力量，可将此三百元、五百元两种流通券全部收回。

②冀南"平原"版需收回的为：二十元券和一九四三年发行的一百元、二百元两种本票。

③太岳版临时流通券，决定先与工商局将一百元一种的流通券共同收回（约有六千万元）。如有力量，可将五十元的流通券也收回。

④太行版：目前先收回黄色版的五元券和一九四三年发行的本票。

除此以外，今后可看力量，对其他应收回的版别，由总行另行决定通知。但各区行、分、支行要注意各种票子在市场上的信用，及时报告总行。收回钞券的办法，暂不颁发布告，由自己内部进行，逐步收回，各地银行凡收进以上应收回的几种票子时，应即焚烧（焚烧办法见下文），不得再行用出。详细情形各地区具体布置。

其次是残缺票的兑换办法，根据各地的经验，一般还是采取委托兑换的办法。在比较大的城镇，可以多设几个兑换所。委托兑换所最好是合作社（冀南之交易合作社）和较小商人。因一般较大商人不愿作兑换工作，他们往往对这一工作采取消极应付的态度，兑换残缺票，必须给兑换所手续费，以鼓励其工作情绪。兹特决定全边区兑换残缺票，一律以每百张（不论大票小票）给手续费二元到三元（为防止滥收起见，凡遇不够残缺票标准者，应退回，不给手续费）。残缺票兑换的基金，规定二千元至五千元，详细办法根据各地具体情形确定（总的兑换基金规定，冀南、太行、太岳等区行为各二千万元，冀鲁豫为四千万元）。在银行所驻城镇里，各兑换所一般规定两天向银行交一次破票，乡村可规定十天一次，特殊情形，各地根据情形另定。至于残破票的焚烧办法，二十元以下可由分行负责定期焚烧，但必须呈请专署（□……□）及区行派人监烧。分行每三个月向区行汇报一次焚烧数目，列明券别数额。五十元以上大票或本票，由区行焚烧，由行署派人监烧，区行每半年向总行汇报一次。各焚烧经手人及监烧人均须在焚烧票币报告表上共同签名盖章，以示负责。区、分行之焚烧票币记账或上报时，可只记一焚烧总数，不必详列券别，但其上报之焚烧票币报告表上，必须详列券别及数额，以便分别登记。

复次，统一边区内地本币的价格差额及各地区各时期之筹码调剂工作，以适应市场之需要与币值物价的稳定。根据最近各地物价发展的趋势，一般地已逐渐克服了过去各区间物价、币值差额悬殊的现象，但今后各地仍应及时地进行平抑物价、稳定币值、调剂筹码等工作。根据各地经验，银行今后必须掌握一部分物资（银行自己可建立仓库），根据各地币值物价筹码的变化，进行物资的吞吐工作。如某地区已有信用合作社的组织，则该项工作可以通过信用合作社去办理。掌握物资的种类，应根据市场的具体需要，掌握几种主要物资（不要种类太多）。其次是向商号、行店投资，但须注意对该商号行店的掌握。在银行方面，还须克服单纯的盈利观点，应与当地工商部门及其他有关机关密切配合。

再次，假票问题，最近假票在市场上仍然有相当数目的流通。这是根据各地的报告。那些假票的印制犯，也趁着边区过去本币发行上的不统一，在平原地区发行山地版的假票，而在山地却发行平原版的假票。尤其在今天，我们本币开始统一流通的时期，应严格防止奸犯的投机。除由总行及区行收集各种本币票样及识别办法分发各地以资识别外，并希望各地今后将所发现假票经常送交总行，由总行统一分发各地警戒。各地重要城镇应设立识别兑换所，以免群众受骗，对于假票犯处理问题，由总行呈请边府规定明令颁布。

（2）法币管理：边区内地严禁法币流通。携带法币须由银行开具携带证。在主要出入境地方，根据过去经验，票据交易所是可以适用的。由此可以掌握外汇市场，并且杜绝黑市流行。一般商民如有正当用途，经过一定手续，即可通过交易所自由买卖。今后交易所可以允许商人保存一部分法币，但必须经过银行登记。总行、区行应有计划地交流各地经济情报，调剂各地外汇行情。已有法币区（如太岳之孟县）除组织群众将法币推出买货外，今后银行应自己兑收一部分，但是兑收价格上应适当掌握，防止黑市的抬头。今后对法币的折扣，一般不应过分压低，须根据出入口需要，灵活掌握运用。

（3）对其他边区票的管理问题。自反攻以来，粉碎了敌人的交通封锁，本边区与其他区域的商业贸易往来日益频繁。但对于其他边区的货币（例如山东军区的北海票，冀中的晋察冀边区票），原则上规定不准在边区市场流通。与其他边区的汇兑往来和边沿区的货币兑换，由各该地区之区行负责，派人往各有关边区接洽，双方订立汇兑合同，根据两地主要物资的价格，规定币值比价，如有物价变动，双方应互相定期通知。经商定后，双方可互出布告或联合布告，规定兑换价格和兑换办法。除此以外，并可在边沿区，划定一定地区设立混合市场，让币值价格自然发展。

最后是伪币问题。对目前尚有伪钞黑市地区，应及时加以肃清，驱逐出境。为了照顾群众利益，在三月十五日以前，可组织群众，将伪钞出口去兑换货物。在开伪钞出口携带手续上，可采取宽大政策，不必对人口限制过严，以便能于最短期内，将群众手中伪钞大量推出。但为了防止伪钞黑市上涨起见，应特别注意配合政府、群众团体等进行广泛宣传，使群众了解伪钞在四月底即完全作废（北平国民党规定），说明我们予以开携带证，是为了让群众少吃亏，而并非是伪钞有了出路。

3. 城市放款及汇兑工作：

（1）放款工作——城市放款工作的主要对象是城市工商业、运输、合作等。进行这种放款的目的是为了促进城市商业的繁荣，加强物资调剂，而更便利农村农业生产。一般商业利润较之工、农业生产利润要高，因此城市商业放款的利率也须适当地提高。根据各地市场需要之不同，而可以有所伸缩，但最高原则不能超过其纯利20%。

冀南银行总行关于重行规定收兑各种流通券及本票办法的通令
业字第五号
（1946年12月6日）

为整理本币，稳定金融，总行前曾决定将本行所发行之下列各种流通券及本票限期本年十一月底收回，并由各区行通令在案，然于今期限虽满，而市场流通数目仍多，兹为彻底清理本币以利反假票斗争起见，决定再展期两个月，至明年二月底全数收清，如逾期不兑即行停止流通。望各级行接令后，组织力量加强收兑，务予兑换者以便利。

此令

附：修订兑换办法：

一、收兑种类：

1. 太行区普通版本票仟圆券，伍佰圆券（新旧两种），贰佰圆券。
2. 太岳经济局临时流通券伍拾圆券、壹佰圆券。
3. 冀南区本币绿色叁圆券，红色贰拾圆券及本票壹佰圆券、贰佰圆券、伍佰圆券。
4. 冀鲁豫区鲁西银行临时流通券贰拾圆、贰佰圆券、叁佰圆券、伍佰圆券，鲁西银行本票贰佰圆券，鲁西银行湖西版伍圆券、拾圆券、太运版伍圆券、拾圆券，及鲁西之农民合作社票等。

二、凡应收兑之本币本票不分地区，各级行均应收兑。

三、收兑之上述几种本币本票集中于区行焚烧，分（市）支行以下没有焚烧权。区行焚烧后，将焚烧单报送总行核销。

四、收兑资金，除前各区已拨半数外，今后不再予先增拨，由各区行及时报送焚烧领回现款。

五、各级行于必要时，并得委托一定之代理机关或部门办理收兑之。

总 经 理　胡景沄
副总经理　陈希愈

1947年
晋冀鲁豫边区查获假票处理暂行办法
（1947年6月26日颁发）

第一条　为巩固本币，防止敌奸捣乱金融，特制定本办法。

第二条　凡有制造贩卖或携带行使假冀南银行钞票（以下简称假钞票，鲁西银行钞票同）者，全区军民均有查获报告之义务。

第三条　凡制造假票犯除印制机版样及其他原料没收销毁外，得依法律处以死刑，其财产予以没收。

第四条　凡贩卖及行使假票之主犯，依下列办法处理：

一、五十万元以上者，除没收其财产外，并酌情科以死刑或五年以上之徒刑。

二、五十万元以下者，得酌情科以十年以下一年以上之徒刑，及贩卖行使总额一倍以上五倍以下之罚金。

第五条　凡帮助贩卖或行使假票之从犯，依下列办法处理：

一、五十万元以上者，酌情科以十年以下一年以上之徒刑及贩卖行使额一倍以上五倍以下之罚金。

二、十万元以上五十万元以下者，酌情科以一年以下之徒刑及贩卖行使额一倍以上三倍以下之罚金。

三、一万元以上十万元以下者，酌情科以贩卖行使额一倍以上三倍以下之罚金。

四、一万元以下者，除追究假票来源外，并科以贩卖行使额百分之三十以上一倍以下之罚金。

第六条 凡因被骗携带行使假票者，追究其假票来源后，予以教育释放。

第七条 凡持有假票不论其多寡，均予以没收，并于假票票面，印盖"假票""作废"图章，或批注"假票""作废"字样，以资鉴别。

第八条 处理假票犯所没收财产或罚金，四成为司法收入，四成为奖金，其余二成得作为无罚金没收案件之预备奖金，此项预备奖金于年终结算时，如有节余或未用者，仍须交政府作司法收入。

第九条 提尝奖金，报告人得六成，查获人得四成，无报告人者，全部归查获人，军政机关之工作人员，每次每人最多不得超过五万元。

第十条 凡军民人员对制造贩卖或行使假票人犯，有包庇徇情贿放违法情事者，以渎职贪污论处。

第十一条 本办法自公布之日施行之。

印刷厂八年来发展概况（摘录）

（1947年9月25日）

张存泰

冀南银行印刷厂创立以来，已整整八年了，为了纪念我行，也为了纪念我厂的创立八周年，特写我厂这一段发展概况，以示纪念。

……

1940年我们印刷同业，不仅在太行如此创立了，在一望无际的冀鲁豫广大平原中，也开始设立了。6月在鲁西区，由张震华同志受委托在东平湖畔创建了鲁西印刷所，直属鲁西银行管辖。这是我们另一支力量的开始，起初也是只有一架破机器起家。

……

平原区的鲁西银行印刷所，这时也扩编为一、二所，直受张子重同志领导。因当时还没有正式的领导机关，鲁西我们的力量，就从此一天天地扩大了。这时老冀鲁豫区，在1940年由华夫、邓克祥、王凌霄、王震等同志，所创建于沙区内黄县的冀南合作社印刷所，也在1941年秋天划归鲁西银行，移住鲁西北，与鲁西北文化出版社宋挺旋（捷）同志等改编成第三所。湖西区（微山湖）又由察贯一同志创建了湖西所于单县。由于平原区我们单位的增多，随着工作的开展，先后在各所成立了工会组织，使工作一天天地向前推进了。

残酷的1942年来临了，敌人不论在山区或平原，都用了极大的力量来摧残我们，敌后环境，日益艰苦，"扫荡"日益频繁，进行了杀光、烧光、抢光的"三光"政策，敌我的斗争达到空前高峰了。尤其是在红五月里，"扫荡"与反"扫荡"，在山地和平原的每个角落里，随时都在爆发，最艰苦、最复杂的局面，就此展开了。

残酷的环境，要求我们的组织短小精干，要求我们的工作严肃紧张，要求我们兵强马壮，任何人不能有所倦怠松懈，好像两个人打架，在紧急关头不敢眨一眨眼一样。

于是，在太行山上我们实行了精简工作，由两个厂四个所，缩编成两个厂两个所。一厂辖有一所（一、三所合并），二厂辖有二所（二、四所合并），都一齐进了深山僻野，照常坚持着工作。于是在平原区我们也实行了精简，鲁西之一、二所合并为一所，鲁西北之三所，冀南之冀南所，都进行了缩编。同时我平原的全部同志，都一齐转移到地下室，也照常坚持着工作，我们都没有被敌人吓倒，相反地战胜了敌人。

5月以后，各厂又进一步地进行了分散，每个所分成四个至五个不等，十多人一个的小单位，化整为零，更好地坚持了工作，更好地打击了敌人，更好地保存了力量。

1943年开始，战争虽不如1942年之残酷，但多难重重的敌后军民的面前，又遇到了严重的灾荒。久旱不雨，使我们衣不能暖体，食不能饱肚，全体职工节衣缩食救济灾民，缠紧了腰带在摇动机器。每人每天减少到15两小米，采树叶、挖野菜、开荒生产，其艰苦赛过1942年。有名的红门寺开荒，就是1944年的春天，仅太行我各厂所共开荒地，计有200余亩。

同年平原鲁西被合并了的所，这时又扩编成一、二所了。同时，鲁西南区由张海涵、杨明义、王凌霄三位同志创建的印刷所（1942年）划归鲁西银行了，成立了鲁西南所。

太行我厂的大批干部，于年底抽调整风学习，只留了少数干部在坚持工作，这一学习一直继续到1945年初才作了结束。

1944年，太行干部全年依然在学习之中，工厂无甚变化。

平原区内，在泰西由梁杰三同志创建了泰西印刷所于东阿，又增加了我平原区的力量。同年三所与二所合并为二所。至此平原已有了正式的五个所了（四个归鲁西银行，一个归冀南银行）……

这年比1943年的雨水增多了，但又来了严重的蝗灾，满山遍野，成群结队的一批批的蝗虫，飞来飞去，眼看要吃上嘴的庄稼，被吃了个精光。这就又增加了我们的困难，使我们饿着肚子干工作的职工同志，又来了个和蝗虫争吃。

1945年太行干部整风学习前后结束了，又开始了一般职工的大整训运动。整训后原先化整为零的各所，又下了高山，恢复了所的原状，成了集中的一、二所。这时在一所初次试行工厂互助运动。

这时国际国内形势大变了，德寇败亡，日寇投降，全国开始了大反攻，收复了广大城镇。

本年秋太行又新增设了三、四两个所，一、二厂部取消，合并为鉴定科，总的领导机关改称厂部，厂长梁绍彭，政委李树仁，并展开了第一次劳模运动，提高生产，庆祝胜利。

平原区也整理了自己的组织，原鲁西南所四所和鲁西一所合并于内黄，成为一所。湖西所正式划归鲁西银行领导，移住清丰县。泰西所移住鄄城县，8月和二所合并了。组织整理之后，接着也开展了生产突击，供给前线热烈的生产运动。

12月，冀南银行总行在武安召开了武安会议，正式确定太行我厂为冀南银行第一印厂，平原区鲁西银行之各所与冀南银行的冀南所，合编为冀南银行第二印厂，统归冀南银行总行领导（鲁西银行停业与冀行合并）。总行成立发行处，和一、二厂发生指导关系。至此我区山地与平原的许多印刷单位合并了，两条河流会合了，成了一支巨大的力量。

1946年来了，我一厂同志，从四处的深山中爬了出来集中了，我二厂同志则从地下室里也爬了出来集中了（冀南所和湖西所合并为第三所），各厂在热烈的情绪下，又展开了生产运动（如一厂一次劳模运动，二厂再次的生产突击）。这一次再次的劳模运动、生产突击中，使我印刷工作创造了许多惊人的成绩、惊人的生产纪录，石印达到2 000印以上，铅印达到23 500印（以上均系最高纪录）。工厂互助运动推广了，由一个所到全厂，获得了许多宝贵的经验，使工作又向前迈进了一步。

这时在太岳又成立了太岳所，由王克昌、张逢奇负责，直属总行领导。

抗战胜利以后，中间争取了短短的三个月的和平，我厂职工同志中或多或少在思想上存在着一种李自成的和平享乐思想、下山思想。这种思想，曾一时地影响了我们的工作。但经过了思想检查，反李自成思想之后，整顿了我们内部，安定了大家的思想，清算了我厂职工同志的和平麻痹思想，提高了大家对国民党反动家伙们的警惕性。

7月，反动派向我大举进攻，我军被迫奋起自卫，国内的民族自卫战争，便从此揭幕了。我们的工厂工作，也针对"一切为着前线的胜利"而奋斗。

9月，在武安下白石，又正式成立了一、二厂的总工会。

10月，在工厂内开始实行了职员薪金制，以及实行工厂成本计算制度，使我厂开始迈向真正的企业化的方向。

11月，总行在宇庄厂务会议上，确定了一、二厂直属总行发行处领导，处长梁绍彭，副处长张子重，代监委袁留忠。发行处从此便成了一个单独的经营单位，并决定再增设一个机器所，一个鉴定科，组织便从此又扩大了。

1947年，机器所、鉴定科正式成立和开工了，为了解决纸张的困难，上级决定将太行造纸厂划归发行处领导，7月，又把机器所和鉴定科与永兴印刷第四厂合编为发行处第三印刷厂。这是我银行印刷发展史上，规模最大、最旺盛的时期，全发行处共计22个伙食单位，其中包括15个生产单位，6个机关单位（处、厂），还有一个修建厂。4月，太岳所移太行补充了三厂。

4月，进行了擦洗、查风运动（即擦灰洗脸、检查歪风）。思想整顿之后，全发行处同志又进行了献金、献工、支援前线运动。有的同志把自己准备结婚的东西也献出了，长征中带来的银洋也献出了，真是"一切为着前线的胜利"呀！

5月，开始了立功运动，一批批的功臣从运动中涌现出来。许多单位，从早到晚不停机器，吃饭还是替换着吃，时间太宝贵了，生产纪录一个压一个地在赶。迄今为止，石印已创造了2 400印，铅印31 500印的最高纪录，大石印已到12 000印，工房也改造了（二厂）。

这一次又一次运动中，表现了我全体职工的无限的料想不到的伟大力量、伟大成绩。但我们还有许多缺点，还待从进步之中随时发现、随时克服。同志们努力吧！我们八年来的光辉成就，是不应忘记的，它将是我们永久的纪念。

自卫战争已在全国范围内全面大反攻了，我大军南征，直逼京、汉，蒋匪恐慌万状。望我全体同志再接再厉，打倒蒋匪，把我们印刷厂的大旗插到全中国每个角落里去。

1948年

冀南银行、边区银行关于各级银行继续收兑鲁钞的指示
总石审字第三号
（1948年4月27日）

前于鲁西北地区发行之鲁西银行钞，业于去年七月份决定公布由冀南银行六个月时间全部收回，但该钞在群众中已建立了威信，相信民主政府发行之钞票，任何时期都能顶钱，因此故不主动找银行兑换，以致今天该钞仍于市场流通。兹为统一货币，减少货币种类，便于商民交易，仍继续贯彻收回，不准再于市场流通，希我各级行及委托之兑换所对冀钞等值继续收回为盼。

冀南银行　总 经 理　胡景沄
　　　　　副总经理　陈希愈
边区银行　经　　理　关学文

1949年

中国人民银行冀鲁豫分行关于全部收回旧币的指示
业字第三号
（1949年8月8日）

根据华北区分行经理会议关于华北区旧币整理办法规定："为彻底实现华北区流通货币单一化，以进一步便利内地物资交流，发展生产，决定在今年内全部收回在华北区固定比价统一流通的

各种地方旧币。"为此，特将收兑具体办法规定如下：

甲、收回的旧币种类：

（一）冀南银行发行的各种券别、版别的票及定额本票。

（二）晋察冀边区银行发行的各种券别、版别的票及兑换券（包括带冀热辽字的各种券别边币）。

（三）鲁西银行所发行残留的流通券及定额本票。

（四）北海银行发行的各种券别、版别的票。

（五）西北农民银行所发行的各种券别、版别的票。

乙、各种旧币按公布的固定比价全部收回，计一元人民券折合冀南币一百元，晋察冀边币（兑换券同）一千元，鲁西币（本票同）一百元，冀热辽字边币五千元，北海币一百元，西农币二千元。

丙、收回步骤及方法：

（一）五月十五日至九月底，主要是银行从营业中收回，但不公布，以防人力资金准备不足，造成流通中的混乱，授予贩子以活动机会。于此步骤布置进行同时，可通知各公营企业、机关、合作社，收到旧币亦不再花出，运至银行兑换。

（二）十月份以后，根据收兑情形，由分行拟定下一段收回步骤及方法，及时发出通知。

丁、收兑基金：

（一）收兑基金已发给各专区办事处，各支行可至本专区办事处领取。至于支行之收兑基金分配，由各办事处具体掌握。

各专区办事处收兑基金分配数目：

二办 三千万，三办 五千万，四办 六千一百三十五万。

五办 四千万，六办 一亿，七办 四千万。

八办 一亿，九办 七千五百万，菏办 八千万。

共计 五亿七千六百三十五万。

（二）以后收回之旧币积有成数（各行处可根据本身基金周转情形自行确定）即可报分行，以便由分行汇总上报总行领取人民币，该项旧币即应另行保存，积极整理。

（三）下拨之收兑基金不得移做别用，已报领人民币的亦不得再行花出。否则以私自发行货币论，须受严重处分。

戊、旧币的整理及处理：

（一）收回之旧币，应大力组织力量，迅速处理（按过去整理残破本币的要求办理）。

（二）将已整理妥的旧币，应分别送交各集中点保管，除二、五分区指定集中菏泽办事处，其余各分区皆集中于本专区办事处，交存后，由集中点给予正式手续。

（三）各集中点，每五日将收存旧币数目报告分行一次，如有相当数额时，分行随时派人协同当地政府就地焚毁，不再运往他地，以前通知各地买布缝运款包皮，即日停止购置。

己、其他事项：

（一）注意剔除假票。

（二）收兑旧币中所需一切费用，如运费、麻绳、纸张等费用，各地可先垫之，于九月底报分行转账。

（三）在收兑过程中，必须注意流通情况的调查研究工作，及时发现和制止破坏本币信用，倒卖旧币及其他一切撞骗行为，并应提高警惕性，注意敌特趁机造谣。各行处除将收兑进行中之问题、困难及意见，随时函告分行，以便及时研究解决外，应于每月总结报告中，将下列内容报告分行：

（1）收回旧币数量，库存基金情况。

（2）市场反映，货币流通情况。

（3）发现的问题及意见。

以上系按旧币整理办法草案拟定，希各行处照此研究执行，将来有与正式办法不同之处，再行通知修正。

经　理　王沛霖

附录二　鲁西银行行员手册（节选）

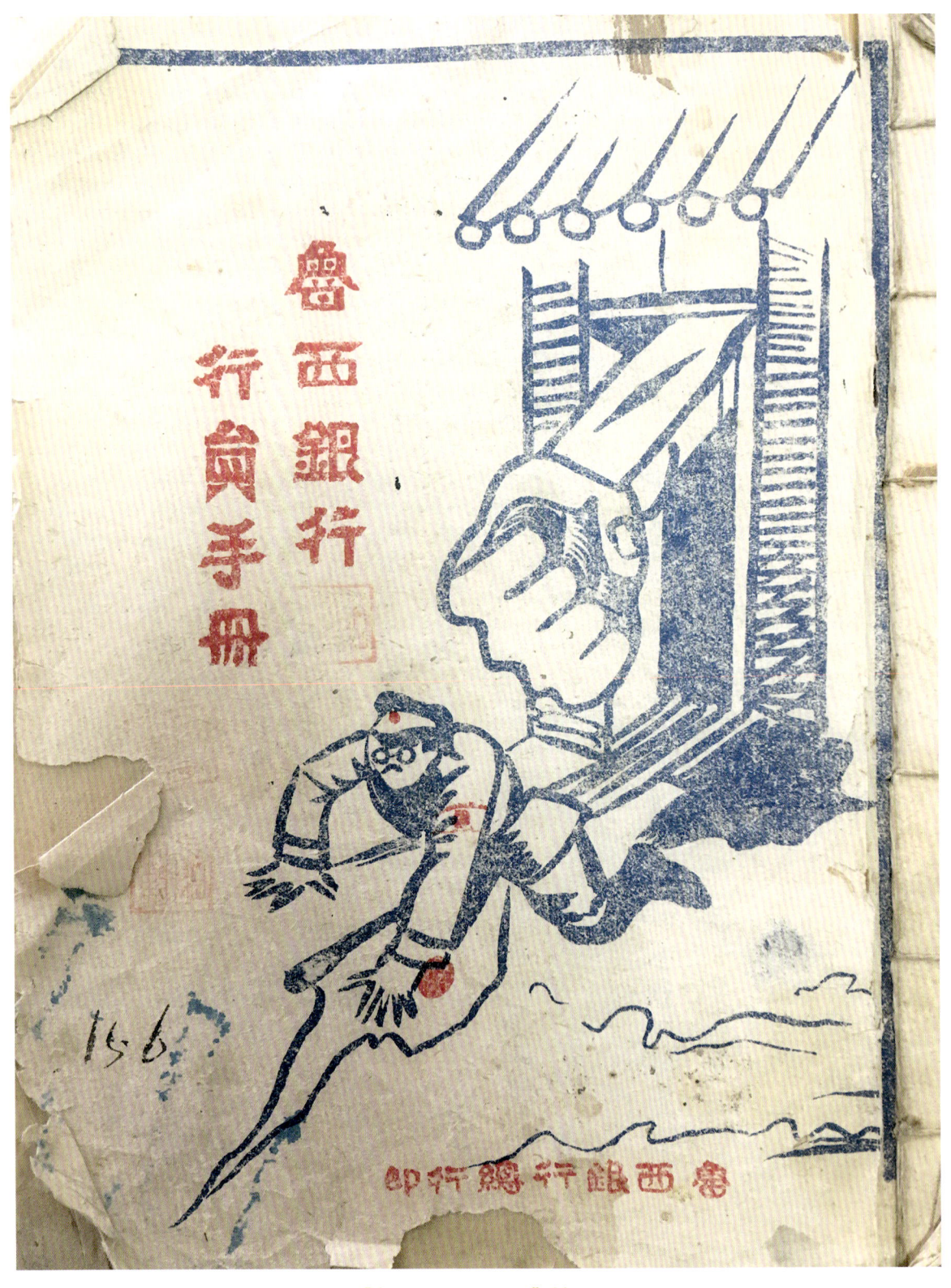

《鲁西银行行员手册》封面

序

　　鲁西银行，是从敌后抗日根据地与敌人在经济上作尖锐斗争过程中成立的，因此可见到银行的作用，是与对敌经济斗争及根据地的经济建设工作，有分不开的重要意义。

　　虽然鲁西银行成立已一年多了，但是由于人员的缺乏，与组织上的异常不健全，所以银行工作未能很活跃地而强有力地在根据地内全区开展起来，故今后大量培养银行干部与充实建立银行各级组织，是目前十分迫切需要的问题。

　　关于银行工作，是稍带有些专门性质的，目前乃是完全处在农村社会与复杂的战争状态的特殊环境中；同时银行干部一般是新的并质量较弱，从与敌作经济斗争、巩固抗日根据地的经济基础、发展各种生产建设事业方面讲，敌后银行工作是非常重要的，值得一般财政经济部门的同志特别注意与研究。

　　本行方皋同志，过去对银行工作较有经验，再从一年来实际工作中，根据目前的复杂环境，由于感到在工作上之迫切需要，费了两三个月的时间，编著了这本《鲁西银行行员手册》以供本行工作同志在工作上有了参考，并今后训练银行干部也有了教材；再者对关心和注意银行工作的同志们，亦有了研究参考的材料。

　　由于时间的短促，参考材料的缺乏，又加以环境的限制，经济消息的不灵通，毫无疑义的，这本《行员手册》是不够十分充实与完善的，难免有些不适当的地方，但仍不失为一本实际参考材料。这本册子印出后，希望各界同志，尤其关心银行工作的同志们，多多提出些意见予以批评，以便更加充实。

张廉方

于一九四二年元旦

编者前言

　　在去年的夏季，我被调到鲁西银行工作，当时银行是开始设立，为了训练新行员了解银行工作，我匆忙地写了一本小册子——《鲁西银行讲义》，当时因参考材料异常缺乏，自己对经济与银行方面的工作，根本未曾经过比较深刻的研究，所以写得比较简单，有些地方不周到与不完全，再者这里面的内容，都是未经过会议的讨论与研究及上级的审核，料想到不适合的地方必然有许多。

　　自从本年九月冀鲁豫行署成立，根据地区是比较扩大了，银行方面急需建立各级组织，于是我又在行署财经训练班担任了两个多月的教育工作，当时因过去所印的讲义又很少，已经散发无存了，因此教学上增加了些困难。为了准备下期训练班的银行材料，及今后各分支行与办事处的工作同志的需要参考材料，所以利用这短时间，将过去的讲义存底稍加以修改与补充，同时还参考了《冀南银行章则备汇编》，此外在编写过程中得到古采甫同志参加，提出许多适当的意见，并帮助写版与校对工作，才能将这本《鲁西银行行员手册》印出来了。我们这本小册子作为鲁西银行周年纪念品，最后还得声明的一点，这册子的内容仍然未正式经过上级的审核，所以还是提供给目前工作上的一个考参材料而已，希望同志们阅读后多提出指正与补充。

方皋

一九四一年十一月一日

目录

第一章 鲁西银行成立的意义与性质及其作用
 第一节 鲁西银行成立的意义
  一、成立地方银行的意义
  二、地方银行是调整国家金融的机关
  三、冀鲁豫区的金融状况
 第二节 鲁西银行的性质
  一、抗日地方政府银行
  二、是冀鲁豫区人民的银行
  三、新钞发行的必要
 第三节 鲁西银行的作用
  一、保护法币
  二、统制进口货
  三、打击敌伪钞
  四、扩大战时生产
  五、改善人民生活
  六、发展合作事业
  七、调济金融

第二章 鲁西银行的组织与行务
 第一节 鲁西银行组织大纲
 第二节 鲁西银行办事规则
 第三节 银行各种制度
  一、各种制度之规定
  二、行员考勤暂行办法
 第四节 设行进行计划
  一、总行的设立
  二、支行及办事处之成立
  三、行员之条件
  附 鲁西银行系统表及各级组织表

第三章 银行之营业事项
 第一节 传票制度
  一、传票之意义
  二、传票之种类
  三、传票之记法
  四、传票之代用
 第二节 放款业务
  一、农村放款
  二、放款原则
  三、放款种类

四、放款手续

　　附　贷款所用各种书表及农村贷款暂行办法

第三节　各种存款

　　一、定期存款

　　二、往来存款

　　三、暂时存款

　　附　各种存款使用书表及各种存款暂行办法

第四节　银行汇款

　　一、汇款业务

　　二、汇款种类及手续

　　附　汇票及汇款表册

第五节　生金银之收买

　　一、充实准备金

　　二、金银定价

　　三、收买手续

第六节　利息之计算

　　一、利息之种类

　　二、利息之计算

第七节　仓库业务

　　一、仓库业务之意义

　　二、仓库业务之经营

　　三、仓库抵押贷款

　　附　各种仓库用单据

第八节　银行业务之调查

　　一、调查之意义

　　二、调查之方式与统计

　　附　各种调查表

第四章　银行会计

第一节　银行簿记绪论

　　一、银行簿记意义

　　二、银行簿记之特点

　　三、新式簿记之原理

　　四、银行会计系统

　　五、银行会计科目

第二节　账目组织

　　一、月记账

　　二、总账

　　三、日计表及月计表

　　四、科目余额表

　　五、补助账

第三节 各种补助账记法
  一、现金出纳账记法
  二、定期存款账记法
  三、往来存款账记法
  四、定期放款账记法
  五、活期放款账记法
  六、汇兑账记法
  七、寄存款项账记法
第四节 总分行往来
  一、总分行之系统
  二、总分行往来之事务
  三、总分行往来账之记法
  四、印刷所与总行之往来手续
第五节 办理结算与决算
  一、结算与报告
  二、办理决算
第六节 会计规则
第五章 银行出纳事务
第一节 现金出纳事务
第二节 兑换事务
  1. 法币之兑换
  2. 破烂法币之兑换
  3. 破烂抗钞兑换
第三节 贵重物品之保管
第四节 出纳规则
附录一 鲁西银行与各级政府之关系
附录二 银行会计实习题例

第一章 鲁西银行成立的意义与性质及其作用

第一节 鲁西银行成立的意义

一、成立地方银行的意义

抗战已有四年多了，华北在抗战中建立了许多根据地，各个根据地在坚持敌后游击战和支持整个抗日战争中起了极大作用。这些根据地是坚持相持阶段到准备将来的反攻所不可缺的，在这些根据地中除了和敌人作残酷的军事的政治的斗争外，同时和敌人还有尖锐的经济斗争。经济斗争是军事政治斗争的保证，为了完成这敌后游击战争中经济战斗的任务，所以产生了抗日的地方银行，如陕甘宁、晋察冀、冀南、晋西北农民、北海等银行。

二、地方银行是调整国家金融的机关

过去我们听到这些谣传，说八路军破坏国家金融、设立地方银行。这种说法的动机，除了对战时经济的常识和敌后实际情况了解不够者外，一定还别有政治阴谋的说法。我们这种地方银行的设立是依据中央所颁布战时财政经济政策，国民政府抗战建国纲领第二十一条"统制银行业务从而整调工商业之活动"，第二十二条，"巩固法币，统治外汇，整理进出口货以安定金融"，及第十七条中大意，"……注意改善人民生活，本此目的以实行计划经济……扩大战时生产"，根据以上几条纲领的原则，和敌后犬牙交错的游击状况，毫无疑义地看出地方银行之需要设立。它是和枪炮同样重要的经济斗争的抗日武器。这银行所负的使命是保护法币，安定国家金融，改善民生，扩大生产，粉碎敌人经济阴谋。及对我的经济封锁与金融的捣乱破坏，总的一句话，这种地方银行对抗日是极有利的，同时亦是敌后抗日根据地所不可缺少的武器。

三、冀鲁豫区的金融状况

日本是先天不足后起的帝国主义，缺乏原料与重工业的基础，加以敌人的财政经济因战争的消耗与战争的延长，采取了"以战养战"的方针，树立伪政权滥发伪钞（伪联合准备银行及伪新中央银行钞票），以谋收买我国货物、原料收集法币、生金银与银元，盗取外汇，伪造法币，破坏法币使用，贬低法币价格，禁止法币流通，破坏我国金融。过去所发行法币，因与大后方交通隔绝，流通使用日久，大多破烂，无法兑换，民众拒绝使用，不但周转困难，常引起无味［谓］之纠纷。一般商民利用机会，私发土票，充斥市面操纵金融，漫无限制造成通货混乱，影响人民生计。且土票商家，只顾谋利，多无基金，兑换自然困难，将来极易倒闭，人民蒙害必大，冀鲁豫地区中日军、叛军，不断进行"扫荡"与进犯，人民财产不断被其掠夺与摧残，农民经济破产，工业不兴，市面萧条，物价飞涨，缺乏资金周转，整个经济表现混乱状态。为了克服以上困难，实有成立鲁西银行之必要。

第二节　鲁西银行的性质

一、抗日地方政府银行

鲁西银行是在冀鲁豫行署领导下直接设立的，是一种抗日地方政府银行的性质，完全是官办的。和过去以谋利为主要目的的银行不同，它是为抗日斗争中急需而设立，援助国家财政，在战争中保证军事上、政治上斗争的胜利，对付敌人的经济进攻，调济市场资金，金融，则放出以济市面，使一切经济能在有计划与顾全人民之公益下掌握进行。它和抗日政府与部队一样，是抗日与保护人民利益的地方政府银行。宽则收缩，以防投机金融。

二、是冀鲁豫区人民的银行

鲁西银行完全不是私人谋利的机关，完全是以冀鲁豫区人民利益为归依的，虽在冀鲁豫行署直接领导下，但仍保有经济上之独立性。今后鲁西银行主要业务，是农村放款，如低利农本贷款、生产贸易事业贷款等，同时保证冀鲁豫区市面金融调和，不致混乱使人民不受其害，并且达到冀鲁豫地区到"自给自足"的地方，解决人民的经济生活，投资疏河治湖兴办农田水利救济灾区人民，恢复生产力，就以我们说，鲁西银行完全是冀鲁豫区人民的银行。

三、新钞发行的必要

为了要完成以上许多重要的经济任务，银行必须要有一个有力的工具，这个工具就是鲁西银行的钞票，发行新钞是合法的，有保证的，而是必要的。

A. 中央所颁战时财政经济政策，"各战区为了保护法币，不致外流，调济战时金融，地方政府可发行一元及以下之辅币券"。同时在抗日根据地中与大后方交通隔绝，国家银行未能完全担负战地金融与维持金融，发行新钞是保护了国家金融，维持国家银行发行法币的使用，又是地方最高政府设立的，所以新钞是合法的。

B. 鲁西银行有整个冀鲁豫政权与人民财政经济作为后盾与保证，新钞毫无问题是比目前市面流通的乡票、土票及其他杂钞，与敌战区半文不值的伪币要有保证得多，同时用新钞吸收法币与生金、银、银元、硬币、实物等，这样就有了确实的现金保证，新钞的发行完全为冀鲁豫人民的利益，故发行必有计划。

C. 新钞是鲁西银行完成经济任务的工具，没有经济力量就无法掌握经济，这发行新钞的利益全落在全体人民身上，比乡票土票发行利益落在少数商家手中要合理得多，无新票就无法代替乡票，因市面缺乏货币周转不开，再者有了新钞政策才能争取经济上的主动，和敌人作激烈的经济斗争。

第三节 鲁西银行的作用

一、保护法币

在敌后游击战区中，敌人一方面贬低法币价格，破坏法币信用，同时因法币有外汇价格，敌人吸收法币盗取外汇，而我中央国家银行又鞭长莫及，且不易防止法币外流，新钞政策是极力维持法币价格，提高法币信用，用新钞随时收兑法币，将来做到完全以新钞代替法币在市面流通，新钞是地方票，无外汇价格，即可防止敌人大量吸收法币，如遇向外购买必需品时，可以新钞到银行兑换法币，于是法币有了保障，并可防止敌人盗取外汇。

二、统制进口货

市面仅新钞流通，敌区进口货物时，必须经过我政府银行换取法币，于是政府可处于主动地位，掌握货物进口，凡特殊奢侈品，非必用品及禁运物品之进口，都受我统制中。

三、打击敌伪钞

在我政令所达到的地区，一律行使新钞，严禁伪钞流通。敌区向我购买货物时，我除吸收大批法币外，亦欢迎用新钞购买，使敌区亦能推销新钞，破坏敌人伪钞政策，扩大我方政治影响与经济势力。如晋察冀边区，敌人进行"扫荡"中，还携带边区银行钞票，同时该票可达到天津市面暗中流行，并可加强对外贸易。

四、扩大战时生产

抗战建国过程中，坚持长期抗战，扩大战时生产事业，占有很重要地位，树立工业的基础，根据地有建立各种小规模兵工厂之必要，其他各种小规模工业，如造纸、织布等，制造日用必需品之小工业及简单化学工业等，目前都是急需发展的事业，激励生产救济民生。达到"自给自足"避免一切物品依赖外货供给，防止货物"入超"资金外流之弊。鲁西银行将大批投资，振兴生产建设事业中。

五、改善人民生活

战争将根据地中经济过度摧残，人民生活陷于苦境，人民中经济破产者日见增加，资金缺乏告贷无门，高利贷尽其剥削能事，奸商居奇投资操纵市面，抬高物价，鲁西银行除投资各种生产工业外，并施办大宗农村贷款，压平市面高利贷利率，使破产贫苦农民得到资本，从事农业生产，适当调济金融实现物品平价制度，尽量设法改善人民生活，提高生产力。

六、发展合作事业

合作事业为改善民生，增加生产，实行合理集体之社会经济事业，并可使社会经济与生产事业趋于有计划，便于调整而使经济易于统制，同时经营合作中，使人民有了经济的组织，并得到社会的锻炼与教育，激发对社会的公益心，克服了自私自利的观点，所以鲁西银行今后大量投资使用生产运销、消费等合作社推动冀鲁豫合作事业之发展。

七、调济金融

鲁西银行现为冀鲁豫区唯一之金融机关，负责调济战时金融，使通货适于市面流通，进行整理乡票杂票，澄清市面金融，并与其他各根据地银行密切联系，配合进行工作，为便于华北敌后方军民政商之周转款项，银行经理汇兑（电汇、票汇、信汇等），同时代理收付款项，如代理政府金库事宜等，皆能起调济金融之作用。

"要在敌后方坚持长期抗战，打破敌人经济封锁，求得'自给自足'，这就是必须要有正确的经济政策。"——杨尚昆

第二章　鲁西银行的组织与行务

第一节　鲁西银行组织大纲

第一章　总则

第一条　本行定名为鲁西银行。

第二条　本行依据中央所颁战时财经政策，执行抗战建国纲领中所规定财经事项，设立鲁西银行，维持冀鲁豫区战时金融，保护法币，打击伪钞，展开对敌经济斗争，以谋冀鲁豫生产事业之发展为宗旨。

第三条　本行为地方政府银行，由冀鲁豫行署设立之。

第四条　本行总行设于冀鲁豫抗日根据地区内，地址因适合战时环境暂不确定。

第五条　本行营业期限暂定十年，期满一年前得呈请冀鲁豫行署核示延长之。

第六条　本行由冀鲁豫行署授予发行抗钞辅币之兑换券及代理政府金库之特权。

第七条　本行分支行办事处及其他地区代理处之设立或废止须呈请冀鲁豫行署鉴核与备案。

第二章　资本及发行

第八条　本行资本总额暂定五百万元。

第九条　本行资本由冀鲁豫行署负责筹集。

第十条　本行经政府之核准得分期发行纸币总额一千万元。除以现金生金银法币实物百分之六十为准备金外，并以冀鲁豫政权之收益为担保发行详细办法另订。

第三章　组织

第十一条　本行采用总分支行处制，按冀鲁豫各地之需要设立，总行设总经理、协理、秘书各一人，以下设科：

1. 经理室　秘书、书记
2. 总务科　设科长

　　文书员、科员、助理员、庶务员、科员、助理员
3. 会计科　设科长

　　会计员、科员、助理员、稽核员、科员、助理员
4. 营业科　设科长

　　营业员、科员、助理员、调查员、科员、助理员
5. 出纳科　设科长

　　出纳员、科员、助理员、发行员、科员、助理员
6. 印刷所　设正副所长及生活指导员，管理股（会计科员、助理员），铅印股（会计、工人、学员）——石印股同，保管股（会计、科员、助理员），裁纸股（会计、工人、学员）。

第十二条　各科工作人员，得视工作之繁简临时增减调换之。

第十三条　本行总经理、协理由冀鲁豫行署任命之，各科长与分支行正副经理及办事处主任由总协理选聘呈请行署加委，以下人员由总协理委任之。

第十四条　分支行设经理、副经理，以下设总务、会计、营业出纳各股，办事处设主任，以下设备主管科员。

第十五条　总经理协理，总理本行一切事宜，并督责考核全行职员工作。

第四章　业务

第十六条　本行经收各种存款。

第十七条　本行投资冀鲁豫区内工农商等生产建设事业。

第十八条　本行负调济战时经济之责，经理冀鲁豫区内外之汇兑事宜。

第十九条　本行得收买银元及生金银等。

第二十条　本行得经营仓库业务。

第二十一条　本行代理冀鲁豫政府仓库事宜。

第二十二条　本行不得直接经营农工商业及其他含投机性质之营业。

第五章　决算及报告

第二十三条　本行以每年十二月终为总决算期，应编具左列表册之类，呈交冀鲁豫行署审核备案。

一、财产目录

二、资产负债表

三、营业报告书

四、损益计算书

五、盈余分配表

第二十四条　本行每年于纯益项下提百分之二十为公积金，百分之六十为本行利资，百分之十为公益金，在余额内酌提行员奖励金占百分之十为限。

第六章　附则

第二十五条　本行应依本大纲订办事规则及一切章程办法等，呈冀鲁豫行署鉴核备案。

第二十六条　本大纲如有未尽事宜得随时由总行行务会议修正之，并呈请冀鲁豫行署鉴核备案。

第二十七条　本大纲由本行呈冀鲁豫行署审核公布之。

第二十八条　本大纲自公布日施行。

第二节　鲁西银行办事规则

第一条　本规则根据本行组织大纲规定之。

第二条　本行各部门得依本办事规则管理各部门之事务。

第三条　总经理负责管理全行事务及考核各部门之工作，关于一切设计改善，推行业务，协同协理及各科长随时研究战时经济，并指导工作人员生活与学习，以提高工作能力，如总协理不在行时，秘书得代理之。

第四条　各科长承总协理之指示，负责办理各该科工作之设计与分配督计考核事宜。各部门承该科长之指示。负责办理各该部之设计与分配及督导考核事宜。

第五条　秘书室

1.公文函电之起草缮发与保管。

2.重要印鉴与铃记之保管。

3.行员升调之登记。

4.来往公文函电收发之登记。

5. 开会记录之整理与保管。

6. 各科文件之通知传达。

7. 关于本行业务宣传广告之缮制。

8. 其他有关文书事宜。

第六条　总务科

1. 办公用具之购买、保管与分发。

2. 津贴菜金经费等之支发。

3. 给养之筹划与管理。

4. 收发文件。

5. 杂务人员之管理与教育。

6. 来宾之招待。

7. 其他不属于各科股之杂务事宜。

第七条　会计科

1. 计划拟定本行账表之组织系统。

2. 本行与各机关商号及各种存放款合同契约之审查。

3. 稽核督促本行及分支行处所账表之登记核算与报告。

4. 传票审查、编号、装订与保管。

5. 会计表之填制及库存之核对。

6. 日记账、总账之登记与计算。

7. 利息之结算与核算。

8. 期中试算、决算之办理与报告。

9. 其他有关稽核与会计事宜。

第八条　营业科

1. 计划本行业务之开展。

2. 办理存放款事务。

3. 缮制各种传票及各种营业账目之登记与计算。

4. 各种存放款利息之清算。

5. 办理各种汇入汇出等款。

6. 调查各种物价行市，农村经济状况及一切有关业务经济事宜。

7. 编制各种调查统计图表。

8. 调查借款人保证人之信用程度。

9. 办理农仓业务。

10. 其他有关营业与调查统计事宜。

第九条　出纳科

1. 推行本钞吸收法币。

2. 逐渐取缔杂票乡票，完成单一币制。

3. 营业现金之收支与保管。

4. 本币与法币等之兑换事宜。

5. 现金账之登记与库存之结算。

6. 保管贵重物品。

7. 其他关于营业收支与保管事宜。

第十条 印刷所

1. 计划本币之印制技术之改进。

2. 预计购置本币印制之各种材料。

3. 制成本币之留样及各种本币号码之登记。

4. 本币制造费账之登记。

5. 本币完成后之缴付（交保管股保存）。

6. 印刷所之行政与教育管理事宜。

7. 其他有关本币之印制事宜。

第十一条 各分支行处本此办事规则进行工作，遇有特殊，或未曾明文规定事项得由主管员负责酌量根据总行规定之原则下办理，必要时得向总行请示经批准后施行。

第十二条 本行规则如有未尽事宜得随时由总行修正之。

第十三条 本规则自呈准之日执行。

第三节 银行各种制度

一、各种制度之规定

A. 会议制度

1. 办事处主任联席会议每三个月一次。

2. 会计与营业会议每半年各召集一次。

3. 行务会议每月召集一次。

4. 各科股会议每旬一次。

5. 会议应有记录，经负责人盖章，保存备查。

B. 工作计划

1. 每月份按时制出工作计划，并送总行一份。

2. 各科股每月需有计划，送主管负责人审核。

C. 报告制度

1. 各办事处每月向总行作书面报告一份。

2. 各科股每月向主管负责人作书面报告一次。

3. 临时发生问题，应随时报告总行。

D. 检查制度

1. 总行每四个月检查各办事处一次。

2. 各办事处需随时派人到各县区乡村检查货款情形。

3. 各办事处根据总行指示进行各种调查工作。

E. 文件登记

1. 收发文件皆须登记。

2. 各方往来文件皆须分类编号保存以便查考。

F. 学习制度

1. 干部每日两小时学习制度，必须经常进行。

2. 关于实际工作应经常研究讨论。

3. 杂务人员教育须严格督促进行。

G. 生活制度

1. 遵守起居操作时间。
2. 发扬紧张活泼团结等优良作风。
3. 严格执行请假制度。
4. 参加正当之文化娱乐卫生工作，克服一切不良生活嗜好。
5. 随时提高战斗警觉性，服从军事行动指挥。

二、行员考勤暂行办法

1. 为使行员安心银行工作及鼓励行员努力工作之热情，特规定行员考勤办法。
2. 每年六月与十二月底进行行员考勤一次。
3. 考勤按工作学习生活等方面进行鉴定、评定分数，分甲乙丙丁四等，由各办事处负责制表，呈送总行审核。
4. 经总行审核后，属甲等之行员受特等奖（每名奖金拾元），乙等行员受普通奖（每名奖金六元），丙等行员仅属及格，丁等行员应受到批评或处分。
5. 凡工作未满六个月之行员亦须进行考勤，但无领得奖金之权利，但成绩特殊者可另行特别保请奖励。
6. 此项行员奖金由银行盈余内开支。
7. 本办法于一九四一年下半年度开始施行。
8. 本办法未尽事宜得由总行随时修改通知之。

附：行员考勤事项分数表

甲等			乙等			丙等			丁等	
85分以上			70分以上			60分以上			60分以下	
工作表现（50）			学习表现（25）			生活表现（25）				
成绩	积极	负责	经常	进步	助人	方式	紧张	耐劳	请假	
20	15	15	10	10	5	10	5	5	5	

附：行员考勤登记表

职别	姓名	到职		工作表现			学习表现			生活表现				总分	等级	备考
		年	月	成绩	积极	负责	经常	进步	助人	紧张	方式	耐劳	请假			

第四节　设行进行计划

一、总行的设立

银行人才为专门技术人才，再以战区的特殊环境，人才异常缺乏，创办初期又无成例及书籍之参考，困难在所不免，二十九年为筹备时期，计划布置，筹备银行事务，现总行已正式成立，目前进行建立银行一切制度，并分期开办训练班，训练行员，筹备办事处之成立。

二、支行及办事处之成立

在各专区计划成立银行办事处开始营业，并积极筹备成立各县办事处，收集人员施行训练，根据各县实际经济人才条件，逐渐成立办事处，如每区扩展三个办事处以上，由总行酌量情形决定在专员区内设支行，领导各办事处进行业务，开始设立办事处，暂定三人，除主任外，总务

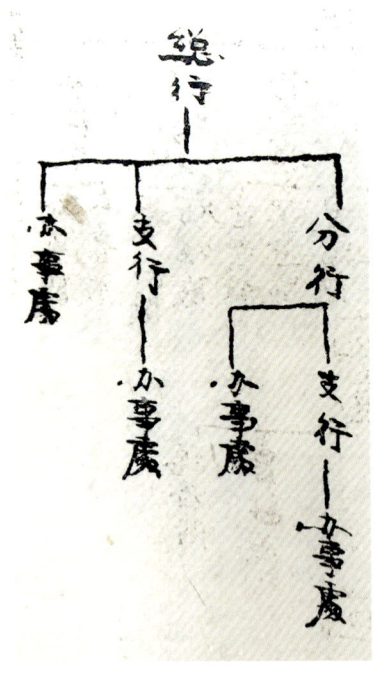

鲁西银行系统表

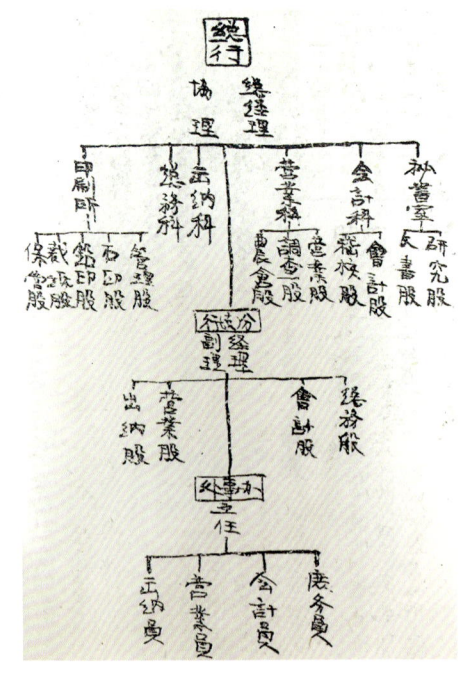

鲁西银行各级组织表

会计一人，营业出纳一名，支行暂定五人至九人，除经理外，总务会计、出纳、营业各设股，以后视业务之开展与行员之补充，逐渐补足。

三、行员之条件

行务急需发展自不待言，但发展之速度亦须顾及质量，即数量质量并重也，以免将来业务之受损失，行员几乎全是新的成分，除事先施以必须之简单之训练外，应于工作中不断加以实际锻练，行员一般应有之条件：

a. 为人忠实可靠

b. 有普通之文化程度

c. 富于社会服务之公益心

d. 个性较灵活细心

e. 一般以青年学生较佳

第三章　银行之营业事项

（略）

第四章　银行会计

（略）

第五章　银行出纳事务

第一节　现金出纳事务

银行为近代之金融机关，其组织适合科学化，故分工较详细，银行中除会计营业等其他各科外，仅设出纳科专门负责现金之收支及保管，当现金收入时，通常先由营业科作成收入传票，或即以传票代用之书类，传递出纳科照收现金后，由经手人于传票或其代用书类上加盖私名章，及"收讫"戳记，并计入现金出纳账内，然后仍将传票送还营业科记账，现金支付手续，大致与现金收入相同，即先由营业科作成支付传票，呈送主管人员核签，后交出纳科付款，即由经手人于传票上加盖名章及"付讫"戳记，并记入现金出纳账内，然后再将传票送还营业科记账。至于转账传票，则会关出纳事务如转账传票中之含有一部分现金收付者，当其收付时，亦同以上收付手续处理以上所述之现金出纳手续，系在营业出纳二科绝对分立时，所采取之互相牵制办法，若应用柜员制度者，一律由营业部分直接收付，出纳科不过核计总数之收付及储存巨量之现金而已，现本行开始成立，人员缺乏，业务较简，一般办事处初立时，暂规定营业与出纳事务，由一人负责，支付手续原则与以上所述相同。

第二节　兑换事务

兑换在一般银行均划为营业科事务，因兑换为业务之一种，市面所流通之货币种类很多，而其价格互相涨落不一，而目前鲁西地区货币虽有多种，但价格无涨落之现象，各种货币皆可交换，会庸补水，同时本行吸收仅为法币，毫无折价，故现金仅以国币为标准，会其他不同价或同价之杂钞，毫无因兑换而起之盈余与亏损，故本行特将兑换归出纳科负责，如收买生金银即硬币银元时，则仍由营业科负责人制传票，因其价格不一，兑换后科目有变化故也。

1. 法币之兑换

本行发行新钞，负有保护法币不致外流之责，并逐渐取缔杂票完成单一钞票制，故原则上是总行及分支行处之出纳科，凡支付款项一律使用本币，尽量吸收法币，使法币流入而禁出，法币万不得已时，始可付出，如库存用罄及对外贸易购入货物兑换时，法币收入及兑换不必作传票登账，仅出纳科每日作详细之库存簿，记明库存各种货币之数额，如遇金融混乱，本币突然降低价格时，经过上级决定，可以法币兑换本币，即在较大之城市设临时之兑换所，事前应有准备与军政民各方配合，布置口头讲话与标语等宣传工作，兑换人员应组织具体分工，特别注意工作态度，禁止遇见熟人讲私人情面破格兑换等情。并用大纸写出《兑换注意事项》，注意维持兑换之秩序，并作兑换登记名册（姓名、住址、兑换金额），每次兑换应提高警觉性，要有应付发生情况之准备。

兑换注意事项：

（1）兑换时间：上午九点至十二点。

（2）每人每次兑换以五元至十元为限。

（3）兑换者必须守秩序，按先后成单行依秩序兑换。

2. 破烂法币之兑换

本行推行新钞主要是保护与巩固法币，故应用新钞兑换法币之破烂票，以维持信用，调济金融，但应否即刻开始兑换破票，目前尚未决定，待有妥善办法后施行。

A. 兑换破法币之原因

（1）破法币仍有外汇价值。

（2）巩固维持法币信用。

（3）调济市面金融之流通。

（4）将来可作兑国内外之使用。

（5）因破票信用得维持，必要时我们仍可将破烂票向外推行。

B. 目前不便兑收之原因：

（1）新钞发行不够使用，故暂续兑换。

（2）鲁西如兑收破烂票，则四周各方破烂法币可能涌入鲁西。

（3）战时环境，运输不便，时间运费及安全等皆有限制。

C. 可供参考之兑换办法

（1）先兑旧票、停兑破票（以票面齐全为标准）。

（2）折价兑换破票，以作运输费之补。

3. 破烂抗钞兑换

（1）如号码及经理、副经理图章，签字及行名，完全存在，而且易认清票面之种类，虽全面积短少四分之一者，亦可按原值兑换新币。

（2）如经理副经理图章完全存在，而号码一面完整，一面磨损一二字，签字损坏一二英文字母，并且易认清票面之种类，全面积损失四分之一者按原值七折兑新币。

（3）如经理副经理图章及签字号码，各有一半以上之存在，而且易认清票面之种类，但已损失去全面积三分之一者，则可按原值五折兑新币。

（4）如号码签字及经理副经理图章各有一半之存在，而能认清票面之种类，但已损失全面积二分之一者，则可按原值三折兑换新币。

（5）如号码签字及经理副经理图行名虽在，但损失全面积三分之一以上者不予兑换。

（6）如全面积虽在，但经磨损使号码经理章副经理章签字行名难以辨别者不予兑换。

（7）如票面完全存在，而水浸、油脂污染者，酌量情形兑换新币。

（8）角票如号码行名完全存在，而易认清票面之种类者：

A. 虽损失全面积四分之一者，亦可按原值兑换。

B. 缺少全面积三分之一者，则按七折兑换。

C. 缺少全面积二分之一者，则按五折兑换，号码行名二者缺一者不予兑换。

（9）如系故意配合者，不予兑换。

第三节　贵重物品之保管

出纳科乃经手保管支付现金，为便于分工起见，一般银行之贵重物品及重要单据，皆由出纳科负责保管，如时间较久，以后不许取出，仅作保存物件，如日账簿传票等，则各分支行处可登记转送总行印刷所，金库股保管之。

保管物品账式样：

保 管 物 品 账
(　　　　　)

号数	存入			物品种类摘要	金额	出纳科盖章	取出			理由	经理盖章	经手人盖章	备注
	年	月	日				年	月	日				

保管物品账记法

A. 存入时依秩序编号，填年月日及物品种类摘要、金额等。由出纳科收到负责人盖章。

B. 待取出时，填上年月日及取出之理由，经过经理（或主营员）批准盖章后经手人盖章，乃可由出纳科取出原物，其他事项可记与备注栏内。

第四节　出纳规则

第一条　出纳科经手现金之收付，务须经常注意，以免发生错误。

第二条　凡出纳现金收付数目不符时，由经手人负责。管人员盖章之传票或单据始能支付。

第三条　……

第四条　凡收入与库存现金，必须将钞票种类（如法币与本币及一角五角一元等分类）分别用细绳捆紧，绳口上贴封皮纸片，封皮上注明钞票种类金额及经手人盖章，以后发现短少时，由封皮盖章人负责。

第五条　业营收款时，如有伪钞，即加盖"伪钞作废"戳记与票面，退回交款人，如情有可疑时，得追究伪钞来源。

第六条　库存钞票中，如发觉有伪钞，应由经手人负责，并不能将伪钞参与钞票中付出，有损银行信用。

第七条　收款以本币法币及抗日根据地银行钞票为限，禁收土票杂钞等，付款则用本行新币，法币只流入而禁出，特殊情形经主管人员许可，始能付出。

第八条　出纳科每日结账之余额，应与会计科之账对照相符合。

第九条 每日库存现金数，必须于现金库存簿、余额相符合、不得有丝毫亏空。

附录一

鲁西银行与各级政府之关系（鲁西主署财字 三十二号训令）

一、鲁西银行（以下简称银行）直隶于鲁西行政主任公署，其营业方针及施行办法等均须主任公署核准后才能施行。

二、总行对主署行文用呈或请示及报告，主署对总行行文用令及指示。

三、总行及银行办事处与各专县政府办事处无隶属关系，各专署县府办事处对银行有所建议时，须呈请主署转令行及各银行办事处与各专县府见之行文用函。

四、各银行办事处相互间往来行文均用公函。

五、各银行办事处直隶于总行，关于银行业务之进行及项款之支配均须受总行直接领导。

六、各级政府对于同级银行或银行办事处负保护之责，银行或银行办事处与进行业务工作时，同级政府应尽量协助并予以各种便利。

七、各级政府之金库有替银行或代银行办事处保存款项之责，但该项存款之支配权仍属银行，并得向金库随时自由取支。

八、银行或银行办事处并非政权机关，故无直接进行地方行政工作之权。

九、各级政府与银行或银行办事处相互间之关系如发生疑问时，得呈请主署解释之。

附录二

（略）

附录三　统计表

鲁西银行历年发行券别金额统计表

发行券别	一九四〇年至一九四一年发行数	
伍分券	18 875.00	
壹角券	30 085.00	
横版二角券	11 700.00	
马拉犁版贰角伍券	98 625.00	
浇园伍角券	2 155 013.50	
深褐壹圆券	5 235 500.00	
农民合作社票	405 899.65	
发行合计	7 955 698.15	
焚烧数		
流通数	7 955 698.15	
发行券别	一九四二年发行数	一九四三年发行数
肆分券	3 960.00	
立版贰角券	30 500.00	
湖西版贰角伍券		5 250.00
湖西版伍角券		68 561.00
鲁西南伍角券	26 000.00	

发行券别		
浅色壹圆券		1 066 964.00
茶色贰圆券	4 500 000.00	938 000.00
车船伍圆券		2 105 000.00
花心伍圆券	9 470 000.00	4 910 000.00
亭阁版拾圆券		51 180 000.00
天坛版贰拾圆券		25 560 000.00
铜牛版伍拾圆券		7 000 000.00
本票贰佰圆券		11 280 000.00
红流通券伍佰圆券		8 720 000.00
发行合计	14 030 460.00	112 833 775.00
焚烧数		694 228.95
流通数	21 986 158.15	134 125 704.20
发行券别	一九四四年发行数	一九四五年发行数
花心伍圆券	860 000.00	
湖西兰色伍圆券	4 189 460.00	
湖西红版拾圆券		6 260 000.00
湖西绿版拾圆券		11 410 000.00
栽稻版拾圆券		9 250 000.00
太运版拾圆券		7 510 000.00
凉亭版拾圆券	13 160 000.00	37 000 000.00
天坛版贰拾圆券	89 170 000.00	
兰色版贰拾圆券	27 910 000.00	22 397 000.00
黑色版贰拾圆券	5 170 000.00	
山阁版贰拾伍圆券		37 400 000.00
阁台版伍拾圆券		29 603 000.00
铜牛版伍拾圆券	174 000 000.00	55 500 000.00
红色版壹佰圆券	122 050 000.00	146 680 000.00
兰色版壹佰圆券		906 965 000.00
流通券贰佰圆券		427 200 000.00
流通券叁佰圆券	90 270 000.00	
黄流通券伍佰圆券	111 490 000.00	
发行合计	638 269 460.00	1 697 175 000.00
焚烧数	20 412 397.20	623 715.47
流通数	751 982 767.00	2 448 534 051.53
发行券别	一九四六年发行数	一九四七年发行数
凉亭版拾圆券	25 710 000.00	减10 480 000.00
兰色壹佰圆券	100 000.00	减44 869 900.00
农民合作社票		减29.89
发行合计	25 810 000.00	减55 349 992.89[①]

---

① 编者注：应该为5 534 992.89。

焚烧数	118 004 145.38	1 196 289 365.66
流通数	2 356 339 902.15	1 104 700 610.60[①]

一九四〇年至一九四七年

发行券别	发行数	焚烧数
肆分券	3 960.00	53.60
伍分券	18 875.00	8.55
壹角券	30 085.00	166.10
横版贰角券	11 700.00	
立版贰角券	30 500.00	1 261.00
湖西版贰角伍券	5 250.00	2 329.50
马拉犁版贰角伍券	98 625.00	
湖西版伍角券	68 561.00	
鲁西南伍角券	26 000.00	
浇园伍角券	2 155 013.50	39 278.25
深褐壹圆券	5 235 500.00	632 966.90
浅兰壹圆券	1 066 964.00	
茶色贰圆券	5 438 000.00	951 494.90
车船伍圆券	2 105 000.00	
花心伍圆券	15 240 000.00	
湖西兰色伍圆券	4 189 460.00	15 844 215.00
湖西红版拾圆券	6 260 000.00	
湖西绿版拾圆券	11 410 000.00	
亭阁版拾圆券	51 180 000.00	
栽稻版拾圆券	9 250 000.00	
太运版拾圆券	7 510 000.00	
凉亭版拾圆券	65 390 000.00	73 501 656.00
天坛版贰拾圆券	114 730 000.00	93 941 847.80
兰色版贰拾圆券	50 307 000.00	
黑色版贰拾圆券	5 170 000.00	
山阁版贰拾伍圆券	37 400 000.00	12 991 949.75
阁台版伍拾圆券	29 603 000.00	
铜牛版伍拾圆券	236 500 000.00	121 937 029.50
红色版壹佰圆券	268 730 000.00	
兰色版壹佰圆券	862 195 100.00	417 301 698.00
本票贰佰圆券	11 280 000.00	2 733 000.00
流通券贰佰圆券	427 200 000.00	375 479 001.00
流通券叁佰圆券	90 270 000.00	74 841 610.00
黄流通券伍佰圆券	111 490 000.00	22 837 829.40
红流通券伍佰圆券	8 270 000.00	

---

① 编者注：应该为 1 104 700 606.60。

农民合作社票	405 869.76	
混合券		122 986 457.41
合计	2 440 724 463.26	1 336 023 852.66

说明：1. 混合券系在敌人"扫荡"情况下，唯恐损失，急于焚烧，未分清券别。

2. 鲁钞焚烧数未分清券别，每一年未分清券别。系移交时未分，故未分清。

3. 鲁钞发行系一九四〇年开始发行，因发行数目小未分清发行数，故合一九四一年发行数内。

鲁西银行钞发行券别统计表

行别	发行			券别	版别	正面		背面		字头	发行区	收回			备考
	年	月	日			颜色	风景	颜色	风景			年	月	日	
鲁西银行	1940			壹角券		蓝色	山房			无字头七位码	鲁西区				
	1941	1		肆分券		茶	车船			（128）	冀鲁豫区	1947	6	10	
	1941	春		壹圆券		褐色	割稻	褐	亭	A……七位码	冀鲁豫区				
	1941	春		伍角券		驼色	浇园	黄	房山	七位号码	冀鲁豫区				
	1941			贰角伍分		酱色	马拉犁	蓝	房树	七位号码	冀鲁豫区				
	1941			贰角券		茶	锄地			没字头七位码	冀鲁豫区				
	1941	7		伍分券		褐	船、汽车	褐	亭、圈树	（638）	冀鲁豫区				
	1942	8		贰角券		蓝绿	天坛			没有字头	冀鲁豫区				
	1942			伍角券		草绿	山			没字头	冀鲁豫区				有一部分带"湖西"字
	1942			贰圆券		茶	前门火车	茶	小塔房子	A…………	冀鲁豫区	1947	6	10	
	1942	1		伍圆券		蓝	前门			没字头	冀鲁豫区	1946	6	15	带"湖西"字
	1942			伍圆券		蓝色黄底	花心	酱	门楼	A…………	冀鲁豫区	1947	6	10	
	1943	1		拾圆券		紫	亭阁	褐	船	A…………	冀鲁豫区	1947	6	10	
	1943			壹圆券		浅绿	割稻			A…………B	冀鲁豫区	1947	6	10	
	1943			伍圆券		蓝	车船			F字头	冀鲁豫区	1947	6	10	
	1943	9		伍圆券		红	车船			A字头	冀鲁豫区	1946	6	15	
	1943	6		贰拾圆		浅蓝水红底	野庙山	红	花纹	没字头	太行代印在冀鲁豫用	1947	6	10	
	1943	11		伍拾圆券		酱色菜青底	铜牛	蓝	塔桥	A…………	冀鲁豫区	1947	6	10	
	1943	12		贰佰圆		浅紫菜青底	割稻	酱边菜青底	九行字	没字头	冀鲁豫区	1946	6	15	流通券
	1943	12		伍佰圆		红色菜青底	马拉犁浇园	蓝边红底	三条字	没字头	冀鲁豫区	1946	6	15	临时流通券
	1944	1		拾圆券		红色黄底	栽稻	天蓝	牌坊	A…………	冀鲁豫区	1947	6	10	
	1944	1		拾圆券		棕	栽稻	棕	牌坊	A字头	冀鲁豫区	1947	6	10	"泰运"字
	1944	5		壹佰圆		红	牌坊	棕	花纹	A…………	冀鲁豫区	1947	6	10	
	1944	6		拾圆券		红	车船			没字头	冀鲁豫区	1946	6	15	带"湖西"字
	1944	6		拾圆券		青绿	山			A—B	冀鲁豫区	1947	6	10	
	1944	6		贰拾圆		墨绿	亭塔	枣红	高庙	A…………	冀鲁豫区	1947	6	10	
	1944	6		伍拾圆		绿	楼阁	紫	花纹	A…………	冀鲁豫区	1947	6	10	
	1944	5		伍佰圆券		紫色菜青底	船火车	黄	亭子	没字头	冀鲁豫区	1946	6	15	临时流通券

行别	发行			券别	版别	正面		背面		字头	发行区	收回			备考
	年	月	日			颜色	风景	颜色	风景			年	月	日	
	1944	10		贰拾圆		深蓝	前门	土色	浇园	A……	冀鲁豫区	1946	6	15	
	1945	5		壹佰圆券		蓝	火车	枣紫	树亭	A……	冀鲁豫区	1947	6	10	
	1945	5		贰佰圆		浅紫	插稻	蓝边红底	背书	没字头	冀鲁豫区	1946	6	15	本票
	1945	5		叁佰圆		黑蓝	天坛	杏黄	小景	没字头	冀鲁豫区	1946	6	15	临时流通券
	1945	9		贰拾伍圆		绛紫	山阁	杏红	花纹	没字头	冀鲁豫区	1947	6	10	
	1945	9		拾圆券		苍绿	坛亭阁	棕	花纹	A……	冀鲁豫区	1947	6	10	
	1940			伍角券		紫色	牌坊	棕	火车	没字头	冀鲁豫区	1946	6	15	冀南农民合作社兑换券

冀钞五十四种（内有八种改色）实际上为四十六种——载冀南银行《银行月刊》第20期。

附录四　回忆文章

在鲁西银行总行工作情况的回忆

我是1941年8月调到鲁西银行总行工作的。当时鲁西银行总行随行署活动，行长是张廉方；营业科长是方皋，有两三个科员；会计科科长古采甫，有科员二人；总务科长王素芝；出纳科科长邓开祥，科员二人，我是一个，另外有祁六顺、李万顺。全行有两个勤务员，一个叫陈德惠，一个叫尤祥成，行长警卫员叫张清秀。以后又有董辉、司禧二同志先后调到鲁西银行工作。还有一个叫田光的同志，是阳谷人。总行大致十个人，相当于行署一个处级单位，一切行政开支、粮食、被服供应、学习、行军、驻防均视为行署一个处对待。行军时的队长是白晶吾。

当时鲁西银行的业务工作，我记得大致有以下几项：①印制和发行鲁西银行钞票。印钞工厂当时是保密的，我只记得（1941年八九月）在戴庙，当时一切材料采购、印刷工厂具体管理均由一一五师后勤部（对外叫"江东部"）负责。②贷款种类大致有水利贷款、耕牛贷款、种子贷款、商业贷款、救灾款、财政性透支等。大都经过会计科登账，有的是转账，有的是现支。③开展收兑金银业务，我记得从1941年到1942年八九月，经我手收兑银元十几次，大致两个半口袋（粗布做的口袋子），还兑了三十多个小银元宝。④收、付现金工作即出纳工作，出纳科当时三四个人，主要负责各县、专区和部分部队现金收付工作，当时处于游击环境，没有保险柜，票子都装布口袋。准备了驮骡一个，主要驮票子，遇有敌情马上就行军。当时市场流通的钞票比较旧，比较乱。有中央、中国、交通、农民等银行的钞票，还有本钞鲁西票，有一部分冀南票。由于票子杂、乱、旧，所以清点起来比较慢，加上有时又要行军反"扫荡"，更加上人手少，有时就有许多积压钞票清点不了，所以到了大忙时，方皋科长、古采甫科长等一起清点。⑤逐步代理了政府的金库工作。我回忆当时收付款项比较忙的原因，主要是各地区（专区较多）交款比较多。尤其是旧法币太多，且杂又乱，每天整理、挑残、挑假就得相当时间。有些钞票（如中国、中央）挑选后又得当外汇使用，以支持根据地的建设和军队供应。⑥收兑报废旧币工作，收回鲁西银行旧票及冀鲁豫区合并前原小冀鲁豫冀南银行办事处发行的冀南农民合作社兑换券，当时经过税收和公粮折价都陆续收回了。我记得是由财政列了一笔支出，银行则加以烧毁了。⑦进行反假票宣传，积极开展反假票斗争，总行除及时印制真假票说明外，并配合工商局、县财政科、集市管理所等进行宣传。尤其是合作社五角票，由于印制粗糙曾发现很多假票，经过宣传及各方斗争，假票大大减少。

关于1941年6月至1942年底这一段根据地货币的比价问题：我记得冀南银行钞票、鲁西银行钞票（个别有几张北海票）在财政收支和市场流通方面都是一元顶一元。公私款项一律通用，并没有贬值折价之说。甚至连晋察冀边区银行票也是一元顶一元的通用，我记得1942年5月冀中敌人"五一大扫荡"后，冀中军区吕正操司令员带一部分队伍到冀鲁豫。当时用50元一张的晋察冀票，换了好多鲁西银行钞票，以备军用。因票子印得精细，大家看了都绝口叫好，认为还是晋察冀银行技术条件比较先进。

关于鲁西银行分支机构的设置问题，我记得当时专区这一级大部分是由财政科或工商局代办业务，只有二专区（郓城、鄄城地区）有个银行办事处。三专署（鲁西北专区）有个营业点在元朝县闫庄村，负责人叫白梅寸（或村），主要收购些花生和花生油。这个情况是1942年元月初，我随张廉方行长、古采甫科长、王素芝科长等分散到鲁西北时亲眼看见的，到了鲁西北住在闫庄附近几个小村。张廉方、古采甫、成润、景汉杰等一路，我和王素芝主要在银行第三印刷所帮助会计殷汝章、么子和核查会计收入支出相差500元现金事宜（账款不符，会计闹情绪曾被吓跑了，又找回来），大致半个月就查清了，结果是账目记错。

1942年4月3日，日寇出动3 000多兵力"扫荡"合围我南乐、清丰、观城地区，鲁西北的党政军民也都先后准备反"扫荡"和疏散了，我被分配到冠县城南史村敌据点附近的一个药铺当小伙计，王素芝科长因是本地人，每天卖青菜作掩护，并相互通情报，及时向根据地联系，不久即奉命回到中心区了。

关于鲁西银行总行干部的学习，政治学习主要由行署学委会统一领导，当时的文件我记得有整风文件和抗日根据地的各项政策规定，以及新华社的重要社论等。在业务方面，有一本马叙伦著的会计学，另外有方皋、古采甫两人共同写的鲁西银行简易会计制度，从理论和实践中进行了讨论和学习，对培养当时银行干部起到了相当作用。

总的来说，冀鲁豫边区根据地1941年、1942年这两年的敌我斗争形势是复杂的，是艰苦的，不仅有日军、伪军，还有国民党顽固军，加上地方顽固派和各种反动会道门，他们有时联合行动，有时声东击西，各种反革命力量对各抗日根据地"清剿"、合围、挖封锁沟、修公路、筑碉堡，一直把冀鲁豫根据地分割成许多小块。尤其1942年9月27日敌人集中万余兵力，分八路铁壁合围我濮、范、观中心区，使我根据地的建设和生产受到巨大损失。"九·二七"我随行署机关撤出濮县白衣阁，从范县羊二庄黄河大堤突围，虽有敌人从地下追击，天上有飞机扫射，我们的成驮钞票仍安全地突出了敌人的包围。

在经过了一段艰苦曲折的道路后，冀鲁豫的党政军民对敌斗争更坚决了，办法更多了。行署机关大批干部分散各地，宣传合理负担，大力组织征粮，农民群众、部队组成武工队挺进到敌人后方去打击敌人，县、区、村、地方武装和民兵组织联防队，村村为战场，处处为营寨，挖地道，挖路沟，以少胜多。到1942年底，冀鲁豫的革命形势又向前大大进了一步。这期间我曾到昆吾参加了征粮队，以后因病（主要是细菌性痢疾）由昆吾县转朝南军区医院，我的同伴有9月27日在战场负伤的干部战士，有武工队队员，有积劳成疾的干部。我们睡的门板，铺的谷草，每人一床白薄被（铺半块，盖半块），一身薄棉衣，肠胃科缺少药就用稀饭疗法（也叫饥饿疗法）慢慢治疗。外科药虽有一点，但也很缺少，我们伤病员和医护人员都是和睦相处，互相帮助。条件困难，环境艰苦（医院在朝南联防线距朝城敌据点15~20华里，每一个礼拜有三天打仗，不是早晨就是晚上），但我们有一个共同信念，就是抗日战争一定会胜利，中国人民一定要解放，中国革命一定会胜利。

1943年3月，我因体质太弱，随行署活动有困难，领导决定我调鲁西银行第二印刷所工作。回想一年来的出纳工作中，我作为一个出纳干部，在当时战争环境条件下做到了账款相符，款项清楚，随时备战。每日中午、晚间装口袋，有戏、有会别人去，我在屋里看家，一年来没使国家财产受损失，做到了自己应尽的职责，曾获行领导表扬。

（段周德）

冀鲁豫边区的印钞工作

冀鲁豫边区的印钞工作，是在建立敌后抗日根据地战略思想指导下开展起来的一项经济工作，它开始于1939年，经历了七个年头，按其隶属关系的变化，大体分为三个历史阶段：1941年7月鲁西与小冀鲁豫合并前为第一阶段，合并后至1945年底为第二阶段，1946年1月鲁西银行印刷厂改建为冀南银行第二印刷厂后为第三阶段。

（一）

第一阶段的印钞工作，鲁西、苏鲁豫、冀鲁豫三块根据地是分别进行的，三个地区既有共同之处，即都是在反"扫荡"中白手起家创立与发展起来的，也有各自不同的特点。

鲁西地区的印钞工作，是自印制泰西银行长清分行币开始的，不久又改印鲁西银行币。

1939年7月，长清县抗日民主政府成立不久，县长张耀南动员肥城县李家溃村李维周带领李振西、汪化南等师徒四人参加革命，利用他的一台石印机，在他家里开始了泰西币的印制工作。王殿山设计票版，李维周书写票面行名，李振西等三人印刷，经过两个多月的筹备，即印出了壹角、贰角、伍角三种票子，送交县政府二科，由潘厚生、林厚斋点收发行，当时并无泰西银行机构。

1939年10月，李维周领导的泰西银行印刷所，在部队保护下，转移东平湖中小岛土山村，改印鲁西银行币，并以此为基础建立鲁西银行印刷所。第一任负责人是负责筹建鲁西银行的一一五师供给部部长吕麟委派的供给部教导员刘导生，4月改为供给部会计训练班指导员张震华（王润生），5月生产出首批产品，6月调一一五师东进纵队六支队粮秣股长魏仁斋任所长，张震华任政委（他负责鲁西银行币印制的领导工作），这时设备人员初具规模，石印机由一台增加到四台，人员由七八个人增加到六七十人，除票版设计师郭子贞和一部分技术工人是经地方党委动员请来的，其余新增人员都是从部队调来的。

为了增加生产，吕麟自1940年4月鲁西行政主任公署成立开始兼任财政处长及鲁西银行行长，又于1940年秋，在东平湖西戴庙附近的段家村建立了第二印刷所，由供给部干部组成领导班子，仪华任党支部书记，周庆彬任指导员（老红军），倪孟海任所长，下设两个队，一个石印队，一个铅印队，共有三十几人，使用一所制作的票版进行印刷。

由于印刷所是在敌人经济封锁和武装"扫荡"的情况下建立并坚持进行生产的，所以工作中的困难是很多的。为了战胜困难，印刷所的干部、工人做出了很大努力，有的同志为了完成党交给的光荣任务而牺牲了年轻的生命。第一印刷所在土山村正式生产不到两个月，即被迫撤离，先后在金山、轩辕堂、陶那里等地辗转生产。第二印刷所也曾在戴庙、小胡那里等地辗转生产。1940年八九月间撤离大金山过程中，供给部出纳科长刘玉山带领的铅印队，有师徒四人被敌人抓住，受尽严刑拷打，惨遭杀害，光荣牺牲。1941年6月，二所在段家村反"扫荡"中，警卫班长在侦察敌情时被敌人抓住，惨遭杀害，光荣牺牲。1940年三四月间，印刷一所采购员张朴，在去济南采购物资的路上，被敌人捉住活埋了。这些同志的牺牲激发了大家的革命斗志，大家化悲痛为力量，不怕苦，不怕难，努力提高产量，为革命多做贡献。截至1941年7月，共印鲁钞480多万元，支持了军民抗战。

苏鲁豫地区（微山湖以西地区）的印钞工作，开始于1939年7月。鱼台县抗日民主政府成立后，为筹集抗战经费，即决定印发鱼台县地方流通券，由县政府后方办事处王文连负责，在丰县二区肖庄开始筹备，从济宁请来技师安耀南、郑如玉等四人，买到一台石印机。两个月后，即印制出壹角、贰角、伍角、壹圆四种钞票。这个印刷所刚出成品不久，即遇到了挫折，在"肃托事件"中王文连被错杀了，印刷所被肃垮了。不久又派吴正宪负责在湖里王楼及芦雁村重建印刷所，并重新制作票版，印制了壹角、贰角、贰圆三种钞票，石印机增加到两台，人员增加到十余人。至1941年6月，在反"扫荡"中，转移到了单县刘新庄、小刘庄、白楼等地，这时由王友明接任所长。

小冀鲁豫地区的印钞工作开始于1940年5月。4月冀鲁豫边区六县专署成立后，即计划印制总额为60万元的冀南农民合作社兑换券，经中共中央北方局批准，于5月开始筹备。这一工作由财委副书记华夫负责领导，冀南银行冀鲁豫办事处干部施立开具体负责，以清丰县城东申屯丽文书店设备人员为基础，在濮阳县西北小庄村设立印刷所，1台石印机，11名人员，8月开始印刷。不幸在9月2日敌人大"扫荡"中，我驻小庄村的印刷所被敌人发现，设备、材料、半成品全部损失了。为了安全生产，转移清丰县北胡村与郭胡村以后，开始转入地下室进行生产。10月，由王真带领部分人员转移南乐谷家庙及褚耿洛村进行生产。留在北胡村与郭胡村的10名同志，由施立开、王凌霄负责，坚持在原地生产。至1941年"四·一二大扫荡"，郭胡村的房东郭双喜，在我印钞人员转移后，冒着生命危险转移了印刷设备、材料及成品、半成品，使革命财产免受损失，但他的房子却被敌人烧了。在这次"扫荡"后，主要靠王真带领的一班人进行生产。至1941年9月并入鲁西银行第三印刷所，共印合作社票总额40余万元。

（二）

第二阶段的印钞工作，为了适应抗日战争相持阶段和抗日根据地建设的需要，发生四个较大的变化。

第一是改变管理体制。随着一一五师留守处调往山东及鲁西与小冀鲁豫合并，印钞机构的领导关系与管理体制发生了变化。1941年7月，一一五师留守处调山东后，鲁西银行印刷所的行政工作由隶属一一五师供给部变为隶属鲁西银行，政治工作由隶属一一五师供给部变为隶属冀鲁豫军区政治部。同时，鲁西与小冀鲁豫合并后，各小根据地的印钞机构均并入鲁西银行印钞机构，由原来各自独立的体制变为由鲁西银行统一领导的体制。吕麟、张震华调山东以后，为了加强印钞工作的领导，1941年8月，区党委抽调冀鲁豫军区供给部政委张子重任鲁西银行印刷所政委，主持印钞工作。从此，冀鲁豫边区的印钞工作开始在张子重主持下进行，不仅领导鲁西银行所属六个印刷所，还受冀南区党委委托，代管冀南银行路东印刷所。1945年春，在范县白杨堡建立鲁西银行印刷厂后，张子重被任命为厂长，下设组织、会计、业务、技术四个科，从此，通过厂部统一领导各印刷所进行工作。

第二是党的印钞事业大发展。这一时期冀鲁豫边区大力开展了开辟抗钞市场及对敌货币斗争，为了适应这一斗争的需要，区党委及行署决定增设印钞机构，发展印钞事业。1941年7月，原印书局经理宋挺捷领导的鲁西北抗敌日报社印刷所，奉命由莘县的冠长转移尧头村，改印鲁西银行币。9月，与原冀南农民合作社兑换券印刷所在尧头村合并，组建为鲁西银行第三印刷所。王真任所长，宋挺捷任副所长，李南山任指导员，王凌霄任副指导员，陈子恒、康新奎设计票版。以后，陈涛任指导员，刘同文任所长。1944年初，王真、翟诚等同志担任三所领导工作。1944年12月，转移至鄄城李进士堂一带并入第二印刷所，这时有石印机10台左右，人员80余人。

1942年6月，由王子平、张太和、张海涵负责，动员东明县袁子涛、袁万启父子携带自己的一台石印机，菏泽县贾相昆、贾贵良父子携带自己的两台石印机，参加革命工作，以此为基础，在菏泽县城南白寨开始筹建第四印刷所。1943年初正式生产。是年秋，鲁西银行总行派王凌霄到四所担任指导员，并用他带去的壹角票版，在菏泽县城南田海进行生产。以后，伊党、刘文登、刘景禹等曾先后担任四所的领导工作。至1945年6月在内黄县七丈固并入第一印刷所。这时，石印机已发展到七八台，铅印机已发展到3台，人员已发展到60余人。

1942年10月，北方局决定湖西地区重新划归冀鲁豫领导，湖西印刷所同时划归鲁西银行领导，自1943年初开始在单县满庄改印鲁西银行币湖西版，所长察贯一。1944年下半年改由张奉尧任所长，刘震任副所长。不久又改由刘震任所长，马行方任指导员。石印机发展到了6台，圆盘铅印机4台，人员近70人。

1943年10月，由梁洁三负责在十六专署驻地齐河潘北开始筹建鲁西银行鲁西北第四印刷所，1944年7月在东阿县朱旺山村正式生产泰运版鲁钞，所长梁洁三，副所长赵荣轩，指导员赵侠，人员50余人。1945年8月，一部分人员在鄄北并入第二印刷所，一部分人员转到泰运书店工作。

此外，原有第一、第二印刷所的生产能力也有很大发展，特别是第二印刷所，在1942年"九·二七大扫荡"以后，所长翟诚，指导员仪华，分别带领干部工人，在范县、鄄北两县设立生产点，设备人员都比1941年初建时扩大一倍多。二所在发展过程中，麻佩三、王真、李南山、赵侠等同志曾担任领导职务，作出了他们的贡献。

第三，这一时期的印钞工作，是在空前困难的情况下进行的。当时既有敌人"扫荡"造成的困难，又有特大灾荒造成的困难，我们的办法，就是在党的领导下，紧密地依靠广大人民群众，开展反"扫荡"斗争，主要措施是：

一是在游击中坚持生产。冀鲁豫根据地在很长一段时间处于被敌人分割状态，敌人经常出击"扫荡"，为了印钞设备人员安全，我们被迫经常转移。第一、第二两个印刷所，先后经历了三次大转移。1941年底撤离昆山后，一所先后在南乐县城东前后王落村、范县牛楼、内黄元坊、安庄等地生产，二所先后在南乐县前后王落村、范县玉皇庙、马口、鄄北李进士堂等地生产。三所撤离尧头、田楼后，曾转移邢滩村、冠县的白杨堡、南乐三区、鄄北等地生产。鲁西南四所曾在菏泽、曹县的白寨、田海、大杨湖、韩集、付庄、吴庄、朱庄等30多个村庄生产。鲁西北四所曾在东阿县朱旺山、梁庄、桐城王龙岗、皮袄李、范县城南小张台村生产。湖西所1941年6月撤出湖里王楼后，先后辗转单县刘庄、白楼、张集、集、朱庄、四寨等地生产。

二是转入地下，分散生产。为了安全生产，在总结经验教训的基础上，第三及湖西印刷所首先于1941年秋天，由地上室内生产改为地下室内生产，接着第一、第二及其他印刷所也先后改为地下室内生产，需要在地面进行的活动，一律在夜间进行，这一措施在反"扫荡"中起了很大作用。继转入地下生产之后，1942年初，第一印刷所首先采取化整为零分散生产的办法，将石印股划分为三个小组，分别生产，只同张子重、魏仁斋、翟诚三人联系，不发生横的关系。第三印刷所于1942年7月，在鲁西北尧头村，将两个队改为五个队，分别在寺上、河庄、苗头、尧头等四五个地方建造地下室进行生产。出口设在房子里，每队配备四支手枪，每人四颗手榴弹。在这里坚持生产一年之久，目标暴露后方才转移。其余印刷所也都先后采取这一办法进行生产。

三是不怕艰苦和牺牲。当时生活及生产条件是非常艰苦的，一年四季吃住生产都在地下室，不见阳光，日夜两班轮流生产，粮菜短缺，不仅常常挨饿，而且常常与敌人遭遇，出现流血牺牲情况，但印刷所干部工人没有叫苦的，大家心里想的只有一条，那就是完成党交给的印钞任务，为革命事业作出贡献。三所施立开同志，在1942年"四三扫荡"中，在南乐三区被俘后，被送到东北煤矿挖煤，时间长达两年之久，不仅未向敌人泄密，而且历经千辛万苦，逃回工作岗位。1944年春一天，鲁西南四所指导员王凌霄同志，为保护一路同行的两个同志和票版安全，他只身一人持枪走在前面，在鄄城某村与敌人发生遭遇战时，同敌人英勇斗争，为革命光荣牺牲。1943年9月下旬，四所在曹县韩集和菏泽大杨湖被敌人包围，突围中，工人何友三被俘，遭到敌人严刑拷打，几乎丧命，却未向敌人泄露任何机密。工人王彦坤被俘后，被敌人扎了一刺刀，又把他推进井里，用砖砸他，投下二三十块砖，砸得他头破血流，昏迷过去，倒在水里。敌人以为他死了，便扬长而去。当他苏醒过来得救后，带着重伤，一气跑了二十里路，终于突破包围圈，与同志们会合，始终未向敌人泄密。这种革命精神是多么可贵啊！

四是依靠群众的支持。在那艰苦的环境里，我们就像鱼离不开水一样离不开群众，因此，各印刷所领导同志都很注意走群众路线，相信群众，依靠群众，同群众打成一片，群众待我们就像对待亲人一样爱护和帮助。1942年"九·二七大扫荡"中，二所发生的几件事是非常生动的事例。仪华突围时，在范县王满村遇上了敌人，便转身就跑，一位老太太见此情形，便大声喊道："浑小子，你不管娘了，赶紧回来！"汉奸怀疑仪华是八路，拷打了这位老太太，但她一口咬定仪华是她儿子，终于救了仪华。驻范县马口村的印刷所保管员，同房东的两个儿子一起被敌人抓住了，房东老太太认领他三人，保管员讲话有河南加山西口音，敌人只放她两个儿子不放保管员，她便说："他是娘家兄弟，他先到河南要饭，以后又下了山西，才回来，您不放他，我一个也不领。"结果救了保管员。此外，在这次"扫荡"中，还出现了不少姑娘媳妇认"男人"的生动事例，当时冀鲁豫的妇女很"封建"，敌人汉奸也认为这里的青年妇女不是自己的男人绝对不会认，群众用这种办法救了我们不少干部和工人，有的一个姑娘媳妇就救了四五个人。

第四，不仅完成了鲁西银行币的印刷任务，而且完成了代印冀南银行币的任务。抗战期间共计印制鲁钞36种，金额244 000多万元，1941年8月至1945年底这一时期即印制29种，金额24亿多元。自1944年秋季开始，湖西及鲁西南等印刷所，共为冀南银行代印冀钞3亿多元，保证了开辟抗钞市场和支持战争、支持生产的货币需要。在完成货币印制任务中，我们付出极大的代价和牺牲，牺牲不少领导干部和工人。如鲁西南四所指导员王凌霄、三所指导员崔金兰、三所制版员刘尚轩等相继牺牲。敌人大"扫荡"时，破坏设备情况也不断发生，1943年9月下旬，鲁西南四所设在菏泽县大杨湖的地下室被敌人发现了，掠走一台石印机和一块十四开鲁钞壹圆印刷大版，票版被敌人砸烂了。1945年1月一天，敌人包围鲁西北四所驻地朱旺山村，挖开了我们的地下室，抢走了地下室保存的一批鲁钞半成品，然后撒在大街上，并为此用刺刀挑死一名群众。

（三）

第三阶段的印钞工作，是在冀南银行总行货币发行处领导下进行的，生产任务由印制鲁西银行币改为印制冀南银行币，生产方式由分散生产改为集中生产，生产规模更大了。

根据中共晋冀鲁豫中央局与边府指示，鲁西银行于1946年元旦并入冀南银行，鲁西银行印刷厂与冀南银行路东印刷所一起改建为冀南银行第二印刷厂，厂长魏仁斋，副厂长王真，监委张子重（先），董渡峰（后），厂部驻清丰县城，人事科长伊党，财务科长古采甫，工务科长吕清玉，医务所长刘光耀，鉴定科长翟诚，副科长赵侠。一所驻清丰县旧城，所长刘文登，监委刘敬禹。二所驻清丰县城西关洪家祠堂，所长王真（兼），副所长刘杰三。三所驻清丰县旧城，所长潘书文，副所长刘震。不久，厂长派赵荣轩、赵南星等六人到济宁，在济宁支行经理方皋领导下，购买了翠华印刷局的大小石印机各1台，圆盘机2台，在济宁东门里吉华军工厂隔壁，建立起济宁印刷所，所长赵荣轩，干部工人共40余人，利用军工厂的动力带动大石印机，印制冀南银行币。9月国民党进攻济宁后，撤到清丰并入一所。

为了支持解放区不断扩大的需要，自1946年4月起，开展了支前突击大生产运动，赶印冀钞拾圆券，连续奋战3个月，全厂石印超额87.2%完成了任务。为了表彰先进模范人物，1946年8月1日召开了庆功会，会上区党委书记张霖之讲了话，并发了奖金、奖品和奖旗，刘杰三等同志被评边区劳动模范，《冀鲁豫日报》发表了他们的模范事绩。

8月底，国民党大举进攻冀鲁豫。接着这里成了全国最激烈的战场之一。9月，冀南银行第二印刷厂奉命撤出清丰，转移到冀南元朝县四层楼村。至此，冀鲁豫边区的印钞工作便胜利结束。不久，他们又转战太行山区，为支持大军南下，解放全中国，作出了新的贡献。

他们的光辉业绩将永载史册！

他们的革命精神将永放光辉！

为党的印钞事业献出宝贵生命的同志，将受到后人的永远怀念！

（马宪玉根据老同志回忆整理，翟诚、魏仁斋、王真、马行方审定）

冀鲁豫边区铅印厂的创建和发展

我们的铅印厂终于开工了

经过一年的筹备，鲁西抗日根据地的第一所铅印厂，于1940年12月在昆山县（抗日战争期间设置的县治）"尹那里"开工了。机器设备安装后，还在调试中，就赶上日寇冬季大"扫荡"，为了工厂的安全，不得不把已经安装好的设备重新坚壁起来，人员也进行了必要的疏散。1941年春节过后，反"扫荡"胜利结束，我们厂就正式开工生产了。从此开始，鲁西抗日根据地有了自己铅印的书刊。开工生产后，印的第一本书，是一册64开本的介绍苏联的书，书名是"苏维埃社会主义共和国联盟——苏联"。印这本书是带有试生产性质的，印完装订成本后，全厂每个人都发了一本，我们可高兴了，这是我们自己动手印出的头一本书呀！可惜，因战争环境，这本书已经丢失了。

第一批工人和设备的来历

铅印厂的第一批工人和设备，都是从济南来的。

1939年冬天，东进支队后勤部一位姓董的同志（记得叫董常善，辽宁人），通过长清县抗日县政府和地方党组织，结识了在济南做工的印刷工人李福传，通过李的关系又结识了刘品三、高筠等人，当时他们都同在一家朝鲜人开办的"冈村印刷所"做工。在他们的带动下，有一批工人愿意到抗日根据地工作，为发展鲁西抗日根据地的印刷事业贡献力量。要到根据地办印刷厂，必须首先解决设备问题，为此动了不少脑筋。最后想出了一个办法，以合伙到徐州办印刷厂为名，向一位姓张的人开办的"同懋印刷所"（该印刷所在二大马路纬二路北口西侧，与冈村印刷所近邻）购买了一套设备，计有四开铅印机一部，圆盘印刷机二部，混合字架一部和所需要的工具、用具。设备买妥后，以运往徐州为掩护，进行了转移，然后通过可靠的关系，将设备分散装在运煤的大车内潜运出济南，转辗到根据地。然后大家又利用回家过年的机会离开了那家印刷所，并约定，春节过后到长清县三区东菜园集中。所以选择了这个集中点，因为李福传同志是这个村的人，到抗日根据地办印刷厂的十二个人中有七个人是这个村的，这个地方表面上属日寇统治的势力范围，实际上是我游击根据地，这个村子里抗属很多，群众基础好，比较安全，而且交通便利，便于集中。

1940年春节过后，按照原来的约定，大家陆续到这里集中了。这就是鲁西抗日根据地的第一批铅印工人。

进入鲁西抗日根据地

1940年农历二月二十七日，这支只有十二人的小小的工人队伍，从集中地向着鲁西抗日根据地出发了。这十二人中有长清县的八人，他们是李福传（后改名李林）、李广传（后改名李华）、邓传贵、邓德普（后改名邓勇）、王鼎甫、张太泽、张心厚、丁益民；有济南的刘品三（又名刘玉珍）；泰安县的高筠（又名高廷堃）、高永萃；徐州的钟宝德。

出发的第一天，只走了八里路，住在长清七区的大崖，在这里与董常善同志会齐，第二天由他带领我们去长清抗日县政府。第三天在大峰山的中心地带房头找到了县政府。在这里，县长韩鸿武接见了李福传、刘品三、高筠三人。到房头的第二天下午，县政府派了一个班护送我们过长肥公路。一夜不停地走，到太阳出山的时候到了泰西专员公署所在地，这里已是泰安县了。到专署后，张耀南专员到住处看望了我们，并告诉大家，在此休息两天再继续上路，并说明，这一路除了个别地段外，都是比较平静的，专署将派部队送过那段不平静的路。听了专员的话，我们感到很亲切。第三天下午，在一个班的护送下我们又上路了。到了一个叫红山口的地方后，护送的同志讲，过了红山口前边的路就安全了，我们与护送的同志在此告别。大约到凌晨四点钟，赶到东平湖东岸一个叫茶棚的地方，在这里上船过湖。看来这里随时都备有船只，接送八路军和抗日工作人员过往东平湖。到天刚刚要亮的时候，到了湖西岸的昆山，在此下船，沿湖边南行二里，到住在金山的江东部（东进支队后勤部的代号）报到。一到金山，江东部负责人吕林［麟］同志立即接见了李福传、刘品三、高筠，并派船把我们送往湖中间的小土山。

在去土山的船上，展现在眼前的是一幅诱人的美景，同夜里在船上所看到的是两种景象。这时，站在船上向南看，是一眼望不到边的水，东边、北边湖山相依，山都笼罩着白蒙蒙的雾气，回头看金山，被初升的太阳照射成赤红色，成了名副其实的"金山"。早晨正是捕鱼的时刻，分散的渔船拖着网，人们敲打着船桲，发出清脆的桲桲声，驱赶鱼儿上网。看着这湖光山色、渔船帆影、风平浪静、水阔天空的美景，使人心旷神怡，一夜行军的疲劳也为之消失了。

值得怀念的小土山

土山在东平湖里面，面积不大，冬春枯水季节前后土山连在一起时，也不过一华里长，到了夏秋涨水时，就把前后两个小山包分开了，这时面积就更小了。这里没有多少可以耕种的土地，我们到时正是枯水季节。接连前后土山的洼地露出水面，这是一片可以耕种的土地，每年也只能种一季麦子。居住在这里的群众，多是靠捕鱼、采菱为生，生活很困苦，吃的粮食多是从湖外边换来，住在这里的工作人员，吃的粮食、蔬菜也全都是从湖外边运来的。这个地方虽然很小又很贫困，却是一个好地方，处在东平湖里边，一般情况下，敌人没办法到这里来，因此比较安全；又是一个值得怀念的地方。因为鲁西银行的印钞厂就创建在这里的前土山上，在这里印出了在鲁西地区发行流通的第一批抗钞。我们到土山时看到这里已有四部手摇石印机，正在印制鲁西银行准备发行的五角票面的抗钞。还看到了从济南买出来的圆盘机也已运到这里一部。因为没有铅印工人，机器安装得不对，不能转动。这里的负责人张震华指导员讲，现在就是因为没有技术工人为抗钞加印号码和行长印章，不能发行流通。当时我还年纪小，不大懂得它的重要意义，但也看出来，领导是多么希望尽快地在根据地流通自己发行的货币。难怪当决定要我们这批工人离开土山时，张指导员再三挽留，一定要留下两个人，我就是被暂时留在那里的一个。后来才知道，组织上对这批工人的使用，有更全盘的考虑，既要考虑到印制抗钞的需要，又要能出版书报。我们二人在这里多住了约一个星期，高筠同志来把我们也接到湖外边去了。在这里住的时间虽不长，印象却是很深的、难以忘怀的。

永远忘不了人民的支援

离开小土山后，我们在东进支队工作部（鲁西区党委的前身）住了没几天，就由指导员罗布同志带我们离开，住到昆山西头的牛庄去了。在这里检查从济南买来的那套设备的完好况状，并到金山兵工厂添配了一些小的零件。与此同时，组织上派了姚天纵、刘品三两人到范县去选择厂址，为开工生产作准备，不久就在范县的陈楼找好了厂址。

在我们准备向范县出发的前一天，鲁西银行派人到我们住地，同王绍云社长商量抽到银行去工作的人选，这次确定了由邓传贵、钟宝德、张太泽三人去银行工作，他们的任务是为鲁西币加印号码和行长印章。当天他们就随银行的同志出发了。想不到这次分别竟成了永别，他们到银行不久，遭到日寇的袭击，设备被破坏，他们三人也都牺牲了。他们牺牲的事，是到7月我们返回昆山县后才知道的，当听到这个消息时，我们都极为悲痛。去银行工作的三位同志走后，我们继续为出发作准备。在当时，要把一套印刷设备搬运到范县去，困难是很大的，全靠民工肩挑人抬，有的部件很笨重，像四开机的平台，四个人才能抬得走，而且是在夜间行进，又不能使用照明，走起路来深一脚浅一脚，我们只是跟着照顾都感到很累，负重而行的群众的劳累就可想而知了。尽管是在夜间行动，又是那样的劳累，群众对搬运的东西却保护得很好，在那样的长途搬运中没有丢失一件物品。在整个战争年代，我们工厂有多次迁移，每次都是依靠群众帮助进行的，而且每次都是安全完满地从一地搬到另一地。在当时的情况下，进行那样的长途转移，没有人民群众的支援，简直是不可能的。什么时候也忘不了在那艰苦的战争年代人民所给予的支援。

经过两个整夜的行军，到达了我们的目的地陈楼。到后，看到姚天纵、刘品三同志已为大家做好了吃饭、休息的准备，心里得到很大的安慰，有一种到了家的感觉。这时，我们虽然也已筋疲力尽了，但仍然以感激的心情去帮助安排群众吃饭、休息的事。

（张心厚）

鲁西银行第一印刷所

1939年秋后，泰西银行印刷所停印泰西币，1939年10月，由江东部护送汪华南、李振西、王殿山三人，携带1台石印机和油墨、纸张、裁纸刀等，从李家溃经闫王庄、演马庄、马子峪，前往梁山泊东平湖土山村。以前土山村老乡丁家北房（三间）做工房，初由郭子贞做版，郑笋协助，制鲁西银行五角版，"鲁西银行"四字，系郑笋所书。第一版由刘震印刷。印制时所内有汪华南、李振西、李维周、王殿山、张震华（所指导员）、王之荣、刘震、郭子贞、郑笋、张朴十人，不久刘杰三、翟诚、赵侠、李林、魏仁斋（到后任所长）、李静斋等人先后到达，又从部队调青年战士组成警卫班，于献伦为班长。鲁西银行印刷所筹建时，归"江东部"领导，到四五月，石印机增为三四台，李林去时增3台圆盘铅印机，组成印刷、裁切、印号三个部门，张震华为所政委，魏仁斋为所长，翟诚、赵侠分管裁切、印号工作；铅印李林负责，制版印刷郭子贞负责，印鲁西银行五角、二角、一元券。

1940年5、6月迁出东平湖，到1941年冬先后到轩辕堂、昆山县一带活动。1941年下半年张子重任鲁西印刷所政委。1941年冬，印刷所转移到南乐县王乐村一带（转移中郭子贞、李振西离队回家）。1942年"四三扫荡"后，鲁西印刷所一分为二，建鲁西银行一所、二所。一所由南乐转移到内黄县沙区，由魏仁斋、董超同志负责；二所由南乐转到濮、范、观中心区及鄄北一带，由仪华、翟诚负责。张子重领导一、二所。

1941年，江东部调山东后，鲁西银行印刷所归冀鲁豫军区政治部领导（政治工作由军区政治部领导，业务工作由鲁西银行领导——编者注）。鲁西银行行长张廉方。

1942年4月3日至1942年9月27日，一所活动在范县闫庄——"五福堂"（刘震、王之荣、周辉）、玉皇庙——"庆余堂（赵庆堂、丁玉良等）、马口村——"××堂"（刘杰三、汪华南等），每村一个队，每队十余人。完成队李林负责，与所部又各占一村。

1942年9月27日至1945年6月，驻内黄县元坊、刘庄、孔村、安庄、七丈固等村，印鲁西币。

一所票版由刘杰三设计制作。

全所3台小石印，1台铅印，40~50人。所长魏仁斋，指导员董超，材料员武士洪。

1945年6月，鲁西南四所并入第一印刷所，仍称一所，指导员增刘文登，1945年底一所撤销，建冀南银行二厂。

（五四一厂厂史办根据魏仁斋、刘震等同志回忆整理，马宪玉作了调整与订正）

对抗战时期"鲁西银行"和"冀南银行"的回忆

为了打破敌人对我们的经济封锁，进一步向敌人开展经济斗争，稳定根据地的物价，更有力地支援抗日战争，1940年，我们在山东东平湖内独山村成立了"鲁西银行印刷所"。后因梁山被敌人占领转移到昆山县孙口一带。下半年又转移到平奕山区白庙集、郭村，行政上归鲁西军区政治部领导。当时因技术条件所限，我们只能印一角、二角、一元的鲁西票，主要是抵制国民党的法币和换回外汇。

1941年，"四·一二大扫荡"中我们被敌人包围，在极力隐蔽之下仍受了些损失，后又转移到范县、濮县，住在马口、冯庄，剩了一台机器和十几个人。同年9月27日，敌人又以范县旧城为中心进行了一次"扫荡"，由于我们平时保密工作做得好，群众关系好，敌人没有发现我们的地下室，机器和人均无损失。

1943年春，我们印刷所奉命分散工作，我带领百十个人到达内黄沙区，分驻在乜固、顺河、七丈固、城布、元方等村。后勤部设在后河村。我住在元方村东头路北胡同内耿光起后院的地下室里。当时耿光起是村支部书记。从此以后，我们这部分改为"冀南银行印刷所"，出冀南票。我们所用的纸张、染料等物品，均由冀鲁豫沙区敌工部和"德兴隆商店"供应。他们利用统战关系，从安阳敌占区购买。我们印出来票子，交给抗日根据地各县银行，以金银粮食作后盾，不管兑现。我们归冀鲁豫军区领导。

当时，货币斗争很激烈。盘踞在安阳、汤阴一带的敌人，不仅以武力"扫荡"沙区根据地，还对沙区实行经济封锁。为了打破封锁，稳定和繁荣根据地的集市贸易，我们和政府工商局及德兴隆商店在工作上统力协作，到敌占区购买货物时用国民党的法币，有时用大烟土换购。1943年初，我们的冀南票两元才能换法币一元。后来根据地实行了货币统一，敌占区的商人到根据地来买东西时，必须先到工商局兑换成冀南票。这样一来既稳定了根据地的物价，又掌握了金融主动权。后来，敌人的钞票（包括联合票）三元、五元才能换冀南票一元，形成了敌占区通货膨胀和根据地物价稳定的明显对比，对支援抗日战争、发展生产、繁荣经济均起到了极大的作用。

1945年日本投降后，我们印刷所转移到清丰县旧城。1946年合并到清丰印刷厂，名为冀南印刷二厂。1947年转移到临清，1948年我被调到北京总行，接管人民印刷厂去了。

［魏任斋（北京人民印刷厂厂长）1983年回忆　刘绍唐整理］

鲁西银行印刷所房东王相菊的回忆

抗战期间在俺家印过鲁西票。俺孩子他爹叫丁继贤，他积极给咱八路军办事，万里住在俺家时都是跟他在一个床上睡觉，很相信他。因此，印票子工厂也设在俺家，是1940年春节前搬来的，有个李老师，有个姓汪的，还有一些人记不清了，有站岗放哨的。印票子时有两盘石印机，印的是五角的票子，叫鲁西银行票，印好的票子放在我的柜里，这个柜现在还用着，印坏了就烧毁。有一次烧毁泰西票半成品，我向他们要了一张，做了鞋样子，现在还放着。当时两台石印机就安在俺后北屋里，门口挂着两个牌子，上边写着"土帝城隍能进，小鬼不能进"。这个后北屋是三间土墙房子。当时印票子很不容易，敌人经常扰乱，一有敌情，机子就得搬到芦苇坑里藏起来，印色就埋到地底下，遇到过几次这种情况，没有受过损失。当时俺一家人和印票子厂的同志关系可好啦，像一家人一样。

（马宪玉根据山东省东平县原东平湖土山村王相菊口述记录整理）

我参加印钞工作的回忆

我原是一个印刷工人，1939年冬，十支队东进梯队的政治部主任邹鲁风随部队进驻戴庙镇，经过团长郭复先找到我，要我到泰西银行印刷所，我即答应护送前往。1940年2月邹鲁风通知我，泰西银行印刷所已迁到昆山（即现在东平县）东平湖内土山村，要我去此报到。我就持邹鲁风写的介绍信，同数人一起乘一小木船到东平湖一小岛村——土山村报到。当时印刷所刚从泰西搬过来，组织机构很不健全，设备很差，只有二三台石印机，还破烂不堪，人员也很少，还没有开始工作，主要负责人是张震华。随泰西印刷所过来的有李维周、李振西、汪化南等同志。我到土山村后，又写信把王之荣同志找来参加印刷所工作。当时正在筹备印鲁西银行票子，以适应鲁西行署成立后经济斗争的需要，统一抗日根据地货币，把国民党的票子排挤出去，以巩固抗日根据地经济基础。

不久从济南找来的印刷技师郭子贞到达印刷所，在郑笋同志的协助下，制鲁西银行五角票版。"鲁西银行"四个字是郑笋同志写的。经核准后，鲁西银行票子，第一块版是由我开始印刷的。时间不久，刘杰三、魏仁斋、李林、翟诚、赵侠、李静斋等同志，都先后来到土山村鲁西银行印刷所，又从部队调来一个警卫排和部分青年战士当学徒工，周辉同志就是其中最早的一个。

当时鲁西银行印刷所是由"江东部"（即一一五师供给部）直接领导的，干部配备日趋完善健全，工人、设备也不断增加，几个月的时间，石印机增加五六台。李林同志来时增添了圆盘铅印机，初步形成制版印刷、裁切、印号三个生产部门。材料供应由所部直接管理，由后勤部供给。初步形成一百多人的规模。印刷鲁西银行票面，有伍角、贰角、壹圆几个版面。

所长魏仁斋，指导员张震华。翟诚、赵侠同志初来时是会计，分管裁切、印号方面的工作。我是技术工人。制版印刷技术由郭子贞负责，铅印号码技术由李林同志负责，裁切工有李振西、王之荣同志。

由于客观情况的变化，五、六月间鲁西银行印刷所由东平湖土山村搬到轩辕堂村，组织机构基本形成所部、后勤供给、警卫排、制版印刷股、裁切完成股。各股在一个村内，各在一处生产和生活，形成一个小单位。以后行动基本以所为单位。

1940年冬，组织上决定我为印刷股副股长。

1940年初至1941年冬，在昆山县内，由于环境不断恶化，敌人对抗日根据地的"扫荡"越来越频繁，鲁西银行印刷所的工作地点不得不经常转移，一般在一个村只能住几个月，甚至只有几十天，为安全计即行转移。

在战争环境里，干部调动也比较频繁，特别是政工干部。魏仁斋任所长无变动，增加一个副所长倪梦海。张震华调走后，调来一个指导员姓周。周调走后，调来指导员李南山。1941年下半年张子重同志调到鲁西银行印刷所。

1941年冬，东平县敌人向昆山县根据地进攻，占领了安山、戴庙镇。鲁西银行印刷所不得不长距离转移。在部队护送下，通过敌人封锁线，经过几个昼夜，行程几百公里，转移到南乐县王乐村一带（在转移过程中，郭子贞、李振西离队回家）。到南乐县不久，刚站稳脚跟，工作布置就绪，开始生产，突然遇到1942年有名的"四三大扫荡"。我所人员都处在敌人包围圈之内，魏仁斋同志当即决定成立若干小组，自行设法突围。我带着一个小组很快突出敌人包围圈。由于各组突围方向不同，互不了解情况，将近一个月时间才集中起来。

1942年"四三大扫荡"后，敌人对抗日根据地实行分割、封锁、蚕食，并进行大规模的频繁"扫荡"，抗日根据地大为缩小。为适应战争形势的变化，银行印刷所由相对的集中变为分散，由地面上工作转为地下工作，将鲁西银行印刷所一分为二，一所由南乐县转移到范县，二所转移到鄄北。张子重同志负责领导一、二所。一所由魏仁斋、董超同志负责，二所由仪华、翟诚同志负责。

我们一所在范县采取更加分散隐蔽、各自为战的原则，划分若干小队，每队十多个人，包括印刷、裁切、运输、炊事、警卫等，都要各队包干负责。各队住一个村，队与队不发生横的联系。我和王之荣、周辉等同志为一个队，化名"五福堂"，驻闫庄；赵庆堂、丁玉良等同志为一个队，化名"庆余堂"，驻玉皇庙；刘杰三、汪化南等同志为一个队，驻马口村，化名记不清楚了。李林同志等负责完成分队，所部也另驻一村。

我们各队驻在一村老百姓家里，属于"封闭式"的，白天不准出门上街，一切运输联系都在夜间进行。我们在村里驻了将近一年，除房东和村干部知道外，一般老百姓不知道村里驻着我们。

为了应付敌人的突然袭击，有利于隐蔽，不致暴露目标，各队都在地下室工作。当时地下室的工作条件是十分恶劣的，地下室除有一小门可以上下人，另有一小通风洞，可以通点空气外，其余全部伪装封闭。地下室阴暗潮湿，照明用油灯，在地下室工作几个小时，脸上鼻孔都被油烟熏得乌黑，吐出来的痰都是黑的。遇到阴雨的夏天，地下室缺氧，连油灯都点不燃，要靠同志们在小通风洞里，用扇子往里扇风，油灯才能发光。在这样恶劣的工作条件下，每班工作都坚持在十小时以上。为了抓住敌"扫荡"的空隙，突击工作，两班基本上是黑白连轴转的。这种工作条件一直持续到抗日战争的胜利。

1942年9月，濮、范、观大"扫荡"后，一所由范县转移到"沙区"内黄县元坊、刘庄、孔村、安庄等村，组织机构基本上维持原来的分散状态。后来成立了一个鉴定股，调我去负责。这时，所长魏仁斋，指导员刘文登、董超，材料采购武士洪，印刷各单位负责人有刘杰三、周辉、汪化南，完成股有李林、孟坦等同志。

1944年秋，所部魏仁斋同志通知我，上级决定调我到湖西印刷所工作，由人护送通过封锁线，到中心区张子重同志处报到，湖西所指导员马行方同志已在行署驻地等候一同前往，并调二所陈明同志和一台圆盘印码机。我带着冀南银行五元底版（记忆不很清），由部队护送，通过敌人封锁线，我和马行方、陈明同志一道安全到达湖西所驻地单县时寨村一带。

我去时所长是张奉尧同志，我任副所长，指导员马行方，有个财务会计姓赵，总务姓朱（名字都记不清了），设备很差，技术力量薄弱，当时有二三台石印机，有个老技师安耀南，同志们都称他安老师，师徒观念相当浓厚，工作很难开展。印号码只有手打号码机，连一台圆盘印号机都没有。全所共四五十人，分住在三个村子里，即所部、印刷股、完成股，生产部分都还是在地下室工作。

湖西印刷所原来印的是鱼台地方流通券。我去了以后，安耀南调走了。用我带去的冀南银行底版，才正式开始印冀南银行的票子。人员设备都有增加，技术力量也有加强，魏锦章、李德润、刘××（外号刘大牙）都是新介绍来的老印刷技术工人，石印机增加到五六台，工作开展得比较顺利。完成部分有了圆盘印号机，组织机构也逐渐健全起来，工作制度也走上了正轨，技术水平也有较快提高，培养了一批新的技术力量。

当时湖西印刷所，地处苏北、皖北、山东接合部，距冀鲁豫中心区较远，还隔着一条敌人封锁线，与中心区联系比较困难。1945年，由于抗日战争形势好转，根据地不断扩大，抓紧一切有利时机，动员职工努力增加生产，尽最大努力，以满足根据地不断扩大的需要。为了保证职工在地下室紧张繁重劳动生活必需的物资条件，除组织上在供给上给予照顾外，我们自己种了一个菜园，养了猪，逐步地改善了职工生活，增进职工身体健康，促进了生产不断发展和劳动生产率的不断提高，职工精神面貌发生了可喜的变化，政治热情普遍高涨，为后来全所顺利转移到清丰县大集中奠定了基础。

1945年接近抗日战争胜利的时候，组织上派仪华同志去湖西所视察工作。日本投降后，湖西所奉命全部迁移到中心区清丰县集中，在仪华同志的协助下，除少数干部所长张奉尧、会计赵××和个别的工勤人员决定留下外，全所基本上顺利地转移到清丰县大集中。

1946年印刷所的机构发生了大的变化，将原冀鲁豫区分散在各地的银行印刷所都集中到清丰县，组成冀南银行第二印刷厂，厂部设在清丰县城。厂长魏仁斋，监委张子重、董渡峰。下面设有三个印刷所，一个完成科。一所负责人刘景禹、陈子恒，二所王真、刘杰三，三所潘书文和我，完成科翟诚、李林。不久，潘书文同志调到完成科，仪华同志调三所任监委。

1946年夏，国民党大举向解放区进攻，整个印刷厂由清丰县迁移到南宫县，组织机构基本上无变化。

1948年春，二厂又由南宫县迁移到太行山涉县，一、三所合并为一所，由刘杰三、周辉同志负责，我调厂部工务科任科长。

我由于记忆力衰退，有些记忆可能不准确，提供这些情况仅作参考。最好把有关同志邀约到一块座谈每一段历史，互相启发印证，可能更准确一些。因为当时环境档案不健全，事隔三四十年，具体时间、人员数字都记得不很准确，只能是大概。

我自参加印钞工作后，直至离厂，随军到西南止，一直在魏仁斋同志领导下工作，组织机构发展变化，生产些什么产品，他可能记得最清楚，所以我没有详述。

（刘震　1983年7月15日于重庆医院）

鲁西银行印刷所的一部分历史情况

一、鲁西银行印刷所行政机构的演变

鲁西银行印刷所最初组建的情况我不清楚。自从我1940年7月调该所以后，行政机构的演变情况大略如下。

当时全所共有职工50人左右，设有石印股、铅印股两个生产组织，行政上设有会计、材料供应、总务、警卫等几个摊，其名称已记忆不起来了。印刷所属于一一五师供给部（代号为"江东部"）领导。学徒工、行政管理和警卫人员，基本上都是由供给部从部队上抽调分配来的。后来，设备陆续增加，编制扩大，人员除继续从部队调来之外，也从地方上吸收青年农民参加。生产设备都比较落后，石印上用的是人工摇轮的小石印机，铅印上用的是小圆盘机（当时称它为"脚蹬子"）。机器数量也不多，在1940年底以前，石印机在10台以下，铅印机最初只有1台，1941年底才陆续增为3台。在这一段时间内，全所有时驻一个村庄，有时分驻在两三个村庄，但一直维持一个所的建制，每到一村就在号用的民房内进行生产。

1941年底，由于环境日趋恶化，印刷所开始进入化整为零和挖地下室进行生产的阶段。

这年底，从所内抽调了少数工人和管理干部，到鲁西北组建鲁西北印刷所。原印刷所（称鲁西所）也进行了长途转移，石印股一分为二，生产单位分驻在几个村庄，所有生产活动都进入自己挖的地下室进行。

1942年4月，鲁西所在南乐县遭受日寇一次"铁壁合围"，大"扫荡"后，组织机构进一步缩小分散。所一分为二，建立了一所、二所，所以下又分为若干生产组（后改为生产队），每组配备1至2台机器，分散在方圆数十里乃至上百里的区域内活动，并且比较频繁地转移驻地，继续自己挖地下室进行生产。此后，又曾在鲁西南、湖西、泰西、临清、济宁等地区建立了印刷所，这些印刷所统由鲁西银行总行直属的一个"工作队"领导，其名称可能是叫"范县工作队"，已记不很准，张子重同志当时任队长，问他就会把这个部门的名称弄清楚。鲁西所由一一五师供给部领导改为由鲁西银行总行领导，大约是在1941年秋办理的，现已记不太清楚。

鲁西银行所属各个印刷所，就是采取这种活动方式，胜利渡过了1941—1944年这一段环境最艰险的斗争时期，保证了人员和设备的安全，坚持了生产，满足了军需民用对钞票的需要。约在1944年秋季以前，这些所都印刷鲁西银行钞票，此后同时印一部分冀南银行钞票，但机构名称仍未改变。

随着抗日战争的胜利，环境大范围地好转，我晋冀鲁豫地区的银行及其所属印钞单位，发展到大统一、大集中的阶段。

大约自从1945年下半年起，上述各印刷所就陆续向鲁西区内地集中合并，到1946年上半年，完成了在以清丰县县城为中心的大集中，并且统一组成了冀南银行发行局第二印刷厂，原来各所的石印单位合并组建为一、二、三所，铅印单位合并组建为鉴定科。1948年4月，第二印刷厂又从平原地区迁到太行山区，最后完成了冀南银行发行局所属各单位的大集中。这同时也就接近了局属各生产单位结束它光荣的历史使命，而我们的金融印钞事业则接近了全国性的集中统一和采用先进设备的阶段。

二、鲁西银行印刷所群众组织的建立和演变

据我回忆，这个所建立过的带政治性的群众组织主要是职工会和青年队。

1. 职工会。最初建立于1941年8月1日，我记得这天在昆山县郭那里村，由中共北方局宣传部一位负责同志主持，召开有鲁西银行印刷所和鲁西日报社两个部门的全体职工参加的大会，宣布建立这两个部门的职工会。鲁西银行印刷所的人员，除了所长之外，均为该会会员，这个职工会的全名称和负责人，我都已回忆不起来了。这届职工会，因为环境逐渐恶劣，驻地分散，约到1942年上半年，就停止活动了。

工会组织第二次组建，约在1944年春。由鲁西地区总工会主持，召开鲁西银行所属第一、二印刷所和鲁西日报社两个部门的职工代表大会，选举这两个部门参加地区总工会的成员，然后分别组建两个部门各自的基层工会组织。鲁西银行两个印刷所由于驻地相距很远，只分别建立了各自的所工会，未建立银行的系统工会，两个所的工会活动也互无联系。直到1946年2月，鲁西银行各个印刷所在河南省清丰县集中之后，才组建起独立的厂工会。后约于同年秋，选出职工代表参加了冀南银行发行局召开的局属各厂的职工代表大会，产生了冀南银行各个印刷厂统一的工会组织。

2. 青年组织。约于1941年春季，鲁西银行印刷所曾建立过"朱德青年队"。这时的环境已开始恶化，所内的生产单位已开始分散活动，青年队也是按生产单位分头设立的（如铅印股青年队）。记得似乎没有全所统一的青年组织。由于环境进一步恶化，所的生产单位更加分散，青年队组织约于1942年春也就无形中消失了。此后不记得再建立过青年组织。

三、鲁西银行印刷所转移过的地点和经过的路线

由于有前述机构分散、相距遥远、互相间保密，以及这段历史距今时间过久等原因，连我一直所在的第二印刷所驻过的地点和转移所经路线，都已记忆不全，其他所的情况就更不清楚了。下边以二所为主，就能记起的情况说一下。

1940年7月，我调到鲁西银行印刷所时，全所驻在昆山县小孙那里村（当地有不少村名叫作"那里"，人们说有72个"那里"）。这个村在戴庙镇以东20华里左右的湖水里边。这个湖，当地群众称作东平湖，据说官名叫作蜀山湖（据说这是梁山泊的一个支系，不是独山湖）。这个村只有二十来户人家。此后直到1941年底，印刷所一直在昆山县一带活动。这期间转移还不太频繁，但也移驻过不少村庄，能记起的只有小徐那里和郭那里两个村庄，其余所驻村名都记不起来了。

1941年底，鲁西所进行了长途跨地区转移，从昆山县（或寿张县，已弄不清出发的村属何县）经由范县等县境，先向西南又转向西北，行程数百里，一下子转移到南乐县。所部驻王落村，铅印股驻仇庄。在南乐县只驻了三四个月。

1942年4月，在南乐县遭遇日寇"铁壁合围"大"扫荡"（"四三扫荡"）后，没有再在此处恢复生产，就又进行了长途转移，返回鲁西地区，并且在转移途中，鲁西所改组成两个所进行分散活动。由魏仁斋等同志带领一所转移到内黄、汤阴县一带（当时称为"沙区"）。由仪华、翟诚等同志带领二所转移到范县、鄄城县一带活动。这种状况一直持续到1945年冬季。在这期间，二所及其所属三个生产队，也转移过不少村庄。所部驻过的村庄，我只记起一个叫作田楼的村子。我们铅印队驻过的村庄，能记起来的有鄄城县鸡山镇以西约三华里的魏庄、八孔桥、冯庄、濮县的荣庄，驻过的其他村名也都记不起来了。好在二所除在1942年"九·二七大扫荡"以前，曾有两三个生产队（组）在濮、范两县境内活动过之外，都一直在鄄城县北部的黄河以南地区活动，未再进行远距离转移。

1945年冬，首先是一所、二所（鲁西北所和泰西所已在此之前与二所合并）分别由沙区、鄄北地区向清丰县集中，后来，临清、济宁所也到清丰县集中，组成第二印刷厂。厂部和鉴定科驻城内，二所驻西关，其他所驻地已记不起来了。二厂在清丰县驻了半年多。

1946年七八月间，解放战争进入紧张阶段。7月，蒋匪帮的飞机扫射了清丰县城。第二印刷厂又奉命向东北方向进行较远距离转移，从清丰县经南乐、朝城等县境，到达山东省元朝县。厂部和鉴定科驻在四层楼村，其他所的驻村已记不起来了。记得在此驻了不到半年时间。

约于1947年初，全厂又向北，经馆陶、临清、武城等县境，转移到河北省的南宫县。厂部驻在紫家村。想不起其他科所的驻村名。

1948年三四月间全厂进行了最后一次转移，从南宫县经永年县、邢台市和邯郸市、武安县等，到达涉县（我太行山根据地中心区）。厂部驻在上温村，离发行局驻地索堡镇只隔一条清漳河，相距约六华里。鉴定科驻在下温村，已想不起其他所驻什么村。二厂在此地一直驻到全厂机构被撤销为止。

（房重千 1982年7月2日）

鲁西银行印刷所是怎样坚持平原游击战争的

鲁西银行印刷所是在冀鲁豫边区游击战争中成长起来的，它从无到有，由小到大，从集中到分散，又从分散到集中，由地上转入地下，又由地下转到地上，渡过1942年、1943年的大灾荒，经过多次反"扫荡"，终于获得了胜利。

1941年冬，日寇对鲁西抗日根据地进行了大"扫荡"。在这次"扫荡"中，因我们获得敌人"扫荡"的情报及时，早已作了准备，把机器原材料埋藏起来，人员分散转移，到处打游击，所以物资和人员都没有受到损失，取得了反"扫荡"的胜利。敌"扫荡"之后，又在我根据地内修筑碉堡，派兵驻守。在这种情况下，印刷所没法在昆山县继续生产，随即进行了大搬家，把人员、机器转移到南乐县。

这次的搬迁转移是极其困难的。昆山县到南乐县相距三四百里，路上有几条敌人封锁线。每次过封锁线都是在夜里行军，并有部队掩护。当时为了有利于坚持平原游击战争，我根据地广大军民把所有平坦道路都挖成二丈宽、一丈多深的地沟，给敌人造成障碍，使我军民便于转移，但也给车辆运输带来不便。有一次我和管励等三位同志返回昆山县第二次搬运机器、材料时，动员了群众的十几辆太平车和独轮车，部队的一个连负责护送，黄昏出发，部队事先埋伏在碉堡周围把敌人封锁起来，我们从中间快速通过。在一次行进当中，不巧，后边一辆独轮车的木把手坏了，没办法继续往前再推了，把管励和我急得直冒大汗，只好紧跑一阵子叫住前边的两辆独轮车，把坏车子上的东西卸下来，分散开加放到那两辆独轮车上，但装到最后有四桶汽油实在装不上了，在这紧急时刻，我俩不知从哪里来的那么一股劲，每个人提着两桶汽油走了约一里来路，赶上前边的车子，把汽油装到车上才算完事。第二天拂晓，我们走出了敌占区，过了黄河，进入范县根据地，一夜走了一百多里，就地休息了一天，又走了两天多，才到了南乐县。

到南乐县之后，我们分析了抗战形势，总结了前两次反"扫荡"的经验，认为印刷所必须更加隐蔽、更加严密，才能坚持斗争。因此决定把印刷所化整为零，进一步分散，由地上转入地下，挖地洞在地下进行生产。

原来的石印机器设备划分为两三个单位，铅印号码机为另一个单位，张子重、魏仁斋同志带一二十个管理、通讯、警卫人员在上边同军区行署联系，并负责原材料的采购工作，我和翟诚等同志单独搞了一摊，在下边领导着工人（也配备有通讯员和枪支自卫）专门搞生产，我们只和张子重、魏仁斋同志联系，不对外发生关系。

我们住在柴庄东半部一位农民的大院里，挖了三间房屋大小的一个地洞，上面架上木梁，盖上柴草，再压上三尺多厚的泥土，平整后像原来的平地一样，只留两个通气孔通风，和一个洞口门。洞里点燃着煤油灯照明干活，昼夜两班倒，在洞里干上一天或一夜活，工人的脸上和鼻孔里熏的都是黑煤烟，像挖煤工人一样。我负责的一摊有四五架石印机，三四十名工人，印的是原来的产品。

这时从冀鲁边印刷所过来一部分职工（约几十人），有技术工人赵荣轩、闫子荣和通讯员崔永义、王新民等，这几个人分配到我那个单位，赵荣轩负责技术工作。

1942年4月3日，敌人对我根据地进行了空前残酷的大"扫荡"。当时我们没有得到情报，听到南边跑来的人说，敌人"扫荡"了，我们马上停止生产，召集全体职工紧急动员，用硝强水坏掉石头上的底板，埋死地窖的洞口，划分若干小组，准备疏散开突围。布置完毕，赵荣轩同志负责埋藏机器，我带了七八名当过兵的工人和通讯员，拿起步枪和手榴弹，到村子南边阻击敌人。天亮后，我到村东头高处去观察敌情，在五里多远的一条南北大道上，发现敌人的装甲车、骑兵由南向北运动，根据以往反"扫荡"的经验，这是敌人包围我们了。我立即回去召集支部紧急会议，分析了敌情，研究突围的办法，以党员、干部为骨干，每人带领二三人为一小组，各自为战，随老百姓一起，突出敌人的包围圈。当早饭吃到一半时，敌人已经进村了，我们马上分头离开柴庄向东北方向转移。

这时，村外的路上、野地里到处都是人群，有牵着牲口的，有推着独轮车的，有的背包袱扶着老人，有的妇女怀里抱着孩子，男女老少，哭的叫的，混乱之状无法形容。我们掺混在人群里，一会儿往北，一会儿往东，乘隙突围。

我和赵荣轩、苏立业、刘培运四人一组，我随身带着军用背包，里面装着印钞票用的模具铜版，刘培运背着一支小马枪。在野地里走了三几里之后，看到东南方向有人往外突围，我们也随在后边想突围出去，当快走到一个大土丘时，突然从土丘那边出来两个敌人，大喊大叫着让我们站住，我们一看埋伏着敌人，回头就往西北飞快跑起来，后面的敌人打了几枪，也没伤着我们，我们一口气跑了三四里路，看到敌人不再追了，我们才停下来，坐在路沟边上稍稍休息一会，经过商量，铜版与枪不能再随身带了，就地埋到路边的泥土里，我们又感到四人在一起目标太大，于是又分成两人一组，分别行动。

我和刘培运到村外野地里睡了一夜。天亮时，我俩被冻醒了，这时从西边柴庄出来两个敌人的骑兵向东边来了，我俩赶紧起来，从村北头往东跑，跑了二三里路，没见敌人追来，于是俩人商定往东南走，到朝城、范县一带找军区行署汇报去了。

走了一天，找到了军区、行署，见到了鲁西银行行长张廉方，汇报了敌人"扫荡"情况。军区、行署首长研究决定，派出一个连的武装，由我带领，回到原地打游击，一边收集印刷所失散的人员，一边打击敌人保护机器。走了一天，返回南乐县根据地边境上的一个村庄驻下来，封锁了消息，等到天黑时才出发到柴庄。当时敌人还在根据地内烧杀抢掠，大肆破坏，我们进村时战士都把子弹上了膛，上了刺刀，随时准备战斗。我们秘密地沿着墙边冲进村子，进村后没遇上敌人，四周非常平静，我即到房东家去叩门，房东听到是我的声音，开了门，进去一打听同志们的情况，发现丁玉良等四五个同志正在房东家睡觉哩。

在"四三大扫荡"中，鲁西银行印刷所全体干部职工都被包围到圈里了，有的混到群众里边冲了出来，有的被敌人抓住，做饭担水，喂马遛马，在担水、遛马时乘敌人不备逃了出来；有的是藏在柴草堆里，敌人走过后又出来回到单位，总之各人随机应变，自己设法对付敌人，保存自己。只有两三个人被敌人抓去没有回来，一个是管理员（南方人，名字记不起来了），被敌人抓去当劳工，送到东北煤矿挖煤去了，一个是工人于德水，被抓去带到济南市（后来这两个人都回来了），这些同志被抓后谁也没有叛变投敌，告密我们的印刷所，所以反"扫荡"之后，清查我们的东西时，没有一处受到损失破坏。

这次"扫荡"，对印刷所来说是一次严峻的考验。敌人妄图采用突然袭击、铁壁合围的办法消灭我们，但结果一无所获。我们的队伍一时虽然被敌人冲击得七零八散，可"扫荡"过后马上又重新聚集起来，除两三名同志被抓走外，全所没有一个开小差妥协逃跑的，大家又拿起武器，开动机器，进入新的战斗。

"四三大扫荡"以后，敌人在我根据地内筑起了一些碉堡，印刷所怕被敌人发现，因此进行了第二次大搬家，转移到鄄城县、范县一带，驻在靠近黄河两岸的一些农村里。翟诚带领一摊在黄河北边的范县一带，我领着一摊在黄河南岸鄄城县（简称鄄北）的田楼等村。张子重、魏仁斋同志也住在黄河北的范县。

二所搬迁就绪，开工生产时，为了保密，迷惑敌人，对外起了个番号叫"采买股"，刻有印章，并使用过。当时我们驻地靠近南面的敌人，距离只有二十余里，如有敌情，靠张、魏传递情报是来不及的，我们就和鄄城县委、野战军七团经常联系，靠他们供给敌情动态，以便及时作反"扫荡"的准备。

鲁西银行印刷所二所是1942年夏秋（或更晚一点时间）于鄄城县田楼（村名）建立的。

二所的建立有一个过程。从南乐县搬到鄄北之后，开始几个月是我一人负责。找地址，组建机构搭架子，配备人员。此间，我生了一身疮，不能走动，治疗休养了半个月，魏仁斋同志来鄄北帮助搞了一段工作。过了一段时间，王真同志先从鲁西北印刷所调来，以后麻佩三同志（回族）从冀鲁边区过来，还有个老红军李南山同志开始在二所当了几个月的指导员，不久调走，之后赵侠同志才来的。麻任所长，王任副所长，赵任副指导员，我任指导员。1944年，赵侠同志调走了，1945年，麻佩三同志也调走随军南下了。

在1943年左右，魏仁斋同志带领一部分工人、干部到内黄县的沙区抗日根据地建立了一所，仍归张子重同志领导。这时翟诚同志仍在黄河北边的范县。1942年到鄄城后，我们总结了"四三"反"扫荡"的经验，认为印刷所必须进一步分散，目标必须进一步缩小。石印机器被一分为二，十来人为一小生产单位。为减少往返运输，减少目标，铅印号码机也划过来两台，近十个工人单独成立一个生产单位，每个单位驻一个村庄，两个单位相距十几里至二十里，规定职工平时不准上街外出，只许在房东家里活动及与所部往来。我们和十几个管理、通讯、会计人员在上边，与当地党、政、军机关及张子重同志联系。石印机、铅印机仍在地下生产，并对地洞作了进一步改进，规模较前缩小，面积有一间屋那么大，在屋里挖个直上直下的洞口，通过屋墙再挖个隧道进入地洞里，这就显得更严密了，并且根据情况的变化，不断地转移地点，因而我们在一个村子里住了好几个月，有的老百姓还不知道这里住有八路军，更不知道我们这些人是干什么的。

鄄北的民兵联防搞得比较好，群众发动的深入，在冀鲁豫边区是首屈一指的模范地区。从西到东三十余里，接连二十几个村庄的民兵武装和纵深地带，形成一道铜墙铁壁，使日伪军不敢越过一步。我们的印刷所虽离敌人很近，仍能坚持生产。如房重千同志负责的铅印机小组，十来个人住在鄄北的魏庄，这是个边沿地带，距离鄄城县城只有二十五里，是一片平原，不要说敌人的机械化部队，就是骑步兵很快就可以来到。但我们就在敌人眼皮底下建立了地下工厂，坚持生产了半年多，没有发生什么问题。后来，敌人在蚕食我根据地时，在离魏庄南面八里地的两丰子、张庄、徐垓村（游击区）安上了据点，抓民夫大兴土木，天天打枪打炮，在这样的情况下，我们仍坚持生产一个来月，这是因为魏庄前边一里路有个仪楼，是民兵联防的基地。仪楼村大，民兵多，战斗力强，加上群众觉悟高，保密工作做得好，使敌人成了聋子瞎子，对我们的情况一无所知，也不敢贸然侵入我抗日根据地，我们的工厂虽然险若在虎口，但却安然无恙。由于这里的群众基础好，保密工作做得好，我们得以在鄄北根据地的田楼、盐店、尖谷堆、陈庄、张苏楼、石楼等村庄辗转生产，从1942年一直坚持到1945年8月抗日战争胜利。

这时所里除了上述的几位负责人以外，还有两个会计，两个管理员，几个通讯员兼警卫员，一个炊事员和一个小鬼（服务员）。另外，还增加了几名工人，多数是从农村知识青年中招收的，也有从部队上调来的。由于我们的队伍输入了这么多新鲜血液，比以前更加壮大起来了。

这几年生产的产品，记得除原来的版面以外，新增有伍角（枣红色）、贰圆（青豆色）两种。

这里能上机器印钞票的技术工人有：

赵荣轩，1944年左右和赵侠同志一起调到泰西新建的印刷所去了。

丁玉良、闫子荣、唐锡三进城后到了天津市，有的已去世。

张墨清，现在北京市，已离休。

制版的技术工人，这时主要是刘杰三（住范县，和翟诚同志在一起）。参与制过版的记得有闫子荣、陈子恒等人。还有几个人，想不起来了。

（仪华）

忆战火中鲁西银行

1942年4月3日，日寇对南（乐）、清（丰）、观（城）进行大"扫荡"后，在南乐解放区安了据点，因此，鲁西银行在南乐县王落村一带已经不安全，转移到中心区势在必行。印刷一所由魏仁斋、董超负责，秘密转移到了濮县黄河以南地区（现在的鄄城县北部），所部先驻田楼，后驻李进士堂。

第二印刷所转移到濮县后，总结了"四三"反"扫荡"的经验，确定印刷厂必须进一步分散，目标必须进一步缩小，生产单位与所部要分开。所部管理、通讯、会计等工作人员共10余人。所部番号定为"采买股"，并刻有印章。石印机一分为二，10多人为一生产单位，铅印号码机单独为一个单位，也有10余人。每个单位住一个村庄，单位之间相距十几里或二十几里，并规定相互不许来往。住地不固定，视情况变化随时转移。

石印机、铅印机都安放在地下室（地洞）进行生产。地洞规模比较狭小，面积约一间屋子大。为应付敌情，不误生产，挖地洞时要求先在一个较大的空院挖3~4米深的大坑，上边用木梁支撑，柴草盖顶，顶面再加一层厚土压平，看去如同平地。出入口设在民房内，就是在屋子里挖一个直上直下井筒似的洞口，再通过屋墙挖一隧道进入地下室，如遇有敌情，即将出入口封死，并做好伪装，敌人走后再打开出入口进行生产。

第二印刷所转濮县后，得到县委和八路军第七团的极大关心与照顾，同时也得到濮县人民群众的热情欢迎、大力支持与帮助。第二印刷所从1942年至1945年抗日战争胜利，除1943年11月日寇大"扫荡"时停产几天外，均能坚持正常生产，人、财、物没受任何损失。其基本经验是：

一是广大群众的热情支持和大力帮助。当时的濮县是冀鲁豫根据地中心区，周边敌情十分复杂，日寇在周边布着成千上万的军事据点和地带，包围与反包围是我们对敌斗争的基本形势；所以整个抗日战争的年代里，根据敌情部署，我们印刷二所还是多次转移，曾经在昆山、范县、南乐、濮县等地方建立地下印刷厂。多年来，印刷所在一个地方驻的时间虽然有长有短，但从来没有一次遭到敌人的摧残而影响完成党交给我们的任务。回想起来，在敌人碉堡林立、"扫荡"频繁的地带中能安全完成战斗任务，如果不是紧紧地依靠群众的拥护和保卫，光靠我们工作人员就坚持下来，那是不堪想象的。我记得第二印刷所在濮县先后驻过田楼、李进士堂等十几个村庄（现在大多村庄记不起来名字），无论驻在哪个村庄，还是选厂址、院落、用屋子、备材料等，群众都是主动支持和大力相帮。有这样一些例子，使我至今记忆犹新。一个是住田楼西小张庄挖地道时，房东老四（名字记不清）抽时帮助挖土，不怕担风险，把修地道当成是自己的事，不取分文报酬；另一个是1943年11月，敌人"扫荡"中心区时，女干部贾全锡（大脚短发），在妇女中难以隐蔽（当地农村妇女都是缠足的小脚），东仪楼民兵主动同我一起于夜间用独轮车秘密地把她送到敌占区尚庄张正芳（我的亲戚）家住了七八天，敌人"扫荡"过后又安全返回解放区工作。再一个是在1943年冬敌人"扫荡"时，区助理员王金玉利用"灯下黑"（敌人出来"扫荡"，后方空虚）之机，把第二印刷所的五六名技术工人送到敌占区某村庄的绅士家（名字记不起来）隐蔽起来，"扫荡"过后又安全返回工作岗位。

二是严格保密工作。规定印刷所内部职工平时不准外出，不准上街，只许在房东家里活动，并做到守口如瓶，可以与所部往来，同时需要教育启发群众保守秘密，如有房东明知我们是印票子的印刷厂，他们自觉地做到不问、不打听、不外传，有的群众对我们在一个村庄几个月，还不知道我们是印票子的印刷厂，这对我们胜利完成任务起了关键性的作用。

（仪华）

鲁西北三所和鲁西南四所印钞工作的回忆

我是1939年春节后由安志刚（书店经理）介绍到清丰县私营丽文书店当小石印学徒工的。1940年初，施立开同志经常和安志刚联系，决定将书店的机器设备和工人交给政府。大约在1940年3月（当时麦苗还没有抬头），由清丰县城东五里路的申屯，将设备迁到了县城东南的沙格寨，准备在这里投产，后因此地条件不够安全，又从这里迁到了濮阳县西北约二十里的小庄。这时的人员有唐恩普、唐训普、唐改兴和我几个人，唐恩普负责技术，唐改兴负责裁纸，唐训普和我是学徒。当时边区设有一个"冀南银行冀鲁豫办事处"，负责人邓开祥。具体到我们几个人，负责人是施立开，他负责行政管理和工人生活，在小庄投入了生产，印的是冀南农民合作社五分券。约从5月到9月，一直在这里生产，9月初，敌人"扫荡"沙区，被敌人发觉，所有原材料、设备、半成品全部丢失。"扫荡"之后，又重新在城北的张代村安了摊子，由于敌人经常扰乱，没有正式投产，又从这里迁到了清丰县王什的北胡村和郭胡村。这一时期，通过安志刚的联系，又增加了技师潘宏年、曹子谋，并吸收了学徒工杨宏恩、杨耀华、王金元等几个人。北胡村一部机器，由唐恩普负责生产，郭胡村一部机器，由潘宏年负责生产。至1941年4月，敌人出动庞大兵力，对沙区进行大"扫荡"，实行了惨无人道的"三光"政策。由于小庄之损失，接受了教训，将原来在房内生产，改由在农家闲院中深挖地下室，转到地下生产，避免了损失。这里值得一提的是我们的房东郭双喜，在我们撤出之后，冒着生命危险，将存放在他草房内的钞币，全部运出村外，挖坑埋掉，在敌人"扫荡"之后，又给取了出来。虽然草房付之一炬，集体财产却没有遭受损失。此外，在北胡村住过并生产过的还有王凌霄领导下的王继曾、程振兴等人，我们相互间没有联系过。

  这一时期的生产方式，大概是由安志刚和潘宏年承包的，原材料由他们供应，政府只收成品，按产量计价付款，盈亏由安、潘自负。除了技术上的问题由唐恩普、潘宏年负责之外，其他行政管理和事务等工作，均由施立开同志负责。政府对工人的生活，给予了特殊照顾，每天除有五分钱的菜金外，还专门到馍房订馍，全部细粮，施立开同志则根据工人意见，安排生活。

  这次大"扫荡"，对沙区是一个极大的打击，杀死人民群众不计其数，在敌人撤退后，死人无人埋葬，政府从各处派人，拉着生活必需品去埋葬死者。有的村庄几乎被杀光，房屋全部被烧，甚至鸡窝猪圈也没有留下。

  大"扫荡"之后，由于形势的变化，潘宏年、曹子谋、唐训普、杨宏恩等人都回家不干了，沙区当时的情况，已无法在那里继续恢复生产，就由沙区迁到了南乐县东南的东节村，在这里大约住了三个来月，没有进行生产，就由施立开同志带领唐恩普、唐改兴、杨耀华和我迁到了鲁西北的余庄，我们一块到余庄南边的爻头村，这是一次较小的集中，当时的领导人有王震（现改为王真）、宋挺捷、王素之等人，技术老师有康新奎、王继曾、刘洪举，后来又调去了陈子恒同志，那时被称为工务长，负责全面的技术管理。陈子恒同志来到之后，在技术上有了大的发展，可以说是一次技术上的革命，后来生产的不断发展，与此有极大的关系。

  那时的上下级关系是比较密切的，领导干部和行政管理人员经常不分白天或夜晚地到各生产点参加劳动，指导工作。特别对工人的生活和安全极为关心，工人全部吃细粮，他们吃小米和杂粮。1942年的一次"扫荡"时，所有职工全部转移，这时，工人程振兴坚决不愿转移，虽经王真同志一再说服，仍然不走，并且觉得王真同志太啰唆，不愿再听，就躺到床上蒙头大睡，很快就睡着了，在这样危险的情况下，王真同志并没有考虑个人的安危，丢下程振兴一走了事，而是耐心等待，及至程振兴醒来，王真同志还在床边坐着。事后，程振兴对我说："这次我真不想跑了，如果敌人真的来到，我就和他拼了。"他说了上述情况之后，又说："我睡着以后，王真同志在我床前等我，光吸的烟灰就磕了一大堆，人家领导同志这样对咱关心，使我非常感动，没等再说，就和他一块来了。"

  1942年冬（大概时间），上级调来了三个干部，据说是后勤部的，即陈涛、刘同文、王三耀，使当时的主要领导干部大换班，在他们到达之后，在第一次的职工大会上，王三耀讲了工人的三大特点：吃点好的、穿点好的、钱多多的。这次大会之后，王三耀的讲话引起了工人的强烈不满，特别对他们的工作作风和生活作风，与原来的干部恰恰相反，形成了鲜明的对比。他们不接近工人，不参加劳动，只顾自己吃喝享受，引起了工人更为反感。那时，我们住在小寺上村，恰巧张廉方同志也住在那里，各生产单位的工人就推派自己的代表，共同向张廉方同志请示，建议调整领导班子，或者把工人调到别的地方工作。当然领导不会答复要求。但可以说明，当时的工人，也绝不是像王三耀所讲的那样的工人，时隔不久，陈涛、刘同文就因贪污腐化构成犯罪，受到了法律的制裁。

  在这一时期，遇到了1942年的大灾荒，就鲁西北来说，真是饿殍遍野，民不聊生，树皮草根全吃光，县区机关自己找粮为生。我们这个单位情况比较特殊，多少还能供给一些，每人每天原粮一斤，而且其中土和砂就占百分之十左右，只能吃到九两左右。而那时的工人则每天劳动12个小时，下班工人还要给上班的工人当炊事员。此外，单位的生活所需，包括柴米油盐和生产中所需要的原材料以及运出成品，为了保密和利用人力，全部由白班工人于夜间用小车推拉运输。这样繁重的劳动和艰苦的生活，对于工人说，却没有影响他们的生产情绪，生产还在不断提高。在那样生活困难的情况下，每一个人对粮食是很宝贵的，有一次工人唐改兴因为抓了点小米喂了房东的小鸟，就专门召开了一次会议，对他进行了批评。

我在鲁西北大约将近两年的时间，曾在安上、夏庄、小寺上住过，时间虽然不足两年，但印刷队伍却壮大了很多，除了原来的技术工人外，又增加了陈子华、李永贞、李玉阶、刘洪举等人，并从学徒工中提上来的王相民、程振兴和我本人，在陈子恒同志的领导下，技术有了很大提高，从制一块版印五六百至七八百印，提高到四五千印，大干时达到万印以上。

1943年7月7日，厂召开了纪念"七·一"、"七·七"和庆功表模大会，颁发了自制自订的印有马恩列斯头像的笔记本作为奖品。会后我和刘洪举、李荣华、李成阶一起调到鲁西南工作。

当时鲁西南的领导干部有伊觉、刘文登、杨明义、王凌霄等人。为保密故，机构名称为"转运站"，下边各生产单位，均以单位负责人的姓字为代号，如李清吉为李楼，闫子荣为闫楼。技术工人有闫子荣、冯子清、沈福祥、冯西参、袁万启等人，后来又调出去了陈子恒、王相银。那时，由于环境条件，组织上对保密工作十分关心，经常教育职工保守组织机密，因此，每到一个新地点，人人都自觉主动地了解周围的环境和习俗，如周围都是些什么村庄、哪个村庄何姓最多、有些什么特点、房东的四邻都是谁家、有些什么人、都干什么等，以便应付敌人的"扫荡"。

我们到鲁西南不久，就赶上了敌人的9月大"扫荡"。在这次"扫荡"中，值得提到的有何友三、王彦坤两位同志，他们在这次"扫荡"中被敌人俘去，何友三同志被残酷拷打，灌凉水，压杠子，几乎丧命，虽然受尽折磨，却未向敌人泄露任何机密。王彦坤同志在夜间敌人包围村庄时被俘，当即在他的臀部扎了一刺刀，天亮之后，叫他交出八路军的物资，为此，把茶杯粗的杠子打断了，王彦坤同志已把生死置之度外，就对敌人说，"菜园井里有"，敌人就拉他去菜园，把他放到井内让他捞，他不捞，实际上井内没有，敌人就从井口用砖砸他，结果又把头上砸了个大洞，血流不止。正在这时，敌人集合出发，没有把他砸死。从半夜到第二天下午，在这样长的时间内，又流了大量的血，出井后就昏迷不醒，三天之后，我和李荣华在夏营村见到了他，由于失血过多，面貌大变，虽然他喊我数声，我两个却不敢认他，走到他面前，才认出是他。在大"扫荡"中，群众很难分清敌我，在那样的情况下，经常找不到饭吃，故此给生活带来了困难，王彦坤同志虽然多处负伤，体力没有恢复，仍要回家去背粮食（他家系天爷庙王庄，离夏营十多里）。他对同志是这样关心，为了保护集体财产，不惜牺牲自己的生命，这是多么高尚的品质和多么深厚的阶级感情啊！

（李承周）

鲁西银行第四印刷所的简单情况

鲁西银行第四印刷所于1942年秋筹建，1943年初正式生产成品，1945年春离开鲁西南，转移到黄河北岸靠近总行并与其他所合并重新生产。三年时间，随着抗日根据地的扩大，该所也从无到有，逐渐壮大起来，从无有机器设备，没有技术力量，没有原材物料，发展到拥有六十多人，五部石印机，两部铅印机，胜利地完成了鲁西南统一市场货币的光荣任务。鲁西票不但流通于根据地内各个市场，在周围的敌占区和游击区也颇受欢迎，从而为鲁西南根据地的经济建设奠定了基础。现将其建立发展经过情况作简要介绍。

一、当时的情况

鲁西南东有津浦铁路，西有平汉铁路，南有陇海铁路，北靠黄河，周围的城市均属日寇占领，城市周围被伪顽军占据。当时鲁西南抗日根据地活动范围，仅限于菏泽县、东明县、考城县、民权县、曹县、成武县、定陶县七县的接合部，活动的中心是菏泽县的安陵集。从1940年坚持对敌斗争的三个村庄，到1942年建立了菏泽、南华、东明、东垣、考城、曹县、定陶、民权八个抗日县政府。地委于1939年建立，专署于1941年建立。鲁西南根据地是从1938年开始建立的，1939年进入大发展时期，曾组织军事力量一万多人，普遍成立了救国会，并建立了两个县政府及部分区政府。1940年上半年被敌顽军全部破坏，下半年仅有三个村庄同敌人作斗争。1941年建立五个县政府及专署，1942年已趋稳定，经济工作越来越感到重要。当时的经济情况是物价不稳，工农产品差价大，流通的货币复杂，工农业生产不振，广大农民生活穷困，党政军的供给发生困难。党中央提出发展经济保障供给的方针，自己动手，丰衣足食。财政粮食工作已有基础，工商管理税务工作已逐步开展，货币的统一使用就感到重要了。在冀鲁豫行署财政处华夫处长、鲁西银行张廉方行长指导下，鲁西南地委专署大力支持，确定发行鲁西票投放市场，代替各种货币，有利于发展与巩固经济建设。此事由专署财政科负责筹划，在一无机器设备、二无技术人才、三无原材物料、四无安全地址的情况下，白手起家办一所印刷厂是不容易的，但是有共产党的坚强领导，有不怕难、不怕苦的党员的带动，本着自力更生的方针，千方百计克服种种障碍，不到半年的时间，即找到三部石印机、三个技术工人，开始印出了自己的货币——鲁西票。鲁西票投入市场后，推动了公营商业工业的巩固与发展，起到了稳定物价、支持生产、掌握物资、开展对敌经济斗争的积极作用。

二、为发行鲁西票做了些什么工作，克服了哪些困难

（一）一切工作人是决定的因素，在党的领导下，只要有了人，什么事情都可办。在行署财政处华夫处长、鲁西银行张廉方行长的指导下，在地委、专署的大力支持下，首先确定由专署财政科负责筹划，确定筹办人员，开始时是财政科王子平同志负责，后转给我负责。地委抽出杨明义同志任所长，张光远同志任管理员，总行派王凌霄同志任指导员，公开的名称系冀鲁豫行署第七专署转运站，因王凌霄指导员赴总行领票版不幸牺牲，后由军分区卫生院申守银来所任指导员，随后又有麻佩三所长、伊党指导员，接着又派来刘文登所长、刘景禹副指导员。在技术工人方面，开始只有袁万启一人，接着招来贾相昆、李福全、冯喜森、李跃山等十多人，又从总行派来陈子恒、闫子荣、李之波等同志。从当地找来盛照林、沈福祥等人。由于任务扩大，人员也随之增加，除从地委、专署勤务员中抽出一部分，专署民教科宣传队抽出一部分外，又从地方党组织输送一部分党员及积极分子参加学徒、担任警卫和交通员等。到1945年春发展到了70人的印刷队伍。行政上有所长、指导员，下设总务股、财会股、材料股、交通班，技术上分两个石印组、一个铅印组，分别在地下室操作。

（二）没有机器设备自己找。开始时，只有袁子涛带来一部旧石印机，原由他儿子袁万启在东明开石印馆使用。到1942年底，由王立斋区长介绍，经过地下党组织活动，从菏泽城内拉出两部较好的石印机及一部分原材料和一部分技术工人，这部分人就是贾相昆带三个工人（其中有他儿子）。贾相昆的母亲及爱人也全部跟随到根据地。这两部机器是无代价献出来参加革命工作的。由于机器好、石质好，又有一批原材料，这样很快就投入生产了，没有这两部机器，四所出成品是很困难的。接着，总行配备一部铅印机，这就配起套来，从印票面到打号码、总经理章，成为一条龙的生产，加速了进度。随后又增加两部石印机，一部铅印机，这样就达到了五部石印机、两部铅印机，成为比较健全配套的一处印刷工厂了。

（三）原材物料自己采购。印刷用的原材物料规格复杂，品种多，缺一种也不能进行生产，为解决这个问题，分行及四个公营商店负责采购，由于多方面努力，尚能保证供给，没有因缺料而影响生产。由于所用的原材物料全靠敌占区供给，敌人对这些又严格控制，不准外出，因此购料难度很大，物料的来源有菏泽城、济宁市、曹县城、商丘市、开封市等地。采取的方法：一是利用敌伪关系；二是利用私商关系高价购买，使商人有利可图；三是以物易物，如用烟土（也叫大烟）、海洛因（也叫白面）、棉花、土布等；四是高价收买，其中以和私商建立关系，收买数量较多。在原料中最困难的是纸张，用量大，体积笨重，不易携带，但商人为了多赚钱，还是买得到的。

（四）生产地址的选择与安排是一项很重要的工作。为了能在敌人经常出来"扫荡""清剿"的情况下，找一块比较安全容纳笨重机器的地方搞生产，当时确定的条件是：（1）村庄小，人口不复杂；（2）地处偏僻，不常来往人；（3）群众基础好，党支部坚强。根据以上要求，一开始安排的地方是菏泽县的田海、马付、肖寨三个小村庄，所部驻在白寨。后来转移到曹县韩集区朱庄、付庄、吴庄等地方，还曾在曹县韩集区马庄、菏泽长明区大杨湖等地，前后约计转移过十多次，活动的村庄有四十多个。所到之处，均有党组织安排，由支部负责安排住宿，建地下室厂房，并负责安全保卫。

（五）依靠党的领导，密切联系群众，搞好生产，保证计划的完成。（1）采取地下室操作，把机器安装在一米深的地下室，上放掩蔽物，四角留有通气孔，昼夜均用油灯照明生产，做到不留痕迹，不露声音，做好保密工作。（2）参加生产的工人，由住村党支部负责保护，并与群众取得密切联系。由于党的领导重视，群众的支持，虽然敌人不断"扫荡"和"清剿"，但除大杨湖外，均未受到任何损失。（3）全所的干部职工在所支部的领导下，不怕苦、不怕累，为印货币献出自己的一切。领导同志经常深更半夜到各个地下室布置任务、帮助工作。交通班的同志经常黑夜到各个地下室送原料、运成品，不管刮风下雨或雪天，都阻止不了他们执行任务。负责印刷的同志，除坚持在不见天日、油烟蒸浸、灯光闪闪的地下室完成印刷任务外，还抽时间学文化、学理论，顺利地完成党交给自己的任务，每月均作总结，并评选出先进工作者，以推动工作的开展。

（六）生产成品与货币发行。因当时市场上流通的货币复杂，有中央票（国民党的中央银行、中国银行、交通银行）、日本票、顽杂军的票，还有商人印出的票，市场上又增加了鲁西票。在初发行时，由专署向各级政府下了通知，并布告周知，通过财政支出、商店购销业务、银行兑换、行政上的管理等形式，由鲁西票逐步代替各种货币。1943年，鲁西票已成了统一全区市场流通的唯一货币。该货币占领市场后，根据地的经济建设发生了根本变化，特别为掌握物资、稳定物价、保证物资供应、加强对敌经济斗争奠定了基础。

根据市场情况，开始印刷的票面有一角、两角、五角、一元。一元的票面白底、绿色花纹，浅红黄包边。由于票纸不太好，容易破碎，为解决这一问题，各大集市均设立了烂票兑换所。为保护货币，经常宣传群众爱护货币，并根据票面破损的程度折价兑换。为防止假票，预先把发行的票样张贴于市，并发给各有关用货币的部门，便于识别真假。在发行一元票的时候，曾发现假票，重改版面后继续发行。

三、在周围敌人经常进行残酷"扫荡""清剿"的情况下，未受到较大的摧毁，而能保证生产计划超额完成

（一）在地委、专署的领导下，坚持依靠地方党组织、各级政府及广大群众的支持。所住地和作业的村庄均由区委把任务交给支部，由支部负责建地下室及安全保卫、站岗放哨，秘存原材料等。所住地和作业地点均由支部书记带领可靠的党员和群众亲自选点，以确保安全，并在敌人"扫荡"时，对干部职工进行掩护。所活动的村庄有四十多个，建有地下室的村庄也有二十多个，虽然经过大小数十次的"扫荡"，但除1943年敌人使用八百多辆汽车，一万多兵力对根据地所有村庄进

行"清剿"，大杨湖地下室被敌人破坏外，其余的没有受到损失。

（二）在党中央正确方针的指引下，党支部依靠全所干部职工，认真贯彻中央提出的抗日救国方针、政策、方法，开展对敌经济斗争。由于每位同志都把完成和超额完成自己的任务看成是革命的需要，再加上责任明确、任务具体、制度严格、奖惩分明，每个干部职工都能充分发挥积极性。因此，虽然印刷工人在黑暗的地下室活动，在灯照浓烟中劳动，久不见阳光，面无血色，但从来不叫苦、不喊累。武装交通班的同志每夜都出来送信，运原料及成品，不管刮风下雨，天再黑，路再滑，也照常完成各自的任务。领导同志不分昼夜，均到几个地下室布置检查帮助工作，有时和交通员同志一块执行任务。我也不断地和交通员一块到地下室送原料，可是每位同志心情都很舒畅，有时还召开娱乐晚会，有时也参加其他部门的娱乐活动，按时布置学习任务，检查评比学习成绩，生活活跃，精神愉快，工作积极主动。

（三）坚持在敌人的"扫荡"中，抓住有利时机突击工作。由于在敌人封锁"扫荡"中搞生产，因此要始终提高警惕，防备敌人"扫荡"。在这种情况下，除对全所同志进行反"扫荡"教育外，在工作上一律实行了战斗化，要求符合战时需要，说干就干，说散就散，平静的日子里也做好反"扫荡"的准备，做到高度警惕，有备无患。在人员上，经常做好分散的准备，分工编组，有事时及时疏散到安全地带。在物资上，分散保管，做到面大量小、关系可靠、保密性强，不易被敌识破。1943年敌人"扫荡"时，所部住在曹县韩集区马庄，地下室设在大杨湖和附近两个村庄，已拥有石印机三部、铅印机一部，有职工干部三十多人，印刷的是壹圆绿色票面。在"扫荡"的头一天，除留下杨明义所长、葛扬三交通员外，其余全部都分散到边沿区，有几位技术高的老工人被送到敌区有关系的地方隐蔽起来，地方同志带领外地同志找关系安排。待敌人进入根据地时，我们全体同志已疏散到敌人"扫荡"不到的地方去了。这次敌人集合八百辆汽车、一万多兵力，四面向根据地围剿，竟达十天之久，所有的村庄都被敌人清洗了，所到之处，杀人放火、奸淫掳掠，惨状难忍。这是敌人所谓"铁壁合围带盖"规模最大，摧毁最惨的一次"扫荡"。我大杨湖地下印刷厂遭到破坏，票版被掠走，但敌人"扫荡"过后，全所人员很快又集合起来，恢复了生产。

（张海涵）

鲁西银行鲁西北四所简介

1943年，日寇对冀鲁豫边区泰西地区进行铁壁合围式的残酷"扫荡"，进行经济封锁。我泰运专署、一分区军队和政府工作人员供给十分困难。为解决财政经济问题，坚持抗战，打击敌人，鲁西银行及冀鲁豫边区泰（西）运（河东）专署，于秋决定成立鲁西银行泰西分行印钞厂，由一专署（泰运专署）工商局局长张铁铮兼泰西分行行长，并领导印钞厂。中秋节后，泰运专署调泰西县委干部梁洁三同志到泰运专署于潘北专署驻地，泰运专署专员张耀南向他布置了筹建鲁西银行泰西分行印钞厂的任务，明确指出，建厂的目的是"支援军队，解决供给"，并派青年袁清平做梁洁三的助手，由梁洁三任所长。

泰运专署，当时驻在禹城、齐河、长清县交界地带。印钞厂筹建地点在齐河县潘北，离济南市120余华里，梁洁三等人通过私商关系，从济南买来两部2号石印机，一部脚蹬铅印机，一部分裁切用具和油墨，又招收济南私人印刷所失业工人12人，有李兴元、刘长森、李英宏、张厚泽、张元泽、李厚传、赵炳亮、李兴文等。到1944年7月，各项准备工作基本就绪，并着手生产。

由于齐河县潘北一带距离济南太近，当时斗争残酷，环境险恶，为了保证安全，防止敌人破坏，印刷所奉上级指示，1944年7月全部机器、材料及工作人员，搬到东阿县朱旺山村。通过村政权、党支部安排，印刷所驻在一个老乡的闲菜园子里。在这里，印刷所职工挖了地下室，将机器、材料等放在里面，工人在里面生产。这时，印刷所已初具规模，所长梁洁三，工长李兴元，司务长袁清平，炊事员张纪鲁、赵师傅等，但由于缺少印票子原版和印钞票经验及部分原材料，不能开工。

为了加强领导，1944年7月，鲁西银行监委韩哲一同志，将鄄北田家楼一带鲁西银行二所的赵荣轩、赵侠派到鲁西北四所，并明确了所部领导的分工与印刷所的任务：该所主印鲁西银行泰运版，由梁洁三任所长，赵荣轩任副所长，赵侠任指导员兼党支部书记。党的关系属工商局，又派去几位青年工人，全所总计有50余人，共编四个组。石印组，组长李兴元；铅印组，组长张元泽；总务组，组长袁清平；会计组，组长朱诚。所部和印制地下室分驻两个村，印刷所改称运输队。

由于缺少原版和技术经验，于是决定由赵荣轩再回中心区取原版、调工人。赵荣轩到范县、鄄北后，在上级和兄弟所的支持下，从鲁西银行二所、三所抽调了石印工人于志凡、秦士荣，铅印工人王天增，携带鲁西银行泰运版X角原版，回到东阿，很快就开始生产了，印出了一部分鲁西银行（加"泰运"两字）的钞票。当时大家的情绪很高，工商局领导也很满意。

环境一天天恶化，鬼子"扫荡"越来越频繁。有一次，朱旺山的基本群众向印刷所的同志讲，在敌人据点里听伪军讲：朱旺山住的不是运输队，而是印鲁西票子的。得到这个情报后，印刷所领导认真研究，认为重新找可靠的地方来不及，但情况又很危急，决定进行大胆的假象转移，迷惑敌人，以便继续秘密生产。于是即于夜里，将印刷器材等装在大车上，转运到离朱旺山十华里以外的地方，过了后半夜，又将东西悄悄地运回来。严格规定印刷工人在地下室工作，在地下室吃饭，夜间活动，白天不准出门，为了赶印鲁西票子，昼夜两班生产。这样，印刷工人在朱旺山突然"失踪"了，村里的群众就传说运输队已经搬走了，据点里的伪军也讲，驻朱旺山的不是印鲁西票子的，是运输队，已经搬走了。从此，印刷所才得以安全生产，保证完成任务，解决了泰运地区军队的被服穿衣、吃饭及其他军用品的供应问题。

11月左右，由于缺少号码机、图章和部分油墨等，赵荣轩又回中心区领取。到旧历12月24日、25日，我敌伪情报站通知，聊城、东阿、茌平、博平、阳谷等县敌人，集中兵力，以朱旺山为中心，进行铁壁合围。得到情报后，印刷所领导研究决定，立即采取紧急措施，想尽一切办法，保证人员、设备的安全。这时朱旺山村北，有一片树林，叫大朱家林，林内有一个新埋的坟。印刷所的职工，当夜把全部机器、材料运到林内，把这个新坟扒开，把印刷器材全部下到坟里，再将坟埋好。梁洁三所长和赵侠指导员带领一部分工人连夜转移到牛角店，赵荣轩副所长带领一部分工人转移到黄河沿，冲出敌人的包围圈。

印刷所离开朱旺山的黎明时分，敌人包围了朱旺山，大肆"清剿"。印刷所工作地北邻家一个30多岁的男疯子，带着敌人挖开地下室。由于我印刷所及时转移，室内只有半成品，敌人一无所获，盛怒之下，挑死疯子，把半成品撒在街上。

敌人退走以后，印刷所职工回到朱旺山村，印刷所的真相已经暴露，此地不能再生产，决定转移到聊城、东阿、阳谷三县边境的梁庄，工作用的地下室挖好后，把机器、印刷材料运进去，又开始进行印制工作。1945年2月、3月，印刷所在桐城王龙岗一带生产，所部在桐城皮袄李。

1945年5月，日寇进行垂死挣扎，蒋介石也利用敌伪力量，对我解放区进攻。在此情况下，鲁西北四所大部人员由梁洁三、赵侠带领，移驻中心区范县城南古云集北边一个小村——小张台。因这里是老根据地，就由地下生产转为地上生产。在大部人员和设备迁往小张台村时，赵荣轩和朱诚留在原地，处理遗留事项，半个月后，二人回到小张台。

7月，印刷所组织全体人员学习讨论第七次党代表大会文件《论联合政府》。

1945年8月1日，鲁西银行一、二、三、四所集中在一起，于清丰县陆塔镇召开庆祝"八一"建军节大会。不久，日寇投降。这时，四所奉上级命令，开始进行精兵简政，缩减人员。第一、第二批减下的人员已走，第三批刚开始动员，接到上级命令：国民党要打共产党，精简命令收回，有新的紧急任务。接着，四所一部分与二所在鄄北合并，合并后称鲁西银行二所，由翟诚、白文普负责，活动在濮、范、观中心区。四所另一部分于1945年秋，由梁洁三带领，转到桐城附近的宋楼，改称泰运书店（泰运文化出版社）印刷所，梁洁三任副经理兼所长。鲁西银行二所于1945年底转移到河南省清丰县大辛庄。因领导不便，于1946年初又搬到清丰县西关。

（五四一厂厂史编辑室根据梁洁三、赵荣轩回忆整理，马宪玉作了订正）

冀鲁豫边区湖西地区抗战期间建立印刷厂的概况

湖西地区的位置在陇海铁路以北，津浦铁路以西，地跨苏、鲁、豫、皖边区，这块地方是1938年5月被日本鬼子占领的，当时湖西各县都有国民党的县政权和武装部队，他们都各自印自己县的流通票，解决他们的经费开支。开始我们党所领导的抗日武装所必需的菜金等开支，除向地方募捐外，有时也找他们县政府去借。1938年底，我们八路军的主力部队开到了这里，就开始捐富户，各项开支的困难就迎刃而解了。

1939年秋天，在湖西辖区的鱼台县县长朱启森带着几百人的部队，投降敌人当了汉奸，我们的主力部队把他全部歼灭，活捉了伪县长，上级党委任湖边司令李贞乾同志兼任鱼台县县长，鱼台县是咱们湖西地区的第一个县政权，我们也印刷鱼台县地方流通券，解决自己的军政开支。这个印刷厂有一部石印机，四个工人，开始印了一角、二角、五角、一元的四种钞票。就在那时，湖西地区犯了全国闻名的肃反扩大化的错误，屈杀了许多好干部，印刷厂的负责人王文连同志牺牲了。我是1939年11月派到湖边司令部兼管鱼台和印刷厂的工作的，到1941年6月我离开那里调到湖西专署工作止，总共不到两年的时间，我根据上级指示又重新制版，共印了一角、二角、二元三种版别的钞票，这个钞票就叫"鱼台县地方流通券"，票版的字就是我写的。

鱼台县印刷厂的负责人前后共四人，第一任是王文连同志，他是"肃托"犯错误时牺牲的。我是第二任负责人，现已在总行离休。第三任是王有明同志，解放战争中牺牲的。第四任是察贯一同志，1952年病故在北京。

印刷厂从1939年秋天到1943年春天都是印的鱼台县地方流通券。在1943年春天，湖西专署刘升宪同志随专员郭影秋同志在边区某地领了一块鲁西银行带"湖西"字的票版，是他背到湖西去的，鲁西银行票版到了湖西之后，鱼台县地方流通券的票子就停止印刷了。1944年春天，我到观城大李楼冀鲁豫区工商局开会时，王有明等同志和我一块去的，他们的任务是领款，湖西军分区派队伍护送的，鲁西票在湖西流通的时间大概只有两三年，以后让冀南票代替了。

鱼台县地方流通券开始只在鱼台县流通，国民党所辖的附近各县不让咱们的票子到他们那里使用，当然在我们的辖区内也不准花他们的票子。1940年秋天，我们在鱼台南边的丰县建立了县政权之后，紧接着在靠近鱼台的单县和金乡县也建立了我们的县政权，并及时成立了湖西专员公署，根据专署的决定：新建的三个县不再印钞票，统一使用鱼台县地方流通券这一种票子，它的流通区域也随着根据地的扩大而扩大。这就是湖西印钞厂的建立和鱼台县地方流通券的主要情况。

（吴正宪　1984年11月11日于北京）

冀南银行冀鲁豫办事处的建立及"冀南农民合作社兑换券"的发行

"七七事变"爆发后，华北地区国民党各级政府纷纷南逃，我八路军奉命挺进到敌人后方，并协同中共地下党委一起，广泛发动和组织群众，在华北各地建立抗日根据地。直南豫北地区，在中共直南特委领导下，于1940年4月成立了冀南六县专员公署。冀南六县专员公署成立之后，为了开展党的金融工作，6月间冀南银行冀鲁豫办事处在内黄县和清丰县交界处之前胡士文村（沙区）成立，由邓开祥同志任办事处主任，干部有段周德、施立开、翟波等，工作人员有祁六顺、李万顺、邢书楷等共七八个人，办事处机关就设在胡士文村的一个牛棚里。办事处的干部和工作人员，除邓开祥主任是由冀南银行总行高捷成行长委派随部队东进冀鲁豫边区者外，其他人员全部是随二纵队从太行山来的，由军队后勤部分配到银行工作的。

边区政府成立以后（先是六县专员公署，后为冀鲁豫行署），所辖范围内货币特别紊乱，财政经济十分困难。为了巩固抗日民主政权，加强对敌斗争，边区政府于1940年6月决定发行自己的货币"冀南农民合作社兑换券"（以下简称"兑换券"）。其券别分为伍分、一角、二角、五角等种类，是作为冀南银行钞票的辅币发行的，冀南银行主币（一元、二元两种）是经军队由太行山区运到冀鲁豫区的。

"兑换券"的印制与发行工作，直接受冀南六县专署财政科（后为行署财政处）华夫同志领导，印制工作由银行办事处组织执行。1940年夏（麦收前），先由专署从清丰城内商人安志刚处买来一部手摇石印机，后经二纵后勤部又从东明县商人吕星三处租赁来一部石印机（不久即作价购买下来），共两部石印机，并请来技术工人唐锡三、王继曾、唐改兴、李承周、程振兴等人。两部石印机分散在沙区的胡村、小辛庄两地（清丰、濮阳、内黄交界处的小村），并开始组织制作票版、安装机器、采购材料等工作。

有了两台石印机和一部分技术工人以后，接着制作票版工作和采购印刷材料就成了两项重大任务。当时边区政权刚刚建立，又处于农村环境，物资、技术条件十分困难，大、中城市全被敌人占领，边区处于被敌包围、封锁之中，主要印刷材料，不得不依靠城市采购，如印钞纸张和油墨，全部要从敌占城市采购。制作票版工作由王继曾同志担任，先是利用购买石印机和工具时带来的零碎铜版样制作，东拼西凑做成花边、图案，先印在药纸上，再作人工修造。例如，水纹、云彩、图案等都可作人工添、加、改等修造工作，不能用厚铜板制作，以防敌人仿制和假冒。先后制作了一角版、二角版两种，都是三色版面，正面是底纹一色，花边图案一色，背面一色。二角券印制时间较长，正面为橘红色，底纹为浅绿色，背面为棕色。大约从7月开始制作票版，经过几次审定后，9月票版就确定了，并开始了印刷，10月第一批"兑换券"就印制出来了，并开始发行。银行办事处决定由段周德带领祁六顺、李万顺和炊事员李来满在俭庄（清丰）进行打字码（用手打号码机）、检验、封包等项工作，由唐改兴进行裁切小张。以后全组人员又转移到七丈固（内黄）等村。采购工作由安志刚同志负责，利用旧关系，向敌占城市购买。安志刚同志原来从清丰城里把石印机、工人等供给抗日政府，并搬迁到沙区根据地，接着利用商人身份，长时间担负印钞材料的采购工作，作出很大贡献。

沙区地处黄河故道，在清丰、濮阳、内黄交界处，东西宽15~20里，南北长约100里，地下党组织建立较早，群众基础很好，又有稠密的枣林、沙丘、灌木丛作天然掩护，是一块理想的革命根据地，但也是敌人的眼中钉，是日寇"扫荡"合击的主要目标。在当时的条件下，"兑换券"印制工作必须绝对保密，以防敌人袭击。印刷和打号码分在两地进行，二者不发生横的联系，夜间由专人从印刷所驻地把印好的大张成品运出，再送往完成处进行裁切、打号码及检封工作。开始时只印制伍分、一角两种（二角券移到南乐东北后才发行）。

边区政府成立初期，国民党的法币（中、中、交、农四行钞票）仍在流行，原河北省钞票，山东省地方钞票，地方县镇私营银号的帖子也在流行，还有什么当铺票、药铺票，摊贩也乘机出土票子。这些土钞票，走出一二十里外，就不能流通。许多票子又大都是为了骗人，人民对货币真伪也分辨不清，经常受骗上当。此时，冀南银行钞票虽然开始发行，但为数甚少，又都是主币（一元、二元券）。国民党留下的法币也全部是大额钞。商品交易中的找零十分困难，人民迫切需要自己的货币和找零用的辅币。所以边区货币"兑换券"发行之后，深受群众欢迎。

"兑换券"印制工作开始筹备后，敌人开始了大规模的"扫荡"。敌人的"扫荡"、合击一天天频繁起来，这给我"兑换券"的印制工作造成极大困难。一有敌情，印刷机、票版、成品、半成品等就得进行分散、埋藏。记得有一次敌人"扫荡"，我们几个人在七丈固村正在封包、打号码，早晨敌机就在上空盘旋，不一会儿敌机就进行扫射，我们将封好包的成品、号码机刚埋藏好，敌人步兵已从村东头来了，还有一大包未打号码的钞票已来不及转移，我们就藏在高粱秸顶棚上，向村西南撤退。刚出村就发现了敌人骑兵，我们利用沙丘、枣林等条件，转向西北方向往成布村（内黄）转移，晚上才突出了敌人的包围圈。第二天敌人"扫荡"退走后，我们又返回七丈固，看到隐藏在高粱秸顶棚上的一包袱钞票仍完好无损，大家才放下心来，生火做饭。有时敌人"扫荡"连续好几天，我们就同老乡一起活动在枣林、沙丘、灌木丛之间，一连几个昼夜，睡在野地里，干粮吃光了，就以生花生、枣子充饥。当时的地方干部都穿着便服，同农民一个样，干部大都是左手提一个篮子，内装文件、手枪、办公用具等，右手扛个锄头、农具，同农民一起在田间活动。

沙区形势发生了急剧变化之后，1940年10月，边区政府决定，将印刷机构进行疏散，沙区留一部印刷机，另一部转移到南乐县东北地区（南清观根据地）开展工作。专署财政科华夫同志抽调该科工作的王真（王震），任务是带领一部印刷机、票版、工人、干部等进行转移，由清丰县大队负责武装掩护，通过南（乐）、清（丰）、濮（阳）公路封锁线。王真接受任务后，带领技术人员王继曾、程振兴，干部段周德、翟怀宝（翟波）、王富贵及祁六顺、李万顺，炊事员李来满共九人。机器、物资由民工肩扛、人抬，出了沙区，换成大车，向目的地进发，到达清丰城西北古城集以北同县大队汇合，准备通过封锁线。头一天我们派段周德、翟波二人先头进行侦察。因当天敌人出动，原预定的通过封锁线计划发生了困难，经同军队商量决定延迟一天通过。我们的人员和物资又后撤十多里，为的是距离敌人据点更远些。次日，我们乘黑夜一鼓作气，从南清店据点南侧，敌人眼皮底下，顺利地通过了封锁线。接着，我们来了个急行军，直奔千口、罗疃（南乐），一夜行程七八十里，天明时到达南乐三区寨罗村，当即将石印机、票版等埋藏起来。以后，同南乐县三区委取得联系，经过选择，以群众基础好（有地下党组织），地形隐蔽的才丈村西南谷家庙村为印制据点。该村十几户人家，村小，目标小，又可依靠才丈村（大村）作依托。原来华夫交给王真的任务是把机器、工人等转移到目的地，后因无人接受这项工作，又把王真留下负责这项工作，后由邓开祥任命王真为股长之职（王真原在115师344旅时担任过指导员、团副股长等职）。抵达南乐县东北地区之后，我们的工作分成两部分进行，由王真带队在谷家庙村负责组织印制工作，以段周德为主带领几个同志跟随二纵后勤部（当时对外称为独立营），随军完成"兑换券"印制工作，包括打号码、盖骑缝章（椭圆兰色图章）、封包、会计、发行等项工作。

"兑换券"的印制工作从沙区转移到南乐县东北地区之后，只有石印机一部，少量几个人，规模并不算大，但也算得上一个小型钞票生产工厂。当时，也没有必要叫什么工厂或什么印刷所之类的名称，也不需要设置管理机构，只靠几个人就生产起来了。行署领导对我们分散后的工作十分重视，南乐县县长刘镜西同志及区委的负责同志对我们的工作支持很大，刘镜西同志找到刻字工人苏子久。军队也是大力支持我们的工作。开始生产时只有一部印刷机，一块石印石，一班人生产，不久发展为一机二石，两班人生产。开始只有王继曾、程振兴两个技术人员，后来在当地吸收康新奎同志参加。从此，我们的生产能力就增加了一倍。开始只在谷家庙一地生产，后来又搞到一部缺零件的石印机，费了很大劲才修补起来，我们又建立了第二个生产据点，生产规模渐渐扩大起来。

从1940年秋到1941年秋（以后同鲁西银行合并成立第三印刷所），在一年的时间里，我们坚持在以谷家庙村为中心的生产据点里，圆满地完成了边区政府"兑换券"的印制生产任务。1941年"四·一二"毁灭性大"扫荡"后，沙区根据地141个村庄全部被日寇烧毁，枣林砍伐殆尽，沙区印制工作被迫停止。"兑换券"的印制和发行全部落在谷家庙这部分人的肩上。在敌后，在小块根据地内，又处在战争频繁的年月里，所以能够完成任务，主要依靠三条进行工作：一是靠地下党，紧密依靠群众，做好隐蔽工作；二是靠军队，军政一致，印制钞票的一部分工作是同军队一起打游击完成的；三是靠全体工人、干部的干劲，团结一致，不怕苦、不怕死的革命毅力，硬干出来的。

当时的印刷工作和检封工作分别在两地进行。坚持在谷家庙村的同志包括王真、王继曾、康新奎、程振兴、王富贵、李来满等。后来王凌霄同志（烈士）从沙区到南乐东北，我们又把他留下同我们一起工作："四·一二大扫荡"后，施立开（红军干部）同志从沙区也参加到南乐县东北地区来。这些同志隐蔽在谷家庙村，任务是印制"兑换券"，并裁切好，送往二纵后勤部，再做完成工作的最后工序。检封工作部分，以段周德同志为主，包括翟波、祁六顺、李万顺四位同志，跟随军队。他们的任务是将印妥的"兑换券"进行打号码（手打号码机）、检验、封包等项工序，最后按照行署华夫同志的指令正式发行。当时的会计账分两部分，一是收入账，以券别（伍分、一角、二角、五角）记收入账，以支付各县财政科及二纵后勤部财政科为对象，记入付出账。当时以付给军队军费开支占主要份额。

坚持在谷家庙生产的同志，工作条件是十分艰苦的。他们是长期脱离开领导机关和战斗部队的情况下，独立进行工作。为了安全起见，防止敌人袭击，印制工作必须绝对保密。我们采取的办法，一是做好隐蔽工作，二是做好群众工作，依靠老百姓作掩护，我们把村落选择得较为隐蔽，生产工作的院落也要选得隐蔽，并要同外界隔绝。白天进行生产，夜间才对外活动，把印刷好的成品运出，把纸张、材料、粮柴等运进。生产、生活样样都是亲自动手、不分干部、工人、炊事员，人人都参加运输工作。遇有敌情还要轮流警戒、放哨。在生产任务紧张的时候，当干部的还要上机器摇石印机，突击生产。敌人"扫荡"来了，就同老百姓一起，利用平原地区的稠密村庄、树林、路沟（抗战时期平原区发动群众开展"破路运动"，即把所有交通大道挖成半人深，一丈宽的深沟，村村连通起来，战时可以阻止敌人汽车、坦克、骑兵，又可作军民的掩体，进行分散、转移）等条件，同敌人周旋。敌人"扫荡"到东，我们同老百姓一起，牵着牛、羊、驴，帮老百姓携着包袱，抱着小孩，转移到西。敌人到中心区，我们就跳到边缘地区，敌情一缓和我们又跳回中心区。1941年春节，日寇利用我国民间传统节日，于大年初一黎明，乘二十多辆汽车合击南乐县东北我中心区。我们就是运用游击的办法，依靠群众同敌人周旋。在一年的时间里，我们的人员和物资都没有受到损失。开始时，生产在地上室内进行，由于敌人"扫荡"频繁，一有敌情，就得拆卸机器，分散埋藏，敌人撤退后，再从野外掘出，重新安装，再进行生产。这些工作白天不能进行，都得集中在夜间并于黎明前搞完，特别费时费力。而且敌人的两次"扫荡"的时间间隔又短，因此，耽误了好多生产时间。以后，我们积得了经验，挖洞进行生产。挖洞生产就是我们在谷家庙村时创造的。有了这个斗争方式以后，生产就方便多了，就可以避免拆卸、埋藏、重新安装的麻烦。一遇敌情，只把票版转移埋藏，把洞口封死，并加以伪装，印刷机、工具、原料都可以在洞内（地下室）不动。这样，我们就可以在敌人"扫荡"频繁及合击危险的环境下，争取更多的时间，集中更多的力量，组织印刷工作。

跟随军队工作的同志，工作量也十分艰巨，段周德、翟波、祁六顺、李万顺共四个人，需完成打号码、盖骑缝章、检验、封包、记账、发行等项工作。这些工作都装在一匹驮骡上，打仗、行军还得照管牲口。军队走到哪里，我们就工作在哪里。遇到小"扫荡"，仍然坚持工作，遇到大"扫荡"，就同军队一起，昼夜行军、转移，跟随军队转战在南乐、清丰一带，还跳到鲁西之朝城、鲁西北等地。当时我们同军队的关系十分密切，军政一致，不分彼此，原来王真是三四四旅的干部，段周德是二纵财会学校来的，其他人员大都是由军队转为地方工作的。后勤部的傅家选部长、张喜才政委都是我们的老首长，后勤部各科大都是熟人，工作起来十分方便，与部队同生活、同工作、同战斗。谷家庙村工作的粮秣，也是用二纵后勤部的名义征集的，借用军队公章，加盖王真私章，最后转行署财政处结账。

1941年1月15日，敌人向我鲁西范县、观城地区合击，企图围歼我主力。17日，我军分别在苏村、马集一带与敌展开激战。跟随后勤部工作的同志们，同区党委、行署等直属机关一起遭到敌人合围，经我教三旅七团及旅直属特务营掩护，突出了重围。敌人分进合击的目的未能达到，敌人又转入分区进行"清剿"。我二纵后勤部在突围后，又在南乐县苏海村以西、千口村以南同分区"清剿"之一股敌人遭遇，汽车20余辆，坦克3辆，头上还有敌机扫射。在这次遭遇战中，翟波同志的帽子被敌人子弹打穿了一个窟窿，段、祁、李等同志冒着敌人呼啸的子弹，冲出了包围圈。我们的驮骡驮着一个驮子，内装未经打号码的票子。由于敌机扫射，牲口惊跑了，"扫荡"过去之后，我们从南郭村又找回来驮骡和票子。苏海、千口、南郭村一带属南清观根据地的范围内，群众条件好，主动将牲口、票子收藏起来，并交还了军队。苏村战斗进行得十分激烈，"扫荡"延续时间也较长，跟随后勤部工作的四位同志同军队一起，连续战斗了几个昼夜，并摆脱了敌人之后，继续手牵驮骡，紧跟军队，坚守工作岗位，胜利地完成了"兑换券"的发行工作。

1941年7月鲁西区和冀鲁豫区合并为冀鲁豫边区后，边区政府发行鲁西银行钞票。9月鲁西银行决定，原冀鲁豫区印制"兑换券"的机构同鲁西北地区的印刷机构合并，组成鲁西银行第三印刷所（鲁西北三分区），印制鲁西银行钞票。至此，"冀南农民合作社兑换券"胜利地完成了它的历史使命。

在那漫长的革命战争年月里，许多同志流汗、流血、被俘、牺牲，始终坚持不息，革命到底。例如，施立开（老红军）、唐改兴、李承周同志被日寇俘去后，又设法逃出虎口，并重归队。王凌霄同志面对着敌人，坚守自己的岗位，牺牲在敌人的枪口下。他们的工作是可歌可泣的，为革命根据地货币发行工作立下了汗马功劳。

（王真、段周德）

泰西银行印刷所

1939年成立泰西专署，下辖泰安、新泰、莱芜、肥城、东平、东阿、平阴七县，张耀南为专员，提出印泰西银行币。"泰西银行"字由李维周书写，在山东肥城县李家溃村李维周家印刷。参加印制的有李维周、李振西、汪化南、李清卧、王殿山。票版由王殿山制作。印好后，转到专署会计科，由陈捷生负责裁切，再转到某处（曾到过磨窑铺）打号码。数目由林厚斋负责。会计科有陈捷生、李洪泽，还有房仲千。印行的面额如何、有几种，都记不得了。是否发行，印制人不清楚，只管印，不管打号码。1939年10月，将设备——1台小石印机迁往东平湖土山村。

（五四一厂厂史办根据李维周、汪化南回忆整理）

回忆鲁西银行的地洞印钞厂

艰难建厂

鲁西南根据地,位于冀鲁豫三边地带。东有津浦铁路,西有平汉铁路,南有陇海铁路,北靠黄河。当时鲁西南根据地活动范围,仅限于山东菏泽县、定陶县、鲁县、东明县、成武县、河南省兰考县、民权县七个县的接合部,活动的地区方圆只有50平方公里。鲁西南根据地的四周县城都被日寇占领。要建立印钞厂,困难很大:一无印刷设备,二无印刷技术人员,三无原材料,四无资金,五无厂房。1941年秋,随着抗日根据地不断扩大,开展对敌货币斗争更加必要。为了支援抗日战争、发展生产、打击日寇,冀鲁豫行署决定发行鲁西票。再大困难也难不倒共产党人。经过一年多的筹备,在地洞内建立起了印钞厂,从小到大,开始印刷发行鲁西票。从这时起,鲁西南抗日根据地人民有了自己的货币。

终于印出了鲁西票

鲁西南抗日根据地四周都被日寇占领,印钞厂设在哪里?当时考虑选厂址需要具备几个条件:有坚强的党组织;有好的群众基础;地方要偏僻;村子小点,人口不复杂;为了防止日寇的破坏,要求印钞厂建在地下。在4米深处架上原木,盖上5米厚的土,与地面取平,再用其他东西掩盖起来,在隐蔽处留4个通气孔。印钞厂所用机器设备、印钞纸、油墨等都是敌人的禁运物资,这些设备和原材料不仅品种多,而且数量也很大。为了保证印钞需要,党组织派出许多有活动能力的干部到敌占区采购物资,运送物资。采购敌人禁运物资很难,但通过敌人封锁线运往根据地更难。有许多同志和商人为此付出了生命。经过了一年的准备,到1942年终于印出鲁西银行票。当时印刷的票面额有一角、二角、五角三种。鲁西银行票进入市场,受到了党政军民各界的热烈欢迎和拥护。

地洞里的日日夜夜

常年在地洞里坚持生产是很艰苦的。地洞内氧气稀薄,呼吸困难,灯光昏暗。没有电灯、气灯,只能用植物油灯。工作一夜,第二天出洞时,面无血色,脸部发青,鼻子、牙齿和吐的痰都是黑的。夜间在地洞生产,白天睡觉,在院内晒太阳。为了防止泄密,规定了严格的保密制度。印钞所的工作人员不经批准、不化装,白天不准外出,不接触老百姓,不准接待亲友,不准回家探亲。印钞所工作实行战斗化,坚持在敌人"扫荡"中抓住有利时机搞生产。说干就干,说散就散,平时做好反"扫荡"的准备,工作人员有分工、有编组。1943年敌人大"扫荡"时,除几位主要技术人员到敌占区关系户家中隐蔽外,其余的工作人员全部都转移到了边沿地区。这次日本鬼子集中了800多部汽车、1万多兵力,从四面包剿我根据地,所到之处都进行了惨无人道的烧光、杀光、抢光。在此次敌人大"扫荡"中,我们有三位同志遇难了。

听从党的安排

冯西森当时还只有二十几岁,懂印刷技术,是技术骨干,又是技术人员中唯一的共产党员。在建厂初,党组织动员他出来参加工作,作为一个党员来讲,应该是无条件服从,但他家里人不同意。当时家里连他只有三口人,他是独生子,又是家里主要劳动力。他的家乡地处游击区,经常有日本鬼子、汉奸、国民党杂牌军出没,不断发生拉锯式战争,他母亲说什么也不让他出来参加抗日。经过党组织派人再三说服动员,才松了口。他参加工作后,不敢往家去信,怕暴露自己,连累家人,组织上也不准回家探亲,他母亲、爱人很不放心。他坚决听从党的安排坚持下来。

(张步德、冯西森,工作单位为天津外经局)

回忆鲁西银行的印钞工作

我是1942年参加鲁西银行印钞工作的,开始当石印工人,后来,提升为干部,管过金、银、钞票。现在我已离休,根据记忆,作一些回顾。

鲁西银行地下印刷所

鲁西银行的行长是张廉方同志,张子重同志任主任,具体组织各印刷所的工作。1943年鲁西银行已有4个印刷所。

鲁西银行第一印刷所,初建时在山东的梁山戴庙村,以后转战到河南省清丰县城西××村,魏仁斋同志任所长。第二印刷所在山东省鄄城县城北李进堂村,所长是马配三同志。第三印刷所在山东省朝城县西北的石固村,王真同志任所长。第四印刷所在山东省曹县,所长是刘文登和伊党同志。

在1944年又新建了两个印刷所。湖西印刷所,张风尧任所长,马行方同志任指导员;泰西印刷所,梁杰三同志任所长。

1942年冬我到了鲁西银行印刷所,先分配在三所二队当学徒工。三所下设三个石印队,每个队都有一台石印机,一台铅印机,可以印制成品。所部驻在石固村,以后转战到北王风村和东四上村。二队共有11人,一天工作十几个小时,机器不停,人休息,两班倒。为了对付日本鬼子"扫荡",印刷所都设在地下。地下印刷所,一般距地面5尺深,用小煤油灯照明。钞票印刷要经过三道石印,一道铅印。铅印是加盖印经理章和打号码。这四道工序完成后,进行封包。100小张为一小捆,1 000张为一大捆。捆好后,贴上封皮,封皮上写明票面券别、张数、金额、日期。我初到印刷所时,印鲁西银行5元券,以后又印20元券。1943年秋天开始印冀南银行票,到年底完成任务。我记得当时每人每月只发6斤小米工资。我们工作在地洞里,每天干十五六个小时,累得腰酸腿痛,生活相当艰苦,可是同志们的思想热情却非常高,不计较个人待遇,叫干什么就干什么。1945年1月,鲁西银行二、三印刷所合并为二所,从这时起,印刷所从地下转到了地上。

三次打游击

在抗日战争时期,一方面要坚持生产,另一方面还要对付日本鬼子的"扫荡",抗击鬼子的破坏。我在鲁西印钞厂时,打过三次游击。第一次是1943年2月,农历正月十五日晚上,接连下了几天大雪,日本鬼子开始了冬季大"扫荡",天寒地冻,吃不上、喝不上,找个老百姓带路都很困难。这次打游击时间不长,敌人只抢了些粮食,军政人员没有受到损失。第二次是1943年农历五月初四军区司令员命令我们到冠县前赵庄村去打游击。我们天黑后埋好了器材,待第二天一早出发赶到赵庄,这时敌人已走,抢了东西,还掳了不少人。这次打游击回单位后,我请假回家看看母亲和姐姐,姐姐见了我两眼直流泪,哭不出声来。姐姐和邻居们都劝我回家,不要当八路军了。但我母亲不这样看,母亲说要跟共产党走,只有跟共产党走,咱家人才能过上好日子。第三次打游击是1943年10月上旬,上级叫我们到南乐县谷家财丈村打游击,并要求当天必须将器材及钞票埋好,第二天赶到指定地点。在谷家庙遭到敌人追击,当敌人逼近时,我们都做好了战斗准备,同时喊口号:"中国人不打中国人!"伪军看到我们都有手枪,认为我们是手枪队,扭头就走了。这三次打游击,都得到了农民的支持和掩护。残酷的战争环境使我们更加感到人民群众的可贵。

金库的发行工作

1947年,冀南银行总行决定在南宫县建立第二发行金库。金库由官励、李永德、李玉田三位同志负责,官励同志全面负责。工作时间是"三八制",即八小时工作、八小时学习、八小时休息。

每天早上进行军训。金库都是借用的农民房子。金库有严格的发行手续：首先要有总行的支付款命令和介绍信；第二要有熟悉的人才能支付款。金库收的钞票（成品）按捆数计算，每捆1 000张。金库回收的残品，有三种：第一种是印重数字号码的残币，第二种是印的色彩、图案不符合标准的废品；第三种是纸面短缺不一致的残品。回收的残币经清点报批后就烧了，每隔一段时间烧一次。1948年春，金库由平原搬到河北省涉县索堡镇，杜吉祥同志任发行库主任。

金库管理，黄金、金砖、金条由金库主任杜吉祥同志主管，白银、元宝由邓同华同志主管，钞票、纸币由李永德主管。所有金库最后转运到了石家庄发行金库。

1948年，冀南银行金库在河北涉县索堡镇共发行了830亿元钞票。这些钞票主要用于军费开支，同时用于发展生产，流通方面也发挥了作用。1948年12月，中国人民银行成立，冀南币停止使用，开始发行人民币。

（李永德，工作单位为中国工商银行元氏县支行）

抗日战争时期的鲁西银行

冀鲁豫边区，是中国共产党在抗日战争初期创建的华北平原战略地位十分重要的革命根据地之一。这一边区的金融工作，既是边区建设的重要环节，也是全党根据地金融工作的一部分，在抗日战争和解放战争中起了重要作用。回顾这一历史不仅具有历史意义，而且对于继往开来、建设社会主义也具有现实意义。现分六个时期加以概述。

抗战初期的金融工作
（1939年7月至1941年7月）

冀鲁豫边区的金融工作，是随着边区政权创建开始的。1939年7月，鲁西长清和微山湖西鱼台两县先后建立抗日民主政权，同时开始发行抗钞筹备工作。是年秋，长清县抗日民主政府在大峰山根据地发行了少量的泰西银行长清分行币（未设银行机构）。鱼台县抗日民主政府在湖边地区发行了鱼台县地方流通券。1940年1月，鲁西区党委在一一五师帮助下，在东平湖土山、戴庙一带开始筹办鲁西银行，5月发行鲁西银行币，经理由一一五师供给部部长吕麟兼任，副经理张廉方，秘书兼业务科长方皋，会计科长古采甫。印钞工作先后由刘导生、张震华（王润生）负责。鲁钞发行后，泰西票便停止发行。是年6月，冀南银行在冀鲁豫边区六县专署驻地内黄建立了冀鲁豫办事处，主任邓开祥，秋季开始发行冀南农民合作社兑换券角分票。1941年7月，鲁西区与冀鲁豫边区合并，称冀鲁豫边区，鲁西银行成为这一边区的地方银行，鲁钞成为这一边区的本位币，冀鲁豫办事处并入鲁西银行，合作社票停止发行，邓开祥任鲁西银行出纳科长。这时，吕麟、张震华调山东工作，张廉方升任经理，军区后勤部政委张子重接替张震华的工作，原由一一五师供给部代办的鲁西银行出纳工作，同时移交鲁西银行。至此，鲁西银行初创工作顺利完成。

万事开头难，当时开展金融工作、创办金融事业，是非常困难的。一是两手空空，一无所有；二是游击环境，经常打仗；三是敌人对根据地实行经济封锁和进攻；四是市场货币非常混乱，既有日伪货币，又有中、中、交、农四行法币，还有各式各样的地方票和数不清的商家字号票，在这种情况下，我们在区党委领导下，在部队和群众支持下，艰苦奋斗，白手起家，坚持了斗争，有些设备是动员群众捐献的。为了确保国家财产安全，银行机构和印钞机构经常转移，有人讲"我们是地下室印票子，马背上办银行"，情况就是那样。在反"扫荡"中，常常与敌人相遇，在这短短的一年半当中，先后有张朴等六名干部、工人，为创办党的金融事业献出了宝贵生命。这一时期为了开辟抗钞市场，初步开展了货币斗争。对伪币的政策比较严厉，除敌占区工人和俘虏持有伪币允许兑换鲁钞，其余一经查获，均予以没收，并视其数额多少，给予30%至5倍罚金处置，这一斗争很快即获得胜利。对土杂钞，为了保护群众利益，采取了区别对待政策：省票不收兑，县票登记收兑，商人票谁出票谁兑换。这项工作进展迟缓，未能取得全胜。对法币，1941年1月"皖南事变"前后实行两种政策。事变前，为防止敌人套取法币到国际市场套购军用物资，根据中央指示，实行保护政策。事变后，中央指示改为排除政策，由于鲁钞发行不多，这一政策并未贯彻执行。所以，这一时期法币仍占统治地位。

这一时期货币发行的主要任务，是筹措抗战经费，保障供给，抵制伪币入侵，同时也发了少量的投资和贷款，支持边区经济建设。截至1941年7月，共计发行鲁钞4 837 400多元，其中用于财政透支4 415 700多元，发放农业贷款182 000元，救济贷款2万元，水利贷款155 000元，支持东平湖治理工程，扩大了种麦面积。商业贷款64 500元，支持一、二、三、四专署办起了19处小商店、小工厂。此外，发行的泰西票、鱼台票和405 000元合作社票，在支持创建根据地中也起了一定作用。

抗战中期的金融工作

（1941年8月至1943年12月）

这一时期，冀鲁豫天灾敌祸空前严重，是边区最困难的时期，同时也是边区金融工作大开展的时期。

这一时期的鲁钞发行工作，克服了前段不大胆的缺点，扩大了发行。1942年冬，西北局高干会检讨了财经工作，会后银行工作委员会指出了前段货币发行工作的保守观点。在此精神启发下，冀鲁豫边区高干会也检讨了鲁钞发行工作，认为鲁钞发行也有不大胆的问题，并在总结经验的基础上，为适应救灾和对敌斗争的需要，制订了扩大发行计划，从此鲁钞发行工作进入了新阶段。1943年除发行了10元、50元两种大额票币，还发行了200元、500元大额本票和流通券。据统计，1943年年底鲁钞发行额由1941年7月的480万元扩大到了13 412万元，有力地支持了对敌斗争和生产救灾运动的开展。

这一时期的金融工作，明确了生产观点，在支持生产上发挥了重要作用。1942年贷款工作较前有了进步，年底农业贷款达到了1 525 600元，工业贷款达到了1 527 700多元（包括军事工业贷款150万元），商业贷款达到了6 970 900元（包括公营商店贷款600万元）。是年12月，毛泽东同志提出"发展经济，保障供给"财经工作总方针以后，我区金融工作的生产观点明确了，制订了《春耕掘井种植旱苗种子贷款办法》《灾民贷款办法》《流入灾民生产贷款办法》《低价换贷麦种办法》等贷款办法，实行了无息政策、低息政策（6~8厘）鼓励互助合作政策和贷放粮、棉、种子等实物政策，发放了一大批实物和贷款。到1943年底统计，农业贷款增加到了2 500万元，支持灾民进行抗旱春耕、秋收秋种、纺织和运输等生产，使他们战胜了灾荒，群众非常感谢党，从而密切了党群关系。此外，为了进口粮食和发展军工生产，还增加了工商业投资和贷款。截至1943年底，工业投资和贷款增加到了7 100万元，商业投资和贷款增加到了1 950万元，支持商业部门在救济中发挥了作用。

这一时期为了开辟鲁钞市场，抵制敌人发起的经济入侵，大规模开展了排除法币、禁止伪币和统一市场货币的斗争。1942年春夏期间，多次明令禁止伪币和部分法币流通，9月15日冀鲁豫行署公布了《冀鲁豫边区统一市场货币暂行实施办法》，规定本区一切公私交易各款一律以鲁西银行钞票为本位币，首先在十八专署、十七专署所辖之濮县、范县、鄄城、范寿朝阳办事处及二十三专署所辖之寿张基本区实施这一办法，其他专署暂定为准备实行区，在冀鲁豫中心区开展了统一市场货币的斗争。

1942年12月太平洋战争爆发后，敌人无法再用法币在国际市场上套购军用物资，于是便改套取法币政策为推出法币政策，大量套购我根据地物资。为了粉碎敌人这一破坏阴谋，冀鲁豫区党委决定大规模开展排除法币统一市场货币的斗争，行署于1943年2月1日又修订颁布了《冀鲁豫边区统一市场货币暂行实施办法》，于3月9日颁发了《冀鲁豫区统一市场货币工作组织办法》。这一斗争在各专县区统一市场货币工作组推动下，很快在全区各地开展起来，濮、范、观中心区首先取得了全面胜利，其他地区也取得了基本胜利。此外，为了粉碎敌人伪造我鲁钞的破坏阴谋，行署于1943年5月26日下达了《迅速开展反假鲁钞斗争》的通令，颁发了《查禁假鲁钞暂行办法》，加强了反假票斗争。

为了适应货币扩大发行和统一货币工作的需要，区党委和行署在金融部门组织机构建设上，采取了五项措施：

（1）自1941年秋开始，先后建立了鲁西北第三印刷所，鲁西南第四印刷所和鲁西北第四印刷所，扩大了印钞机构。

（2）1941年冬举办了银行干部训练班。

（3）1942年春在鲁西北三分区建立了鲁西银行第三分行，主任曹正。秋季在中心区二分区建立了鲁西银行第二分行，主任方皋。

（4）在全区各大集镇建立了由三名左右干部组成的货币兑换所，在统一货币中起了很大作用。

（5）自1943年3月29日起，鲁西银行与工商局联合办公，统一监委，统一伙食，各成系统，共同行动。为加强领导，区党委抽调韩哲一任监委，安法乾任副监委，杨寿山任局长，张铁铮任副局长。同时，鲁西银行与工商分局合署办公，未设分行的地区，工商分局设立外汇科，后称信用科，各县局设立外汇股，后称信用股。后来又将合署办公改为合并办公，实行工商管理税务、贸易、银行三位一体的体制，使鲁西银行在各专县都有了"腿"，促进了金融工作的开展。

抗战后期的金融工作

（1944年1月至1945年8月）

这一时期，军事上战略反攻，经济上好于前几年，为统一平原战略区对敌斗争，冀南与冀鲁豫两区曾一度合并（1944年6月两行署合署办公，次年5月正式合并），冀南银行冀南区行与鲁西银行随之合并。两区银行合并后，冀鲁豫工商管理局局长林海云兼任行长，韩哲一任监委。曾设想起名为冀鲁豫银行，终因流通已久的鲁钞无法更改行名，而沿用鲁西银行名称。从此，两区货币按牌价互相流通。

这一新的形势为金融工作带来的繁重任务，就是大幅度扩大货币发行。为了完成这一任务，一方面建立了鲁西银行印刷厂厂部，张子重任厂长，统一了各印刷所财务和业务管理，加强了领导；另一方面，又发行了100元、200元、300元和500元大面额流通券。截至1945年底，鲁钞发行量增加到了244 000多万元，其中财政透支193 400余万元，占发行总额的78.99%；用于各项投资和贷款51 450万元，占发行总额的21.01%，其中农业贷款5 500万元，商业投资和贷款21 450万元，工业投资和贷款24 500万元，主要用于军工生产。

为了保证鲁钞顺利发行，这一时期大搞了开辟新区抗钞市场和货币斗争全面大反攻。

开辟新区抗钞市场工作，这一时期的做法同过去统一市场货币的做法有很大不同。过去主要靠行政力量，这一时期主要靠经营工作，辅以行政措施，这就避免了乱没收、乱罚款致使市场萧条和黑市盛行的现象出现。经营工作的主要内容，是公营商店做好主要物资粮、棉、布及主要日用品的买卖工作，收购价格高一点，售出价格比市场低一点，支持生产者，保护消费者，缩小农村季节差价，群众想卖的物资能卖出，想买的物资能买到；发放抗钞贷款、设立抗钞兑换所等，为群众创造使用抗钞的便利条件，给群众以实际利益，鼓励群众使用抗钞。这一做法有力地推动了开辟抗钞市场工作顺利进行，是非常成功的。

在货币斗争全面大反攻中，一方面注意与贸易斗争的结合，另一方面注意与外汇斗争的结合，使货币斗争由被动转为主动，由内线转为外线。所谓与外贸斗争的结合，开始主要是通过掌握出口物资作为取得外汇的主要手段，以保证外汇供应，巩固本币信用，争取有利于我们的交换，从而达到打击伪币的目的。在军事斗争和经济斗争取得优势之后，主要通过深入敌后争取物资，扩大本币流通区域，压缩伪币，对伪币进行有把握的还击。所谓与外汇斗争结合，一是通过出口土产、以优惠利息吸引敌区"老财"来边区存款，同时利用关系在黑市兑换伪钞等方式获得外汇，供给部队和公营商店到敌区采购急用物资；二是在吸收和抛出外汇时机的掌握上，本着伪币价格低时进行吸收，价格高时进行抛出，一则打击了伪币，二则得到了利益，收效甚好。

通过上述斗争措施，加上军事斗争的胜利，货币斗争最终获得了全面胜利，既获得了阵地斗争的胜利，又获得了比价斗争的胜利。鲁钞与"联银券"的比价，1940年为1∶2，1943年一度变为1∶0.21，1945年8月达到1∶15。鲁钞与法币的比价，1940年大体为1∶1，1943年变为1∶3.1，1945年变为1∶3.5。当然鲁钞也有贬值问题，1940年1元鲁钞，到1943年曾贬值为1角8分，抗战胜利后又回升到4角钱，但从上述比价来看，鲁钞贬值幅度大大低于伪币和法币，成为比伪币、法币都稳定的货币。就各抗日根据地发行的抗钞来讲，鲁钞也成为三种最稳定的货币之一，在群众中享有较高的威信。

（本文摘自方皋：《冀鲁豫边区的金融工作》抗日战争时期部分）

忆鲁西银行印钞厂的创建与发展

鲁西银行印钞厂于1939年10月创建。它从无到有、由小到大，从集中到分散，又从分散到集中，从地上转入地下，又从地下转为地上，再从乡村转入县城，为了适应鲁西抗日根据地军需民用，先后在昆山、沙区、鲁西北、鲁西南、湖西、泰西六个根据地创建了印刷所，坚持了在平原的游击战争，经历了与敌人频繁"扫荡"的斗争，度过了1942—1943年两年罕见的大旱灾，克服了重重困难，战胜了艰难险阻，印制了36种鲁币，累计金额24亿元，为抗日战争的胜利作出了重要贡献。

第一、二印刷所的创建与发展

1939年5月，山东省鲁西根据地泰西地区长清县抗日民主政府成立，县长张耀南倡议印刷发行泰西银行券长清版，9月由技术工人王殿山设计、技术工人李维周、李振西印制了泰西银行壹角、贰角、伍角券，由长清县政府财政科发行。是年10月，一一五师供给部教导员刘导生，动员李维周、李振西、汪化南携带一台石印机来参加革命，这时开始筹建鲁西银行，泰西银行券即行停印。1940年1月刘导生率李振西、汪化南携一台石印机由长清县转移到东平县东平湖内土山村筹备印制鲁西银行券。1940年1月鲁西银行成立，行长吕麟、副行长张廉方、秘书主任兼业务科长方皋、会计科长古采甫。不久，一一五师供给部派张震华（王润生）接替刘导生的工作，后又调来了石印技术工人刘震、刘杰三、郭子贞、李维周，裁切技术工人王芝荣，铅印技术工人邓传贵、钟保得，干部翟诚、张濮、赵侠、魏仁斋等，又从部队调来一部分战士做学徒工和组成警卫排，有4台石印机、一台铅印机，60余名职工。职工着农装，配有武器，平时生产，战时自卫。5月成立了鲁西银行第一印刷所，所长魏仁斋、政委张震华兼支部书记。鲁西军区宣传干部郑笋书写了"鲁西银行"行名并指导票版的设计，当即发行了鲁西银行伍角券。由翟诚、赵侠同志负责票券的检封、保管和运送。不幸的是负责原材料采购的张濮同志在一次到敌占区采购材料时被捕牺牲。

1940年6月，敌人对东平湖土山村进行炮击，第一印刷所迅速转移到湖外大金山、轩堂一带继续进行生产。不久，敌对昆山地区进行秋季大"扫荡"，石印、铅印分头转移，石印队由魏仁斋、张震华同志率领安全转移，铅印队由刘玉山转移到七里屯遭敌包围，在突围中铅印技术工人邓传贵、钟保得、张太铎等被捕后光荣牺牲，并丢失了铅印机一台。在这次反"扫荡"中，领导干部没有保护好技术工人，设备埋藏得不够秘密，没有做好驻地群众的工作，致使人员、设备遭受到不应有的损失。

1940年4月，鲁西银行总行决定组建第二印刷所，所长倪孟海、指导员周庆彬、支部书记仪华，设石印队、铅印队、裁切检封队和警卫班，共30余人，由第一印刷所供应印版，开始印制鲁西银行券。敌人秋季大"扫荡"后，一、二所在昆山县小许村那里合并为第一印刷所，所长魏仁斋、副所长倪孟海、指导员周庆彬，下设石印股、铅印股、裁切股，从鲁西日报社调来了铅印技术工人李林，一台铅印机，从军区印刷所调来了铅印技术工人李子坡，石印技术工人赵荣轩、闫子荣，从聊城地区招来石印技术工人丁玉良，又调来铅印工人房重千、陈明等，技术力量又发展起来，职工达100余人。

是年冬，敌人进行大"扫荡"，为了有利于反"扫荡"斗争，领导决定石印、铅印分两地进行生产。石印、裁切由所部直接领导，转移胡那里（地名），铅印检封由翟诚负责在原地坚持生产。1941年1月，石印、铅印仍分两地生产，并在郭那里（地名）成立了第一印刷所工会，经民主选举赵荣轩为工会主任、翟诚为秘书。工会主要任务是组织职工学习，对职工进行思想政治教育，关心和反映职工的意见和要求。不久，第一印刷所又分为两个所，石印、裁切为第一印刷所，所长魏仁斋，副所长仪华，指导员李南山，第二印刷所所长张海涵，指导员翟诚。

1941年7月，鲁西与冀鲁豫合并，吕麟、张震华、倪孟海、周庆彬、张海涵等同志调山东军区工作。张廉方接任鲁西银行行长，冀鲁豫军区后勤部政委张子重任鲁西银行政委，领导所属印刷所党政工作。

1941年冬，敌人对昆山地区频繁"扫荡"，设碉堡、建岗楼，对根据地进行蚕食、分割、封锁。根据地缩小，变为游击区，一、二所难以坚持生产。1942年初决定将一、二所由昆山地区长途跋涉300华里转移到南乐地区王落、仇庄一带，合并为第一印刷所，所长魏仁斋、指导员翟诚、副指导员仪华，设石印队和铅印队，分两地转入地下室生产。由翟诚、仪华同志分别领导两队，并成立了两个党支部，一切活动均转入绝密状态。政委张子重和所长魏仁斋一起活动，负责原材料、粮秣供应，运送票子，传达敌情，组成党总支，领导石印、铅印两个党支部。1942年4月，敌人对南乐地区采用"铁壁合围"式的大"扫荡"，妄图消灭我军和后方机关。第四印刷所职工全被合围在内，开始集中全所武装人员实行突围未成，张子重同志果断决定，由党员干部负责，分三五人为一组，各自为战，分散突围成功。第二天陆续集中起来，人员、物资无一受损，取得了在平原反"扫荡"的胜利，干部、工人经受了一次严峻的考验和锻炼，增强了团结和战斗力，提高了坚持平原游击战争的胜利信心。

敌人在"铁壁合围"式的大"扫荡"后，继续对南乐地区筑碉堡、建岗楼，进行蚕食，根据地日渐缩小，在原地生产实难进行，决定由南乐地区转移到范县、鄄北、濮县中心地区。为了适应粉碎敌人"铁壁合围"式大"扫荡"的形势，石印、铅印分散在几十华里内的地区，实行一机一村，一机一室，由技术工人、运输、保卫人员组成最小的生产单位，并建立党的小组。范县地区的党支部由指导员翟诚任支部书记，代号为"粮食股"，领导刘震、刘杰三、丁玉良、汪化南、李林、孟坦等同志负责的生产单位。鄄北、濮县地区的党支部，由副指导员仪华任支部书记，代号为"采买股"，领导赵荣轩、闫子荣、房重千、魏寿荣等同志主持的生产单位。各单位各自为战，严守秘密，不发生横的联系，一切活动在夜间进行。

1942年9月，敌人以万余重兵，分八路向濮（县）、范（县）、观（城）中心地区进行"铁壁合围"式大"扫荡"，妄图消灭冀鲁豫边区领导机关和主力部队，彻底摧毁我平原根据地，历时18天。我军在内、外线配合作战，粉碎了敌人的疯狂进攻。第一印刷所各单位在反"扫荡"斗争中依靠人民的掩护，各自为战，坚持在内地进行游击活动，仅有两个工人被捕后又放回，取得了反"扫荡"的胜利，并迅速恢复了生产。

敌人大"扫荡"后，对根据地继续进行蚕食、分割、封锁。沙区根据地没有银行印刷所，调拨运送钞票十分困难。鲁西银行总行于1942年底决定，将范县地区的一部分石印、铅印迁移沙区，组建为第一印刷所，所长魏仁斋，指导员刘文登，副指导员董超。濮县、鄄北地区的石印、铅印所组建为第二印刷所，分散在黄河沿岸一带坚持生产，所长翟诚，指导员仪华。不久，翟诚同志调鲁西银行总行工作，所长由麻佩三继任，副所长王真，指导员仪华。

1943年春，由于敌人对根据地实行"三光"政策，又连续发生严重旱灾，根据地经济遭到破坏，军民生活遇到了严重困难。为了减轻群众负担，提高职工队伍的战斗力，按照上级的统一部署，实行了"精兵简政"，少数老幼职工被精减，依靠地方党政部门就地安置。与此同时，动员职工节约粮食，共渡难关。为了保证正常生产，工人基本可以吃饱，干部每天半斤粮，以野菜、树叶、树皮充饥。动员干部、职工开荒种地，生产自救，工人成为能工、能农、能打仗的一支战斗队，度过了最困难的岁月。1943年秋，敌人又开始了"铁壁合围"式的大"扫荡"。二所大部分职工由领导干部带队，及时地跳出了敌人的合围圈，分散转移到根据地边沿地区，依靠群众隐蔽了起来。鲁西银行行长张廉方、监委韩哲一，指定翟诚同志带领二所制版技师丁玉良、赵荣轩、工人张美清等坚持在内地一小村地下室制作原版，敌人不进村不准停产，完成任务后再转移外线。他们在敌人骑兵、汽车向中心地区合击时，仍坚持岗位，完成任务后才安全转移。

1944年始，敌人已减弱对濮（县）、范（县）、观（城）中心地区的"扫荡"，根据地日益巩固扩大。1945年初，各分散的印刷所又逐步集中起来，由地下逐步转为地上，这时鲁西北印刷所由范县泰西印刷所先后迁至鄄北合并到第二印刷所。麻佩三、仪华同志调走后，所长由白文普继任，副所长王真、监委翟诚，石印组建两个队，一队队长丁玉良，二队队长康新奎。铅印队队长房重千，有10余台石印机，4台铅印机，200余名职工。1945年春，鲁西银行印钞厂成立，负责人张子重，支柱、仪华等同志协助工作。为争取抗日战争的胜利，全厂开展了生产竞赛，8月全体职工参加了鲁西银行总行召开的表彰大会，紧接着日本帝国主义侵略者宣布无条件投降。全厂职工为支援八路军大反攻，又开展了3个月的生产突击运动，并召开了表彰会，年终全厂转移到清丰县城，石印部分组建第二印刷所，所长王真、副所长刘杰三。铅印、裁切、检封部分合并到第二印钞厂鉴定科。

鲁西北第三印刷所

1941年9月，张廉方同志召集王真、王凌霄、王素之等同志商谈成立鲁西银行鲁西北第三印刷所事宜，决定由王真领导的冀南农民合作社流通券印刷所和宋挺捷同志领导的抗敌日报社印刷所合并，成立鲁西银行鲁西北第三印刷所。所长王真、副所长宋挺捷、指导员王凌霄，所设石印队，正副队长陈子恒、康新奎，有三台石印机。铅印队队长赵侠、副队长王鼎甫，有一台铅印机，所部有材料、粮秣、会计和警卫班。

鲁西北第三印刷所从成立就处在极端困难环境里，分成一机一村，在秘密地下室生产，离敌人据点只有几十华里，干部、工人全是农民着装，配有武器。平时生产，战时自卫，活动在夜间进行。因地处贫困地区，衣食供应都十分困难，在当地党政领导下，紧密地依靠群众，战胜了敌人和各种困难，坚持了生产，完成了印制任务。实践证明：鲁西北第三印刷所的领导班子是个好班子，带领出一支素质好、富有战斗力的印钞队伍。1942年底，王真同志调第二印刷所任副所长，王凌霄同志调鲁西南印刷所任指导员，刘同文接任所长，陈涛接任指导员。刘、陈在任职期间贪污、腐化，于1943年10月被撤职查处，鲁西北第三印刷所暂由冀南银行路东发行处代管，职工情绪波动。是年12月鲁西北第三印刷所转移到范县地区组建为鲁西银行第三印刷所，王真同志调回三所任所长，翟诚任指导员，下设两个石印队，一队队长康新奎，二队队长王继曾，铅印队队长王鼎甫。仍采取一机一村，在地下室里生产。1944年，敌人已无力"扫荡"，鲁西中心地区生产比较安定。1945年初，全所迁至鄄北与第二印刷所合并。

鲁西南第四印刷所

1942年6月，鲁西南专署和鲁西银行总行委派专署财政科长王子平、鲁西银行办事处主任张太和、张海涵同志动员东明县袁子涛、袁万启携一台石印机参加了革命，菏泽县青丘区区长王立斋动员菏泽县贾相昆、贾贵良携两台石印机参加了革命。同年年底，由第二印刷所调给铅印技师李子坡带一台铅印机，石印技师闫子荣带一台石印机到鲁西南地区成立了鲁西南第四印刷所。所长杨明义，指导员王凌霄。所部有会计、材料、粮秣、管理股和警卫班，石印股分两队，由股长陈子恒、副股长闫子荣负责，铅印股股长李子坡。在曹县地区选择村庄小、地处偏僻，群众基础好，村党支部坚强的村庄，分散设点，在秘密地下室坚持生产。为了安全，平时编好小组，选好疏散地点，一旦有情况，物资、人员能迅速分散隐蔽。1943年敌人大"扫荡"后，王凌霄同志在运送原版途中与敌军遭遇，不幸牺牲。1944年春，杨明义同志走后，刘文登任所长，伊党任指导员，刘景禹任副指导员。1945年6月，抗日战争形势大好，第四印刷所由曹县经300华里长途跋涉，迁移河南省内黄县境与第一印刷所合并，所长魏仁斋，副所长刘文登。

湖西印刷所

1939年7月，山东省鱼台县抗日民主政府成立，县政府派王文连同志筹建湖西印刷所，从济宁县购买了一台石印机并动员印刷技师安耀南、郑如玉等四人参加了革命，在江苏丰县肖庄成立了湖西印刷所，所长王文连。经过两个多月的筹备，印制发行了鱼台县壹角、伍角、壹圆流通券。同年冬，湖西地区进行"肃托"运动，所长王文连被错误杀害，印刷所也被肃垮了。1940年初，山东省委纠正了"肃托"错误，又派吴正宪同志在微山湖五楼一带重建印刷所，吴任所长，有2台石印机，20余名职工，印制了鱼台地方流通券壹角、贰角、贰圆券。1941年6月，敌人对微山湖地区进行"扫荡"，印刷所迁移到山东单县刘庄，只好转入地下室生产。所长吴正宪调区行工作，王友明任所长，1942年察贯一接任所长，印刷所又迁到单县东北朱庄一带坚持生产。1942年10月，中共北方局决定湖西地区划归冀鲁豫边区，湖西印刷所也随之划归鲁西银行领导，停印鱼台县流通券，改印鲁西银行券。同年11月，敌人对湖西地区实行"铁壁合围"式的大"扫荡"，印刷所被合围之中，在当天夜里才冲出合围圈。"扫荡"过后，敌人对根据地继续进行蚕食、分割、封锁、搜捕，印刷所又迁移到单县贾庄一带地下室生产。然而环境恶劣，粮秣供应困难，有时吃不上饭，所长察贯一四处搞吃的。有一次买到几个枣粽子，大家互相推让，谁也不肯先吃，经所长说服，每人只吃一个。1943年初，遇敌"扫荡"，职工被冲散了，人员减少，只有7个人，印刷所迁移到单县周集，没有工人印号码，干部学着印，坚持生产。

1944年夏，战争形势好转，张凤尧接替察贯一任所长，马行方任指导员，有2台石印机，4台铅印机。鲁西银行总行又派刘震任副所长和部分技术工人来，加强了领导班子和技术力量，石印机增加了5台，职工有50多人。这一年，敌人无力"扫荡"，根据地逐渐扩大，印刷所的职工比较安定地进行生产。1945年10月，奉命迁移河南省清丰县城与冀南银行路东印刷所合并为第三印刷所，所长潘书文，副所长刘震，监委马行方。

泰西第四印刷所

1943年10月，鲁西银行总行与泰西专署商定成立泰西第四印刷所，梁杰三任所长，暂由泰西分行领导。购入2台石印机，1台铅印机，从济南招收12名技术工人，在齐河县潘北设秘密地下室，因没有原版和缺少原材料未能正式生产。1944年鲁西银行总行派赵侠任指导员、赵荣轩任副所长，并调给部分技术工人，加强了领导班子和技术力量，全所50余人，由第二印刷所供应原版，很快印制了鲁西银行券。1945年春，敌人仍不断进行骚扰，泰西第四印刷所也不断转移，先转移到山东东阿县朱旺山村，后又转移到山东莘县小张台继续生产。同年8月，全所参加了鲁西银行总行召开的表彰大会。日本宣布投降后，该所一部分与鄄北第二印刷所合并。

1945年底，原鲁西银行各印刷所与冀南银行路东印刷所在清丰县城成立了冀南银行第二印刷厂，厂长魏仁斋、副厂长李业富、监委张子重，改印冀南银行币，撤销鲁西银行，从此鲁西银行印钞厂完成了它的历史使命。

鲁西银行印钞厂之所以能在平原游击战争中坚持生产，进行艰苦卓著的斗争，经受住最严峻的考验，是因为我们依靠党的正确领导和人民群众的无私支持，由此，印钞队伍不仅能生存下来，而且得到不断发展与壮大。

首先，根据上级党委指示，鲁西银行各印刷所，从筹建开始就建立党支部，指导员兼支部书记，在工人中积极发展党员，在最艰苦的岁月里，极度分散的最基层的生产单位都建立了党的小组，党员约占职工群众的60%。党支部重点抓党员教育和职工群众的政治思想工作，对生产和职工的衣食住行都要极度关怀和严密管理。在战争年代，靠党员领导干部以身作则和模范作用影响带领群众。工人实行技术津贴，干部实行供给制，一锅做两样饭，工人吃白馍，干部吃黑窝头，灾荒年，工人基本能吃饱，干部半斤粮，靠野菜树叶充饥。战时，干部和党员冲锋在前、退却在后，要保证技术工人和群众的安全。支部和党员成了群众信赖的靠山。

其次，各印刷所都设专职指导员或监委（政委）负责政治思想工作。在战争年代，对职工进行经常性的阶级政党的教育、爱国主义教育、抗战必胜和革命气节教育；对工人进行远大目标的教育，帮助手工业工人转变保守观念和行会观念，组织职工学习毛主席的《论持久战》《新民主主义论》《论联合政府》等著作；对党员进行党的基本知识教育，学习刘少奇同志《论共产党员的修养》，党员领导干部还学习了整风文献，联系实际写了自传和思想反省。党员领导干部和普通党员都分工联系一定的群众，了解群众的思想和要求，做个别思想工作，从而提高了职工思想觉悟和战斗力。这支队伍在游击战争的艰苦斗争中，没有被打散，没有被打垮，顽强地坚持到抗日战争胜利。

再次，紧密依靠人民群众是平原游击战争中能坚持印钞生产的关键。在平原游击战争中，没有山区做依托，敌军易于运动。抗战形势发展到相持阶段，敌人对根据地频繁"扫荡"、蚕食、分割、封锁，而印钞队伍能否生存下来坚持印钞生产，是当时面临的最严峻的考验。能否依靠人民群众不仅是能否坚持印钞生产的根本，也是生死存亡的大问题。随着根据地的建设，人民群众从斗争实践中认识到共产党、八路军是真正抗日的，是代表劳苦大众利益的，因此，拥护和支持共产党、八路军，这是人民群众最基本的觉悟。教育干部和工人认清这个形势，树立相信群众、依靠群众的观念，严守"三大纪律八项注意"，在驻地要依靠村政权、地方党的支持。我们访贫问苦，宣传群众，尽力地帮助解决群众疾苦，使职工懂得我们来自人民群众、又为人民群众利益而斗争的关系。在战争年代，印钞厂的职工和当地群众建立了不可分离的鱼水关系，群众为我们筹粮、做衣、保密，在敌人"扫荡"时，掩护运送设备材料，敌人搜捕时掩护干部和工人的安全，自愿站出来认"儿女"、认"丈夫"的义举是有的。我们就是紧紧依靠人民群众这个"钢铁长城",得以生存、发展与壮大。人民群众为印钞生产和抗日战争的胜利作出的牺牲和贡献是极其巨大的。

最后,在游击战争中逐步摸索出一套适应环境、学会印钞生产的本领。随着抗日战争形势的发展变化,总行都及时指出坚持游击战争中坚持印钞生产的方向,印钞厂也不断总结斗争实践的经验教训。建厂初期,敌人尚未把重点转向华北根据地进攻时,我们采取小集中、大分散,第一印刷所集中一村、第二印刷所在另一村,都在地上,半公开地进行生产和运送物资、钞票,后来敌人开始对根据地"扫荡",职工则全部农民打扮,和当地群众一起反"扫荡",职工配发武器,既是生产队,又是群众宣传队和武工队。平时坚持生产,战时埋藏设备打游击。为防敌人偷袭,印钞生产则转入秘密状态,在夜间活动。随着抗日形势不断恶化,敌人"扫荡",频繁突袭,设备埋藏不及,人员集中转移不便,我们选择群众基础好、村支部较坚强的边远小村,采取了大分散,实行一机一村、一村一室。挖秘密地下室,挖4米多深,上面覆盖1米多厚的土层进行伪装,轮班生产,遇敌"扫荡"则迅速转移。实践再次证明,在敌人频繁的"扫荡"中,分散隐蔽的方法不仅保存了自己,而且坚持了印钞生产。1945年抗日形势日趋好转,又采取大集中由地下转到地上、由乡村转向县城,扩大印钞生产,为我军大反攻作出了历史的贡献。

(翟诚,工作单位为中国人民银行总行)

在鲁西银行商店

我是1943年春由华北财经学校一分校调到鲁西银行德润恒商店工作的。商店经理是崔润南,副经理是郭济川,监察委员是郭月斋。商店设有营业股、会计股、管理股,营业股长是闫勉斋,我任会计股长。各股有若干工作人员。

当时日本帝国主义仍在华北推行"治安强化"运动,对我根据地不仅在军事上进行侵犯,不时进行大规模的"扫荡",而且从经济上进行封锁,禁止军需民用品输入我根据地,企图从经济上增加我根据地的困难。

商店的任务,总的来说,是进行经济方面的反封锁斗争,供应军需民用,支持抗日战争。主要经营方式:一是向敌占区输出小麦、棉花等农产品,换回医药、纸张、油墨等;二是用外汇(国民党法币、"联合准备银行"伪币)到敌占区购买军需民用品。

向敌占区输出农产品和购买军需民用品,是通过商人进行的。商店联系和团结着一批敌占区商人,这些商人一般与敌伪人员有关系。由于敌人对进出城市的车辆和行人检查十分严格,这些商人多利用敌伪关系,到济南等城市购买军需民用品,再用他们的汽车把购买的物品送出城外,然后转运到我根据地。

当时商店驻在中心区濮县、范县、观城一带,随银行一起行动。冀鲁豫边区地处华北平原,在战争环境下办商业,在商品物资存储方面是有不少困难的。由于我们与群众的关系非常密切,同甘苦、共患难,有一个抗日救亡的共同目标,所以商店的物资大部分存放在群众家中,群众也乐于保护。在敌人"扫荡"期间,群众对商店的物资,像保护自己的粮食一样进行坚壁清野,妥善保存。所以我们商店的物资很少损失。

每逢敌人对冀鲁豫中心区进行大规模"扫荡"时,商店为了工作人员的安全,即采取分散隐蔽的办法。1943年"10·12"反"扫荡"时,商店利用敌占区商人的关系,把我和另一位同志安置到梁山县戴庙伪军据点里,等到反"扫荡"胜利结束后,即返回商店。戴庙距梁山泊很近,因住在伪军据点内,怕暴露目标,不能外出,所以没有能够参观游览"水泊梁山"的胜境。

德润恒商店还在各地设有分店，为"德润恒东记"、濮县杨集的"吉盛祥商店"等。冀鲁豫边区的商店还有一个任务，就是接受华北财经学校一分校师生的实习。例如，1943年财校老师金苛岚（即已故财政部副部长谢明）带领全体高级班学员到商店担任科长、股长等领导实职，顶班顶岗进行实习，供训队学员孙秀峰曾到德润恒商店实习当会计；工商队学员王澄之、王英臣曾到吉盛祥商店实习两个月等。

（任文仲，工作单位为财政部）

战斗的"穷财神"
——忆鲁西银行印刷二所印钞工作

我叫仪维良，是1944年在山东郓北田楼村到鲁西银行印刷二所参加工作的，所长马佩三，回族人，是从冀中回民支队调来的干部，指导员仪华。印刷二所的对外番号叫"运输队"。当时我只有14岁，年龄小个子矮，还没有文化，到所后首长就把我留在身边，让我当勤务员。由于工作关系，我认识了不少首长，领导看我孩气十足，活泼好动，都慈父般地关怀我，拍着我的肩膀说："小鬼呀，你工作得不错，但没有文化不行，现在上学没条件，学习认字还可以，除工作外，学点文化吧。"后来几个领导一商量，就给我规定了一条硬任务，每天认三个字，会认、会写、知道大意。那时每个同志都教我，除那几个领导外，住东营的采购员老丁也是一样，从外地回来除带物品等材料外，有时给领导捎点咸菜，给我捎带个学习本、铅笔等。他在1944年秋送材料时被捕，后来在敌人的刑场上就义了。写到这里，他的音容笑貌似乎又呈现在我的眼前，多好的同志呀！以后我能干工作，能读书、看报、学文件，多亏当时领导与战友的关怀，他们那循循善诱的教导、诲人不倦的心肠，至今回想起来还历历在目。"记住'学习、学习、再学习'，这是列宁的教导"，这话我永记在心，今天回忆往事，我就把学习当作开场白，下边是在二所的片段记忆。

无声的战场，有力的后盾

1944年抗日战争仍处在艰苦时期，敌人大搞"三光"政策，对解放区进行反复"扫荡"，加上天灾，冀鲁豫一带人民处在水火之中。敌人愈残暴，人民愈反抗，我军的救国意志愈坚，杀敌的决心愈大。当时除了敌人的烧、杀、抢、夺战乱外，还有物价暴涨，伪币泛滥，处在战乱中的人民又加一层经济封锁与物价飞涨之苦。为了针锋相对地与敌人作斗争，在党中央提出的"独立自主，坚持抗战""发展经济，保障供给"的正确方针指导下，解放区的生产有了很大发展，经济工作也迅速成长，银行也发展壮大起来，那时鲁西银行行长张廉方、监委韩哲一、主任张子重领导下的印钞所。印钞一所在沙区农村，就是现在的内黄县境内，三所在河北临清农村，四所在鲁西南农村，五所在湖西一带，六所在泰西，二所在鲁西黄河故道郓北农村，我就是在二所工作，后来隶属于鲁西银行。

我们二所的行政编制：所长马佩三，指导员仪华；下设三个股，两个队，保卫股股长李明，是个长征干部，这个股下设一个警卫排，排长姓黄，人们都叫他黄排长，也是个红军干部；后勤股也叫管理股，股长郑洪彬；财务股股长姓段，会计叫魏春如。一个石印队，一个铅印队。

二所的任务是保证在鲁西的部队和政府财政供给。经济是政权的物质基础，钞票是商品的交换手段，我们的军队是人民子弟兵，由于我们印刷发行了自己的钞票，军队得到了及时供给。人民群众对我军的公买公卖无不交口称赞，特别是我们的钞票信用好（必要时用银元兑换），又稳定，因而大大抵制了伪币的流通，使群众减轻或免受了通货膨胀之苦。他们在出售货物时先问什么钞票，是解放区票就欢迎，是伪钞都拒收，我们票的纸质最差，但群众喜欢。我在农村集市上每逢看到这样景象，就高兴得很。我在二所工作，开始觉得不如随军作战痛快，但经过这一段实践，深深感到印钞工作的作用和意义，懂得了这是对敌作战的无声战场，是革命战争的有力后盾，以前单纯认为"要抗战上前线，后方工作没啥干"的思想有了扭转，我更加热爱印钞工作。至今我仍然感到那段工作是富有意义的。

险境巧建安全地，苦中自有革命乐

在那战火纷飞、硝烟弥漫的年代，往往最危险的地方却可能最安全。我们所就设在距敌人很近的地方，即鄄北黄河故道的下边。这里北面和西面都是金堤，呈牛锁形，南面是平原，仅八里远就是日伪修的280里长的封锁沟，沟南每5里地设一个碉堡，东是黄河故道，可通东明湖。这里地形险要，上边是一片荒沙，村庄也较稀少，敌人不大注意。

我们在这里挖地道，在开始挖的时候，可紧张、可危险了，一面察看着敌情，一面设岗封锁行人，就连当地的群众也不知道我们干什么，只知道是个运输队。我们夜间在地下挖土，拂晓把新土伪装起来，挖的印迹用干沙盖好。路上的车辙脚印使耙一拉，风沙一吹，什么痕迹也没有，洞口也同样伪装好。天一明就进入老乡家。我们夜间在地下干活点的是油灯，白天出来除轮流休息外，就帮群众干活，有时还演戏、唱歌、扭秧歌。有文化的人就到村里刷标语、画漫画。这支印钞队摇身一变就成了宣传队。

挖地道和打仗一样危险。每天除了满身黄土一嘴泥、肚中还吃大沙粒外，也有流血牺牲的。河道下边建工厂是谁也想不到的，特别是这一带，都是沙土层，平时挖个井、掏个洞都会塌方，敌人曾扬言"这里出不了地道战"。挖洞时确实塌方很厉害，像一所那个地下厂就是同志们用生命建成的。有一次严重塌方，有五位同志被压在土下，紧挖快扒只救活一个人，叫张春友，现在张家口银行工作，其余四位同志都牺牲了。当时同志们看到战友的尸体都悲痛欲绝，但又不能哭出声来，还不能走漏风声，只有默默地把他们埋了。"安息吧，你们和战场上牺牲的烈士一样，永照千秋。"就这样大家拿起烈士的锹、战友的镐，像作战一样化悲痛为力量，在地下作战。

经过十几天的奋斗，地下印钞厂终于建成了，下边的坑道分两层。上层安一台旧的铅印圆盘机，还有一个切纸案子。下层有两间隐壁深耳洞，一个放钞票，一个放原材料，在转弯抹角处挖个通道，既通风又防万一。这个地下厂可保密了，不在下边工作的人，都不知道下边的奥秘。就连部队的指战员在地下室上边行走两次，还和我们同村住了三天，也没有发现一点破绽。人们称赞说："这个运输队真稀奇，夜间神出鬼没运东西，白天演戏刷标语。"有时悄悄地问："您运的啥？"答曰："军事机密。"他们哪里晓得我们在玩弄革命的"大魔术"。

一心印钞票，两袖甩清风

1945年1月，组织上分配我到二队任点票员，开始我不胜任，领导说："干吧，只要心底正，认真负责就行。"点票员的任务就是负责检查印好的钞票的质量，清点号码与数字，封好包，入了库，然后按上级的调令，往外分发。印钞这活可严格，一张纸都不能差，废品也得过好数，一个号码也不能马虎。我们大家都挺认真细致。

当时我们二队有15人，队长方中清，副队长刘高升。队部下分四个组，即印钞组，组长老方，组员有陈勇五、张锁等四人；切纸组，组长张得胜，他是一位英雄连的连长，因残疾来此工作，组员有于玉连、唐克典等；事务组，组长张××，炊事员潘××，这个组内还有个李维州老先生，是个有点名气的教育家，他负责搞对外联络兼统战工作，常和当地开明人士打交道，我们都称他李先生；点票组，组长由刘高升兼任，组员有张孟林、尤相成和我。那时党未公开，我还不是党员，因而也不知道党的组织，但个人心中有个想法，哪里有革命哪里就有党，谁处处起模范带头作用，谁就可能是党员。我们印钞所有不少经过长征的老红军，像郑洪彬、李明等，都快五十岁了，干活挺积极，处处起带头，可都没有结婚，组织上多次给他们介绍对象，但都被拒绝了。他们常说："抗战还没胜利，鬼子没打走，人民不安宁，结啥子婚。""抗战时期哪有心思想这事，不打败鬼子不成家。"他们一颗红心为革命，心血都操到印钞上了。我想这些人可能就是党员，我就偷偷地向他们学习。

我们在印钞所是铸造金山、看守金山的人。别看都在票子里滚来爬去，但生活却是很苦的。我们是不穿军衣的军人，待遇都是供给制，每月5角钱，吃小米，啃咸菜，有时净吃高粱面。青菜弄不到，就去地里挖野菜，生活条件那样苦，斗争形势那样紧，工作条件那样差，但没有一个人叫苦，更没有一个人退却。在成捆的票子面前，没有一个见财动心的，但我们也爱财如命，那就是为保护公款，不怕牺牲个人的一切，随时准备牺牲个人生命。那时只有一个想法：尽快打败鬼子，建设祖国。

1945年8月抗战胜利了。我们在驻地开庆祝会，晋冀鲁豫军区滕代远总参谋长、冀鲁豫军区杨勇司令员还在会上讲了话，当时高兴劲别提多大了。

今天有幸回忆在烽火年代中的印钞战友和烈士，是我余生之年的极大快慰。

（仪维艮供稿，宋相群整理）

战斗中的鲁西银行

1937年"七七"卢沟桥事变后，日本侵略者大举向华北、华东、中原进攻，激发了全国人民及各党派、军队抗日救国的高潮。国民党中央军节节败退，失城略地，约七八个月，华北沦陷。日军向华东、中原进攻时，我党领导的八路军开赴敌后华北、华东战场，在敌进我进的作战方针指导下，展开了敌后抗日游击战争。

在敌后冀鲁豫边区，我们党组织和党领导的八路军发动群众，组织地方游击队，建立民兵，同日本侵略军展开广泛的游击战，并消灭汉奸特务，建立革命根据地。

到1939年8月，冀鲁豫根据地建立鲁西军区，同时建立抗日民主政权——鲁西北行政委员会，各县也相继建立抗日民主政权和地方武装，在军区和行政委员会统一领导指挥下，与敌人展开全面的军事、政治、经济、文化斗争。而敌人对根据地的进攻"扫荡"，也更加频繁残酷，实行烧、杀、抢"三光"政策，而国民党对敌后抗日根据地不但不支持，反而用军队进攻搞摩擦，在经济上掠夺封锁，造成了敌后战场军民对敌斗争的严重困难。

鲁西军区和鲁西北行政委员会为了长期坚持敌后斗争，巩固扩大根据地，必须全面展开与日寇及顽军的斗争，在政治上打击敌顽，经济上发展生产、自力更生，军事上消灭敌伪顽。我们创办新闻报纸加强宣传，建立财贸机构发展经济，于1940年建立了鲁西银行，以支持生产与发展经济。

鲁西银行支持生产、发展经济和对敌顽斗争的任务：

第一，正式发行鲁西钞票，与敌顽开展货币斗争。在党政领导下，依靠军、政、群及财贸合作社等组织，充分发动群众将根据地内的伪钞及国民党法币驱逐出根据地市场，严禁伪钞和法币在根据地市场流通，在根据地内市场一切交易偿付债务，均应以鲁西票为唯一货币。

第二，鲁西银行经管政府金库，凡其财政税务等收入均交金库保管，其党政军开支也均由金库支出。

第三，支持发展根据地农业生产和手工业生产。

1. 凡农民在生产中缺乏资金购买农具、牲畜、种子，银行给予贷款。手工业生产农具及日用品缺乏周转金者也可贷款。

2. 1942—1943年发生严重自然灾荒，根据地党、政、军积极进行救灾，并组织群众生产自救，银行也在救灾中发放自救生产贷款及救灾贷款，以扶持群众渡过灾荒。

第四，为了发展经济，繁荣市场，以利军民团结战斗，银行对国营商业和合作社的经营资金给予大力支持，促使其积极经营农副产品及手工业品，为广大军、政、民生产生活服务。

第五，开展对敌伪顽货币斗争。

1. 凡敌伪顽货币非法流入根据地的一律没收。

2. 根据地的土特产品及粮食等销售给敌顽区，收入的敌伪顽货币均要交银行收兑。

3. 由于其他正当原因带回根据地的敌伪顽货币也交银行收兑。

4. 银行收到的敌伪顽货币，作为外汇，然后分别根据需要交给军队后勤部门或国营贸易部门，向敌伪顽区采购急需军工、工业品及药品，以解决根据地缺乏的物资。

5. 组织反假票斗争。敌伪顽为了破坏根据地经济，破坏抗战，用假票套购物资，使群众怀疑鲁西票，因此，党、政、军、财贸一齐发动群众，识别假票，打击敌顽的假票。群众性反假票斗争的开展稳定了鲁西币的信用和市场，巩固了根据地的经济。

自1945年日寇投降后，到1946年争取和平民主准备自卫反击时，冀鲁豫区决定货币实行统一发行。原各地区流通的货币，有冀南票、冀南票太行版、冀南票太岳版、鲁西票四种货币，在冀南、太行、太岳、冀鲁豫四区统一流通。冀南银行总行为四区统一的总行，四个地区的银行改为区行。由于货币的统一流通，鲁西票逐渐收回，全晋冀鲁豫统一流通冀南币。由于根据地的扩大，货币的统一在经济上进一步加强了。

根据地银行长期在农村、在战争环境游击移动中工作，对城市银行工作一点经验都没有，1947年12月济宁解放后，根据地才有较大点的城市。1948年1月，济宁市委、市政府成立，同时城市各工作单位建立，冀南银行济宁市行也同时成立。开始对城市银行开展工作，除发行货币外，首先对同时进城的国营商业、合作社商业大力扶持，支援资金，促使其发展壮大。其次对私营工商业开展定、活期存款，对资金周转有困难者，视其对国计民生的需要，实行定期贷款，因而对工商业恢复起到了积极作用，如面粉公司，电灯公司，17家烟厂，19个酒坊，40多家纺织厂，酱菜园及一些制铜、铁、肥皂等制造业先后开工，并有1 400余家商号开业。银行在私营工商业资金往来中做了些工作，积累了一些银行在城市和工商业业务往来中的点滴经验，对今后解放大城市后的金融工作起到了借鉴的作用。

（余潜）

附录五　人物简介

吕麟

吕麟

　　1900年生，湖北襄阳人，1927年加入中国共产党。"四·一二"事变后，吕麟同志回乡组织了农民协会，参加了农民暴动。曾担任红十三军、红十四军支部书记、政治指导员、总务科长等职。1933年至1934年，先后任红十五师、红一师供给部长。1940年3月，鲁西银行成立后兼任鲁西银行行长（经理）。1941年7月，鲁西区与冀鲁豫区合并，吕麟等随部队调山东工作，1942年任山东军区后勤部副部长，跟随部队辗转鲁西、滨海地区。1945年抗战胜利后，吕麟与肖华首批到东北，担任辽东军区后勤部副部长，接收物资与建立工厂、仓库、医院，组织后方机关开辟工作。1948年3月2日，在辽宁海城执行任务时牺牲。吕麟任行长（经理）的一年多时间为鲁西银行的初创时期，货币发行量虽然不多，但已呈星火燎原之势，为鲁西银行的发展壮大奠定了坚实的基础。

张廉方

张廉方

　　1910年生，河北馆陶人，1937年参加革命，1938年10月加入中国共产党。曾任山东省第六区抗日游击司令部政治部总务科长，八路军一二九师筑先纵队供给处处长，冠县抗日政府县长。1940年3月任鲁西银行副行长（副经理）。1941年7月任鲁西银行行长（经理）。1946年1月1日鲁西银行并入冀南银行，任冀南银行冀鲁豫区行行长（经理）。1946年4月筹备并担任瑞华银行济宁分行经理，1946年12月任冀南银行冀鲁豫区行行长（经理）。1949年2月随南下支队到达贵州，负责组织接收和改组各旧银行机构，11月组建并任中国人民银行贵州省分行行长，后历任西南区人民银行副行长、行长，人民银行总行信贷局局长，国家第一机械工业部船舶工业局副局长、第三机械工业部九局副局长、第六机械工业部财务司司长，中国科学院计划局局长等职。1973年去世。张廉方同志基本见证了鲁西银行发展的整个过程，为鲁西银行发展作出了重要贡献。

华夫

　　1913年生，上海人，1935年进入延安抗大学习，毕业后到冀鲁豫区工作，1940年6月在冀鲁豫区六县专署任财政科科长（处长）期间，领导成立了冀南银行冀鲁豫办事处印刷所，印制冀南农民合作社兑换券。1941年1月，任冀鲁豫区财经委员会副书记。1941年9月，冀鲁豫办事处印刷所合并成立鲁西银行第三印刷所。1944年6月，任冀鲁豫区行署财政处处长。后历任冀鲁豫军政联合财经办事处副主任、主任。1946年6月至12月，张廉方调到瑞华银行工作期间，华夫同志兼任冀南银行冀鲁豫区行行长（经理），主持冀鲁豫区行工作。

方皋

原名方锡皋，1915年生，广东开平塘口镇古宅祖村人。其父方伯梁清朝同治年间与詹天佑一同赴美留学。20岁时，入河北省定县中华平民教育促进会主办的农村信用合作社工作。21岁以后在江西萍乡、广东江门农民银行当信贷员。"七七事变"后，于1938年2月在八路军驻湖南长沙办事处，由徐特立介绍奔赴延安，入抗日军政大学学习。同年9月结业后被派往山西八路军一一五师某支队任作战教育参谋。1939年一一五师进入鲁西地区。1940年4月，鲁西行政主任公署成立，下设鲁西银行。同年夏，方皋调到鲁西银行，出任总行秘书兼业务科长，为训练新行员了解银行工作，编《鲁西银行讲义》。1941年7月冀鲁豫行署成立后，针对银行方面急需建立各级组织，方皋在行署财经训练班担任了两个多月的教育工作。为准备下期训练班及以后各分支行与办事处的工作人员需要的银行业务参考资料，又将讲义存底修改补充，并参考《冀南银行章则汇编》，在古采甫帮助下，编写《鲁西银行行员手册》。1942年元旦，鲁西银行行长张廉方为该书作序。在鲁西地区，方皋后来还担任过银行经理、工商分局监委、国营商店经理、濮阳和济宁等市工商局局长及冀鲁豫区行副经理等职务。1949年1月天津解放，作为天津市军事委员会的军代表，方皋出任天津中国银行经理。1949年12月，任中国人民银行华南区分行行长兼广东省分行行长。1951年2月，被聘私立华南联合大学财经学院教授，同年8月聘为财经学院院长，为国家培养了一大批管理财经工作的干部。1953年广东省成立财政经济委员会，方皋出任副主任。1954年华南分局成立工业交通工作部，方皋出任副部长兼省委工业交通工作部部长。1961年，任广东省人民政府副省长兼经济委员会主任，在广东领导金融和经济工作方面，卓有成绩。1963年10月，任中国人民银行副行长，中国银行副董事长兼总经理。1979年，方皋任中国农业银行行长、党委书记。1982年12月，离职休养。1995年3月27日在深圳病逝。

方皋

张子重

1912年7月出生，山西省灵石县人，1936年4月参加中国工农红军，同年10月加入中国共产党。历任红十五军团政治部宣传干事、八路军一一五师三四四旅政治部总务科长、党总支书记、冀鲁豫军区政治部巡视员、后勤部政委等职。1941年调入鲁西银行工作，先后任鲁西银行印刷所政委，冀南银行总行印刷厂厂长、发行处副处长，华北银行第二印刷局局长。解放后，历任天津人民印刷厂厂长、西安人民印刷厂厂长，中国人民银行总行人事局副局长、办公厅副主任、印制总公司副总经理。1983年7月离职休养，1987年11月病逝。

张子重

翟诚

1922年出生，山东平阴人。1940年到鲁西银行工作，历任鲁西银行第二印刷所指导员、所长，第三印刷所指导员、监委。1954年任北京印钞厂党委书记，后任职人民银行总行党组成员、纪检组长。2019年去世。

翟诚

魏仁斋

曾任一一五师东进纵队六支队粮秣股长，1940年6月，调到鲁西银行担任第一印刷所所长。1946年1月1日起，鲁西银行并入冀南银行，魏仁斋任冀南银行第二印刷厂厂长，解放后任北京印钞厂厂长。

第二排左边第三个为翟诚，第五个为魏仁斋

麻佩三

1906年生，回族，山东省平原县腰站镇塘坊村人。曾就读于私塾，抗日战争爆发前任小学教员。1938年6月，任平原县五区战地动员委员会总务股长。7月，加入中国共产党，任本村党支部书记、中共平原五区区委委员。1939年9月，调任中共鲁西三地委秘书长。1940年5月，三地委遭敌破坏，他随部队在茌平一带开展游击战争，任中共鲁西区委总务科长。1943年，任鲁西银行第二印刷所所长。1945年7月，调任中共平原县委敌工部长。抗日战争胜利后，历任中共冀南区委党校秘书处主任、南下支队司令部第四科科长、湖北省人民政府行政处长等职。中华人民共和国成立后，历任湖北省建工处处长、中共湖北省委统战部秘书长、湖北省人委副秘书长及武汉市中苏友好协会理事等职，兼任中国伊斯兰教协会常委、武汉市伊斯兰教协会主任委员。1979年4月9日在武汉病逝。

仪华

1921年生,山东省鄄城县人,1939年7月加入中国共产党,任鄄城县第三区委书记。1940年7月入鲁西区党委党校学习,任八路军一一五师供给部科员。调入鲁西银行先后任第一印刷所副所长,第二印刷所所长,冀南银行印刷所指导员、科长。1948年9月,调中国人民银行总行。1959年11月,任人民银行沈阳市分行行长、党组书记,1964年调离。1965年7月,任沈阳市百货公司经理。1969年12月,下放辽宁省兴城县农村劳动。1972年后任建设银行沈阳市分行行长、党组书记。1981年12月,任沈阳市财政局局长、党组书记。1984年1月,任沈阳市顾问委员会委员。

察贯一

1902年生,山东省金乡县金乡镇人。1938年参加革命,同年加入中国共产党。1942年春任湖西印刷所(又称湖西专署印刷所)所长,是该所的第四任所长。同年11月,日军对湖西地区实行铁壁合围大"扫荡",印刷所全体人员被包围在金乡县司马集西南的魏庄村,在警卫班的保护下,他组织职工夜间冲出包围。由于日军多次"扫荡",印刷所人员最后只剩下7人。印刷所又转移到单县周集、满庄一带生产,生产的票子裁不开,没有工人印号码,票子发不出去,他亲自学习打号技术,并支持改革裁切技术,保证了生产的正常开展。1943年春,日军向印刷所驻地"扫荡",他带领职工拆掉机器,掩埋在村外,然后分散突围。之后重返旧地生产。1944年2月,印刷所迁到金乡的唐王庄、程庄生产。庄北不远便是敌人的封锁沟和碉堡。在此环境下,他带领印刷所职工扩大生产规模,招收生产人员。9月,调湖西专署建设科工作。中华人民共和国成立后,任平原省粮食厅厅长。1952年在北京病逝,同年批准为烈士。

李贞乾

1903年生,名秉刚,字贞乾。江苏省丰县师寨乡李新庄村人。农民家庭。1922年考入江苏省立徐州第七师范学校,开始接受共产主义思想和革命教育。1925年应聘到丰县女子小学任教。1928年9月任丰县师范校长。1931年发动农民进行了反挖东支河的斗争。1935年,任丰县中学校长。1938年春加入中国共产党。4月任抗日动委会组织部长。后任丰县民众抗日动员委员会主任。5月,在家乡成立丰县抗日游击队第六中队,任中队长。6月,成立苏鲁人民抗日义勇队第二总队,任队长。7月,率部在马良集伏击日军。8月,在丰县华山截击日军。9月,指挥围攻伪军王献臣部。1939年初,成立苏鲁豫皖边区联合抗日后方司令部,任司令员,兼五县联合抗日后方办事处主任。同年1月,任八路军山东纵队挺进支队支队长。

李贞乾

2月,任八路军苏鲁豫支队第四大队大队长。6月,于铜山北部马坡毙伤日伪百余人。不久挺进鱼台,活捉国民党反动县长朱启森。7月,建立鱼台县抗日政府,任县长兼湖边游击司令部司令员。秋季,建立鱼台县抗日民主政府后方办事处印刷所,印制发行了面额为1角、2角、5角、1元四种面额的鱼台县地方流通券。1939年11月,湖西"肃托"事件后,复任鱼台县抗日政府县长,并兼任县委统战部长。重启鱼台县地方流通券的印制和发行工作,新票版有1角、2角、2元三种。1940年任湖西行政专员公署第一任专员。1941年主持创办湖西抗日中学,兼任校长。同年9月,山东分局成立湖西区军政委员会,他是五名成员之一。1942年12月,日军对湖西抗日根据地进行大"扫荡",对湖西中心区形成包围,在突围中,李贞乾为掩护地委、军分区机关转移,亲自指挥保卫队和专署机关人员与敌人激战。21日上午,于单县东南朱大庄壮烈牺牲。时年39岁。后遗骨被安葬在湖西革命烈士陵园。

张耀南

张耀南

1901年1月生,山东省长清县纸房村人,学名星寿,字耀南。9岁入私塾。1916年,考入长清县立第一高级小学。1920年,考入山东省立第二师范学校。1923年,受教育家陶行知的思想影响,回乡办义学。1928年,到县立第一小学当教员。1931年任第一小学校长。1935年参加中华民族解放先锋队。1937年发起成立长清县民众抗敌后援会,被推选为主任。1938年组织山东抗日军,被推选为委员长。同年,参加山东西区人民抗敌自卫团,3月,任自卫团第四大队参谋长。4月,负责组建第四连,并兼任连长。7月,在下巴镇伏击日军。后任十支队二团副团长。11月,任长清县抗日动员委员会主任。11月底,组织武装,继续活跃在大峰山区、黄河两岸。1939年1月30日,加入中国共产党。1939年3月,为大峰山武装工作团团长。1939年6月,被推选为长清县抗日民主政府第一任县长,并兼任县独立营营长。向上级请示印刷发行泰西银行券长清版。7月,动员在肥城李家溃村的李维周和李振西、汪化南等师徒四人参加革命,组织印制泰西银行票。9月,印制发行了1角、2角、5角三种票子。10月,鲁西军政委员会决定建立泰西行政委员会,任副主任。11月底,任泰西专员公署专员。1940年12月到山东分局党校学习。1942年底,任泰运专署专员。1944年6月,入平原分局党校学习。1945年5月,回任泰运地区专员,党内任地委委员兼统战部长。1946年春,被选为解放区出席国民代表大会代表。6月,被任命为黄河水利委员会主任,不久改任冀鲁豫建国学院副院长。1946年下半年,任泰西地区专员。1948年底建立建国学校,兼任校长。1950年春,任泰安地区副专员兼地委统战部长。1953年春,调任山东省卫生厅厅长兼党组书记。1957年11月,改任林业厅厅长。1959年10月任泰山林场场长。1974年10月5日病逝。

白化岭

白化岭

1928年3月生,山东省单县人,中共党员,1940年任村儿童团团长,1942年任村学生救国会主任,1944年参加湖西专区运输队(鲁西银行湖西印刷所),先后任鲁西银行湖西印刷所、冀南银行第三印刷所、冀南银行一科党支部组织委员,1949年10月任天津543厂二车间团支部书记。后历任青年团天津市建筑委员会副书记、书记,天津市安装公司党委书记,天津市第三建筑公司经理,天津市建委副主任、主任,天津市城建委书记,天津市委常委。1988年5月被选为天津市第十一届人大常委会副主任、党组副书记。1993年6月离休。

参考文献

[1] 中国人民银行金融研究所，中国人民银行山东省分行金融研究所. 冀鲁豫边区金融史料选编[M]. 北京：中国金融出版社，1989.
[2] 武博山. 回忆冀南银行九年[M]. 北京：中国金融出版社，1993.
[3] 山东省钱币学会. 北海银行暨鲁西银行货币图录[M]. 济南：齐鲁书社，1998.
[4] 中共冀鲁豫边区党史工作组财经组. 财经工作资料选编[M]. 北京：中国金融出版社，1989.
[5] 简史编撰委员会. 中国革命根据地印钞造币简史[M]. 北京：中国金融出版社，1996.
[6] 中国印钞通史[M]. 西安：陕西人民出版社，2015.
[7] 中共贵州省委党史办公室冀鲁豫小组. 冀鲁豫党史资料选编（第八辑）[M]. 北京：中国金融出版社，1986.
[8] 中国历代货币大系[M]. 上海：上海人民出版社，1989.
[9] 政协安阳市文史资料委员会. 安阳文史资料（第五辑），1990年9月。
[10] 济宁市政协文史资料委员会. 济宁文史资料（第八辑），1991年9月。
[11] 菏泽地区金融志编撰办公室. 菏泽地区金融志（1940—1990），1992年10月。
[12] 中共菏泽地委党史委，菏泽地区档案局编. 中共山东省菏泽地区党史大事记（1921—1999）[M]. 济南：山东人民出版社，1999.
[13] 曹县党史资料征集研究委员会. 中共曹县地方党史大事记（1927—1949初稿），1984.
[14] 单县党史资料征集研究委员会. 中共单县地方党史大事记（1927—1949），1987.
[15] 鄄城县党史资料征集研究委员会. 中共鄄城县地方党史大事记（1927—1949），1989.
[16] 鄄城县史志编撰委员会. 鄄城县志[M]. 济南：齐鲁书社，1990.
[17] 鄄城县政协文史委编. 鄄城文史资料（第十一辑），2003年8月。
[18] 单县党史县志办公室编. 中共湖西党史人物[M]. 济南：山东人民出版社，2004.
[19] 中国人民银行. 中国共产党领导下的金融发展简史[M]. 北京：中国金融出版社，2012.
[20] 冀鲁豫边区革命史工作组. 冀鲁豫边区革命史[M]. 济南：山东大学出版社，1991.
[21] 冀鲁豫日报. 1944-09-18 // 菏泽市档案局.
[22] 冀鲁豫日报. 1945-03-24 // 鄄城县档案局.
[23] 赵晚芹，孙广兴. 冀南银行在黎城[M]. 黎城县八路军文化研究会，2015.
[24] 中共泰安历史大事记（1922—1949）[M]. 北京：中共党史出版社，2001.
[25] 王流海，张从亮. 豫皖苏革命根据地货币史[M]. 西安：西安地图出版社，2002.
[26] 中共冀鲁豫边区党史编委会. 中共冀鲁豫边区党史大事记[M]. 济南：山东大学出版社，1987.
[27] 山东省钱币学会. 山东革命根据地货币史[M]. 北京：中国金融出版社，2009.
[28] 林飞. 济宁市金融志[M]. 济南：山东人民出版社，1995.
[29] 中国人民银行河北省分行. 冀南银行[M]. 石家庄：河北人民出版社，1989.
[30] 李宗海. 抗战中的"鱼台地方流通券"[J]. 齐鲁钱币，2014（4）.
[31] 王流海. 冀南农民合作社兑换券[J]. 中国钱币，2002（4）.
[32] 中共泰安市委党史资料征集研究委员会. 中共泰西区、中共泰南区党史大事记[M]. 济南：山东人民出版社，1993.
[33] 夏川. 张耀南纪念文集[M]. 济南：山东大学出版社，1995.
[34] 中共泰安市委党史资料征集研究委员会. 一一五师在泰西[M]. 济南：山东人民出版社，1991.

后 记

山东是全国著名的红色金融革命老区，蕴含丰富的红色金融文化资源。中国人民银行济南分行党委和山东省钱币学会一直高度重视红色金融的挖掘保护和研究宣传工作。2015年组织编撰的《北海银行货币大系》获得中国钱币学会全国重点研究课题优秀奖。2016年正式启动《鲁西银行货币》编撰工作，作为《北海银行货币大系》的姊妹篇，2018年被中国钱币学会立项为全国重点研究课题。

鲁西银行存续时间短、跨区域发展、活动环境异常艰苦，其发行的货币存在版别复杂、存世量少、发行史料不完整等诸多问题，研究工作非常困难。自编撰工作启动以来，山东省钱币学会先后派省钱币学会秘书处徐建磊陪同李银到中央档案馆、中国钱币博物馆、山东省档案馆、河北省档案馆、河北博物院、邯郸市档案馆、河南省档案馆、河南博物院、河南省图书馆、山西博物院、山西省档案馆、山东、河南辖内鲁西银行活动区域所在地方档案馆、文史馆、博物馆，北京、聊城、菏泽等地鲁西币收藏大家处查寻相关档案、票币资料，组织辖区学会进行鲁西银行遗址调查探寻和挖掘保护，走访当年的老人和知情人，得到了大量第一手资料，为本书的编写打下了坚实的基础。

在收集资料的基础上，省钱币学会常务副理事长兼秘书长贺传芬精心筹划了本书的编写，并牵头组织省内外鲁西银行及其货币研究、收藏专家成立编委会，研究制定编写大纲，确定框架结构和重要内容，对编写工作提出具体要求。各编委分工协作，其中综述、第一章、第二章、第五章由李银撰写，第三章由周传芳、李庆锁撰写，第四章由潘晓芬撰写，第六章由张建华撰写，附录由各位编委搜集整理，贺传芬先后组织召开了九次编撰工作会，带领编委对书稿进行深入的研究和细致的修改，并对全书进行总纂和把关。

本书在资料搜集与编写过程中，得到中国人民银行济南分行现任及前任党委书记、行长周逢民、金鹏辉，中国人民银行原巡视员马林同志的大力支持；中国人民银行济南分行巡视员、山东省钱币学会理事长贾广军，现任及前任分管行领导王珏琰及陈好孟、刘健等同志的指导和关心；中国人民银行济南分行李玲，中国人民银行贵阳市中心支行刘华，中国人民银行沈阳分行营业管理部孟祥羽，聊城吕乃涛、郑延林，菏泽吴福华等同志，以及济宁、聊城、菏泽、临沂、泰安等市钱币学会的热心帮助。在此，我们向所有支持、指导、关心和帮助本书编撰的单位和个人表示衷心的感谢！

今年是鲁西银行成立80周年。我们编撰本书予以纪念，向为鲁西银行创建发展而浴血奋战的红色金融革命先辈致敬。希望本书有裨于人们铭记鲁西银行那段刻骨铭心的红色革命历史，不忘初心，牢记使命，传承老一辈金融家的优良传统和作风，弘扬他们艰苦创业、不畏艰险、无私奉献、开拓创新的革命精神，让红色金融文化和红色革命精神不断发扬光大。

由于水平有限，书中不足和疏漏之处在所难免，敬请广大读者提出宝贵意见。

编 者
2020年6月